本书出版得到

山东大学考古学与历史学学科
高峰建设计划

资　　助

海岱地区史前时期
磨盘、磨棒研究

王　强　著

科学出版社

北京

内 容 简 介

本书以海岱地区史前时期习见的磨盘及磨棒类石器为研究对象，通过类型学分析、模拟实验、操作链分析、微痕分析、淀粉粒分析等手段科学地对此类工具进行了系统研究，对其形态特征、制作工艺以及功用提出了全新认识，进而对海岱地区史前时期不同阶段的植食性食谱以及饮食习俗进行了推断和复原。

本书可供考古、历史、民俗、文化人类学及文物工作者阅读、参考。

图书在版编目（CIP）数据

海岱地区史前时期磨盘、磨棒研究 / 王强著. —北京：科学出版社，2018.8

　ISBN 978-7-03-058745-9

Ⅰ.①海…　Ⅱ.①王…　Ⅲ.①石器—研究—山东　Ⅳ.①K876.2

中国版本图书馆 CIP 数据核字（2018）第 204932 号

责任编辑：雷　英 / 责任校对：邹慧卿
责任印制：肖　兴 / 封面设计：金舵手世纪

科 学 出 版 社 出版
北京东黄城根北街 16 号
邮政编码：100717
http://www.sciencep.com

中国科学院印刷厂 印刷
科学出版社发行　各地新华书店经销

*

2018 年 8 月第 一 版　　开本：787×1092　1/16
2018 年 8 月第一次印刷　　印张：23 1/4　插页：8
字数：548 000

定价：180.00 元
（如有印装质量问题，我社负责调换）

序

一般说来，社会经济的发展水平决定着社会其他方面的发展，如社会组织和社会结构、文化、艺术、习俗、礼仪、制度等上层建筑方面的内容。在新石器时代，体现社会经济和生产力发展水平的生产工具主要是石器，所以石器的研究对于深入了解和认识新石器时代的社会，是不可绕过的重要途径。不仅如此，进入青铜时代的夏、商时期，铜器主要是用作祭祀的各种容器和战争的武器，"国之大事，在祀与戎"(《左传·成公十三年》)，就是对这一历史事实的记录。而这一时期的青铜工具在以农业为主的社会生产领域中并不占主导地位，人们大量使用的生产工具依然是采用石、骨、角、蚌等材料来做成。所以，中国在铁器普及之前的青铜时代，石器在生产工具领域的作用和地位仍然是不可替代的。

现代考古学产生之后相当长的时期之内，考古学研究的重心是以年代学为主轴的文化发展史。解决考古遗存的时空关系、构建区域考古学文化的年代序列和基本架构是首要任务。在这样的考古学研究氛围中，最受关注和重视的自然是在归纳、提炼文化内涵和特征的基础上，能够揭示文化分期和年代的资料，可以担当这一任务的首先是数量庞大的陶器，其他依次还有铜容器和瓷器等。由于使用功能和材料方面的限制，石器的类别相对较少，形制也较为简单，而且一经定型之后，形态上鲜有大的变化。比如主要功能为砍伐树木的石斧和加工木材的石锛、石凿，从新石器时代早期到青铜时代，其形制就没有大的变化。所以，在以年代学为中心的文化发展史的研究阶段，石器没有受到应有的重视，所做的至多是岩性鉴定、分类、描述、肉眼观察其制作方法等工作。

到 20 世纪 90 年代，随着黄河、长江流域等主要地区考古学文化谱系和文化发展序列的基本建立，中国的考古学研究开始产生一些重要变化。十年前在给王建华《黄河中下游地区史前人口研究》一书所写的序言中，我把这一变化的背景、现状和特点归纳为三个方面：

首先是经过数十年来几代学者的努力，特别是 20 世纪七八十年代，苏秉琦先生"区、系、类型"的提出和实践，使得中国主要地区新石器时代和青铜时代早期的文化发展序列基本建立起来，以往需要反复研究后才能确定的内容，这时已经成为考古学的基本知识，考古专业的学生在课堂上就已经初步掌握。于是，中国考古学客观上有拓展研究领域和转变研究思路的要求，换言之，就是中国考古学研究需要转型。中国考古学需要新的理论支撑，需要新的研究思路和拓展研究方法，需要改进和更新田野工作和室内研究的手段，需要运用现代自然科学技术，以获取更多的信息和资料。总之，需要把研究的重心转移到人和人类社会的方方面面上来。

第二，随着"改革开放"的不断深入和成果的积累，国外特别是欧美的考古学理论、方法对中国的影响逐渐显现出来。越来越多的国内学者跨出国门，对国外考古学的发展现状有了切实的认识和感受，20 年前国内开展的关于新考古学的讨论就与此密切相关。而国外学者进入国内不同层次的研究机构访问、研究和讲学，也使得他们对中国考古学的现状有了一定的了解。特别是国家文物局《中华人民共和国考古涉外工作管理办法》在 1991 年的颁布和实施，使中外合作考古研究的层次产生了一个质的飞跃。不可否认，中国考古学研究的变化与对外开放是紧密地联系在一起的。

第三，现代自然科学技术在考古学中的运用越来越普遍，涉及的领域和内容也在不断拓展和增多。虽然考古学在中国被划入人文科学范畴，但从获取考古学资料的手段和考古学研究的方法分析，其自产生那一天起就天然地具有人文、自然科学融合的性质和特征。近年来，随着中国考古学研究的转型和古遗址保护的需要，客观上强烈要求更多的自然科学技术手段介入到从获取资料到综合研究的考古学研究过程之中。动物考古、植物考古、环境考古、水下考古、航空考古，等等，都在国内切实地开展了起来。

与产生上述变化的新情况相适应，中国考古学研究的重心开始向以人为中心的古代社会转移，人类社会、环境、资源及其相互关系逐渐成为考古学研究的主要内容，而具体的研究内容、思路、手段和方法趋向于多元化。在这一形势之下，以生业经济和手工业经济为基本内容的经济考古开始受到学界重视。相应地，史前乃至青铜时代获取生产和生活资料的主要生产工具——石器，自然而然地成为考古学者们关注的重点之一。

山东大学考古学科自创建以来，一直没有配备专门讲授和研究旧石器时代考古的教师。所以，旧石器时代考古的教学和研究一直是山东大学考古专业的一个薄弱环节。多年来这一方面的课程先后由蔡凤书教授和我来承担，从专业角度讲实在是勉为其难。2000 年之后，加拿大多伦多皇家安大略博物馆的旧石器考古专家沈辰教授与山东大学考古专业建立了联系。同时，他还承担了 20 世纪 80 年代中国社会科学院考古研究所山东队调查、发掘的鲁东南地区旧石器、细石器资料的整理和研究工作。为了培养旧石器考古的专业人员，经方辉教授提议和推荐，我们安排当时的本科生王强前往中国社会科学院山东队曲阜工作站参加了这一资料整理工作。2001 年秋，王强又跟随沈辰教授参加了临沂郯城县黑龙潭旧石器遗址的考古发掘。

　　王强于1998年进入山东大学历史文化学院考古专业学习考古学。2002年起先后跟随我攻读硕士和博士。为了把他引领到石器研究的道路上来，在山东大学指导力量不足的情况下，我特地为他制订了个性化的培养方案。首先，聘请沈辰教授和香港中文大学的邓聪教授作为合作导师，一起对他进行培养和指导。为此，邓聪教授还为王强创造机会去香港中文大学访问学习一年；其次，安排他参加了中国科学院古脊椎动物与古人类研究所举办的石器微痕技术研习班，这一次理论与实践相结合的学习经历，虽然时间不长，但对他后来学习和开展石器研究极为重要；再次，先后让他参加了河北阳原泥河湾马圈沟和宁夏灵武水洞沟两处旧石器时代遗址的田野发掘工作。此外，他还部分地参与了日照两城镇遗址龙山文化石器的整理与分析。

　　1998~2001年，两城镇遗址经过了四次连续发掘，揭露的面积虽然不大，但由于采用了筛土的工作方法，出土的各种石制品多达3000余件。耶鲁大学人类学系的博士研究生柯杰夫（Geoffrey Cunnar）对两城镇遗址出土的龙山文化石器，进行了长达三年的专题分析和研究，目前国外石器研究能够使用的方法，他基本上都涉及了。王强接触柯杰夫的石器研究工作，对于他后来博士论文的撰写应该说有很大的启发和帮助。

　　上述针对性的培养，为王强的石器研究奠定了一个良好而坚实的基础。他的硕士论文以月庄出土的后李文化阶段石器为研究对象，除了传统的观察和分类之外，把"微痕班"学到的微痕分析方法运用到研究之中。此外，还学习和运用了残留物检测分析技术，对于了解和确定石器的使用功能有所帮助。在博士论文的写作阶段，他除了进行常规的类型学分析之外，重点转到按照操作链的思路开展系统的深入研究，从石器模拟制作实验、模拟使用实验到微痕分析、植硅体和淀粉粒残留物检测分析等，最终得出科学的结论。论文得到答辩组专家的高度评价，认为这是一条正确的石器研究之路，经过辛勤的耕耘之后必有收获。

　　时间过得真快，一晃快二十年了，目前国内从事史前石器研究的学者虽然有所增多，但仍远远不够，比之植物考古和动物考古的发展速度相差甚远。借《海岱地区史前时期磨盘、磨棒研究》一书出版的机会，我真诚希望有更多的年轻学者能够投身于早期石器的研究领域，将其作为研究古代社会经济的基本内容之一，不断地发扬光大，做出新的研究成果，以推动中国考古学研究的不断深入和发展。

栾丰实

2018年6月8日

目　　录

第一章　石制品研究历史及现状

　　石制品研究是考古研究中十分重要的一部分。如何从考古发掘的石制品中提取到更多的信息显得尤为重要。这就要求我们从方法论的角度进行更深入的探讨。目前看来，在这一方面，西方走在了前列。而我国虽也有少数学者进行过这方面的探讨，但这一环节总体仍旧较为薄弱。

第一节　石制品研究现状

　　在探讨石制品理论及研究方法之前，我们很有必要对西方考古学理论的总体发展有一个清晰的了解。因为石制品研究毕竟属于考古学中的一个分支。

　　西方在 20 世纪 40～50 年代之前，基本上都是以文化发展史的理论为导向进行各区域文化谱系的研究，解释考古遗存的潜在法则是单线进化论模式。而我国虽然很早也在不自觉地进行这方面的工作，但直到 80 年代苏秉琦先生才明确提出区系类型学说，实际上也就是要进行我国文化谱系的建构。40～50 年代兴起的功能学派对传统文化发展史的研究提出了强有力的挑战，驳斥其人为把社会文化发展简单化的研究倾向。也正是功能理论的发展才最终导致了 60 年代新考古学的兴起。新考古学派正是吸收了功能学派的有益理论，在对考古遗存进行解释时首先考虑的是功能因素的影响，以区别于文化发展史研究中文化传统因素的解说。其中最著名的例子莫过于博尔德（Francois Bordes）和宾福德（Lewis Binford）关于莫斯特石制品的争论。这是一次两种研究传统的明显交锋，对于我们进行考古遗存的理解至今仍具有启发意义。其实同一族群根据不同的功能需要的确可以创造出面貌和工艺完全不同的石制品组合，比如北美大平原东部的波尼族（Pawnee）大部分时间以发展农业为生，但也有部分时间会到较远的草原猎取野牛，为了捕猎他们需要专门制造一些双面石核，随身携带以便随时制造所需工具，而这种石制品在其农业栖居地则不见 [①]；此外北极地区的因纽特人出

---

　　① Steven L. Kuhn. *Mousterian Lithic Technology: An Ecological Perspective*. Princeton: Princeton University Press, 1995: 26.

外打猎与平时居址内所使用的工具，无论是形态还是制作工艺均差别很大①。这些现象提示我们，在进行不同考古资料的解释时要考虑更多的可能性。新考古学倡导应以自然科学的研究方法为参照，主张假设—求证的研究思路，以使考古学研究尽可能科学化。这些都有其积极的现实意义。不过其主张考古学研究应以明确把握社会发展规律为研究目标，显然是无法达到的。而后至70年代末80年代初时，有不少学者对新考古学提出了批评，甚至包括原来坚定拥护新考古学的一些学者也对新考古学进行了反思。相对于新考古学因注重过程研究被称为过程考古学，这种理论则被称为后过程考古学。其实从80年代始直到现在，西方考古学理论的建构如火如荼，大有方兴未艾之势，从而产生了很多考古学流派，比较著名的如中程理论、社会考古学、象征考古学、认知考古学等。这些理论的提出对石制品的研究同样产生了重要影响。比如社会考古学考虑问题的视角直接影响了考古学家对于石制品工艺与社会组织互动关系的解释；而认知考古学的理论则在很大程度上影响着对石制品制作群体的制作技巧及智力发展水平的判定。

　　上面简要回顾了整个考古学理论的发展，接下来我们再看一下石制品研究的发展进程。其实作为考古学研究的一个组成部分，石制品研究同样也是按照上述发展过程前进的。约在20世纪60年代之前，基本上也都是在进行各区域的石制品文化谱系的研究与构建。同样文化传统因素是其对石制品组合解释的理论基础。研究方法主要是我们现在所说的静态类型学，博尔德是这一阶段的杰出代表，被公认为该研究方法的集大成者。60～70年代实验考古大量开展，但主要是对石制品的制作工艺进行复原，通过实验找到解释其工艺的可能途径。比如Crabtree对北美古印第安时期Folsom尖状器制作工艺的研究②，通过多种方法的尝试，终于找到了两种最为有效的方法，并成功复制出水渠状凹槽，为此问题的最终解决奠定了坚实的基础。70～80年代，有些学者在石器模拟实验中，除了关注石器的制作工艺外，逐渐认识到石器使用磨损及再加工利用的问题。Frison与Dibble等人先后都发表专文论述这一理论③，即我们现在通常所说的变形理论。80年代起开始兴盛的另一重要概念就是"操作链"，也有学者称为行为链、器物生命史理论或动态类型学等，即把石制品的一生分为原料采集、制作加工、使用、磨损、再加工及废弃等不同的阶段进行动态的考查。这样在进行石制品研究时，就不仅局限于只是静态地对石制品进行分类分析，而是充分考虑到其在石制品生命史中所处的阶段性。因而，形态上差异很大的两种石制品就不能仅仅按照静态类型学那

① Lewis R. Binford. *Nunamiut Ethnoarchaeology*. New York, San Francisco, London: Academic Press, 1978: 169～450.

② Don E. Crabtree. A Stoneworker's Approach to Analyzing and Replicating the Lindenmeier Folsom. *TEBIWA—The Journal of the Idaho State University Museum*, Pocatello, Idaho: 1966, 9(1).

③ George C. Frison. A Functional Analysis of Certain Chipped Stone Tools. *American Antiquity*, 1968, 33: 149～155; Harold L. Dibble, John C. Whittaker. New Experimental Evidence on the Relation between Percussion Flaking and Flake Variation. *Journal of Archaeological Science*, 1981,6: 283～296.

样简单地归结为不同的文化传统，要充分考虑到器物的生命发展历程，进行多种可能性的假设。比如是否为同一种器物的毛坯与成品的差异，是否是成品与磨损后再加工阶段产品的关系，还是代表成品与废弃品两个不同的阶段。在进行分析之前头脑中有了这种观念，进行多种假设后在研究中进行相应的求证分析后才会得出更接近历史真实的结论。从 90 年代至今，石制品研究领域在继续应用操作链这一概念的前提下，对石制品工艺的解释也更加多样化和全面，许多学者逐渐认识到石制品工艺是一个很复杂的现象，是多种变量合力产生的结果，比如文化传统、功能、石料的性质（包括多寡、质量、形状及尺寸等）、社会的组织形态及觅食方式等。这些因素可能都会对工艺特征产生不同程度的影响，提示研究者在具体研究中要充分考虑到这些不同的变量各自所扮演的角色。目前对石料的性质、社会的组织形态及觅食方式等的研究最为盛行，成为当下石制品研究的前沿课题。总体说来，石制品的研究逐渐从主要依据主观判断转向使用自然科学客观可重复的研究方法，越来越多的学者认识到研究方法可复核性的重要作用。

上述简要回顾了考古学理论和石制品研究领域的发展情况。下面按照操作链概念的先后层次具体谈一下目前国际学术界常用的石制品研究方法。

一、采石场及石料特征

对采石场的辨识与研究是近年来石制品研究中一个十分活跃的领域，与此相关的就是石料的研究。

对石料来源的地质调查，一般以遗址周围方圆 10 千米为限。因为许多民族学调查显示，处于狩猎采集阶段的人类活动范围一般是方圆 10 千米。当然如果遗址内出土的某种石料，方圆 10 千米范围内都不见，就要考虑更远的范围，尽可能为每一种器类找到石料来源。调查内容包括这些石料产地与遗址的距离、石料质地、丰富程度、产状及大小等，为探讨器类与石料关系打下基础。比如 Andrefsky 曾提出一种石质、石料丰富程度与石制品精细程度的关系模式，他发现石质差，但石料丰富的遗址往往以权宜性工具为主，比如简单加工的石片工具；而石质好，但数量少的遗址则以制作精细的工具为主，比如双面等[①]。此项发现对研究石料特征与石制品工艺之间的关系具有很好的启发意义。

对特定采石场开发模式的研究也是近年石制品研究领域的一个热点，通过石制品表面形态及工艺观察，结合自然科学的测定，来推断可能的开采模式，比如是否采用加热处理，是就地进行毛坯打制还是直接把原料运回营地等都需要进行精细的研究。其中经加热处理的石料与未经加热石料的区分仍是一个难点，值得以后进行深入研究。这种区分目前在国内还未引起应有的重视。

---

① 　William Andrefsky Jr.. *Lithics: Macroscopic Approaches to Analysis*. Cambridge: Cambridge University Press, 1998: 154.

在具体考古实践中，最小单位分析法也是一种可供选择的方法，即按照石制品的颜色、质地及结构等进行不同层次的划分，以便推断石制品可能的母体来源，确定最少的石料数目，并可以为进行拼合研究打下基础。

二、制作与修整

制作与修整的研究是石制品研究中的核心部分。经常说的工艺研究，很大一部分内容就是对石制品制作与修整的研究。但大多数情况下，制作与修整的目的性我们是很难从石制品的最终保留形态进行推测的。其实，在操作链系统中这种情形也很好理解，在这个系统中，很多行为往往并不具有单线的目标性。某种形态的石制品在成型过程中，必然产生很多所谓的废片，但这些废片很多情况下并不一定仅仅是目标产品的副产品，在尺寸与形状允许的情况下，大多会用来生产其他的石片工具。因而，很多时候制作与修整的目的性是不能简单定义的。其中最直接有效的方法就是拼合研究和实验复制，所获结论的准确性也更高。但遗憾的是，很多遗址并不具备拼合研究的条件，所以实验研究显得尤为重要。实验要尽量采用与遗址所出石制品相同的石料，尽可能对各种器类都进行模拟实验尝试，尤其是工艺相对复杂的器物，以确定其最有可能的制作方法。

对石制品各个面打破关系的研究，对于复原石制品制作流程，也是一种较为实用的方法。其主要是通过仔细观察破裂面的放射线、同心波以及边缘形态等特征，来判定不同破裂面的先后关系，如在部分石叶、石核的剥片面上仔细观察，通过彼此的打破关系，可找到其剥片的先后顺序，甚至可以推断出当时的工匠是右手作业者还是左手作业者。但尽量要与其他方法结合起来使用，以供互相验证。

三、使用与维持

石制品制作完成后即会投入使用，在使用过程中经常会发生破裂和磨损，这样其中一部分又会进行再修整，使其能够再次被利用。其实谈到石制品的使用，无外乎包括两个基本问题：一是用途，即其作用对象是什么；二是使用方式，即工具使用时的运动方向。研究方法包括很多种，比如一种最盛行的方法，是把某种工具与当代或晚近民族中形态类似的工具进行类比从而推断其用途。其实这些方法是仅根据器物的形态对比做出的推测，缺乏直接的证据。我们当前考古学中经常使用的很多器物的命名就是这样产生的，比如旧石器时代中常见的刮削器、砍砸器、雕刻器、石钻等。在为其命名的同时也赋予了其功用的含义。这种"望名生义"的现象很多，像常见的陡刃端刮器，常被认为与刮剥兽皮上的脂肪有关，而雕刻器常被认为是雕刻木、骨与制作艺术品有关，但很多民族学研究及微痕分析都显示，这些工具并不是某种特定的工具，大都具有多种用途，并且很难说哪一种功用占主导地位。另一种研究功用的方法就是微痕分析，通过观察工具表面上留下的微疤、擦痕、光泽并结合实验对比，较为客观地判断器物功用及运动方式。但此种方法也有其局限性，比如石料的颗粒细密程度、非人为因素形成的微痕等均可能对结果造成影响。但相对于形态类比法更具说服力。还有就是残留物分析法，通过对残留在器物上的脂肪酸、血液、淀粉粒、孢粉等进行分析来推断器物的加工对象。如果能够在石制品上提取到可供化验的足够残留物，则其结果较为可信。但遗憾的是，很多石制品上往往提取不到有用的信息。相对于这些微观层次的功用研究，宏观层面往往缺乏有效的研究手段。

四、废弃与埋藏

石制品在使用过程中破裂或磨损而不能再使用时即废弃，废弃后也有可能由于踩踏、碰撞、摩擦及风化等使形态及质地等再次发生改变，而后被埋藏起来。在埋藏过程中，由于地质作用也会使器物发生某种性质的改变。这种废弃与埋藏过程中的性质变化主要会对微痕分析造成较大影响，对宏观分析方法影响不大。

五、发掘与研究

石制品在若干年之后，被我们发现和发掘。在发掘过程中由于操作不当，部分石制品也会受到不同程度的破坏及影响。当然对于微观层面的影响更大，比如手铲等工具碰击或摩擦等都有可能在石制品表面留下人为的微痕，这对于微痕分析来说是十分不利的。发掘完成后被带进实验室最终成为我们研究的对象，而我们的研究目的也正是器物的这个生命史，如此依照操作链的这种演示又进入了新的循环。研究器物不同阶段有着不同的方法，上面已进行了较为详细的介绍。但笔者想强调的一点是，一般来说在做精细研究之前，第一步就是对石制品进行分类，而分类方法可以有无数种，研究者要根据不同的研究目的进行分类。从这个角度来讲，其实分类本身也是一种研究方法。

综上所述，目前国际学术界对石制品的研究归结起来大致有以下几种：①对石制品质料及产地的研究。在大多数研究中，石料的鉴定还是以肉眼鉴定为主，但已有一些学者开始使用切片分析和X射线衍射分析，这样可以使我们的鉴定更精确，再通过与周围可能的矿源作比对，为我们寻找石料来源打下了坚实的基础，如在西亚地区所做的黑曜岩贸易路线的研究。②对石制品通过形态分类进而探讨其功能分化。目前，这种研究在旧石器考古研究中仍占有很大比例，但已有不少学者对这种研究方法提出了批评，认为我们所见到的石制品并不都是器物的终极形态，进而引入动态类型学等概念。③对石制品的打制流程进行复原研究。在旧石器时代考古学中，这方面的研究显得尤为重要，实践表明，拼对和模拟实验是两种较为有效的方法。④对石制品功用的研究，较为常用的方法是微痕分析法和残留物分析法。⑤对打制技法的研究，通过大量的打制实验和大范围的比较分析，发现在不同区域可能存在不同的打制技法。⑥对不同区域石制品的比较研究。如近几年关于细石器起源及传播的研究、对莫维斯线的争论以及与此密切相关的手斧的研究。

第二节　磨盘类工具研究简史及现状

　　磨盘类工具在世界上分布较为广泛，跨越不同的区域及时间段，此前已有不少学者对其进行过不同角度的研究。所以在开始我们的研究之前，很有必要对此类工具的时空分布以及研究现状作一简要介绍，以便给我们的研究提供宏观的背景资料，同时也便于进行跨文化的比较分析，而且通过对研究史的回顾，也利于我们找寻更加合理和有效的研究方法。

一、类型及分布

（一）旧石器时代晚期（距今 45000～15000 年）

　　旧石器时代晚期磨盘类工具分布区域还较为有限，主要分布在西亚、欧洲、北非以及东亚等地，而美洲地区尚未发现此类工具（图 1.1）。并且有资料表明，旧石器时代中期可能已经出现此类工具。

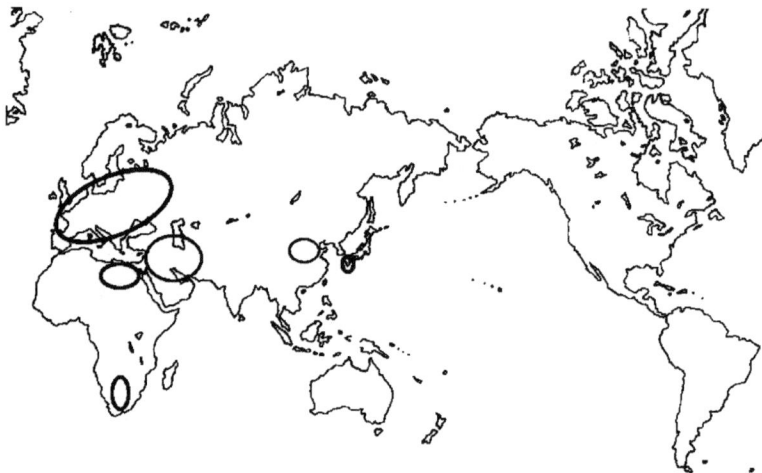

图 1.1　旧石器时代中晚期磨盘类工具分布示意图

1. 西亚、欧洲及非洲地区

　　就目前资料来看，世界上最早的磨盘类工具即起源于这些地区。有资料显示，旧石器时代晚期早段的奥瑞纳时期，欧洲有多处遗址已经出现磨盘及杵臼类工具，有的遗址的年代甚至早到旧石器时代中期的莫斯特期，比如南非的 Florisbad 遗址曾出土两件大型磨盘，年代为距今 48900 年。无独有偶，西班牙的 Cueva del Castillo 和 Cueva

Morín 遗址也出土了莫斯特期的大型磨盘。关于这些磨盘的功用虽然还未有定论，但其中一部分极有可能是与加工食物有关的[①]。

研究者检验了近东地区旧石器时代晚期的 62 个遗址，发现 25.8% 的遗址都出土少量小型的磨盘及磨石。这些工具个体较小，便于游团迁徙时携带[②]。

著名的磨盘类工具研究专家藤本强先生也认为，研磨类工具最早出现于旧石器时代中期晚段至晚期早段的南非、东欧、西欧以及近东一带。以磨石为主，并且数量较少。至旧石器时代晚期晚段，南非、北非、欧洲、西亚、东亚等许多地点普遍出土浅盘状磨盘、磨石及杵臼类工具。比如下川的石臼（我国学者多认为是磨盘）以及日本前绳纹时代的磨石，这一时期西亚地区此类工具较之其他地区更为发达，并且十分有可能已经用来加工小麦及大麦类谷物[③]。

北非尼罗河流域的 Qadan、Kubbanian 及 Isnan 等地在旧石器时代晚期，研磨工具已十分发达，包括磨盘、磨石及杵臼等。一般认为这些工具是本地独自起源的，与谷物加工有关系。但奇怪的是利用谷物的传统却没有延续至该地区的新石器时代[④]。

2. 东亚地区

我国旧石器时代晚期时，山西吉县柿子滩遗址及陕西宜川县龙王辿遗址也出土磨盘类工具。柿子滩遗址共出土 3 件磨盘，其中 1980 年的发掘中出土 2 件，均为板状细砂岩打制而成。较典型的是 0170 号标本，长 31.2、宽 20.4、厚 6.4 厘米。周边为两面修整，片疤重叠，平面呈椭圆形。磨面无磨痕但很平坦，中心留有较为集中的砸击坑，整个表面及上部边棱被赤铁矿染成了暗红色，推测石磨盘可能用于敲砸和研磨赤铁矿石。2002 年 S9 地点出土的石磨盘，也为板状砂岩制成，周边经打制，平面大体呈椭圆形，表面平整，从磨盘表面看，沿长径的两边稍向中心凹入，呈马鞍形。表面还均匀分布有直径约 0.5 厘米的小窝，明显为长时间大面积平行摩擦所致，且文化层位中同出有 1 件残的和 1 件完整的石磨棒，完整磨棒长 20.6 厘米，截面最大径 6.1 厘米，棒体两端细而圆钝，中间断面已近三角形，明显为长期往返碾磨所致。年代为距今 10000 年前后，为旧石器时代晚期之末[⑤]。龙王辿遗址也出土有石磨盘，但数量较

---

① Sophie A. De Beaune. Nonflint Stone Tools of the Early Upper Paleolithic. *Before Lascaux: the Complex Record of the Early Upper Paleolithic*, CRC Press, 1993: 163～191.

② Katherine I. Wright. Ground-Stone Tools and Hunter-Gatherer Subsistence in Southwest Asia: Implications for the Transition to Farming. *American Antiquity*, 1994, 59 (2): 238～263.

③ 藤本强：《石皿·磨石·石臼·磨臼（Ⅰ）·序论·旧石器时代·中国新石器时代》，《东京大学文学部考古学研究室研究纪要》第 2 号，1983 年，47～76 页。

④ 藤本强：《石皿·磨石·石臼·磨臼（Ⅵ）》，《东京大学文学部考古学研究室研究纪要》第 8 号，1989 年，107～128 页。

⑤ 宋艳花：《柿子滩文化技术研究》，山西大学硕士学位论文，2003 年，11～12 页。

少。平面呈长方形或不规则的圆形，周边琢打成型，中部有因研磨使用而形成的凹痕。05Ⅰ④：1168，砂岩质，已残。形制较规整，中部的凹痕十分明显，残长16.4、宽14.8厘米。伴出磨制石铲、砺石、穿孔的蚌器装饰品、细石核、细石叶等。绝对年代为距今20000～15000年，为旧石器时代晚期之末[①]。

日本旧石器时代晚期磨盘类工具主要分布于南部九州一带，但数量较少，而且其具体用法及用途尚有争议[②]。

（二）中石器时代和新石器时代早期（距今15000～8500年）

此时期磨盘分布范围扩大，除上述区域继续发展以外，中亚、中国南方、中南美洲等地也开始出现（图1.2）。

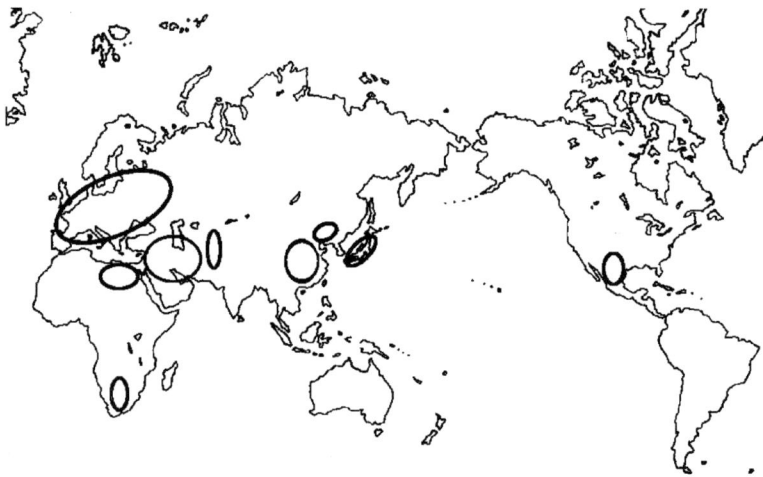

图1.2　中石器及新石器时代早期磨盘类工具分布示意图

1. 西亚、中亚及欧洲地区

近东南部后旧石器时代的克巴拉（Kebaran）文化时期主要的食物加工工具是杵臼，经中石器时代的纳吐夫（Natufian）文化，一直延续到前陶新石器时代前期（PPNA）。但前陶新石器时代前期杵臼已经不占主要地位，磨盘及磨石开始兴盛。至前陶新石器时代后期（PPNB），工具种类再次发生较大变化，出现了一端没有棱沿的开放型磨盘（open quern）以及新型的磨石。而较成熟的谷物加工工具鞍形磨盘的出现则还要晚得多[③]。在纳吐夫文化之前的后旧石器时代，与近东南部相对的是，近东北部出

---

① 中国社会科学院考古研究所等：《陕西宜川县龙王辿旧石器时代遗址》，《考古》2007年7期，3～8页。

② 上條信彦：《縄文時代石皿・台石の研究－形態の分布を中心に－》，《古文化談叢》第56集，九州古文化研究会，2007年，25～54页。

③ 藤本强：《石皿・磨石・石臼・磨臼（Ⅱ）》，《东京大学文学部考古学研究室研究纪要》第3号，1984年，99～138页。

土研磨工具的遗址十分少见。纳吐夫文化阶段，发现很少的磨盘、磨石及臼。但其形制明显较原始也没有固定形态，且基本都是利用天然的卵石直接使用的。这与近东南部规整型工具有很大不同。前陶新石器时代前期，磨盘、磨石及臼的数量大增，且形态更加规整，逐渐定型化，并且新出现了一些器形，如杵、开放型磨盘、Cup-hole（类似臼，但臼窝较小）及 Meule-mortar（既可以作为磨盘也可以作为臼的一种一端开放的器物）。其中开放型磨盘的出现比近东南部早一个时期，因而南部的这种工具应该来源于北方。前陶新石器时代后期，开放型磨盘非常流行，并且出现鞍形磨盘（比南部早很多）。前陶新石器时代后期晚段至有陶新石器时代早段，大型的聚落开始出现，为麦类谷物的大量种植提供了很重要的基础，真正的农业社会才开始形成[①]。

安纳托利亚地区旧石器时代晚期遗址十分稀少，没有发现研磨类工具。前陶新石器时代出现磨盘、磨石、杵等。其中开放型磨盘和磨石为主要的研磨工具。而有陶新石器时代早期，鞍形磨盘成为主要的研磨工具。此地区明显可以看出原始的磨盘、开放型磨盘至鞍形磨盘的发展过程。但总体而言，此地区新石器时代的这些工具应该不是本地起源，而是来自于其他地区，大有可能是从幼发拉底河中游传播而来[②]。

在扎格罗斯（Zagros）和伊朗高原地区，旧石器时代晚期研磨类工具十分少见。前陶新石器时代可分三期，最早期的新石器时代文化中出土杵臼磨盘、磨石等工具，但绝大部分尺寸偏小（小于 15 厘米），效率低下。在第二期，超过 50 厘米的大型磨盘出现，并且杵臼及磨石依然存在。这些大型工具尺寸较大，不宜频繁移动，是与此时期出现的永久性定居聚落相适应的。此时期还出现少量鞍形磨盘。在新石器时代早期的第三阶段，即耶莫（Jarmo）下层时期，农业社会开始形成，鞍形磨盘十分兴盛，此后一直沿用数千年，直至出现转磨为止。但也有少量的杵臼及磨盘[③]。

还有学者对近东地区此类工具进行了详细的分期研究，研究者在后旧石器时代的克巴拉文化时期，检查了 68 个遗址，其中 17.7% 的遗址都出土少量食物制备工具，包括此地区最早的石臼。一些石臼个体很大，不适合长距离搬运。几何形细石器克巴拉文化（Geometric kebaran）时期，检查 178 个遗址，15.2% 的遗址发现有少量食物制备工具，包括磨石和石臼。在纳吐夫文化早期，检查 35 个遗址，48.6% 的遗址出土食物制备工具，与其前相比出土此类工具的频率明显提高，但以杵臼占统治地位。此时期人们以采集野生谷物、橡子、豆类以及多种种子为生，开始出现长期居住的聚落。在纳吐夫文化晚期及 Harifian 文化时期，检查 47 个遗址，48.9% 的遗址发现食物制备工

---

① 藤本强：《石皿·磨石·石臼·磨臼（Ⅲ）》，《东京大学文学部考古学研究室研究纪要》第 4 号，1985 年，1～30 页。

② 藤本强：《石皿·磨石·石臼·磨臼（Ⅳ）》，《东京大学文学部考古学研究室研究纪要》第 6 号，1987 年，107～132 页。

③ 藤本强：《石皿·磨石·石臼·磨臼（Ⅴ）》，《东京大学文学部考古学研究室研究纪要》第 7 号，1989 年，115～146 页。

具，此时期不同的文化类型工具套（tool kit）不同，有的以杵臼为主，有的以磨盘及磨石为主。与纳吐夫文化早期相比，磨盘及磨石数量大增。有学者认为出土杵臼的遗址主要分布于森林地带，暗示橡子及其他坚果的利用，而出土磨盘及磨石的遗址主要分布于草原地带，表明种子的加工及利用。前陶新石器时代早期，食物制备工具增长了 20 个百分点。磨盘数量及比重继续增加，统计的 17 个遗址中有 11 个出土磨盘，占64.7%。与此相对的是杵臼的比例大幅减少，表明人们为缓解生存压力，通过碾磨减小食物颗粒尺寸的办法来增加单位面积卡路里回报值的适应策略。前陶新石器时代晚期时磨盘数量及比重增加、杵臼数量减少的趋势仍在延续[①]。

距今 10000～8000 年的前陶新石器时代的中亚地区已出土磨盘类食物制备工具，比如阿富汗北部的加里马尔及加里阿斯普岩洞遗址已发现磨盘，哈萨克斯坦南部的卡朗古尔遗址发现石杵等[②]。

欧洲的新石器时代文化最早出现于巴尔干半岛南部地区，年代约为公元前 7000年。一般认为是从西亚的阿纳托利亚一带传播而来。此时期鞍形磨盘占据主导地位[③]。

2. 东亚地区

我国此时期出土磨盘类工具的遗址数量增加，并且南方地区在此时期也出现了磨盘类工具。北方地区主要有河北徐水南庄头遗址、阳原于家沟遗址，北京怀柔转年、门头沟东胡林遗址，山东沂源扁扁洞遗址，燕辽文化区的小河西文化及长江下游的上山文化。南方地区如岭南的广西桂林甑皮岩遗址曾出土石杵，桂林及武鸣洞穴遗址出土磨盘、磨棒，伴出打制石器及穿孔石器，研究者认为年代为距今 14000～9000 年[④]。

北京东胡林遗址，经过 2001～2005 年的三次发掘，出土多件琢磨而成的磨盘、磨棒。磨盘一般平面近椭圆形；磨棒分两种，一种剖面近圆角方形，另一种剖面是圆形，后者比前者更为细致。如 T9③：130 磨棒，剖面近圆形，表面琢磨较为细致，较光滑，长 16.25 厘米。伴出砍砸器、刮削器、尖状器等，有细石核、细石叶、少量磨制石器（如小型斧、锛等），一般只局部磨光，还有石臼和研磨赤铁矿颜料的研磨器、骨柄石刃刀、穿孔蚌器和螺壳装饰品。绝对年代为距今 11000～9000 年[⑤]。

小河西文化出土的磨盘平面呈长方形，底部平整，使用面内凹。磨棒为圆角棱柱状。石杵较短，圆柱形。臼形石器的圆形臼窝位于圆角长方形柱体中部，似为石质筒

① Katherine I. Wright. Ground-Stone Tools and Hunter-Gatherer Subsistence in Southwest Asia: Implications for the Transition to Farming. *American Antiquity*, 1994, 59 (2): 238～263.

② 苏立公：《论中亚石器时代文化》，贵州师范大学硕士学位论文，2005 年，18～19 页。

③ 藤本强：《石皿·磨石·石臼·磨臼（Ⅵ）》，《东京大学文学部考古学研究室研究纪要》第 8 号，1989年，107～128 页。

④ 邱立诚：《岭南前期新石器文化的研究》，《湖南考古辑刊》1999 年 00 期，198～205 页。

⑤ 北京大学考古文博学院等：《北京市门头沟区东胡林史前遗址》，《考古》2006 年 7 期，3～8 页。

形罐的半成品。研究者认为小河西文化早于兴隆洼文化早期阶段[①]。

浙江浦江县上山遗址出土的磨盘多用凝灰岩、流纹岩等制成，多择扁、平、厚的石块，其中一面琢磨成宽大的凹弧面，磨面上的麻点为特意琢打而成，与磨盘功能相关，磨面上有摩擦使用痕。如 T3 ⑤：5，呈不规则形，长 38、宽 32、厚 8 厘米。年代为距今 10000～8500 年，被命名为上山文化，典型遗址还有嵊州小黄山。稻壳碎片作为陶器掺和料比例不小，是古稻脱壳利用的证据[②]。

日本绳纹时代的草创期即明确出土不定型磨盘，主要分布于东北北部、关东南部、中部高地及九州南部一带。磨面形状有凸、平、凹三类，但以前两类占绝对优势，磨面为凹面的则极少发现。早期阶段磨盘数量迅速增加，不定型磨盘几乎遍布日本各地，开始出现整形较为规整的磨盘。主要分布区域为北海道南部、东北南部、关东南部及九州一带。前期阶段整形较为规整的磨盘数量激增，主要分布区域为北海道南部、东北及关东一带，其中又以关东地区最为集中[③]。

3. 美洲地区

中南美洲地区磨盘及磨棒有专门的术语来称呼，分别为 Metate 及 Mano。Metate 名称由来已久，为阿兹特克（Aztec）时期的碾磨工具 Metlatl 一词的变体。而 Mano 一词的本源也来自于同时期的 Metlapil 一词，意思是"磨盘的儿子"，表明磨棒与磨盘的相辅相生关系，也说明它们的确是作为复合工具配套使用。由其词源看来，这种工具的使用历史至少有六七百年。实际上后来的考古发掘表明，这种工具在美国西南部以及墨西哥 10000 年前即已出现，后来一直沿用，直到 20 世纪 60～70 年代，一部分土著的普韦布洛（Pueblo）印第安人依然在使用。后来西班牙占领美洲之后，沿用了传统的 Metate，但却用西班牙语 Mano 来指代磨棒，即手的意思，表明磨棒是拿在手里的碾磨工具[④]。

美国西南部许多史前遗址出土磨盘及磨棒，比较著名的如亚利桑那州的 Ventana Cave 遗址，最底层的年代早到 10000 年前，此遗址共出土完整磨盘、磨棒 1300 多件[⑤]。但此时期磨盘均为浅盆形磨盘，这是与加工采集的种子相适应的，浅盆形设计可以阻止它们飞溅，并且可以使用更大压力使较硬的种子变成粉末[⑥]。

① 索秀芬：《小河西文化初论》，《考古与文物》2005 年 1 期，23～26 页。
② 浙江省文物考古研究所等：《浙江浦江县上山遗址发掘简报》，《考古》2007 年 9 期，7～18 页。
③ 上條信彦：《繩文時代石皿・台石の研究——形態的分布を中心に－》，《古文化談叢》第 56 集，九州古文化研究会，2007 年，25～54 页。
④ Frank W. Eddy. *Metates and Manos: The Basic Corn Grinding Tools of the Southwest.* Santa Fe: Museum of New Mexico Press, 1964.
⑤ Donald H. Morris. Changes in Groundstone Following the Introduction of Maize into the American Southwest. *Journal of Anthropological Research*, 1990,46(2): 177～194.
⑥ Frank W. Eddy. *Metates and Manos: The Basic Corn Grinding Tools of the Southwest.* Santa Fe: Museum of New Mexico Press, 1964.

（三）新石器时代中晚期（距今 8500～4000 年）

新石器时代中晚期近东、欧洲、北非、中亚及南亚地区鞍形磨盘大行其道（图 1.3），在食物制备工具中占绝对主导地位，而杵臼数量越来越少。俄罗斯远东地区及朝鲜半岛开始出现鞍形磨盘，中美洲开始出现槽形磨盘（包括有足和无足）。中国北方鞍形磨盘十分发达，南方地区几乎不见磨盘，杵臼发现数量也不是很多。

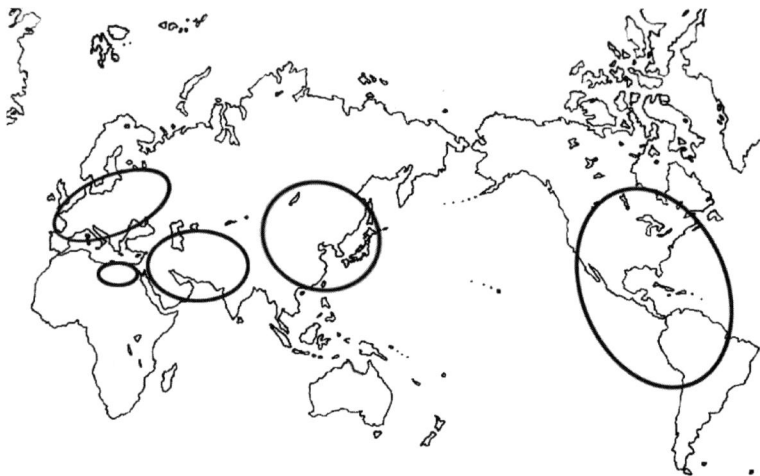

图 1.3　新石器时代中晚期磨盘类工具分布示意图

1. 西亚、中亚、南亚、北非及欧洲地区

近东地区在前陶新石器时代晚期出现的鞍形磨盘在此时期大量兴盛。研究者统计了多个遗址，认为前陶新石器时代晚期至新石器时代晚期阶段，磨盘数量及比重持续增加，杵臼数量则减少[1]。

中亚地区距今 8000～6000 年的新石器时代中期也出土有此类工具，比如位于土库曼斯坦的哲通遗址出土磨盘和石杵，同时伴出大麦、小麦等植物遗存，说明当时已经开始农业生产。此外我国新疆的阿斯塔纳遗址、辛格尔遗址等也出土磨盘、磨棒等工具。距今 6000～5000 年的新石器时代晚期，土库曼斯坦的安诺遗址一期也出土大量磨盘[2]。

中亚及南亚地区在公元前 5000 年前后出现新石器时代文化，一般认为是由西亚传入的，鞍形磨盘一直是这些地区最主要的研磨工具。因此，欧洲、北非、中亚及南亚的研磨工具都应该是从西亚传入的，这些地区从新石器时代开始就出土鞍形磨盘，直

---

① Katherine I. Wright. Ground-Stone Tools and Hunter-Gatherer Subsistence in Southwest Asia: Implications for the Transition to Farming. *American Antiquity*, 1994, 59(2): 238～263.

② 苏立公：《论中亚石器时代文化》，贵州师范大学硕士学位论文，2005 年，21、24～25 页。

至罗马时代开始前一直是这些地区最重要的研磨工具①。

　　北非在全新世早期阶段，研磨工具十分少见。至公元前 5000 年前后，西亚的农业文化传播至该地区，包括鞍形磨盘在内的研磨工具也随之传入，然后历经前王朝时期、古王朝时期一直至新王国时期，鞍形磨盘始终是十分重要的研磨工具（图 1.4）。这可以在当时的壁画及雕像中得到很好的反映②。

图 1.4　古埃及第五王朝使用磨盘、磨棒雕像

［采自藤本强：《石皿·磨石·石臼·磨臼（Ⅵ）》,《东京大学文学部考古学研究室研究纪要》第 8 号，1989 年，128 页］

　　欧洲地区，在公元前 6000～前5500 年，新石器时代文化开始向北扩张至前南斯拉夫、匈牙利、罗马尼亚及保加利亚一带，一般称为斯达克沃-克洛斯文化（Starcevo-koros Culture），鞍形磨盘也是其主要研磨工具。但由于气候差异，他们是一种农业、畜牧、渔猎及采集的混合生计模式。在公元前 5500～前5000 年，农人开始向中欧及西欧的森林地带迁徙，此时期的文化称为线纹陶（LBK）文化，其沿一些大的河流拓展，比如多瑙河、维斯瓦河、奥得河、易北河及莱茵河等。他们的主要研磨工具依然是鞍形磨盘。在西南欧地区，情况有所不同，该地区人们的生计模式是狩（渔）猎、采集的简单模式。在其晚期阶段，增加了畜牧业，但农业在整个新石器时代一直不发达，所以研磨工具，特别是鞍形磨盘也十分少见③。

------

　　① 藤本强：《石皿·磨石·石臼·磨臼（Ⅵ）》,《东京大学文学部考古学研究室研究纪要》第 8 号，1989 年，107～128 页。

　　② 藤本强：《石皿·磨石·石臼·磨臼（Ⅵ）》,《东京大学文学部考古学研究室研究纪要》第 8 号，1989 年，107～128 页。

　　③ 藤本强：《石皿·磨石·石臼·磨臼（Ⅵ）》,《东京大学文学部考古学研究室研究纪要》第 8 号，1989 年，107～128 页。

2. 东亚地区

　　日本绳纹中期阶段，磨盘十分发达，为出土磨盘数量最多的时期，主要分布于东北、关东及中部高地一带。后期阶段是磨盘最为普及的一个时期，无论是不定型的还是整形较为规整的磨盘在日本列岛各地均有发现，但磨盘总体数量比前一阶段锐减，集中分布于关东和九州一带[①]。

　　朝鲜半岛明确的磨盘类工具在新石器时代早期即已出现。新石器时代早期至前期阶段，以磨面为平面的未经加工的不定型磨盘为主体，在半岛北部也有少量鞍形磨盘出现，而中部和南部则不见。磨棒以单手抓握的短磨石为主，主要功能为敲打，而非研磨。在北部与鞍形磨盘对应的是，磨棒均为双手抓握的长形磨棒，中部有少量此类磨棒，而南部则不见。新石器时代中期至晚期阶段，以鞍形磨盘占主体地位，但磨面为平面的未经加工的不定型磨盘比例仍然较高。此时期北部仍以鞍形磨盘为主体，中部开始出现此类工具，而南部仍然不见。磨棒则以大型双手抓握形态为主，此时期南方开始出现此类工具[②]。

　　俄罗斯远东地区出现鞍形磨盘及长柱形磨棒，苏联数处新石器时代地点出土马鞍形"磨谷器"，年代为公元前4000～前2000年中期[③]。鲁德纳亚码头遗址第一地点下层为鲁德纳亚文化（与新开流文化关系密切），房址居住面上发现长柱形磨棒，年代为距今7500～6000年[④]。

　　中国地区此时期，情况较为复杂，可分为几个大的时期。裴李岗时期，鞍形磨盘出现，一般都进行加工整形，且一般都经过琢制的细致整形。最具代表性的就是裴李岗、磁山文化中出土的有足磨盘。此时期磨盘类工具主要分布于黄河中下游地区，此外老官台文化与兴隆洼文化也有少量分布。仰韶时代，黄河中游磨盘衰落，制作粗糙，有足磨盘基本消失。而黄河下游的海岱地区、东北的燕辽文化区依旧比较兴盛，辽东半岛南部区域也比较兴盛。龙山时代，原来兴盛的几个区域都已经衰落，磨盘呈零星、分散分布状态[⑤]。

3. 美洲地区

　　中南美洲地区随着玉米的广泛种植，槽形磨盘开始大行其道，如此，工作距离及

　　① 上條信彦：《縄文時代石皿・台石の研究 – 形態的分布を中心に – 》，《古文化談叢》第56集，九州古文化研究会，2007年，25～54页。
　　② 上條信彦：《先史時代의製粉加工具 – 한반도와 북부 구주를 중심으로 – 》，《韓國新石器研究》第10號，韓國新石器學会，2005年，87～101页。
　　③ А.П.蒙盖特著，中国科学院考古研究所资料室译：《苏联考古学》，内部资料，1963年，68～69、82～84、89～90页。
　　④ 中国社会科学院考古研究所赴俄罗斯考古考察发掘团：《俄罗斯滨海地区2002年考古考察纪要》，《考古》2005年8期，74～90页。
　　⑤ 加藤里美：《海岱地区新石器时代的磨盘、磨棒》，《东方考古》第2集，科学出版社，2005年，77～103页。

面积扩大，并且由于是双手操作前后往复运动，身体的重力也施加到磨盘上，促使其工作效率比盆形磨盘大大增加 [①]。

（四）历史时期以来（距今 4000 年以后）

1. 西亚、中南亚、北非及欧洲地区

历史时期以来，西亚、中亚、南亚、北非及欧洲地区如前所述，直到距今 2000 年前后的古罗马时代圆磨取代鞍形磨盘前，鞍形磨盘一直占据绝对主导地位。

2. 东亚地区

中国地区，三代时期，磨盘类工具在西北、内蒙古及东北等地还有使用，但广大中原地区据文献记载，应该以杵臼为主。至汉代时，圆磨及碓出现，由于其效率较高，基本取代了磨盘及杵臼。但在西南等地的少数民族地区，杵臼一直沿用到 20 世纪 60～70 年代。

日本绳纹时代晚期阶段，磨盘总体数量大幅缩减，分布区域也缩小，明显呈衰退之势。主要分布区域为东北北部、关东及九州地区 [②]，弥生时代开始，随着水稻逐渐成为主要粮食，杵臼占据主导地位。

朝鲜半岛的无文时代，以磨面为凹面的未经加工的不定型磨盘为主体，鞍形磨盘比例急剧下降，中部几乎不见，而南方此时期开始出现此类工具，但数量较少。双手抓握型长磨棒开始减少，相应单手抓握的短磨石比例有所提高。原三国时代，磨盘及磨棒类工具数量锐减，呈衰退之势。北部和中部几乎已经绝迹，仅在南部地区有所残留，但已不见鞍形磨盘，以未经加工的不定型磨盘为多，特别是磨面为凹面的类型更为常见。双手抓握型长磨棒也极少见到，仅有少量单手抓握的短磨石。纵观磨盘类工具时空分布及演进过程，不难发现鞍形磨盘及大型磨棒由北向南的传播过程，其最初的来源应该是中国的北方地区，而该地区也恰恰发现了原产于中国北方的小米（比如位于朝鲜半岛北部的智塔里遗址，不仅发现了较早的鞍形磨盘，同时也有炭化小米伴出），从而为这一推论提供了很好的证据 [③]。

3. 美洲地区

美洲地区，由于磨盘箱的出现（图 1.5），致使槽形磨盘衰落，平板形磨盘兴盛。

① Frank W. Eddy. *Metates and Manos: The Basic Corn Grinding Tools of the Southwest.* Santa Fe: Museum of New Mexico Press, 1964.
② 上條信彦：《縄文時代石皿·台石の研究 – 形態の分布を中心に –》，《古文化談叢》第 56 集，九州古文化研究会，2007 年，25～54 頁。
③ 上條信彦：《先史時代의製粉加工具 - 한반도와 북부 구주를 중심으로 -》，《韓國新石器研究》第 10 號，韓國新石器學會，2005 年，87～101 頁。

图 1.5　普韦布洛印第安人使用磨盘箱加工玉米

（改自 Frank W. Eddy. *Metates and Manos: The Basic Corn Grinding Tools of the Southwest*. Santa Fe: Museum of New Mexico Press, 1964）

由于有了磨盘箱的控制，磨盘上的棱沿失去了作用，这样不但制作磨盘时可以简化手续，而且由于没有棱沿的限制，磨盘的有效使用面积增大，使工作效率进一步增加[①]。

新墨西哥州的 Bat Cave 遗址出土大量不同类型的磨盘及磨棒，可能用于加工玉米。早期学者认为槽形磨盘和双手抓握的磨棒应该是和玉米加工有关的，随着玉米的传播而传入美国西南部。也有学者认为它们与陶器在这一地区的出现有直接关系。中世纪之后大部分地方仍旧使用磨盘[②]。

二、研究简史及述评

（一）国外研究简史

Jenny L. Adams 通过实验及民族学材料，认定有的磨棒应该是加工及处理皮革的。其可贵之处在于在实验过程中引入摩擦学术语及原理对摩擦过程进行解释，把摩擦的发生分为四个步骤。每个步骤的作用原理和特征各不相同，在显微镜下可明显看到这种变化。通过模拟实验提出，加工皮革与加工玉米的微痕是不同的，可以进行有效识别[③]。

Katherine I. Wright 根据民族学资料认为磨盘、磨棒并没有特定的加工对象，而是可以加工多种不同质地的生活物质。以埃及 Wadi Kubbaniya 遗址磨盘残留物分析为例，指出残留物分析对于直接判定此类工具的用途十分重要，并根据营养学研究，指出春

---

①　Frank W. Eddy. *Metates and Manos: The Basic Corn Grinding Tools of the Southwest*. Santa Fe: Museum of New Mexico Press, 1964.

②　Donald H. Morris. Changes in Groundstone Following the Introduction of Maize into the American Southwest. *Journal of Anthropological Research*, 1990, 46(2): 177～194.

③　Jenny L. Adams. Use-Wear Analysis on Manos and Hide-Processing Stones. *Journal of Field Archaeology*, 1988, 15(3): 307～315.

捣及碾磨在食物加工中有除去纤维、减小颗粒尺寸、去除有毒元素、增加或减少营养成分等作用。在参考其他学者模拟实验的基础上，提出在对谷物进行去壳处理时，最有效的方法即使用杵臼对其春捣，以木杵最为有效。而磨盘及磨棒很难有效地将籽实与麸糠分离。实验还表明，谷物的成熟度与能否顺利脱壳之间存在很大关系，不太成熟的谷物需要用耐用度较高的石臼来进行加工，而成熟度较高的谷物使用木臼即可以完成脱壳。食物颗粒的减小可以通过春捣及碾磨实现，但实验证明，碾磨比杵臼效果更好，可以使颗粒更加均匀。营养学研究还表明，谷物中的麸糠能够加速食物在肠道中运行的速度，但是如果谷物颗粒变小，则会延缓这一过程[①]。

Laure Dubreuil 是目前为止对于磨盘、磨棒类工具微痕分析做得最为详尽和系统的学者之一，在模拟实验中，她对不同变量进行了详细记录，并对加工不同物质所产生的微痕进行了系统的分类及描述。在实验数据的基础上，选取了纳吐夫文化中不同时代的三个遗址，对其中所出磨盘、磨棒类工具进行显微观察及记录，然后与实验数据进行比对。认为在纳吐夫文化中此类工具的用途十分广泛，加工物包括豆类、谷物类以及矿物类，并且发现从早期至晚期一直存在对谷物及豆类的加工，说明当时人对这两类食物的偏好，这对于农业起源的研究有着很好的参考意义[②]。

Homer Aschmann 通过民族学调查，指出加利福尼亚州一些土著居民用磨盘碾磨玉米，还有胡椒、粗颗粒的岩盐、咖啡豆及小麦。磨盘和磨棒一般会用同一块石料制成。石料一般为多孔的火山熔岩，在挑选石料时要充分考虑其尺寸和形状。如果非常熟练的工匠利用现代铁质工具生产，一般每天工作6小时，可以生产一套磨盘及磨棒。如果石料非常理想，每天最多可以生产两套[③]。

据北美民族学资料可知，使用磨盘磨碎玉米时一般跪在磨盘前，并且这项工作是由女性和孩子来完成的。在加工玉米之前，会把玉米浸泡在水中一段时间，通常磨盘也都会进行洗刷[④]。

磨盘可能是用石凿加工而成。通过实验，使用玄武岩的石凿成功加工出一件凝灰岩四足磨盘。从研究者描述的这件未完成的有足磨盘来看，磨面及边缘已经完成，但足还未完成，可以推断有足磨盘的加工顺序。由于考虑到磨盘四足较长，比较脆弱，如果在其他地方加工成，运输时容易破裂。研究者考虑磨盘生产应该是在住址完成的[⑤]。

---

①　Katherine I. Wright. Ground-Stone Tools and Hunter-Gatherer Subsistence in Southwest Asia: Implications for the Transition to Farming. *American Antiquity*, 1994, 59(2): 238~263.

②　Laure Dubreuil. Long-Term Trends in Natufian Subsistence: A Use-Wear Analysis of Ground Stone Tools. *Journal of Archaeological Science*, 2004, 31(11): 1613~1629.

③　Homer Aschmann. A Metate Maker of Baja California. *American Anthropologist*, New Series, 1949, 51(4): 682~686.

④　Ruth Lewis etc.. A Day in the Life of a Mexican Peasant Family. *Marriage and Family Living*, 1956, 18(1): 3~13.

⑤　Russell H. Mitchell. An Unfinished Metate from Panama. *American Antiquity*, 1963, 28(3): 401~402.

Albert Mohr 提出了磨盘与磨棒由于不断使用而形成的动态变化，认为随着磨盘由平变成浅凹，再变成深凹，磨棒的使用方式也随之变化，最终在磨棒上可以观察到三个使用面[①]。

Vanpool 等通过实验，发现槽形磨盘与浅盆形磨盘加工干种子（如玉米）时，工作效率比平板形磨盘高，永久定居聚落的磨盘比临时性聚落的磨盘耐用性更高，同时通过琢打再更新也更频繁。花岗岩和砂岩的磨盘容易把岩石碎屑混进食物中，并且也需要不断更新，而玄武岩则不容易脱落碎屑，并且更新也较少。磨盘的重量也是需要考虑的一个重要因素，因为涉及运输问题，因而在不影响磨盘的使用功能时，尽量使磨盘重量减轻。

大多情况，磨盘应该是在石料产地或离产地很近的地方完成磨盘加工，或者完成毛坯的加工，然后再运回使用地。磨盘的专业化生产程度可以通过数理统计来验证[②]。

通过以上对国外研究成果的介绍，我们可以看到，在对磨盘类工具研究的过程中，国外学者使用的方法包括类型学、民族学类比、模拟打制实验、模拟使用实验、微痕分析、残留物分析等方法，这为我们进行海岱地区史前时期此类工具的研究提供了很好的借鉴。

（二）国内研究简史

梁思永是我国最早提及磨盘类工具的学者之一，其在 1936 年即对林西采集的此类工具进行了介绍，在报告中，梁氏把磨盘、磨棒归类为捶制工具，而非磨制工具，是非常正确的。那时磨盘名称还未固定，称为手磨盘，也可简称为磨盘，在此文中梁氏推测其功能为研磨器[③]。此后 1938 年赤峰红山后遗址发掘报告出版，报告中认为磨盘类工具是粮食加工工具，之后这种说法得到广泛的认同[④]。李景聃在 1947 年发掘造律台遗址时发现有磨盘及磨棒，沿用梁氏的说法称为手磨盘，同意其为研磨工具，并认为与梁采集的林西的此类工具相似[⑤]，但对其用途也未发表看法。20 世纪 60 年代，中国翻译苏联专著《苏联考古学》时，将此类工具译为磨谷器，从此译名可见当时也基本认定此类工具为加工谷物的工具[⑥]，70~80 年代随着大量仰韶时期遗址以及裴李岗、磁山等遗址的发掘，出土了不少磨盘、磨棒，并且有些遗址中有谷物伴出，这使学术

① Albert Mohr. The Deep-Basined Metate of the Southern California Coast. *American Antiquity*, 1954, 19(4): 394~396.

② Todd L. Vanpool etc.. Specialized Ground Stone Production in the Casas Grandes Region of Northern Chihuahua, Mexico. *American Antiquity*, 2002,67(4): 710~730.

③ 梁思永：《热河查不干庙林西双井赤峰等处所采集之新石器时代石器与陶片》，《田野考古报告》第一册，商务印书馆，1936 年，1~67 页。

④ 赵世纲：《石磨盘、磨棒是谷物加工工具吗？》，《农业考古》2005 年 3 期，134~147 页。

⑤ 李景聃：《豫东商丘永城调查及造律台黑孤堆曹桥三处小发掘》，《中国考古学报》1947 年第二册，83~120 页。

⑥ А.Л.蒙盖特著，中国科学院考古研究所资料室译：《苏联考古学》，内部资料，1963 年。

界更加坚信上述看法。稍后随着一批，万年前后遗址的发现，部分学者对磨盘、磨棒的功能问题产生疑问。近年来，有研究者认为这类是鞣皮工具，而杵臼才是谷物加工工具。最近有学者认为我国史前磨盘类工具的主要功能应该是研磨橡子。纵观我国对此类工具的研究简史，许多学者为此课题的深入研究做出了贡献，在进行我们的研究之前，十分有必要对前人的主要研究成果及方法等进行归纳及评述，以便找到我们可以利用的研究方法，从而在这些成果基础之上推动此课题更进一步深入。

马洪路及陈文是我国较早系统分析磨盘及磨棒的学者，但仅限于对其进行类型学方面的研究，对其功能的认识也基本处于类比推论的阶段[①]。

宋兆麟也是我国较早系统论述磨盘类工具的学者，他将全国范围内磨盘分为四大类，即有足磨盘、长三角形无足磨盘、马鞍形无足磨盘及不规则形无足磨盘，并对这几种磨盘分布的主要区域作了归纳。他引用云南独龙族和怒族的民族学资料，发现这些民族仍然使用磨盘加工粮食，具体用途就是给粟脱壳。民族学资料也显示，磨盘是放在皮革上或竹编的器皿内，其目的一是为了防止滑动，二是为了便于收拾加工好的小米。他由此推测，有足磨盘也是为了防止滑动，并且盘面与足之间的空间可以存放小米，并认为由于农业的发展，磨盘、磨棒逐渐被效率更高的杵臼取代。该文主要是引用民族学资料，文献资料较少，也没有进行实验考古、使用痕以及残留物分析等研究，因而对其用途的认定仍然缺乏直接证据。但民族学资料为我们考虑其用途提供了很大启发[②]。

黄渭金等指出距今 7000 年左右的河姆渡文化中并不存在磨盘，但存在杵臼。研究者对河姆渡文化中陶釜内壁进行观察，发现遗留有烧焦的米粒残渣，都是脱壳后的大米煮熟而成。为验证磨盘与磨球的工作效率，作者进行了模拟实验。结果表明，磨盘与磨球的组合可以给稻谷去壳，但效率很低。从而指出我国南方地区在史前时期并不存在石磨盘，而是一直使用效率更高的杵臼，并认为随着稻作农业的北传，杵臼也向北方传播，并逐步取代了北方地区原有的磨盘、磨棒系统。这也正是北方地区自裴李岗时代以后，磨盘、磨棒发现很少的原因。此文进行了简单的模拟实验，通过实验证明，磨盘、磨球组合工具可以用来脱壳，但效率很低。但其实验过于简单，缺乏量化的比对数据，并且也未与杵臼工作效率进行比较，因而由此断定磨盘、磨球组合比杵臼组合效率低下，让人感觉结论不十分可靠[③]。

赵世纲从磨盘、磨棒工具的起源、分布区的经济形态、使用方法及效率等角度对其是谷物加工工具的说法提出质疑，但其中对其工作效率的判定，主要是据常理进行的推断，并未进行系统的模拟实验，因而其说法也很难让人信服。然后作者根据民族

① 马洪路：《新石器时代谷物加工方法演变试探》，《农业考古》1984 年 2 期，90～98 页；陈文：《论中国石磨盘》，《农业考古》1990 年 2 期，207～216 页。

② 宋兆麟：《史前食物的加工技术——论磨具与杵臼的起源》，《农业考古》1997 年 3 期，187～195 页。

③ 黄渭金等：《河姆渡"石磨盘"质疑》，《农业考古》2000 年 1 期，197～201 页。

学资料以及遗址中存在野生动物遗存，认为裴李岗时代的先民应该使用兽皮制作衣物，而兽皮在缝制衣物前都要进行鞣制，所以推断出土的磨盘、磨棒是鞣皮工具。在对有足磨盘进行解释时，作者认为是为了减轻重量，适应迁徙的需要以及为了增加磨盘高度、避免手指碰触地面。我们认为如果仅为减轻重量，完全可以加工为无足磨盘，而为了避免手指碰触地面，完全可以将其置于较高的物体上，为何要花费很大力气加工出足部？北美民族学资料表明，在加工玉米时，印第安人也经常把磨盘置于较高的地方。因而我们认为其论证理由是不充分的[1]。

　　藤本强并没有提供很多直接证据，而是想当然地认为磨盘、磨棒（即文中所言磨臼）就是制粉工具。在其文中，他明确表明"一般认为，磨臼都是以粉磨谷物为目的的工具"。其后他列举了西亚地区新石器时代早期也出土磨臼，并且是与杵臼及磨石、石皿共出的。按其行文逻辑来看，他所说的"一般认为"可能就是从西亚磨臼的用途推导出来的[2]。

　　加藤里美系统回顾了磨盘、磨棒研究简史，其中主要是中国及日本学者的研究成果，缺乏西方学者对此类工具的研究归纳。同时对此类工具进行了类型划分以及分期、分区研究。随后考察了其分布范围与水稻分布区域的关系，认为磨盘、磨棒与粟作农业有更加密切的关系，而与水稻关系甚微。其可贵之处在于，它是到目前为止，最为系统研究中国磨盘、磨棒的专论，但其中采用的方法更多沿用陶器的分型分式方法，考察磨盘、磨棒分布范围与水稻分布区域的关系是其亮点，为我们研究此类工具的用途提供了新视角，但其中对于水稻出土地点的材料较为陈旧，对近年的一些新发现缺乏收集，因而得出的结论也不十分准确。总体而言，在对磨盘、磨棒功能进行论述时，缺乏微痕分析、残留物分析等直接证据，此外，文中也缺乏对此类工具的工艺学考察。因而，对此类工具的认识尚显片面[3]。

　　近来刘莉根据民族学及植物考古学方面的资料指出，中国全新世早期流行的碾磨石器的功用应该是加工橡子的，并且认为正是由于对橡子的加工和利用导致了游动人群向定居的聚落方式转化[4]。

────────────────

① 赵世纲：《石磨盘、磨棒是谷物加工工具吗？》，《农业考古》2005 年 3 期，134～147 页。

② 藤本强著，高蒙河译：《略论中国新石器时代的磨臼》，《农业考古》1998 年 3 期，224～229 页。

③ 加藤里美：《海岱地区新石器时代的磨盘、磨棒》，《东方考古》第 2 集，科学出版社，2005 年，77～103 页。

④ 刘莉：《中国史前的碾磨石器和坚果采集》，《中国文物报》2007 年 6 月 22 日第 7 版。

第二章 海岱地区史前考古学研究现状

　　海岱地区史前考古学从 20 世纪 20 年代末吴金鼎调查城子崖遗址拉开序幕，时至今日已有 90 年的历史，其史前文化序列也逐步完善。旧石器时代早期即有人类生存，发现了与北京人几乎同时代的沂源猿人。旧石器中期尚无遗址发现，为一缺环。旧石器晚期有乌珠台人以及东部沿海多处石器地点发现。距今 1 万年前后有鲁南汶泗河及沂沭河流域的细石器地点群。进入新石器时代，距今 10000 年前后至 8500 年之间的新石器时代早期，至今未发现明确的考古学文化，但近年在鲁中山地发现了一些线索。距今 8500～7000 年新石器时代中期裴李岗时代的考古学文化为后李文化，这是海岱地区新石器时代公认的最早的考古学文化。距今 7000～4000 年的新石器时代晚期可分早晚两段，距今 7000～5000 年的仰韶时代及距今 5000～4000 年的龙山时代。海岱地区属于此阶段的考古学文化依次为北辛文化、大汶口文化及龙山文化。

第一节 考古学文化现状

　　至目前为止，虽然考古学文化序列已初步建立，但其中有些问题仍在争论之中。较为突出的有以下几点：①关于后李文化来源问题，有学者认为其源头应该在西河遗址一带，具体而言，应该是西河遗址 5～6 层，并详细分析了这一带的自然环境，进而认为这一带应该是海岱地区新石器文化的源头之一[①]。有学者则根据古海岸线及古环境复原，从宏观角度提出环渤海的筒形罐系统与圜底釜系统都应有共同的祖先，即黄渤海陆化平原时生活于其上的远古先民[②]。②关于后李文化与北辛文化关系问题，大概有四种意见。有学者认为，后李文化是北辛文化的直接源头，但中间可能存在缺环[③]。有学者认为后李类型与西河文化是两种截然不同的文化，进而认为北辛文化有可

---

　　① 张学海：《西河文化初论》，《刘敦愿先生纪念文集》，山东大学出版社，2000 年，1～15 页。
　　② 王青：《环渤海地区的早期新石器文化与海岸变迁——环渤海环境考古之二》，《华夏考古》2000 年 4 期，62～75 页。
　　③ 王永波：《后李文化的发现与研究》，《管子学刊》1994 年 1 期，93～95 页。

能是由后李类型发展而来的，和西河文化则没有直接传承关系[①]。有学者认为后李文化同鲁中南北辛文化应属同一文化，故应将其纳入北辛文化范畴，分别称之为后李类型、北辛类型更为确当[②]。有学者认为北辛文化是在后李文化、裴李岗文化的共同基础上发展而来的[③]。③关于北辛文化与白石类型的关系问题，有学者认为胶东半岛地区和以泰沂山为中心的山东大陆地区属不同的文化系统，并提出以白石文化命名[④]。有学者认为，胶东半岛在史前时期始终属于海岱地区的一个小区，北辛文化可分四个地方类型，即鲁中南的北辛类型、鲁北的苑城类型、胶东地区的白石类型及淮河以北苏北地区的大伊山类型[⑤]。④对于大汶口文化的分布区域问题，也有不同看法，尤其是其中、晚期的分布南界一直存在争议，而花厅墓地即是问题的关键所在。因墓地中存在大量的大汶口文化及良渚文化因素，很难区分何者占绝对优势地位，或者可称为"文化两合现象"[⑥]。但对于花厅墓地先民的族属问题，学界目前还未达成一致。有学者认为花厅遗址从早至晚均属于大汶口文化，至于墓葬中出土的良渚文化因素，可以理解为文化的交流[⑦]。也有学者认为，南区属于大汶口文化，北区属于良渚文化[⑧]。⑤关于龙山文化的分布区域及地方类型划分方面，亦有不同意见。比如王油坊类型，不少学者认为其属于中原龙山文化范畴，但有学者认为其属于海岱地区龙山文化范畴[⑨]。关于辽东半岛南部地区，有学者认为其在龙山文化时期，已经属于海岱龙山文化的一个小区[⑩]。

　　尽管海岱地区史前考古研究中还存在不少争论，但就像严文明先生所言，20 世纪的山东考古已经由初探到全面发展而进入了成熟阶段[⑪]。总体说来，其成熟不仅表现为发现并发掘了众多考古遗址，更主要体现为考古方法的改进及课题意识的增强。近年来，海岱地区史前考古不但在区系类型理论的指导下建立起完善的文化发展谱系，而且在聚落考古及区域系统调查等方面取得了很多成绩。在这种思想的指引下，通过自然科学技术的引入及多学科合作开展的文明起源研究、农业起源及传播研究等重大课题也都有可喜的成果。具体表现在以下几个方面。

---

① 张学海：《海岱地区史前考古若干问题思考的提纲》，《张学海考古论集》，学苑出版社，1999 年，35～61 页。

② 张江凯：《后李早期陶器的类型学研究》，《中原文物》1998 年 4 期，35～43 页。

③ 栾丰实：《北辛文化研究》，《海岱地区考古研究》，山东大学出版社，1997 年，27～53 页；高广仁：《海岱区先秦考古概论》，《海岱区先秦考古论集》，科学出版社，2000 年，44～62 页。

④ 李步青等：《胶东半岛新石器文化初论》，《考古》1988 年 1 期，66～76 页；烟台市文物管理委员会：《山东烟台白石村新石器时代遗址发掘简报》，《考古》1992 年 7 期，577～588 页。

⑤ 栾丰实：《北辛文化研究》，《海岱地区考古研究》，山东大学出版社，1997 年，27～53 页。

⑥ 高广仁：《花厅墓地"文化两合现象"的分析》，《海岱区先秦考古论集》，科学出版社，2000 年，144～152 页。

⑦ 栾丰实：《良渚文化的北渐》，《中原文物》1996 年 3 期，51～58+31 页。

⑧ 严文明：《碰撞与征服——花厅墓地埋葬情况的思考》，《文物天地》1990 年 6 期，18～20 页。

⑨ 栾丰实：《王油坊类型初论》，《海岱地区考古研究》，山东大学出版社，1997 年，283～300 页。

⑩ 栾丰实：《辽东半岛南部地区的原始文化》，《海岱地区考古研究》，山东大学出版社，1997 年，375～407 页。

⑪ 严文明：《山东 20 世纪的考古发现和研究·序》，科学出版社，2005 年，i～v 页。

一、聚落考古背景下的大量考古新发现

新石器时代中期的后李文化，是海岱地区新石器时代公认的最早的考古学文化。而新石器时代早期遗存则罕有报道，不过近年沂源扁扁洞遗址的发现[①]为此提供了很有价值的线索。对于后李文化，目前一般认为其仅分布于鲁中南山地北麓的东西狭长地带，但前些年皖北的小山口和古台寺下层[②]以及近年济南大辛庄及盛福庄和鲁东南诸城六吉庄子[③]均新发现了类似后李文化因素的考古遗存，为我们重新考虑其分布范围提供了很重要的资料，十分值得关注。北辛文化时期，近年在日照东港区新发现了两处遗址，填补了该地区此时期的空白，也使北辛文化分布范围拓展到鲁东南地区。大汶口文化早期，墓葬此前已发现较多，近年来发掘了几处房屋及生活区遗存，如临淄桐林、董褚以及济宁玉皇顶遗址，为我们全面认识此时期文化面貌提供了宝贵资料。中晚期也发现较多聚落类遗址，如五莲丹土、胶州赵家庄、胶南河头、邳州梁王城等，特别是丹土大汶口文化晚期城址的发现具有重要意义，把学界公认的海岱地区史前城址的时代从龙山文化时期又向前推了一个阶段。此外，蒙城尉迟寺在以前工作的基础上又进行了多次发掘，发现了房屋及广场等遗迹。龙山文化遗存的发现更加丰富，不仅发现城址及环壕聚落，如临淄桐林、连云港藤花落、茌平校场铺等，也发现多处普通的小型聚落。特别是日照两城镇龙山文化不同阶段城址的发现，为我们展示了此时期城址及聚落演进的详细资料，对文明起源及社会复杂化进程研究有重要意义。

二、新方法的探索及使用

在聚落考古思想的指导下，往往从研究课题设计之初，就围绕全面复原古代社会及人类行为等展开，因而方法更具有针对性。表现在田野发掘中有很多方面：首先是多学科的合作研究，如航空摄影及遥感研究、地磁仪勘探及土壤分析、动植物考古研究、陶器工艺及产地研究、酒及盐的化学分析、体质人类学及食谱研究等。从调查、发掘至室内整理都聘请相关领域专家参与，从而保障了最大限度地提取考古遗存中的信息以及结论的可靠性。氛围类似于新考古学倡导的那种情形。这些年来山东省文物考古研究所同中国社会科学院考古研究所、山东大学齐鲁医院等单位合作对广饶傅家大汶口 392 墓主开颅术的研究[④]，山东省文物考古研究所同中国科技大学合作，对山东若干史前遗址古陶产地及其所反映的社会结构进行的研究[⑤]以及山东大学同美国宾夕法尼

---

①　孙波等：《山东发现新石器时代早期遗址》，《中国文物报》2007 年 8 月 15 日第 2 版。

②　栾丰实：《试论后李文化》，《海岱地区考古研究》，山东大学出版社，1997 年，1～26 页。

③　山东省文物考古研究所等：《山东诸城市六吉庄子新石器时代遗址调查》，《华夏考古》2007 年 2 期，3～9、17 页。

④　韩康信等：《考古发现的中国古代开颅术证据》，《考古》1997 年 7 期，63～68 页。

⑤　佟佩华：《山东 20 世纪的考古发现和研究·绪言》，科学出版社，2005 年，1～13 页。

亚大学合作对两城镇龙山时期酒的生产和使用进行的研究^① 均是上述思路的很好体现。其次为具体发掘方法的改进，如测量记录、采样等都进行了很好的尝试性设计，包括对以往最小发掘单位的界定，把传统的最小单位通过顺序号码的方法再进行详细划分，如此，发掘的资料较之以往更加细致和精确。在资料收集方面，改进以往只收集有人类痕迹的遗物，对于发掘中的自然遗物，如未加工的石料等也一并收集。在发掘时，所有发掘土壤均进行筛选，通过这种方法，大大拓宽了发掘的信息量，挽回了土壤中包含的碎石屑、动植物大颗粒遗存等以前丢失的重要资料。在发掘过程中及发掘完成后，有计划地进行系统采样，以便进行土壤微形态分析、孢粉分析及植硅体分析等，为古环境复原及农业发生、发展研究提供了客观的资料。

三、重大课题的探索及理论研究

中国目前的考古学整体正处于一个思辨发展转型阶段，研究的重心也由过去的类型学和年代学转向通过多学科的交叉来全方位复原古代社会，即所谓的透物见人。过去我们的研究仅仅就器物来论器物，而现在我们要做的是全面展现古人生动的生活画卷，揭示古人所思、所行以及承载这些行为的时空区域。这种研究目的及思路的转变已在悄然进行。当然，海岱地区史前考古学研究也是在这样一种大背景下进行的。20世纪90年代以来（特别是中期以来），随着中外考古合作的逐渐增加，西方考古学中的理论和方法也越来越多地传入我国。这一阶段比较突出的进展是用聚落考古学的方法对考古学文化的发展进程进行个案分析及定量研究，使得研究成果具有了更坚实的数据资料，而不仅仅是泛泛的定性阐释。在研究进程中，多学科的介入与合作成为今后考古学发展的一种趋势。

近年来，在上述背景下，农业起源、发展及传播，文明起源等具有全球意义的重大课题取得了很大成就，如山东大学东方考古研究中心与日本九州大学合作，就山东半岛稻作农业的产生、发展和向朝鲜半岛、日本列岛的传播这一学术课题，展开了专题性研究，取得了初步成果。此外，山东大学东方考古研究中心和美国耶鲁大学、芝加哥自然历史博物馆合作，对日照两城镇遗址的调查、发掘工作也取得了丰硕成果^②。在多学科的合作研究下，通过区域系统调查及聚落考古的方法，揭示出该地区社会形态的演变，树立了从小区域来研究社会复杂化进程，探索早期国家起源和形成的范例。

近年来，围绕上述重大课题，在济南、徐州及日照等地召开了多次国际学术会议，对推动海岱地区史前考古研究向纵深发展提供了很好的交流平台，与会代表的发言及

① 麦戈文等：《山东日照市两城镇遗址龙山文化酒遗存的化学分析——兼论酒在史前时期的文化意义》，《考古》2005 年 3 期，73～85 页。
② 栾丰实：《海岱地区史前考古的新进展》，《山东大学学报·哲学社会科学版》2006 年 5 期，35～40 页。

提交的学术论文很好地反映出近来学界所关注的重点课题，同时也在很大程度上反映出海岱地区史前考古的研究现状。

第二节　史前环境复原

环境与考古学关系密切，环境对于人类的影响十分巨大，越是在早期，影响也就愈明显。在某些特定的时空范围内，环境甚至占据绝对的主导地位，人类只能被动地适应。随着社会的发展及人类社会的演进，逐渐转变为人类有变革性地适应，即在某些层面上做出有效的反应，采取一定的措施，可以影响甚至改变环境，经过人类干预后的环境反过来又对人类活动发生反作用力，人类再做出新的变革及适应。这种双向的互动关系一直伴随着社会的演进与发展[①]。所以在开始我们的研究之前，十分有必要对海岱地区史前环境进行复原研究。王青先生也认为，古代环境与人类的关系是制约与适应的关系，即环境变迁制约着人类生存，人类又在能动地适应环境[②]。

更新世以来，地球上气候出现多次明显变动，主要表现为冰期与间冰期的交替出现。伴随其交替变化，季风、海平面等也发生变化，并对气候带分布、水文及动植物种群等产生重要影响，进而对人类文化发生直接作用。海岱地区更新世晚期后段以来，处在末次冰期（距今70000～10000年，即中国的大理冰期，欧洲阿尔卑斯山地区的玉木冰期）的控制之下。旧石器晚期后段基本处于末次冰期盛冰期（Last Glacial Maximum）。而海岱地区的旧石器时代晚期文化则主要处于此时期，其前的间冰期则很少有遗址发现。因而我们重点分析盛冰期的古环境。新石器时代基本处于全新世早中期，特别是全新世大暖期。下面将分别从气候、水文、地质及动植物等角度进行分析。

一、气　　候

国际古气候模拟比较计划（PMIP）对末次冰期盛冰期进行了大量研究，此时期中国大陆地表气温降低（有降低1～10℃、2～7℃及2～9℃几种不同看法），降温幅度总体上由南向北逐渐增大。东亚冬季风增强，夏季风显著减弱，冷干的气候导致中国大陆总体上较今天更为稀疏的植被条件[③]。有学者通过中国东部连续的尘土孢粉样分析，认为在末次盛冰期时，年平均气温比现在降低了8℃左右，植被带向南推移了8～10个纬度[④]。

通过对北大西洋全新世深海沉积物进行研究，发现新石器时代至少发生了六次极

① 吴文祥等：《全新世气候事件及其对古文化发展的影响》，《华夏考古》2005年3期，60～67页。
② 王青：《环境考古学的基本理论问题》，《华夏考古》2004年1期，90～97、106页。
③ 梁潇云等：《我国对末次冰期冰盛期东亚区域气候模拟的研究》，《气候变化研究进展》2007年3卷3期，138～143页。
④ 邓韫等：《中国东部花粉比值与气候的关系及其在定量古气候重建中的应用》，《古生物学报》2002年41卷4期，508～516页。

端气候事件，分别为距今 11000、10300、9400、8100、5900、4200 年。这些事件贯穿于全新世早中期较为暖湿的整体环境背景中，在特定阶段对社会演进发生了重要影响。在距今 8000～7500 年之间，整个黄河流域有三四百年的文化断层。这之前的遗址也较少，与稍后全新世最适宜期（距今 7200～6000 年）大量遗址出现形成鲜明对比。距今 5500 年，全球发生显著气候变化，在中国发生了仰韶中期寒冷期这样的事件，导致黄河中上游地区早期遗址的减少及草原文化南下与大汶口文化西进的格局。距今 4000 年前的降温事件同样影响广泛和深远，甚至被认为是新仙女木期（Younger Dryas Event）以后最为寒冷的一次降温过程，导致繁盛的龙山时代的终结以及夏王朝的建立①。

在全新世的温暖期，出现了一系列由干冷到暖湿或由暖湿到干冷的气候变化。全新世影响最大的突然降温事件发生在距今 8200 年，它开始于距今 8400 年，于距今大约 8000 年结束，持续 400 年左右。其强度相当于新仙女木事件的一半，并以一个快速的较现在温暖和潮湿的气候事件结束。在距今 5000～4000 年间，全球气候曾发生一次短暂变冷降温事件，在中国降温开始时间北方早于南方，北方一般开始于距今 5500 年，而南方约在距今 4500 年②。

距今 10000～8500 年的早全新世时期气候开始转为温和而干燥，年平均气温大约为 6℃。距今 6000～5000 年为波动降温期，在这一时段的距今 5500 年左右，我国北方地区普遍出现过落叶阔叶林一度减少、寒温性和温性针叶树种增加及海平面下降等现象。但从山东郯城、南京句容宝华山发现的这一时段晚期丰富的亚热带动植物，尤其是水蕨、山龙眼，推测当时温度可高于现代 3.6℃③。

北辛文化和大汶口文化早期，鲁中南气候犹如今日之长江流域，大汶口中晚期气候较前期偏于干旱，但仍较今日略为温湿，龙山文化前期又略为回暖，后期时开始向干凉气候转变④。而沭河上游地区，大汶口晚期是温和偏湿气候条件下的、以针叶树为主的针阔混交林植被。到了龙山文化时期，气候变凉变干，针叶林面积有所扩大，但与现在相比仍温暖湿润。龙山文化的温凉偏湿气候结束时出现了冷凉干旱气候条件下的森林草原植被。该气候一直持续到岳石文化初期⑤。

中全新世后期的龙山时代，我国北方不同地区气候差异明显，并不是普遍出现寒冷和干旱的气候。龙山文化水稻的普遍存在，说明当时的冷干气候事件可能在海岱地区表现得并不像在长城地带那样强烈，温度和降水的条件还能够满足稻作农业生产的需要⑥。

---

① 吴文祥等：《全新世气候事件及其对古文化发展的影响》，《华夏考古》2005 年 3 期，60～67 页。
② 刘嘉麒等：《第四纪的主要气候事件》，《第四纪研究》2001 年 21 卷 3 期，239～248 页。
③ 王星光：《中国全新世大暖期与黄河中下游地区的农业文明》，《史学月刊》2005 年 4 期，5～13 页。
④ 高广仁等：《山东新石器时代环境考古信息及其与文化的关系》，《中原文物》2000 年 2 期，4～12 页。
⑤ 齐乌云等：《山东沭河上游史前文化人地关系研究》，《第四纪研究》2006 年 26 卷 4 期，580～588 页。
⑥ 靳桂云等：《海岱地区龙山时代稻作农业研究的进展与问题》，《农业考古》2006 年 1 期，46～55 页。

二、水文及地质

末次冰期盛冰期由于西太平洋中、低纬度地区冬季风的加强，直接导致东亚地区年平均降水量比现代要少，其中青藏高原东部、黄土高原及华北地区，日平均降水量减少 0.5 毫米以上，相当于年降水量减少了 180 毫米以上。同时地面水分收支以负值为主，表明地面净失去水分，变干燥[①]。

关于山东黄土研究，刘东生指出，在末次冰期最盛期，强劲的西北气流携带大量的粉尘物质最远到达长江沿岸，这时的山东半岛和滨海部分地区，除接受大量从西北通过大气系统以尘暴形式搬运来的粉尘外，还接受了从东部出露陆架吹向陆地的粉尘[②]。张祖陆也认为山东黄土可分为两大成因分布区，渤海湾滨海与岛屿区和鲁中山前区（包括鲁中山地的北麓坡地和山地边缘的山间盆地）。前者粒度较粗，且普遍含有海相微体化石，其物质来源主要为末次冰期出露的渤海陆架物质（此时东部海平面下降130～150 米，渤海、黄海及东海陆架均出露为陆地），西北气流携带而来的内陆远源物质占次要地位。而后者成因多样，东部的潍坊、青州黄土分布区，受到末次冰期强劲冬季风的影响，物质来源主要为北部出露的渤海湾，向西至淄博、济南地区则逐渐过渡为西北内陆风成物质成分占据主导[③]。黄土在结构上显现出均匀、细小、松散、易碎的特点。从微观上看，黄土的化学组成主要有二氧化硅和二氧化铝，并含有钙、镁、碳酸盐等物质。由于其颗粒均匀、细小、疏松，堆积无层理，发育成垂直柱状节理，便于后人用简陋的工具挖洞穴居或开垦成田，而富含营养成分、肥沃宜禾的土壤，为以后农业文明在此孕育产生和繁荣兴盛奠定了厚实的根基[④]。

关于此时期的海岸线问题，也有很多学者从不同角度进行过研究。距今 7000 年前后海面上升达到最高点，比现在高 2～3 米。苏北地区海岸线的西进也达到极限，海水可直达盱眙山地以东。苏北境内的海岸线大致南起扬中，向北经高邮、盱眙、涟水、灌云至海州湾一线。据河床沉积物岩性推测，其时淮河由盱眙流入苏北平原，在淮阳附近分为两支，北支经淮安、涟水、阜宁入海，南支经洪泽湖、射阳湖、盐城、兴化入海[⑤]。

仰韶温暖期的海岸线可到达山东省滨州—阳信—乐陵一线，鲁西北地区发现很多适宜生活于温湿湖沼环境的四不像麋鹿遗骸，反映了该地区早期湖沼密布、洼地连片、生长芦苇和香蒲等水生植物的湖沼自然景观[⑥]。此种环境非常适合古代农业的发展，再

---

① 赵平等：《末次盛冰期东亚气候的数值模拟》，《中国科学（D 辑）》2003 年 33 卷 6 期，557～562 页。

② 刘东生：《黄土与环境》，科学出版社，1985 年；刘东生：《第四纪环境》，科学出版社，1997 年。

③ 张祖陆等：《山东地区黄土研究综述》，《地理科学》2004 年 24 卷 6 期，746～752 页。

④ 王星光：《黄河中下游地区生态环境变迁与夏代的兴起和嬗变探索》，郑州大学博士学位论文，2003 年，30 页。

⑤ 凌申：《全新世苏北沿海海岸线冲淤动态研究》，《黄渤海海洋》2002 年 20 卷 2 期，37～46 页。

⑥ 张祖陆等：《山东小清河流域湖泊的环境变迁》，《古地理学报》2004 年 6 卷 2 期，226～233 页。

加上莱州湾南岸的古黄土发育，为后李文化农业提供了良好的自然环境。

　　有学者认为胶州湾作为海湾产生于距今 11000 年左右的全新世初期，在中全新世早期距今约 6000 年时海侵鼎盛，海面比现在高 2～3 米。那时胶州湾面积最大，现在的红岛（阴岛）、女姑山、薛家岛都是名副其实的海岛。中全新世晚期（距今 5500～2500 年）海面有所下降，晚全新世（距今 2500 年）以来，胶州湾海岸线接近现在位置①。也有学者认为距今 9600 年左右胶州湾海侵，同时也形成了大沽河古河口湾。约在距今 8000 年（李家庄孔海相层底部碳 -14 年龄为距今 8080 年）海水淹没大沽河古河口湾。直到距今 6000 年海侵范围在胶州湾地区达到最大，大沽河河口后退至谈家庄—李哥庄一带②。

　　关于山东北部沿海地区的海岸线，有研究者认为距今 10000 年，海水开始进入渤海海峡，至距今 8000 年前后，尚未达到现在位置，处于现今至少 10 米水深线附近。距今 6000 年，深入内陆达到最高海面。至于后李文化之所以能在距今 8000 年以前即确立起种植农业的生存策略，很可能与莱州湾南岸区纬度偏南同时又饶于黄土的地理环境有关③。也有研究表明距今 6500～5000 年，约相当于大汶口文化早中期，当时的海岸线普遍深入现今陆地 30～50 千米，达到现今海拔 9～10 米附近，应是中全新世海侵最盛期达到的最大范围。龙山时期的海岸线较其后退 20～30 千米。这一地区先秦时期许多聚落功能应与海产资源的开发和利用有关。因而，开发和利用自然资源才是古代人类能动地适应环境的主要手段④。

三、动　植　物

　　末次盛冰期东亚地区大面积的亚热带植被向南迁移，退缩到北回归线以南，我国华北平原取代了先前的温带落叶阔叶林，东部地带性植被迁移幅度很大，温带森林向南退缩达 500～800 千米⑤。此时期草原和沙漠带急速向南扩张，动物群大举南迁。史前人类随之向南迁徙。有学者认为这种环境恶化对中国北方旧石器的影响具有普遍性⑥。持类似观点的还有吴春明，他认为在旧石器时代晚期偏晚阶段，华南传统的砾石石器工业中，出现了一种细小石器工业，以白莲洞第一期为代表，这不是华南本土文化的

　　① 赵奎寰：《胶州湾的成因及演变》，《黄渤海海洋》1998 年 16 卷 1 期，15～20 页。
　　② 刘志杰等：《全新世胶州湾海侵及大沽河古河口湾的形成和演变》，《海岸工程》2004 年 23 卷 1 期，5～12 页。
　　③ 王青：《环渤海地区的早期新石器文化与海岸变迁——环渤海环境考古之二》，《华夏考古》2000 年 4 期，62～75 页。
　　④ 王青：《山东北部沿海先秦时期海岸变迁与聚落功能研究》，《东方考古》第 3 集，科学出版社，2006 年，281～297 页。
　　⑤ 于革等：《全球大陆末次盛冰期气候和植被研究进展》，《湖泊科学》1999 年 11 卷 1 期，1～10 页。
　　⑥ 吉笃学等：《末次盛冰期环境恶化对中国北方旧石器文化的影响》，《人类学学报》2005 年 24 卷 4 期，270～282 页。

内涵，应是受到北方小石器工业影响的新因素[①]。沂沭河流域的郯城马陵山一带的黄褐色砂质黏土中，产有猛犸象、纳玛象、披毛犀及野猪等 17 种更新世晚期动物化石，并常有细石器伴出，所含炭屑经碳–14 测年为距今 22450～21820 年。其中猛犸象及狼獾化石的存在，暗示了末次冰期时，我国大陆东部地区所受寒冷气候的影响比过去估计得要大得多[②]。莱州湾南岸滨海地区，在晚更新世之末，距今 24000～11000 年，即末次盛冰期之时，在地貌上为河湖相沉积及黄土堆积的平原地区，此时期属冷干气候期。当时的东北亚冰缘冻土带南界在中国东部沿海，位于北纬 40° 附近的华北平原及渤海北部地带，而莱州湾地区则处于冰缘外围环境。木本植物孢粉有松、柏、桦、云杉、冷杉、柳和栎等。草本植物花粉包括藜、蒿、禾本科、菊科、豆科等。其中在黄河三角洲沾化的一个钻孔岩芯中，云杉和冷杉的花粉化石数量占该层的 80%。动物群种类包括披毛犀、猛犸象、普氏羚羊、野牛、斑鹿、安氏鸵鸟等，它们都属于晚更新世晚期渤海寒冷动物群成员[③]。在莱州湾南岸的潍河冲积扇上钻取了两个沉积岩芯，并对不同层位进行了碳–14 及热释光测年和孢粉分析。其中组合带五属于更新世晚期之末，年代为距今 24000～10000 年。与时代更早的带四相比，松属花粉含量增加，出现了栎属、鹅耳枥属花粉，藜科花粉含量增加，香蒲属及菊科花粉消失。总体孢粉组合为藜科–蒿属–禾本科–松属–栎属。针叶树种及阔叶树种成分都有所增加，前者增加量为后者两倍。出现鹅耳枥属、蔷薇科、毛茛科等多种北方植物，显示出植物种属多样性增加及气候转冷的趋势。水生植物由早到晚逐渐减少。总体反映出干冷的针叶林干旱草原和荒漠草原植被类型。平原及附近山地、丘陵为少数森林–草原植被景观。在干草原上生活着喜冷的动物群。这一阶段是本区晚第四纪自然环境最恶劣的时期[④]。胶州湾一钻孔碳–14 测年为距今 18800 年 ±200 年，为玉木冰期低海面时期，沉积物中不含海相生物化石，仅发现植物碎屑和果核。孢粉分析表明植被是以蒿属为主的草原景观，气候寒冷干燥[⑤]。

全新世大暖期盛期时，我国华北地区年均气温比现在高 3℃左右。随着夏季风增强及冬季风减弱，我国植被带出现了向北、向西迁移。属北亚热带气候的常绿–落叶阔叶混交林植被带向北迁移 2～3 个纬度，到达北纬 35° 附近的西安—兖州一线。亚洲象、爪哇犀等现在热带及南亚热带的一些动物出现在北纬 34°～41° 的范围内[⑥]。有学者

① 吴春明：《试析华南中石器时代文化的本土传统与外来影响》，《中石器文化及有关问题研讨会论文集》，广东人民出版社，1999 年，6～19 页。

② 尤玉柱等：《沂、沭河流域第四纪地层与哺乳动物化石》，《古脊椎动物学报》1996 年 34 卷 4 期，322～331 页。

③ 韩有松等：《渤海莱州湾滨海平原晚第四纪地质事件与古环境》，《海洋科学集刊》1994 年 35 集，87～96 页。

④ 刘恩峰等：《莱州湾南岸滨海平原晚更新世以来古环境演变的孢粉纪录》，《古地理学报》2004 年 6 卷 1 期，78～84 页。

⑤ 赵奎寰：《胶州湾的成因及演变》，《黄渤海海洋》1998 年 16 卷 1 期，15～20 页。

⑥ Shi Ya-Feng etc.. Climates and Environments of the Holocene Megathermal Maximum in China. *Science in China*(Series B), 1994, 37(4): 481～493.

指出此时期冬季最冷月平均气温较现在高 5℃以上，自然带向北推移至少可达 5～6 个纬度。当时华北平原大部分地区盛行亚热带气候，一些喜欢温暖的动物如野生水牛、中国鼍等能够在这一带存在，一些喜热的动物如亚洲象、苏门犀、马来貘等的分布北界，也曾经到达过本区。在山东汶上东贾柏、兖州王因、泗水尹家城等处发现距今 6000～3000 年的鼍、野生水牛、亚洲象等遗骨[1]。在山东中南部的汶河、泗河流域的北辛文化和大汶口文化早期的遗址中发现有许多扬子鳄、水牛、龟、鳖、鱼和现在分布在长江流域洞庭湖一带水域的丽蚌、楔蚌、尖嵴蚌等动物的遗骸，其中仅在王因一处遗址就发现至少属于 20 只扬子鳄的遗骨，表明这些地区当时应有亚热带湖沼的生态环境[2]。

在莱州湾南岸的潍河冲积扇上的孙家道照钻取了 80 米的沉积岩芯，其中带Ⅵ深 3～7.5 米，年代距今 10000～4000 年，孢粉总浓度较高，孢粉组合中香蒲属含量明显增加，最高达 61%，藜科花粉含量降到 10% 以下，栎属花粉由下向上逐渐减少，出现了盐肤木属、桦属、榆属、鹅耳枥属花粉。孢粉组合为禾本科-香蒲属-蒿属-松属-栎属。水生草本植物含量可达 69%，喜暖湿植被成分明显增加，显示了暖湿的沉积环境，为针阔叶混交林滨岸草原景观[3]。

安徽萧县黄口孔所获全新世地层的数据资料更为全面。距今 12000～7500 年的全新世早期时，气候温凉偏湿，植被为以针叶林为主的针阔叶混交林 - 草原，含栗、栎、柳等阔叶树种的针叶林成片分布，由蒿、藜组成的草原面积广阔。距今 7500～5300 年的全新世中期时，气候温暖潮湿，植被为含针叶林成分的落叶阔叶林，以栎、栗为优势种，夹有亚热带的枫杨、鹅耳枥等。距今 5300～4000 年时，气候温暖偏干，植物群为针阔叶混交林-草原植被，林地稀疏，草原广布，以蒿、藜为主[4]。

滕县北辛遗址第四文化层（距今 7000 年）中，喜暖的栎属花粉较高，表明植被类型是亚热带落叶阔叶林-草原类型，气温较今温暖湿润。兖州西吴寺龙山文化时期，气候暖湿，为亚热带落叶阔叶林-草原类型。庙岛群岛孢粉分析表明，距今 4500 年以前该地区属于亚热带落叶阔叶混交林植被类型，气候较今温暖湿润。由獐的分布可以了解海岱地区史前的不同微地貌环境，平原地区多湖沼，少林木；鲁中南山前台地多河湖，饶森林；山东半岛则多山地森林，少湖沼[5]。

综合以上材料我们基本能够归纳出海岱地区更新世晚期后段以来的环境变化情况。

①　周跃云等：《试论野生水牛、四不像鹿和中国鼍在黄河中下游的绝迹》，《第四纪研究》2002 年 22 卷 2 期，182～187 页。

②　周昆叔：《环境考古研究》第一辑，科学出版社，1991 年，140～142 页。

③　刘恩峰等：《莱州湾南岸滨海平原晚更新世以来古环境演变的孢粉纪录》，《古地理学报》2004 年 6 卷 1 期，78～84 页。

④　黄润等：《安徽淮河流域全新世环境演变对新石器遗址分布的影响》，《地理学报》2005 年 60 卷 5 期，742～750 页。

⑤　王青等：《海岱地区的獐与史前环境变迁》，《东南文化》1994 年 5 期，67～78 页。

末次冰期最盛期，大陆地表气温降低，比现在低约 8℃（也有降低 1～10℃、2～7℃及 2～9℃的不同看法），植被带向南推移了 8～10 个纬度，大部分地区可达 500～800 千米。由于东亚冬季风增强，夏季风显著减弱，降水显著减少，平均年降水量减少了 180 毫米以上。地面较之现在更为干燥，总体气候以冷干为主，导致了比现在更为稀疏的植被条件。此时期植被及动物种群分布也很好地反映了这种气候条件。植被类型主要为干冷的针叶林及蒿属为代表的干旱草原和荒漠草原，在草原上生活着喜冷的动物群，如猛犸象、野驴、披毛犀、野猪、狼獾等。总体而言，此时期是海岱地区晚第四纪自然环境最恶劣的时期。这种气候条件在中国北方具有普遍性，从而导致了草原和沙漠带急速向南扩张，动物群大举南迁，史前人类随之向南迁徙。据研究，海岱地区的细石器传统与华北地区关系密切，可能正是在这种背景下传播而来。而与细石器一并存在的还有磨盘及磨棒类研磨工具，这在数处此时期的遗址中均有反映，比如下川、柿子滩、龙王辿等遗址。我们不难做出这样的推测，海岱地区最早的磨盘类工具很有可能是在此时由使用细石器的人群携带而来，因而海岱地区目前发现的此类工具绝非最早的类型，这从其形态及制作工艺也很容易看出来。所以其源头今后要在细石器遗存中去找寻。

此时期海岸线也大为退缩，东部海平面下降 130～150 米，渤海、黄海及东海陆架均出露为陆地。强劲的西北气流携带大量的粉尘物质到达海岱地区，成为济南至淄博地区黄土的主要构成部分，同时北部出露的渤海湾也吹来了大量此类物质，成为潍坊、青州黄土的主要部分。黄土的形成为全新世以后早期农业的发展提供了良好的物质基础。而泰沂山脉以北的鲁北山前平原地带恰恰是海岱地区最早的考古学文化——后李文化的分布区。这显然不是一种巧合，表明农业的出现与黄土的分布有密切关系，黄土与其他土壤相比具有的诸多优点也确实非常适宜早期农业的发展。

进入全新世以来，随着新仙女木事件的结束，气温急剧升高，距今 10000 年左右已经接近现在气温，降水量明显增多，加速了植物生长。具体而言，全新世早期时（距今 12000～7500 年），气候温凉偏湿，植被是以针叶林为主的针阔叶混交林－草原景观，含栗、栎、柳等阔叶树种的针叶林成片分布，由蒿、藜组成的草原面积也十分广阔。此时期小清河流域古湖泊群形成并逐步发育，形成湖沼密布、生长芦苇和香蒲等水生植物的湖沼自然景观。这样的地理环境也为农业的发生提供了必备的水源条件。

在中全新世时期的全新世大暖期鼎盛时期（距今 7000～6000 年），自然带向北推移至少可达 5～6 个纬度。海岱地区年均气温比现在高 3℃左右，基本处于亚热带气候的控制下。由于夏季风增强及冬季风减弱，降水量明显增加，约增加 15%～20%，气候温暖湿润。海岱地区北部一带为针阔叶混交林滨岸草原景观，而南部一带植被则以常绿-落叶阔叶混交林为主，其中栎属植物仍然占有较大比例。在这种植被环境中生活着亚洲象、扬子鳄、野生水牛等现在热带及南亚热带的动物，东贾柏、王因等遗址均有发现。

中全新世后期（距今 6000～4000 年），大汶口文化早期，鲁中南处于气候最适宜期，犹如今日之长江流域，大汶口中晚期气候较前期偏于干旱，但仍较今日温湿，植被为以针叶树为主的针阔混交林，并且这种气候在体质人类学研究中也可以得到佐证。据研究，距今 5000 年前后的广饶五村及傅家大汶口文化居民在体质上介于甘青组与黄河中下游–江淮组之间，其阔鼻倾向等清楚表明了南亚类型的特征，暗示了当时的气候与中国南方气候相近①。龙山文化前期气温又略为回暖，后期开始向干凉气候转变，针叶林面积有所扩大，但与现在相比仍略温暖湿润。龙山文化水稻的普遍存在，也间接说明鲁南地区的气候可能相当于现在的江淮平原，比现在更加温暖湿润。

气候变化导致海岸线的变化。总体而言，自全新世以来，海面逐渐上升，在距今 6500～5000 年出现全新世高海面期及最大规模海侵，海面比现在高出 1～3 米。具体而言，在海岱地区北部一带，距今 10000 年，海水开始进入渤海海峡，距今 8000 年前后，尚未达到现在位置，处于现今至少 10 米水深线附近，距今 6000 年，深入内陆达到最高海面。南部一带的胶州湾作为海湾产生于距今 11000 年左右的全新世初期，在中全新世早期距今 6000 年时海侵鼎盛，海平面比现在高 2～3 米。那时胶州湾面积最大，中全新世晚期海面有所下降，但仍高于现在海平面。苏北平原在海侵的最盛期时，大部分地区都遭受海水淹没，海岸线在赣榆—宿迁—泗洪—盱眙—扬州一线甚至更西的地区。

总体而言，整个全新世早中期总体气候大背景一直较为暖湿，但其间也发生了几次全球性的极端气候事件，导致气候一度发生恶化。对海岱地区影响最为明显的为距今 8000～7300 年及距今 4200～4000 年的降温事件，在考古学文化中分别表现为后李与北辛文化的断层以及海岱龙山文化的衰落与消失。

第三节　生业模式及农业发展概况

农业的形成是一个渐变的过程，在这个过程的早期阶段，人类社会经济的特点应该表现为以采集狩猎（或采集渔猎）为主、农耕生产为辅。可将这个阶段称之为"似农非农"阶段，贾湖遗址正是这一社会经济发展阶段的代表。南方稻作农业经济的真正建立发生在距今 7000～6000 年间，这一时期稻作农业的发展出现了一个飞跃，最明显的标志是在长江中下游地区和淮河流域的考古遗址中普遍发现了这一时期的稻谷遗存。距今 7000～5000 年间，旱作农业经济在中国北方地区至少在中原地区已经建立，

① 尚虹：《山东广饶新石器时代人骨及其与中国早全新世人类之间关系的研究》，中国科学院古脊椎动物与古人类研究所博士学位论文，2002 年。

由采集狩猎向北方旱作农业的社会经济转化过程基本完成[①]。

如果按照这个阶段来划分，与贾湖类型时代相当的后李文化也应该处于"似农非农"阶段，而其后的北辛至大汶口文化中晚期，海岱地区真正的农业经济也应该已确立，根据目前研究状况，应该为以粟、黍为代表的旱作农业与稻作农业的混合生业模式。龙山文化时期，农业已十分发达。

西河遗址 H62 及 H78 中哑铃形植硅体含量很高，可能与粟类植物的遗存有关。潍坊前埠下遗址，禾本科植物的硅酸体含量最高，其中有十分丰富的黍亚科植物的硅酸体，可能表明有些植物遗存是人类利用黍亚科植物的可食部分的结果[②]。

后李文化月庄遗址发现 26 粒炭化稻，40 粒炭化黍及 1 粒炭化粟。经加速器质谱（AMS）测年，时代为距今 7050 年 ±80 年或公元前 6060～前5750 年。其中，稻不能确定为栽培还是野生，但笔者倾向于前者，而粟、黍则为早期栽培类型。关于来源，笔者倾向于认为稻可能是从外地传播而来，而粟、黍则推测为本地生长[③]。

北辛文化时期，多处遗址发现水稻花粉，并且在连云港二涧村还发现稻壳的证据。说明此时期稻作农业在海岱地区的确立。同时此时期在滕州北辛、济宁张山均发现粟糠类物质，表明旱作农业也已经出现。

大汶口文化早期的兖州王因，发现可能属于稻类的花粉。整个大汶口文化时期，海岱地区的稻作农业开始发展。这一时期的稻作遗存达到 8 处，水稻遗存的分布地域包括除鲁北以外的整个海岱地区，比较集中的是在鲁东南、苏东北沿海和皖北地区[④]。大汶口文化早期的北庄一期发现了黍类遗存，大汶口中晚期，广饶傅家、莒县凌阳河、枣庄建新、胶县三里河等处都发现了粟的遗存[⑤]。说明此时期依然是稻作与旱作并存的混合农业模式。

龙山文化时期，是海岱地区水稻的大发展时期，水稻遗存的地点明显增多并遍及海岱大部分地区，其分布不再局限于南部地区和东南沿海，鲁西北、鲁北和胶东半岛一带都有发现，比如栖霞杨家圈、日照尧王城、滕州庄里西、临淄桐林田旺、日照两城镇都发现水稻遗存。此外莱阳于家店、日照两城镇等处也发现粟类遗存。滕州庄里西、栖霞杨家圈等遗址也发现了黍类遗存。关于小麦，在龙山文化时期，莒县杭头、茌平校场铺、日照两城镇都有发现。

---

① 赵志军：《有关农业起源和文明起源的植物考古学研究》，《社会科学管理与评论》2005 年 2 期，82～91 页；赵志军：《从兴隆沟遗址浮选结果谈中国北方旱作农业起源问题》，《东亚古物》A 卷，文物出版社，2004 年，188～199 页。

② 靳桂云：《山东地区先秦考古遗址植硅体分析及相关问题》，《东方考古》第 3 集，科学出版社，2006 年，259～279 页。

③ Gary W. Crawford 等：《山东济南长清月庄遗址发现后李文化时期的炭化稻》，《东方考古》第 3 集，科学出版社，2006 年，247～251 页。

④ 栾丰实：《海岱地区史前时期稻作农业的产生、发展和扩散》，《文史哲》2005 年 6 期，41～47 页。

⑤ 何德亮等：《山东史前居民饮食生活的初步考察》，《东方博物》2006 年 2 期，50～61 页。

　　除发展农业以外，海岱地区史前时期，还发现了许多采集食物。比较重要的包括橡子（栎属植物的果实）、野大豆等。许多不同时期遗址都发现栎属植物花粉，比如后李时期即发现栎、胡桃等阔叶植物以及香蒲、水蕨等水生植物孢粉的存在[①]，兖州王因则发现较多的半炭化橡子[②]。野大豆是一年生的缠绕草本植物，地理分布广，适应性强，具有喜水耐湿的特点，故大多生长于海拔 300～1300 米的山野、河流及沿海的湿地。在现代黄河三角洲湿地保护区内尚有野大豆生长[③]。龙山文化的滕州庄里西、日照两城镇即有发现。

　　此外，除了上述植物类食物，海岱地区也发现多种动物类食物，包括人工饲养和狩猎及捕捞的，这在绝大多数遗址中都有体现。

---

　　① 何德亮等：《山东新石器时代的自然环境》，《南方文物》2003 年 4 期，38～46 页；何德亮：《山东史前时期自然环境的考古学观察》，《华夏考古》1996 年 3 期，80～87 页。

　　② 何德亮等：《山东史前居民饮食生活的初步考察》，《东方博物》2006 年 2 期，50～61 页。

　　③ 靳桂云：《海岱地区史前稻作农业初步研究》，《农业考古》2001 年 3 期，91～96 页。

第三章 磨盘类工具概况及类型学分析

任何一种器物，都有其发生、发展以及消亡或转化为另一种器物的过程；也就是说，任何一种器物的存在，都有一定的时间性 ①。磨盘类工具当然也不例外，因而在进行其他研究之前，我们首先需要对其进行类型学分析，以便对其基本形态特征、演化序列以及与其他区域同类器物的关系有一个清楚的认识，同时也可为其他方面的研究提供基础性数据。

第一节 概　况

在本节中我们将按照时代的先后顺序对海岱地区史前时期发现的磨盘类工具进行介绍，对每一个时期发现的此类工具进行初步的数量统计并选取典型遗址进行简单介绍。

一、前后李文化时期

目前海岱地区属于此时期的仅有沂源扁扁洞一处遗址，发现少量磨盘及磨棒，其中磨盘呈长方形，一端有捉手，器形简洁规整，加工得十分细致。磨棒较短，中间粗两端稍细，截面近圆形，一面较平，背面略鼓 ②。

二、后李文化时期

后李文化时期至少有六个遗址发现磨盘及磨棒类工具。共发现磨盘至少95件，磨棒至少73件。此外还发现磨饼（球）1件，为采集品（表3.1）。出土数量较多且有详细描述的遗址有西河、小荆山、前埠下、月庄。平面形状主要包括圆角长方（条）形、梯形、三角形、不规则四边形、五边形、鞋底形、椭（长）圆形等几种形态，可

① 俞伟超：《考古学是什么》，中国社会科学出版社，1996年，92页。
② 孙波等：《山东发现新石器时代早期遗址》，《中国文物报》2007年8月15日第2版。

见此时期形态并不固定。磨盘均为大型的马鞍形。如按面积来估算，最小一件为小荆山出土，编号为 F2：31，平面略呈直角梯形，磨面平整，长 15.5、宽 11、厚 5 厘米，面积为 170 平方厘米左右。最大一件也为小荆山出土，长 62.8、最大宽 28、厚 5.6 厘米，面积约为 1758 平方厘米。可见使用面积相差巨大，显示出制作者的概念模版并不成熟和统一。未见西亚、日本列岛、朝鲜半岛及中美洲等磨盘分布区早期的小型浅盆形且一般未经加工的不规则近圆形磨盘，这类磨盘表现为较为成熟及发达的形态。

表 3.1　后李文化磨盘、磨棒基本情况统计表

遗址名称	磨盘	磨棒	出土状况	伴出石器及农作物	资料来源
后李	至少 1	至少 1	不详	斧、铲、锤、支脚、砺石、刮削器、尖状器等	《考古》1994 年 2 期
西河	至少 8	至少 10	房址、灰坑、地层及采集	斧、锛、镰、锤、支脚、砺石等	《华夏考古》1993 年 1 期；《考古》2000 年 10 期；实地考察
小荆山	39	15	灰沟、地层、房址及采集	磨球、锤、斧、锛、凿、砍砸器、支脚、砺石、犁形器等	《考古》1994 年 6 期；《东方考古》第 1 集；《华夏考古》1996 年 2 期
月庄	43	42	灰坑、灰沟、地层及采集	斧、锛、球、支脚、砺石等；炭化稻、粟及黍	《东方考古》第 2、3 集
前埠下	4	4	均出土于灰坑	斧、凿、锛、球、支脚、砺石；禾本科硅酸体	《山东省高速公路考古报告集》，1～108 页
绿竹园		1	采集	无	《考古》1994 年 11 期

磨棒横断面形状主要包括不规则椭圆形、圆角方形、圆角三角形、梯形、近圆形。但此时期还不见弧背设计，说明与后期的制作工艺相比，还处于较为低级的层次。均为大型的长条状双手抓握前后运动研磨型磨棒。几乎不见西亚、朝鲜半岛及中美洲等出土的单手抓握旋转研磨型磨石和日本列岛的砸压型短磨棒，仅小荆山遗址采集到一件磨饼。小荆山遗址所出磨棒最长，为 41 厘米。最短一件也出自小荆山遗址，长 13.8 厘米，其长度可以使用双手抓握。有学者分析磨棒长度与使用方式关系时认为，长 15 厘米以上的为双手抓握使用，低于 15 厘米的为单手握持[①]。但绝大多数单手握持磨石一般长 10 厘米左右，由此可见小荆山此件更加接近双手握持磨棒标准。

　　下面选取典型遗址对发现的磨盘及磨棒进行简要介绍：

---

　　① Jenny L. Adams. Refocusing the Role of Food-Grinding Tools as Correlates for Subsistence Strategies in the U.S. Southwest. *American Antiquity*, 1999, 64(3): 475～498.

（1）章丘西河遗址

此遗址位于章丘市龙山镇龙山三村的西北，现存面积 10 万平方米。西河遗址 1987 年发现，1991 年又进行了调查，并进行首次发掘[①]，1997 年又进行了第二次发掘[②]。

调查及两次发掘出土了大量石制品，主要器形有斧、锛、镰、锤、铲、刀、研磨器、磨盘、磨棒、支脚、砺石、支垫石等。制作方法有打制、琢制和磨制。支垫石和支脚的下半部多为打制，磨盘和磨棒及支脚上半部多为琢制，斧、锛和镰等多为磨制，有的石制品上往往呈现多种制法。比较重要的发现是 1997 年发掘中发现了成排分布的 19 座房址。

磨盘为梯形，两端微上翘，磨面略凹，底部不平，制作粗糙。也有的呈圆角长方形，或磨盘两面均有使用痕迹。通体琢制，使用面磨光，有的厚达 8.8 厘米。磨棒一端浑圆便于手握，一端残，有使用痕迹，截面呈圆角方形。研磨器体呈圆角方形。两端均有使用时留下的磨痕，通体磨光。其中值得注意的是在多所房址中发现磨盘，比如编号为 F58 的房址，平面呈圆角长方形，为长 5.75、宽 3.6～4.45 米的大房子，居住面上发现一灶，其中在东南角发现 2 个磨棒；F62 平面也呈圆角长方形，为长 7.6、宽 6.5 米的大房子，居住面上有三组烧灶，同时发现 1 个磨盘及 4 个磨棒，分布散乱。

这两座房址中均发现磨盘或磨棒，而这两座房址也均为人长期生活居住的住所，说明当时对磨盘类工具的使用是在居住区域内进行，而没有专门的工作场所。

（2）章丘小荆山遗址

小荆山遗址位于山东章丘市刁镇茄庄村西南，面积 10 万平方米。由于窑场取土，遗址中部遭到严重破坏。1991 年发现该遗址，并进行了调查及抢救性发掘[③]，1993 年进行了第二次发掘[④]。石制品十分丰富，主要器类有斧、锤、研磨器、磨棒、砺石、凿、犁形器、磨盘、磨球、支脚、装饰品等。石制品主要利用砂岩、页岩、花岗岩制作而成。制作方法有琢制、打制、磨制三种，其中以打制为主。石支脚等主要利用天然石块稍加打制而成，个别支脚经琢制。磨盘、磨棒、磨石、研磨器多先经琢制成型，后在使用时形成不同的磨面。其中磨盘按中部有无穿孔分为两型。

①　山东省文物考古研究所：《山东章丘龙山三村窑厂遗址调查简报》，《华夏考古》1993 年 1 期，1～10 页；佟佩华等：《章丘西河新石器时代遗址》，《中国文物报》1994 年 2 月 20 日第 3 版。

②　山东省文物考古研究所：《山东章丘市西河新石器时代遗址 1997 年的发掘》，《考古》2000 年 10 期，15～28 页。

③　章丘县博物馆：《山东章丘县小荆山遗址调查简报》，《考古》1994 年 6 期，490～494 页；济南市文化局文物处等：《山东章丘小荆山遗址第一次发掘》，《东方考古》第 1 集，科学出版社，2004 年，405～449 页。

④　山东省文物考古研究所等：《山东章丘市小荆山遗址调查、发掘报告》，《华夏考古》1996 年第 2 期，1～28 页。

　　磨盘及磨棒也有很多发现于房址之中，其中 1991 年发掘时，在 F1 出土磨棒 1 件，F2 出土平面形状各异的磨盘 8 件，同时还出土磨棒 4 件。1993 年发掘中 F11 出土 2 件磨盘，均位于西南角，其中一件为报道的有孔磨盘。F18 出土 2 件磨盘，位于西南角。F17 出土 1 件磨盘，位于西南角。F14 出土 1 件磨盘，位于北部。

　　此遗址中比较重要的发现是 1991 年第一次发掘中发现了 22 座墓葬，共 14 件随葬品。除 1 件骨器及 3 件蚌器外，其余均为蚌壳。但却无磨盘及其他石器随葬，这与磁山及裴李岗遗址中使用磨盘及磨棒随葬的习俗明显不同。

　　（3）长清月庄遗址

　　月庄遗址位于山东省济南市长清区归德镇月庄村东。20 世纪 80 年代末发现该遗址。1999 及 2000 年进行过两次小规模发掘①，2003 年春又进行了第三次发掘②。

　　石制品出土较多，但保存状况较差，大都已破碎，很少有能复原者。石器以磨制为主，大多还经过琢制，器形有磨盘、磨棒、砺石、斧、锛、球等。其中磨盘、磨棒、磨石数量较多。磨盘较有特色，分为有足和无足两类，多出土于地层及灰坑中。磨盘为打、琢制兼用，先打制出雏形，再进行细部的琢制。磨棒大多为琢制，也有一些是直接利用天然石块或稍加修整就进行使用的。

　　（4）潍坊前埠下遗址

　　前埠下遗址位于潍坊市寒亭区朱里镇前埠下村西 50 米处，遗址现存总面积约 2 万平方米。1997 年 5～8 月进行正式发掘③，发掘面积 1700 平方米。其中属于后李文化的第一期共出土玉石制品 25 件。器类有斧、凿、锛、锤、球、磨盘、磨棒、支脚、柱础石、砺石、石饰等。其中磨盘及磨棒大多出土于灰坑之中。其制法主要有打制、琢制、磨制三种。其中，磨盘、磨棒先琢制，后在使用过程中形成磨面，支脚、柱础石局部或大部琢制。

三、北辛文化时期

　　北辛文化时期胶东半岛及苏北一带均属于海岱文化区的分布范围。此时期至少有 21 处遗址发现磨盘及磨棒类工具。其中磨盘至少 51 件，磨棒至少 83 件。此外还发现石杵 20 件、陶杵 13 件及石臼 3 件，磨饼（球）4 件；邳县（今邳州市）大墩子还发现 3 个臼形烧土窝（可称为地臼）（表 3.2）。磨盘及磨棒出土数量较多且有详细描述的遗址有王因、东贾柏、北辛、苑城、大汶口、六吉庄子。

　　① 燕生东等：《长清张官遗址发掘的主要收获》，《青年考古学家》2000 年总第 12 期，27～29 页。

　　② 山东大学东方考古研究中心等：《山东济南长清区月庄遗址 2003 年发掘报告》，《东方考古》第 2 集，科学出版社，2005 年，365～456 页。

　　③ 山东省文物考古研究所等：《山东潍坊前埠下遗址发掘报告》，《山东省高速公路考古报告集（1997）》，科学出版社，2000 年，1～108 页。

表 3.2　北辛文化磨盘、磨棒及杵、臼基本情况统计表

遗址名称	磨盘	磨棒	杵	臼	出土状况	伴出石器及农作物	资料来源
北辛	至少8	7	7		灰坑、地层及采集	磨饼、敲砸器、盘状器、铲、刀、斧、凿、砥石等	《考古》1980年1期;《考古学报》1984年2期
王因	7	7	1		地层、灰坑	铲、斧、锛、刀、砺石等	《山东王因》,21～36页
东贾柏	4	16			房址、灰坑	盘状器、斧、锛、铲;植物印痕及炭化种子	《考古》1993年6期;实地考察
苑城西南庄	16	23			采集	斧、铲、锤、砺石、锛、石饼等	《考古》1989年6期;《考古与文物》1992年2期
白石村		1			地层	斧、锛、铲、球、网坠	《考古》1992年7期
后李	至少1	至少1			灰坑及其他	斧、铲、砺石等	《考古》1994年2期
张山	1	1		2	水井	砺石、斧等	《考古》1996年4期
西桑园	至少1	至少1			发掘	不详	《中国考古学年鉴》(1989年),169～170页
大汶口	3	13			灰坑、地层	斧、铲、刀、球等	《大汶口续集》,58页
田家庄		1			采集	铲	《华夏考古》2000年2期
大墩子		1	石6,陶6		地层及探方内石器堆放地点	斧、锛、铲、球、砺石等,3个臼形烧土窝,刘林期发现颜料石	《考古学报》1964年2期;《考古学集刊》第1集
大伊山	1		4		地层、采集	斧、锛、球、砺石	《文物》1991年7期
董东	1				采集	陶鼎、支座等	《海岱考古》第一辑
石山子			2	1	地层	斧、铲、凿	《考古》1992年3期
堌城村		陶1			采集	陶纺轮、石斧等	《考古》1965年1期
大村		陶3			采集	陶杯、陶罐等	《考古》1961年6期
二涧村		陶3			发掘	陶釜、斧、锛、刀等	《考古》1962年3期
玉皇顶	至少1	至少1			发掘	斧、锛、刀、砺石等	《考古学年鉴》(2001年),181～182页
董褚	至少1				发掘	斧等	《考古学年鉴》(2004年),220～221页
六吉庄子	5	9			房址、采集	斧、砺石	《华夏考古》2007年2期
邱家庄	至少1	至少1			采集	斧	《考古》1997年5期

　　磨盘平面形状主要包括圆角长方(条)形、圆角梯形、圆角三角形、椭圆形等几种形态,可见此时期形态与后李时期相比有定型化趋势。有足磨盘仅北辛遗址采集1件,根据工艺分析,与月庄遗址出土器有很大不同,不是制作足够成熟的专业工艺,严格意义上讲,应为盘底内收的一种变体,或为特例,或为偶发之作,不能作为一种特定工艺技术。无足磨盘均为大型马鞍形,如按面积来估算,最大一件为北辛遗址出土的有足磨盘,长65、最大宽36厘米,面积约为2340平方厘米,并且此遗址磨盘均

较大。最小一件为大汶口一期出土，长约 27.1、宽 16.1、厚 4.7 厘米，面积约为 436 平方厘米。二者面积相差仍较大。

磨棒横断面形状主要包括圆角三角形、椭圆形、圆角方形、半圆形、梯形、不规则圆形。此时期开始出现弧背设计的磨棒，表明制作工艺的进步。此时期均为大型的长条状双手抓握前后运动研磨型磨棒。最短一件为 14.8 厘米，为王因遗址出土（白石一期出土仅长 8.5 厘米，暂存疑）。最长一件为大汶口一期出土，长 28.4 厘米。

下面选取典型遗址对发现的磨盘及磨棒进行简要介绍。

（1）滕县北辛遗址

北辛遗址位于滕县（今滕州市）东南的北辛村北部，面积约 5 万平方米。遗址于 1964 年被发现，1964~1978 年之间进行多次调查，并于 1978~1979 年进行两次发掘。磨盘及磨棒主要出土于灰坑、地层之中，此外还有数件采集品。部分磨盘、磨饼用粉砂岩制成，磨棒和部分磨盘用花岗片麻岩制成。发现磨盘 8 件，都有使用痕迹，平面形状包括椭圆形、圆角三角形、长方形等，其中 1 件采集品为有足磨盘。磨棒 7 件，均残，横断面包括半圆形、扁圆形。此外还发现磨饼 2 件，石杵 7 件。另外，砥石中可能有磨盘断块。伴出磨饼、敲砸器、盘状器、铲、刀、斧、凿、砥石等[①]。

（2）兖州王因遗址

王因遗址位于兖州西南的王因村东南，现存面积约 6 万平方米，遗址于 1975 年发现，并在 1975~1978 年之间进行多次发掘。共报道磨盘 7 件，多为残片，完整或可复原的极少，通常采用质地较软的红褐色粉砂岩琢磨而成，但容易破坏，以圆角簸箕形和圆角长方形常见，几乎所有的磨盘两面都经琢制。平面形状包括圆角簸箕形及不规则形等。磨棒 7 件，完整者极少，石材主要为红褐色粉砂岩，最常见器形为扁圆长条形，是一种复合工具，与磨盘配合使用。横断面形状包括圆角三角形、椭圆形、圆角方形等。磨盘及磨棒多出土于地层及灰坑之中，伴出石器有铲、斧、锛、刀、砺石等[②]。

（3）汶上东贾柏遗址

东贾柏遗址位于汶上县东南东贾柏村东南，面积约为 4 万平方米，遗址于 1988 年发现，1989~1990 年之间进行了两次发掘，共出土磨盘 2 件，红色粉砂岩，磨琢而成，平面形状包括圆角长方形及圆角梯形。磨棒 16 件，横断面形状包括半圆形及圆角方形。磨盘及磨棒主要出土于房址及灰坑中，伴出盘状器、斧、锛、铲、植物印痕及炭化种子等[③]。

---

① 中国社会科学院考古研究所山东队等：《山东滕县古遗址调查简报》，《考古》1980 年 1 期，32~44 页；中国社会科学院考古研究所山东队等：《山东滕县北辛遗址发掘报告》，《考古学报》1984 年 2 期，159~192 页。

② 中国社会科学院考古研究所：《山东王因——新石器时代遗址发掘报告》，科学出版社，2000 年，21~36 页。

③ 中国社会科学院考古研究所山东工作队：《山东汶上县东贾柏村新石器时代遗址发掘简报》，《考古》1993 年 6 期，481~487 页。

（4）邹平苑城遗址

苑城遗址位于邹平县苑城西南村西南部，根据钻探面积约为5万平方米。遗址于1975年发现，1985年进行过小规模试掘，1985年秋以来，又进行过多次调查。采集多件磨盘及磨棒，磨盘基本均残，除1件系花岗岩外，余者均用砂岩琢制而成，平面形状包括圆角长方形、椭圆形。磨棒也均残，磨面均微外弧，采用砂岩琢磨制成，横断面形态包括半圆形、圆角弧边梯形、U字形、近方形等。此外还发现2件磨饼[①]。

四、大汶口文化时期

与北辛时期相比，此时期分布范围有所扩大，苏北、豫东及皖北一带已经成为大汶口文化的势力范围。此时期至少有26处遗址发现磨盘及磨棒类工具。其中磨盘至少75件，磨棒至少116件。此外还发现石杵10件，陶杵1件，石臼5件（表3.3）。

表3.3 大汶口文化磨盘、磨棒及杵、臼基本情况统计表

遗址名称	磨盘	磨棒	杵	臼	出土状况	伴出器物及农作物	资料来源
古镇都		至少1			发掘	石斧、锛、刀、球等	《中国文物报》1999年7月21日第1版
东石门		1			采集	无	《华夏考古》2001年3期
大汶口	1	2			采集、墓葬中女性一侧	骨匕、骨锥等	《大汶口》，43、112页
建新	至少1	2			灰坑	石斧、锛、铲、镰、球等；炭化粟	《枣庄建新》，55页；《中国文物报》2006年8月4日第2版
北庄	至少2	至少11			发掘	石斧、锛、砺石、网坠等；黍皮壳	《考古》1987年5期；实地考察
野店	1	1			墓葬中配套出土	石铲、刀	《邹县野店》，39页
王因	4	8	2		地层、灰坑	石铲、斧、锛、凿、刀、砺石等；水稻花粉	《山东王因》，86~99页
红土埠		至少1			采集	石锛、凿等	《考古》1984年4期
翁家埠		3			采集	石斧、锤、锛、球	《考古》1990年12期
小瞳		1			采集	石斧、锤	《考古》1990年12期
北斜山		1			采集	石斧、锛、凿	《考古》1990年12期
后黄土堰		1			采集	石斧、砺石	《考古》1992年10期

---

① 山东大学历史系考古专业：《山东邹平县苑城早期新石器文化遗址调查》，《考古》1989年6期，489~496、562页；山东省文物考古研究所：《山东邹平苑城西南庄遗址勘探、试掘简报》，《考古与文物》1992年2期，1~12页。

续表

遗址名称	磨盘	磨棒	杵	臼	出土状况	伴出器物及农作物	资料来源
翟家村			1		采集	石铲	《考古》1986 年 11 期
白石村	6	26	1		地层	石斧、铲、锛、凿、砺石、球、网坠	《考古》1992 年 7 期；实地考察
前埠下	36	30		2	灰坑及地层	石斧、凿、刀、砺石、支脚等；禾本科植硅体	《山东省高速公路考古报告集》，1～108 页
南阢			2		采集		《考古》1981 年 1 期
北阢	至少 4	至少 15	3	2	发掘及采集		《考古》1981 年 1 期；实地考察
东演堤			1		采集		《考古》1981 年 1 期
庙埠	2	1		1	采集	石斧、凿、砺石、球	《考古》1985 年 12 期
蜊岔埠	1	1			采集	石球、网坠	《考古》1985 年 12 期
义和		至少 1			采集	石斧	《考古》1997 年 5 期
东初		至少 2			采集	石斧、锤	《考古》1997 年 5 期
北兰格		至少 1			采集	石斧	《考古》1997 年 5 期
大仲家		至少 1			采集	石斧	《考古》1997 年 5 期
尉迟寺	17	5			房址、地层	石铲、斧、锛、刀、球等；粟、稻植硅体	《蒙城尉迟寺》，178、179、442～449 页
大墩子		陶 1			墓葬	石锛，陶罐、鼎等	《考古学集刊》第 1 集

　　磨盘及磨棒出土数量较多且有详细描述的遗址有王因、尉迟寺、白石村二期、前埠下、北阢。均为无足磨盘。平面形状主要包括圆角长方（条）形、椭圆形、鞋底形三种形态，可见此时期形态与后李、北辛时期相比定型化趋势更加明显。磨盘均为大型马鞍形，如按面积来估算，最大一件为白石村二期出土，长 55、宽 29、厚 3.7 厘米，面积约为 1595 平方厘米。最小一件为王因二期出土，长约 33、宽 18、厚 7.5 厘米，面积为 594 平方厘米。面积差值有所降低，也表明制作技术更为成熟。

　　磨棒横断面形状主要包括弧边三角形、多边形、椭圆形、半圆形、菱形、方形、梯形等。均为大型的长条状双手抓握前后运动研磨型磨棒，最短一件为 14.6 厘米，为大汶口墓葬出土。最长一件为白石村二期出土，长 27.5 厘米。

　　下面选取典型遗址对发现的磨盘及磨棒进行简要介绍。

　　（1）烟台白石村遗址

　　白石村遗址位于烟台市芝罘区西南的坡地上，于 1972 年发现，1973 年进行过调查，1975 年进行试掘，1980～1981 年进行两次抢救性发掘。在二期文化遗存中发现磨盘 6 件，磨棒 26 件，磨盘、磨棒多选用硬度不高的云母片岩。报道的磨盘 80T2 ③ B：12，云母片岩，平面呈履形，周边较薄，底部两端翘，如舟状，使用面平整，长 55、宽 29、厚 3.7 厘米。磨棒 80TG1 ③：98，黑云母片岩，状如覆舟，断面为半圆形，使用面光平，长 27.5、宽 7、厚 4 厘米。磨盘及磨棒主要发现于地层中，伴出斧、铲、锛、凿、砺石、球、网坠等[1]。

（2）即墨北阡遗址

北阡遗址位于即墨北阡村北部，面积约 3 万平方米，1979 年进行调查[2]，2007 年进行发掘[3]，发现多件磨盘及磨棒，我们实地观察过 4 件磨盘及 15 件磨棒，磨盘基本为断块，所以其原来的平面形状不得而知。石料多为砂岩，磨棒包括弧背及长条状两种形态，横断面形状包括弧边梯形、椭圆形、弧边三角形、圆角长方形、半圆形等。石料也多为砂岩。此外还发现石杵、石臼。

（3）蒙城尉迟寺遗址

尉迟寺遗址位于安徽省蒙城毕集村东部，现存面积约为 10 万平方米，遗址于 20 世纪 70 年代文物普查时发现，随后进行过小规模发掘，1989 年以来进行过多次大规模发掘。磨盘及磨棒主要发现于房址及地层中。发现磨盘 17 件，以砂岩为多，无完整器。一般出土于房基址中，平面形状包括不规则多边形、不规则三角形等。磨棒 5 件，均为砂岩，无完整器，琢制与磨制互用，横断面形状包括扇形、纺锤形、梯形等。伴出铲、斧、锛、刀、球等，另发现粟、稻植硅体[4]。

五、龙山文化时期

龙山文化时期，海岱地区分布范围有所扩大。据研究，豫东及辽东半岛一带已经成为海岱龙山文化的分布范围。此时期出土磨盘、磨棒及杵臼工具的遗址至少有 16 处。龙山文化时期共发现磨盘至少 47 件，磨棒至少 65 件。此外还发现石杵 10 件，陶杵 2 件（表 3.4）。磨盘及磨棒数量较多且有详细描述的遗址有造律台、郭家村上层、西山、石佛山。

表 3.4 龙山文化磨盘、磨棒及杵基本情况统计表

遗址名称	磨盘	磨棒	杵	出土状况	伴出石器及农作物	资料来源
司马台		1		采集	锛、锤、凿、砺石、球等	《考古》1985 年 12 期
城子顶	1			采集	凿、铲、球、斧等	《考古》1985 年 12 期
大榆树村		1		采集	凿、球、斧等	《考古》1985 年 12 期
崮子		1	1	采集	斧、镰、凿、网坠	《考古》1986 年 11 期

① 烟台市文物管理委员会：《山东烟台白石村新石器时代遗址发掘简报》，《考古》1992 年 7 期，577～588 页。
② 孙善德：《山东即墨县新石器时代遗址调查》，《考古》1981 年 1 期，5～12 页。
③ 资料现存即墨市博物馆，正在整理中。
④ 中国社会科学院考古研究所：《蒙城尉迟寺——皖北新石器时代聚落遗存的发掘与研究》，科学出版社，2001 年。

续表

遗址名称	磨盘	磨棒	杵	出土状况	伴出石器及农作物	资料来源
西西蒋		1		采集	斧、刀	《考古》1986 年 11 期
尹家城		1	1	灰坑、地层	斧、锛、刀、球等	《泗水尹家城》，76 页
黑堌堆			石 1，陶 2	发掘、地层	斧、锛等	《考古》1981 年 5 期；《中国考古学报》第二册
造律台	2	2		发掘	斧、锛、锤、刀、镞等	《中国考古学报》第二册
郭家村	7	21	3	发掘、采集	斧、铲、刀、石球、镞、网坠等；炭化粟	《考古学报》1984 年 3 期
三堂村	2	2	1	发掘	斧、锛、刀、镞、网坠等	《考古》1992 年 2 期
石佛山	5	1		发掘	刀、网坠、刮削器、镞、球、砺石等	《考古》1990 年 8 期
清化宫	1			采集	刀、镞	《考古》1962 年 7 期
于家村		3		发掘	斧、锛、镞、网坠等	《考古学集刊》第 1 集
小珠山		5	1	发掘	网坠、斧、锛、刀、镞、砥石等	《考古学报》1981 年 1 期
西山	29	26		发掘	砺石、斧、刀、刮削器、细石器、石球、镞、网坠、锛等	《考古》1992 年 5 期
西泉眼		1	1	发掘	斧、锛、刀	《辽海文物学刊》1988 年 1 期

均为无足磨盘。平面形状主要包括圆角长方形、圆形、长条形三种形态，可见此时期与大汶口文化类似，定型化趋势较明显。磨盘均为大型马鞍形，如按面积来估算，最大一件为造律台出土，中线处长47、最宽处宽27.2厘米，面积约为1278平方厘米。最小一件为西山遗址出土的长条状磨盘，长29.5、宽9.5、厚3.5厘米，面积约为280平方厘米。

磨棒横断面形状主要包括椭圆形、圆角长方形、半圆形、近圆形等。均为大型的长条状双手抓握前后运动研磨型磨棒，最长一件为郭家村上层出土，长37厘米。西山出土一件最短，长11.5厘米，双手抓握比较吃力。但缺少弧背设计的磨棒，而未作弧背设计的磨棒不利于长期使用，反映出此时期磨棒使用频率降低，在日常生活中地位降低，呈衰落之势。

下面选取典型遗址对发现的磨盘及磨棒进行简要介绍。

（1）永城造律台遗址

造律台遗址位于河南省永城西南部，为一堌堆遗址。面积较小，约为3500平方米。1936年进行发掘。发现手磨盘2件，皆圆角长方形，其中一件较完整，断为两块，宽端平齐，宽25.5、厚4.8厘米，窄端两角已残，厚3.7、中线处长47、最宽处27.2厘米。磨面经使用磨蚀，中间凹落，厚仅2厘米。另一件残长17.6、残宽21、厚2.6厘米，即由凹落处折断，凹落处仅厚1.3厘米。磨棒2件，均为长条形，一件横断面为圆角长方形，长 22、宽 4.6、厚 3 厘米。另一件横断面呈椭圆形，残长 17.5、厚 5.7 厘米。磨棒为两头细中间粗的杆状，两手把握便于推磨，与梁思永林西采集品相似。磨盘、磨棒石质均为砂岩，且均为发掘所出，但具体出土背景不详。伴出斧、锛、锤、刀、镞等[①]。

（2）大连郭家村上层遗址

郭家村上层遗址位于辽宁省大连市旅顺区郭家村北岭上，面积约为 1 万平方米，为中华人民共和国成立以前发现，1973～1977 年之间进行过调查及三次发掘，共发现磨盘 7 件，多变质砂岩、石英片岩及粘板岩。平面形状包括方形及圆形。磨棒 21 件，多用扁圆形长条砾石磨成，一面或两面有磨面，仅报道一件，Ⅱ T3 ②：3，变质砂岩，长 28、宽 10 厘米，Ⅱ T4 ②：9，石英片岩，横剖面呈半圆形，中间磨成凹面，长 37、宽 9.5 厘米，两端有端头。此外，还发现石杵 3 件。伴出斧、铲、刀、石球、镞、网坠等，席篓内出土炭化粟[②]。

（3）岫岩北沟西山遗址

西山遗址位于辽宁省岫岩县坝墙里屯西部西山之上，面积为 1.6 万平方米左右。遗址于 1987 年进行发掘。发现磨盘 29 件，石质有石灰岩和花岗岩，包括平面形状为圆角长方形及总体呈长条状两种形态。磨棒 26 件，石质为石灰岩和花岗岩，横断面形状包括圆形、扁圆形[③]。

除上述于报告中查找到的资料外，笔者选取从后李至大汶口文化时期的十个遗址进行了实地考察，对形态及工艺特征进行了详细观察，并对有条件标本进行了微痕观察及淀粉粒分析。有关工艺特征方面及微痕与淀粉粒分析将在后续相关章节进行介绍，下面将与形态有关的属性整理如下（表 3.5），为下面即将进行的类型学分析提供基本的资料，同时也便于对此有兴趣的学者进行更深入的研究。

表 3.5　实地考察磨盘及磨棒基本情况统计表

遗址名称	所属时代	器物编号	器物名称	保存状况	使用面数量	测量数据	平面形状/横断面形态	内收/弧背
西河	后李	F66：17	磨盘	完整	1	44、22、7.2、9900	圆角长方形	是
西河	后李	F62：24	磨盘	完整	1	38、18.4、3.6、5800	椭圆形	否
西河	后李	F61：19	磨盘	一端	2	23、18.2、6.4、4500	圆角长方形	否
西河	后李	F53：27	磨盘	断块	2	14.5、23.1、6.3、2739	不详	否

---

① 李景聃：《豫东商丘永城调查及造律台黑孤堆曹桥三处小发掘》，《中国考古学报》1947 年第二册，83～120 页。

② 辽宁省博物馆等：《大连市郭家村新石器时代遗址》，《考古学报》1984 年 3 期，287～329 页。

③ 许玉林等：《辽宁岫岩北沟西山遗址发掘简报》，《考古》1992 年 5 期，389～398 页。

遗址名称	所属时代	器物编号	器物名称	保存状况	使用面数量	测量数据	平面形状 / 横断面形态	内收 / 弧背
西河	后李	F1③：6	磨盘	一端	1	25.5、23.5、5.6、4900	圆角长方形	否
西河	后李	F2③：10	磨盘	断块	1	19.4、11.6、3.7、775	不详	否
西河	后李	采17	磨盘	断块	1	10.5、20.3、5.7、1550	不详	是
西河	后李	采16	磨棒	一端	1	9.2、6.6、5.0、506	弧边长方形	否
西河	后李	F66：021	磨棒	一端	3	8.7、4.8、4.4、341	弧边三角形	否
西河	后李	采18	磨棒	完整	4	19.6、5.5、4.0、739	不规则椭圆形	否
小荆山	后李	F2：26	磨盘	基本完整	1	46.5、30.5、7.8、15400	圆角长方形	是
小荆山	后李	采052	磨盘	一端	1	27.9、23.4、4.4、3900	略呈长方形	否
小荆山	后李	采051	磨盘	一端	1	21、23、7.8、4900	略呈椭圆形	否
小荆山	后李	F2：49	磨盘	一侧	1	39.6、10.8、10、7900	圆角长方形	是
小荆山	后李	F1：19	有孔磨盘	完整	0，不是磨盘	57.2、28.5、2.9、5800	五边形	否
月庄	后李	T6033H202：3	磨盘	断块	2	14.5、8.1、4.6、903	不详	是
月庄	后李	T6053⑨：2	磨盘	断块	2	25.5、13.3、2.8、1745	不详	是
月庄	后李	YZH：02	磨盘	断块	2	12.2、12.0、3.1、824	不详	否
月庄	后李	T6150⑨：3	有足磨盘	接近一端	1	22.2、32.0、3.4、0.3、6.4、3482	圆角长方形	是
月庄	后李	T5444H138：1	有足磨盘	断块	1	4.9、6.5、2.3、4.6、3.9、238	不详	是
月庄	后李	T5934H167：3	有足磨盘	断块	1	12.3、7.9、3.7、2.7、4.5、776	不详	不详
月庄	后李	T6053H57：4	有足磨盘	断块	1	6.5、5.0、2.3、4.0、4.2、256	不详	不详
月庄	后李	T5345H192：1	有足磨盘	断块	1	3.5、2.6、2.0、4.8、4.7、301	不详	不详
月庄	后李	T6153H72：2	有足磨盘	断块	1	8.3、7.2、3.9、1.7、5.0、458	不详	不详

续表

遗址名称	所属时代	器物编号	器物名称	保存状况	使用面数量	测量数据	平面形状/横断面形态	内收/弧背
月庄	后李	T6053 ⑩：5	有足磨盘	断块	1	13.9、13.0 、2.1、0.2、5.3、731	不详	否
月庄	后李	T6033H202：4	有足磨盘	断块	1	5.5、3.0、4.3、3.0、4.7、276	不详	不详
月庄	后李	YZH：03	有足磨盘	断块	1	9.8、7.3、2.4、499	不详	是
月庄	后李	YZH：04	有足磨盘	断块	1	12.8、6.8、3.0、624	不详	是
月庄	后李	T6033H183：1	磨棒	一端	2	21.1、7.9、4.8、1642	椭圆形	否
月庄	后李	T5934H182：4	磨棒	一端	1	4.5、4.7、3.2、107	椭圆形	
月庄	后李	T5933 ⑨：6	磨棒	断块	2	7.7、7.8、4.4、396	弧边三角形	否
月庄	后李	T6050H219：2	磨棒	一端	不能确定	11.9、7.4、5.5、937	圆角长方形	否
月庄	后李	T6034H195：3	磨棒	一端	2	11.2、7.4、4.0、485	圆角长方形	否
月庄	后李	T5934H178：1	磨棒	一端	1	8.6、8.3、8.2、689	近圆形	否
月庄	后李	T6153H72：1	磨棒	一端	2	11.3、7.8、3.7、736	圆角长方形	否
月庄	后李	T6052H61：3	磨棒	一端	2	11.5、4.8、4.3、323	椭圆形	否
月庄	后李	YZH：06	磨棒	一端	3	9.4、6.2、4.1、436	弧边三角形	否
月庄	后李	YZH：07	磨棒	一端	2	5.8、6.4、5.5、347	椭圆形	否
月庄	后李	YZH：10	磨棒	一端	2	11.5、7.0、4.2、702	椭圆形	否
月庄	后李	YZH：16	磨棒	一端	1	4.6、4.1、2.5、88	半圆形	否
月庄	后李	YZH：38	磨棒	一端	2	7.3、5.8、3.4、297	半圆形	否
北辛	北辛	020	有足磨盘	基本完整	1	65、36、2.8、3.5、3.0、14900	圆角长方形	是
北辛	北辛	馆藏号 07507	磨盘	一端	1	49.3、36.2、1.1、5100	弧边三角形	否
北辛	北辛	馆藏号 07506	磨盘	一端	1	36、27.4、2.4、3900	略呈椭圆形	否
北辛	北辛	馆藏号 07504	磨盘	一端	1	27.4、29.3、2.3、2999	不详	否
北辛	北辛	馆藏号 07447	磨棒	一端	1	10.4、5.0、3.6、328	不规则半圆形	否

续表

遗址名称	所属时代	器物编号	器物名称	保存状况	使用面数量	测量数据	平面形状/横断面形态	内收/弧背
北辛	北辛	T1H14：54	磨棒	一端	1	11.4、5.4、3.4、279	圆角长方形	否
北辛	北辛	馆藏号07515	磨棒	一端	1	18.8、5.0、3.7，有石膏未称重	不规则半圆形	否
王因	北辛	T4011④下：1	磨盘	一端	1	25.3、23，有石膏未称重	圆角长方形	否
王因	北辛	T415④下：8	磨盘	断块	1	20.7、22.1、7.8、4900	不详	是
王因	北辛	T4009H4005：12	磨棒	一端	1	15.7、6.1、3.9、906	半圆形	否
王因	北辛	T4009H4009：2	磨棒	一端	1	12.6、6.8、4.8、650	半圆形	是
王因	北辛	T4006④下：109	磨棒	一端	1	11.7、5.4、4.4、398	略呈椭圆形	是
东贾柏	北辛	F6：1	磨盘	拼接，基本完整	1	42、25.2、6.4、9800	圆角梯形	否
东贾柏	北辛	F9：7	磨盘	拼接，基本完整	1	60、26.2、5.1、10100	圆角长方形	是
东贾柏	北辛	359克	磨盘	断块	2	9.4、8.8、3.4、359	不详	否
东贾柏	北辛	1909克	磨盘	断块	1	18.3、17.4、4.0、1909	不详	否
东贾柏	北辛	T602②：2	磨棒	一端	2	12.1、5.8、4.9、534	略呈半圆形	否
东贾柏	北辛	F6：4	磨棒	断块	1	14.6、6.5、5.2，有石膏未称重	略呈半圆形	是
东贾柏	北辛	F7：3	磨棒	断块	1	10.8、7.6、6.1，有石膏未称重	略呈半圆形	否
东贾柏	北辛	618克	磨棒	一端	2	11.2、6.6、7.5、618	圆角长方形	否
东贾柏	北辛	918克	磨棒	一端	2	16.6、7.7、4.0、918	圆角长方形	是
东贾柏	北辛	F10：3	磨棒	一端	2	10.5、6.0、4.2，有石膏未称重	半圆形	是
王因	大汶口	2669克	磨盘	断块	1	19.1、14.0、5.2、2669	不详	是
王因	大汶口	248克	磨棒	一端	1	8.2、6.7、4.2、248	弧边三角形	是

续表

遗址名称	所属时代	器物编号	器物名称	保存状况	使用面数量	测量数据	平面形状/横断面形态	内收/弧背
王因	大汶口	T249H1：1	磨棒	一端	1	16.4、7.7、6.7、1420	半圆形	是
王因	大汶口	T285③：3	磨棒	基本完整	2	15、8.1、3.1、688	弧边三角形	是
王因	大汶口	577克	磨棒	一端	1	8.6、5.2、6.6、577	圆角长方形	否
王因	大汶口	331克	磨棒	断块	4	7.8、6.7、4.1、331	半圆形	否
王因	大汶口	T238③：11	磨棒	一端	2	15.2、7.7、3.5、704	弧边三角形	是
王因	大汶口	236克	磨棒	一端	3	7.2、6.7、3.4、236	弧边三角形	否
王因	大汶口	396克	磨棒	一端	3	11.2、6.5、3.9、396	略呈椭圆形	是
白石村	大汶口	80YBⅠT2④：23	磨盘	完整	1	22、13.8、2.7、1279	椭圆形	是
白石村	大汶口	80YBⅠT2③B：12	磨盘	完整	1	55、29、3.7	鞋底形	是
白石村	大汶口	80YBⅠT2④：19	磨棒	完整	0	25.6、6.7、4.4、1561	梯形	否
白石村	大汶口	80YBⅠTG1③：98	磨棒	完整	1	27.8、7.0、4.0、1376	半圆形	否
白石村	大汶口	81YBTG3②B：115	磨棒	完整	2	28.5、4.2、3.4、713	弧边三角形	是
白石村	大汶口	81YBTG2③：23	磨棒	完整	1	23.2、6.3、3.4、898	弧边三角形	否
白石村	大汶口	馆藏号 P0308	磨棒	完整	2	25.3、6.8、4.5、1110	圆角长方形	是
北阡	大汶口	T1517D37：1	磨盘	断块	1	16.3、15.1、7.4、2994	不详	是
北阡	大汶口	T1614M24：4	磨盘	断块	1	19、3、9.7、5.9、1349	不详	是
北阡	大汶口	T1511H168：1	磨盘	断块	1	18、12.8、7.3、2872	不详	否
北阡	大汶口	T1515柱23：1	磨盘	一端	1	50、37、15、45000	圆角长方形	是
北阡	大汶口	T1616⑥b：12	磨棒	完整	1	29.8、11.7、6.1、2791	弧边梯形	是
北阡	大汶口	T1512G2㉒：27	磨棒	断块	2	5.5、6.8、3.9、231	椭圆形	否
北阡	大汶口	T1611H12：2	磨棒	一端	4	13.4、10.1、4.7、889	弧边三角形	否
北阡	大汶口	T1613G1⑥：220	磨棒	一端	2	15.5、8.6、5.1、923	圆角长方形	是

遗址名称	所属时代	器物编号	器物名称	保存状况	使用面数量	测量数据	平面形状/横断面形态	内收/弧背
北阡	大汶口	T1515M20：3	磨棒	基本完整	1	20.3、6.7、4.8、914	半圆形	是
北阡	大汶口	T1515M13：1	磨棒	一端	1	10.5、7.2、5、446	弧边三角形	是
北阡	大汶口	T1511H105：15	磨棒	一端	1	8、8.3、4.7、368	弧边梯形	否
北阡	大汶口	T1611H103：3	磨棒	断块	2	11.7、11、3.9、727	圆角长方形	否
北阡	大汶口	T1516⑦b：9	磨棒	一端	1	12.6、7.6、4.9、778	弧边三角形	是
北阡	大汶口	T1517H1④：22	磨棒	一端	2	16.4、6.9、5.3、1088	弧边三角形	是
北阡	大汶口	T1511④C：7	磨棒	一端	1	9.4、7.9、4.1、451	半圆形	否
北阡	大汶口	T1513G1：38	磨棒	一端	1	15.1、8.8、9.3、1941	弧边四边形	否
北阡	大汶口	T1614M2：2	磨棒	断块	1	8.5、7.9、4.8、437	弧边三角形	否
北阡	大汶口	T1614柱4：1	磨棒	一端	1	19.1、6.7、8.6、1804	弧边三角形	否
北阡	大汶口	T1517H75②：8	磨棒	一端	1	15.6、10、4.1、1366	弧边三角形	否
北庄	大汶口	馆藏号S02146	磨盘	断块	1	10.6、11.7、9.6、671	不详	是
北庄	大汶口	馆藏号S02130	磨盘	断块	1	13.7、10.3、4.3、1023	不详	否
北庄	大汶口	馆藏号S02126	磨棒	完整	2	17.9、7.4、2.9、690	圆角长方形	是
北庄	大汶口	馆藏号S02142	磨棒	一端	2	10.1、6.6、3.7、423	圆角长方形	否
北庄	大汶口	馆藏号S02144	磨棒	一端	1	19.5、6.6、4.5、970	半圆形	是
北庄	大汶口	馆藏号S02140	磨棒	一端	1	10.6、7.6、5.3、642	半圆形	否
北庄	大汶口	馆藏号S02145	磨棒	一端	1	12.8、6.7、5.4、792	半圆形	否
北庄	大汶口	馆藏号S02099	磨棒	断块	1	12.2、5.7、3.3、445	弧边三角形	否
北庄	大汶口	馆藏号S02139	磨棒	断块	1	11.9、4.6、1.9、149	不详	是
北庄	大汶口	馆藏号S02098	磨棒	断块	1	12.2、7.1、4.7、710	半圆形	否

续表

遗址名称	所属时代	器物编号	器物名称	保存状况	使用面数量	测量数据	平面形状/横断面形态	内收/弧背
北庄	大汶口	馆藏号 S02143	磨棒	断块	0	11.5、6.6、6.5、758	圆角长方形	否
北庄	大汶口	馆藏号 S02124	磨棒	断块	1	14.2、4.1、2.1、205	半圆形	否
北庄	大汶口	馆藏号 S02132	磨棒	断块	1	8.5、8.1、5.4、561	圆角长方形	否

注：上表中的无足磨盘及磨棒的测量数据中依次为长、宽、厚、重，有足磨盘测量数据则依次为长、宽、盘体厚、足高、足底径、重，均为最大值，长度单位均为厘米，重量单位为克。后两列中的平面形状及内收均指磨盘的特征，而横断面形态及弧背则为磨棒的特征。有些遗址发掘编号不清楚的使用馆藏号或重量来表示

此外在实地考察中还发现磨饼及杵臼等工具，因数量较少，不能定量分析，仅作一简单介绍。

北辛遗址观察过一件磨饼，馆藏号 07433，长径 5.9、短径 5.4、最大厚 4 厘米，重 192 克。周身均可见琢打痕。

白石二期，馆藏号为 P0147，横断面呈方形，四面均未见使用痕。但在上部顶端可见使用痕，应为石杵，最大长 24.8、最大宽 5.8、最大厚 4 厘米，重 1038 克。

北阡遗址，T1511H128：1，为一残石臼，边缘圆弧状，可见琢打痕，呈内收之态，显系精细琢打而成。残长 19.2、残宽 11.5、沿高 5.2、底部厚 2.1 厘米，重 1334 克，底部内壁未见平行研磨条痕，排除旋转型浅盆形磨盘的可能。

第二节　类型学分析

磨盘分类标准可以有很多，比如足的有无、磨面（使用面）平面形状、磨盘长短轴比例、凹陷形状及位置、长短轴断面形态（是否有内收）、周缘是否经过加工及精细程度、磨盘厚度以及岩性，等等。同样磨棒分类标准也可以有不同依据，比如横断面形状、纵断面形状、两端有无突起、长宽比例以及岩性等。总体而言，可分为三种分类倾向，即形态分类法、工艺分类法及原料分类法。不同的分类方法可能反映出研究者不同的目的，由于很多遗址一般缺乏精确的岩性鉴定，为我们分类带来很大不便。且绝大多数磨盘、磨棒的原料种类较为单一，即使可以分类，在未对单个遗址周围进行地质学勘查之前，也不能说明太大问题。故本书主要采用形态及工艺相结合的分类方法。首先我们按照不同时代分别进行分类。然后再从整个海岱地区史前时期的高度，并参照其他区域的分类再进行划分。

从制作工艺角度来看，据笔者亲自观察过的标本可见，基本所有磨盘及磨棒均经过不同程度的有意识加工。有的可见打制成型时的石片疤，有的可见琢打痕，有的标

本两者皆有之。更有一些磨盘打制出足部或盘底内收的形态，便于移动时搬运，利于长期使用，显系精细加工的永久性工具。下面按照时代先后分别进行分析。

一、后李文化时期

磨盘依据是否有足分 A、B 两型（图 3.1、图 3.2）。

A 型　底部有足。仅月庄遗址发掘出土 13 件。月庄 T6150 ⑨：3，是磨盘中最大的一件，约为原来的三分之一。磨面使用痕迹不明显，可能与使用时间不长有关。底部有一矮足。残长 22.2、残宽 32.0、盘体厚 3.4、足高 0.3、足底径 6.4 厘米，重 3482克（图 3.1，1）。月庄 T6153H72：2，磨面上有较明显的使用痕迹，底部有一残足。残长 8.3、残宽 7.2、盘体厚 3.9、足残高 1.7、足底径 5.0 厘米，重 458 克（图 3.1，2）。

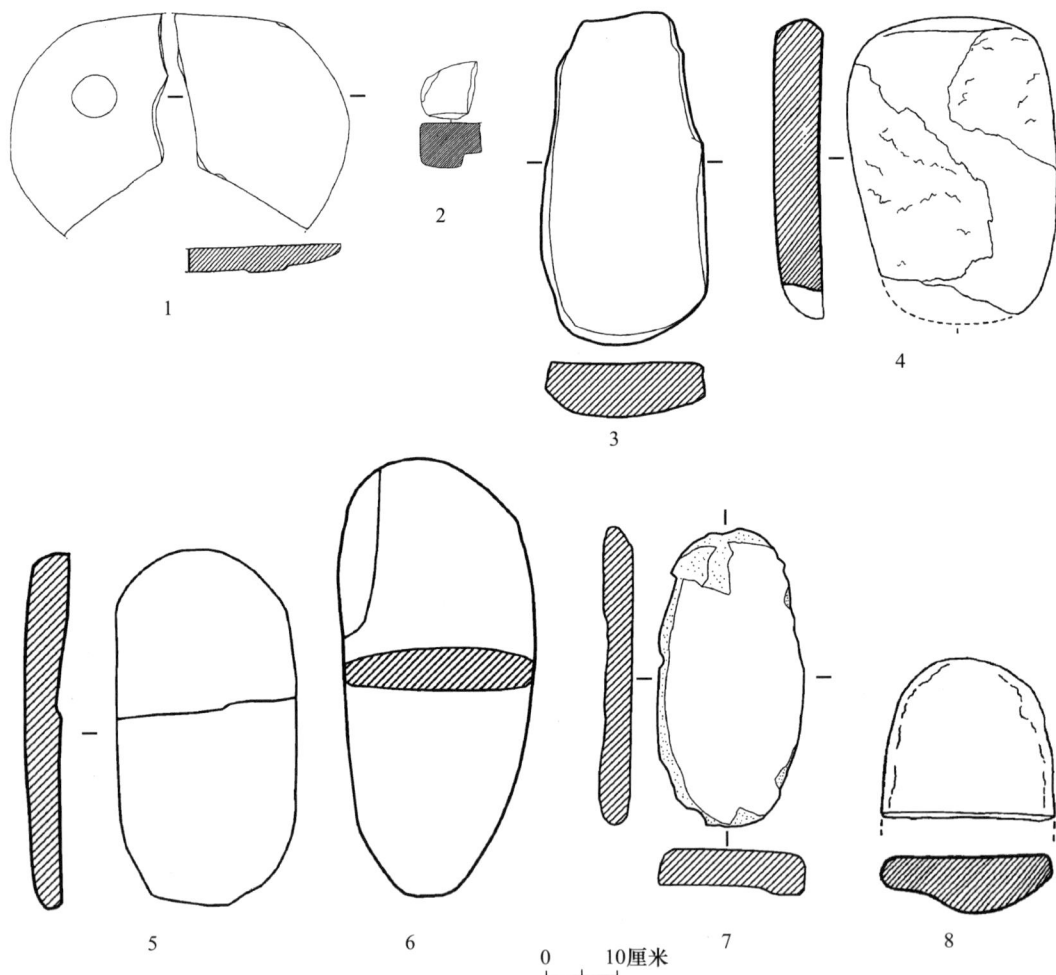

图 3.1　后李文化磨盘分类

1、2. A 型（月庄 T6150 ⑨：3、月庄 T6153H72：2）　3、4. B1 型（西河 F66：17、小荆山 F2：26）
5. B2 型（小荆山 005）　6. B3 型（小荆山 003）　7、8. B4 型（西河 F62：24、小荆山 051）

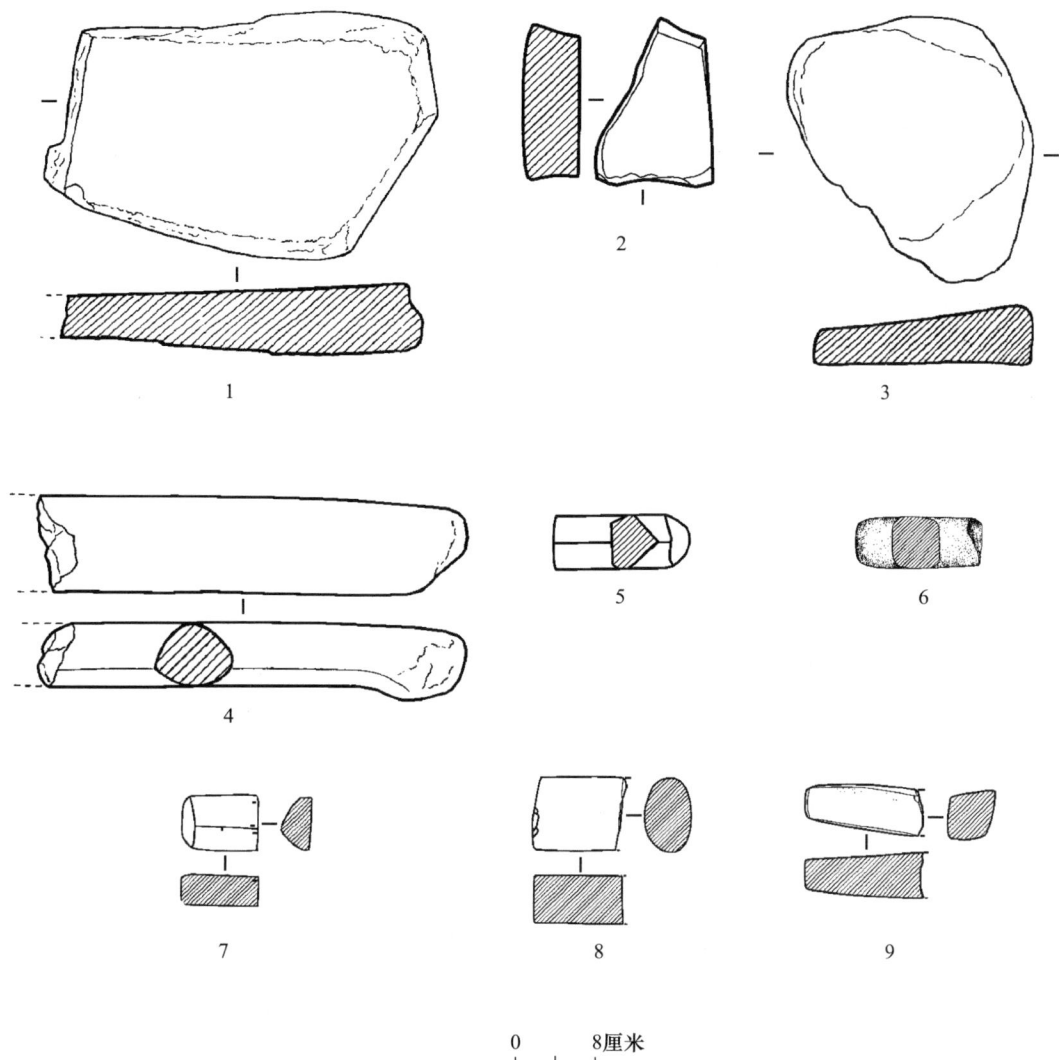

0   8厘米

图 3.2　后李文化磨盘及磨棒分类

1. B5 型磨盘（小荆山 F2∶33）　2. B6 型磨盘（小荆山 F2∶31）　3. B7 型磨盘（小荆山 F2∶53）

4. A 型磨棒（小荆山 F2∶7）　5. B1 型磨棒（小荆山 F13∶2）　6. B2 型磨棒（西河 T7658④∶1）

7. B3 型磨棒（月庄 T5933H171∶2）　8. B4 型磨棒（月庄 T6052⑧∶2）

9. B5 型磨棒（月庄 T6053⑩∶6）

B 型　底部无足。至少 82 件。西河、小荆山、前埠下、月庄等遗址均有发现。主要依据周缘是否内收及平面形态分为以下几类：

B1 型　盘底呈内收设计，平面形状略呈圆角长方形。如西河 F66∶17，为完整磨盘。宽端呈内收状态。最大长 44、最大宽 22、最大厚 7.2 厘米，重 9900 克（图 3.1，3）。小荆山 F2∶26，基本完整磨盘，周缘内收。最大长 46.5、最大宽 30.5、最大厚 7.8 厘米，重 15400 克（图 3.1，4）。

B2 型　盘底呈内收设计，平面形状略呈椭圆形。如小荆山 005，青灰色砂岩，琢制而成。磨面中部略凹，稍残，背面使用较少，尚见琢痕。一端较高，一端略低。长径 52、短径 27.5 厘米（图 3.1，5）。

B3 型　盘底呈内收设计，平面形状略呈鞋底形。如小荆山 003，略残。仅一面使用，使用面平整。长 62.8、最大宽 28、厚 5.6 厘米（图 3.1，6）。

B4 型　盘底未见内收设计，呈椭圆形。如西河 F62：24，完整磨盘。周缘及背部遍布琢打痕，磨面明显。最大长 38、最大宽 18.4、最大厚 3.6 厘米，重 5800 克（图 3.1，7）。小荆山 051，为磨盘一端，磨面中心下凹。周缘及正、背面均可见琢打痕。残长 21、宽 23、最大厚 7.8 厘米，重 4900 克（图 3.1，8）。

B5 型　盘底未见内收设计，平面形状略呈五边形。如小荆山 F2：33，略残，周边打制较规整，磨面平整。长 38.5、宽 25、厚 8.6 厘米（图 3.2，1）。

B6 型　盘底未见内收设计，平面形状略呈直角梯形。如小荆山 F2：31，磨面平整。长 15.5、宽 11、厚 5 厘米（图 3.2，2）。

B7 型　盘底未见内收设计，平面形状呈不规则四边形。如小荆山 F2：53，磨面平整。长 28.2、宽 25.5、厚 6 厘米（图 3.2，3）。

此时期磨棒均不见明显的弧背设计，依据端头是否突起分为 A、B 两型（图 3.2）。

A 型　端头有明显突起，磨面内凹明显。仅见 1 件。小荆山 F2：7，残，长条形，断面呈圆角三角形，磨面弧形。残长 22、宽 4.9、厚 3.2 厘米（图 3.2，4）。

B 型　端头不见明显突起，至少 72 件，再依据横断面形状分为以下五类：

B1 型　横断面略呈梯形。如小荆山 F13：2，通体呈长条状。其中三面较平，一面为弧形，一端较粗糙，一端表面微外凸，十分光滑。通体长 13.8 厘米（图 3.2，5）。

B2 型　横断面略呈圆角方形。如西河 T7658④：1，一端浑圆，便于手握，一端残，有使用痕迹。残长 13.2、宽 5.6 厘米（图 3.2，6）。

B3 型　横断面略呈弧边三角形。如月庄 T5933H171：2，磨棒一端，顶端较平整，经琢制而成。一面有使用痕迹，磨面光滑，系长期使用所致。残长 7.3、宽 5.3、厚 2.7 厘米（图 3.2，7）。

B4 型　横断面呈椭圆形。如月庄 T6052⑧：2，磨棒一端，顶端平整，经过琢制而成。两面都有使用痕迹。残长 8.7、宽 7.2、厚 4.6 厘米（图 3.2，8）。

B5 型　横断面近菱形。如月庄 T6053⑩：6，磨棒一端，顶端较平整，经过琢制而成。四面都有使用痕迹，磨面光滑，系长期使用所致。残长 12.0、宽 4.6、厚 4.4 厘米（图 3.2，9）。

二、北辛文化时期

磨盘依据是否有足分 A、B 两型（图 3.3）。

A 型　底部有足。仅一件。北辛 020，砂岩，为采集品。长 65、宽 36、通高 6.3、足高 3.5 厘米。右侧盘体较薄，为 2.1 厘米（图 3.3，1）。

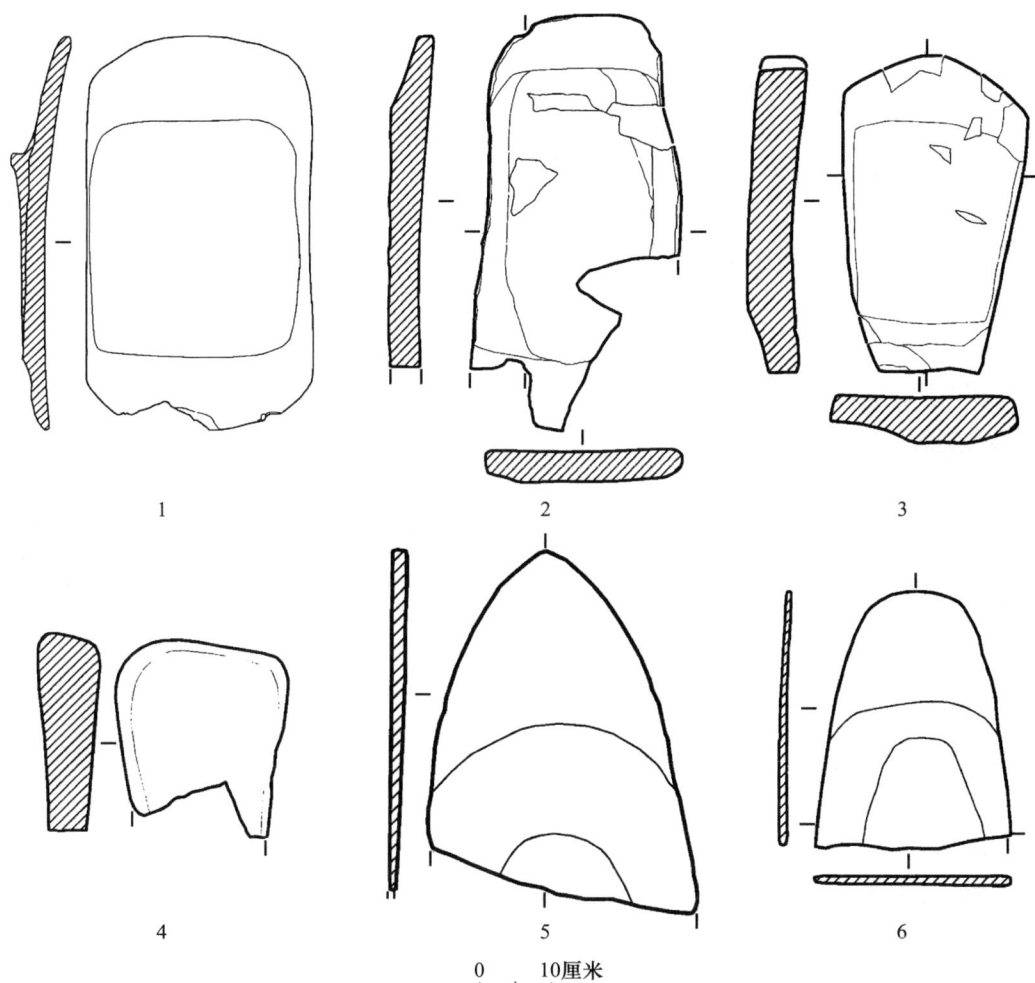

图 3.3　北辛文化磨盘分类

1. A 型（北辛 020）　2. B1 型（东贾柏 F9：7）　3. B2 型（东贾柏 F6：1）

4. B3 型（王因 T4011 ④下：1）　5. B4 型（北辛馆藏号 07507）　6. B5 型（北辛馆藏号 07506）

B 型　底部无足。主要依据周缘是否内收及平面形态分为以下几类：

B1 型　盘底呈内收设计，平面形状略呈圆角长方形。东贾柏 F9：7，用石膏拼接为较完整的磨盘。现最大长 60、最大宽 26.2、最大厚 5.1 厘米，重 10100 克（图 3.3，2）。

B2 型　盘底无明显内收设计，平面形状略呈圆角梯形。东贾柏 F6：1，较完整磨盘。最大长 42、最大宽 25.2、最大厚 6.4 厘米，重 9800 克（图 3.3，3）。

B3 型　盘底无明显内收设计，平面形状略呈圆角长方形。王因 T4011 ④下：1，磨盘一端，断块与石膏修复而成，砂岩。残长 25.3、最大宽 23 厘米，现重 4600 克（图 3.3，4）。左侧可见一凹槽，长约 7.5、宽约 0.8 厘米。应为磨盘破碎后，作为研磨石骨器的磨石继续使用而形成。

B4 型　盘底无明显内收设计，平面形状略呈弧边三角形。北辛馆藏号 07507，磨盘一端，磨面内凹，云母片岩。残长49.3、最大宽36.2、顶部最厚处2.0、断裂处厚1.1厘米，重5100克（图3.3，5）。

B5型　盘底无明显内收设计，平面形状略呈椭圆形。北辛馆藏号07506，磨盘一端，云母片岩，磨面内凹。残长36、宽27.4、顶端厚2.4、断裂处厚0.8厘米，重3900克（图3.3，6）。

磨棒依据是否有弧背设计，分两型（图3.4）。

A型　有弧背设计，再依据横断面形态分为以下几类：

A1型　有弧背设计，断面呈圆角长方形。东贾柏918克，磨棒一端，双面使用。残长16.6、最大宽7.7、最大厚4.7厘米（图3.4，1）。

A2型　有弧背设计，断面呈半圆形。王因T4009H4009：2，磨棒一端。残长12.6、最大宽6.8、最大厚4.8厘米，重650克（图3.4，2）。

A3型　有弧背设计，断面呈椭圆形。王因T4006④下：109，磨棒一端。残长11.7、最大宽5.4、最大厚4.4厘米，重398克（图3.4，3）。

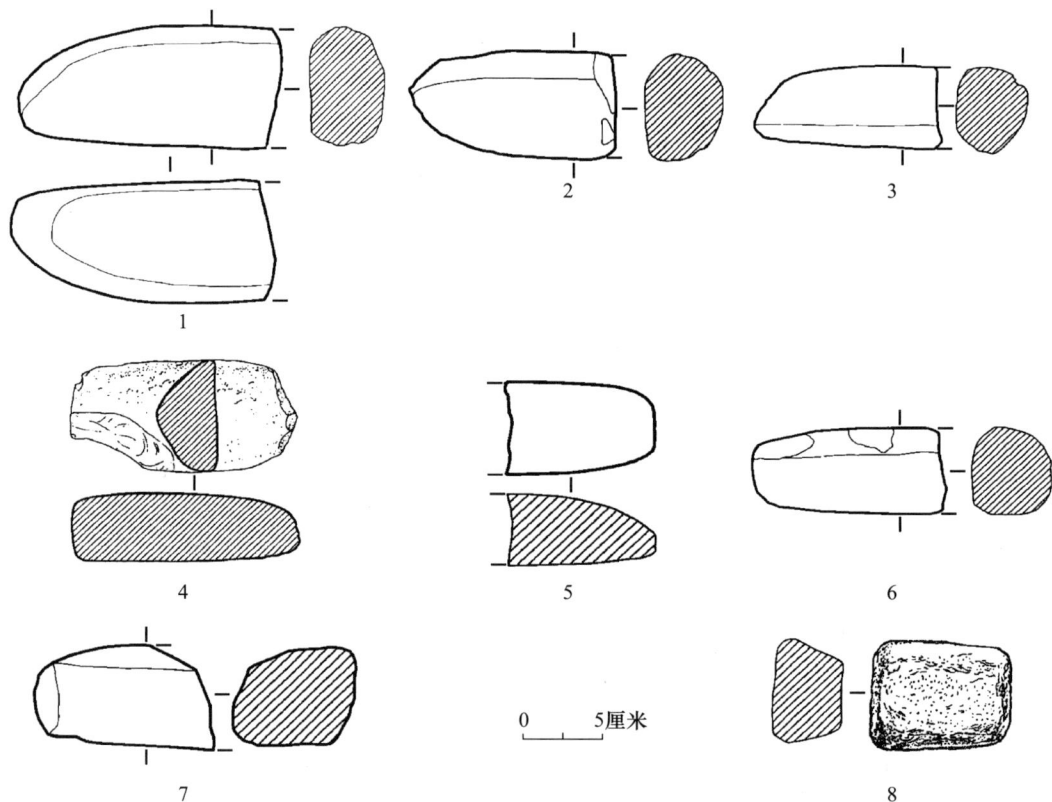

图3.4　北辛文化磨棒分类

1. A1型（东贾柏918克）　2. A2型（王因T4009H4009：2）　3. A3型（王因T4006④下：109）

4. A4型（王因T406④下：10）　5. A5型（苑城：014）　6. B1型（东贾柏T602②：2）

7. B2型（东贾柏618克）　8. B3型（白石村81TG2⑤：107）

A4 型　有弧背设计，断面呈圆角三角形。王因 T406 ④下：10，器身呈长条舌状，琢磨兼制而成。底面平整，背作圆弧弓状。平面与弧背均可以使用。长 14.8、宽 7.7 厘米（图 3.4，4）。

A5 型　有弧背设计，断面近圆角弧边梯形。苑城：014，端背呈缓坡状。残长 9.6 厘米（图 3.4，5）。

B 型　无弧背设计，基本为长条状，依据横断面形态分为以下几类：

B1 型　横断面呈半圆形，东贾柏 T602 ②：2，残存一端，有两个使用面。残长 12.1、最大宽 5.8、最大厚 4.9 厘米，重 534 克（图 3.4，6）。

B2 型　横断面呈圆角长方形，东贾柏 618 克，残存一端，花岗岩，两个使用面。残长 11.2、最大宽 6.6、最大厚 7.5 厘米（图 3.4，7）。

B3 型　横断面呈梯形，白石村 81TG2 ⑤：107，白色大理岩，长方形，有一个使用面。长 8.5、宽 7、厚 5 厘米（图 3.4，8）。

三、大汶口文化时期

磨盘主要依据周缘是否内收及平面形态分为 A、B、C 三型（图 3.5）。

A 型　盘底内收，平面形状略为椭圆形。白石村 80YBⅠT2 ④：23，完整磨盘，利用岩石节理面作为磨面，两侧缘及近端侧缘均可见朝向背部的打击片疤，应为整形时形成，使得周缘均呈内收之势。最大长 22、最大宽 13.8、最大厚 2.7 厘米，重 1279 克（图 3.5，1）。

B 型　盘底内收，平面形状略呈鞋底形。白石村 80YBⅠT2 ③B：12，完整磨盘，云母片岩。周缘均可见由正面向背面的打击片疤，应为整形时形成，使周缘呈内收之势。长 55、宽 29、厚 3.7 厘米（图 3.5，2）。

C 型　盘底未见明显内收，平面形状呈圆角长方形。前埠下 H156：24，窄长条状，一端残。琢制，磨面下凹。残长 16、宽 11～11.5 厘米（图 3.5，3）。

磨棒依据是否有弧背设计，分 A、B 两型（图 3.5）。

A 型　有弧背设计，依据是否有突起端头分为 A1 及 A2 两类。

A1 型　无突起端头，磨面内凹不明显。依据横断面形状再分为以下几类。

A1-1 型　横断面呈半圆形。王因 T249 H1：1，残存一端，弧背设计。残长 16.4、最大宽 7.7、最大厚 6.7 厘米，重 1420 克（图 3.5，4）。

A1-2 型　横断面呈弧边三角形。王因 T285 ③：3，基本完整，双面使用，略呈弧背状。长 15、最大宽 8.1、最大厚 3.1 厘米，重 688 克（图 3.5，5）。

A1-3 型　横断面呈圆角长方形。白石村馆藏号 P0308，完整磨棒，两个使用面，弧背设计。最大长 25.3、最大宽 6.8、最大厚 4.5 厘米，重 1110 克（图 3.5，6）。

A2 型　有突起端头，磨面内凹明显。依据横断面形状再分为以下几类。

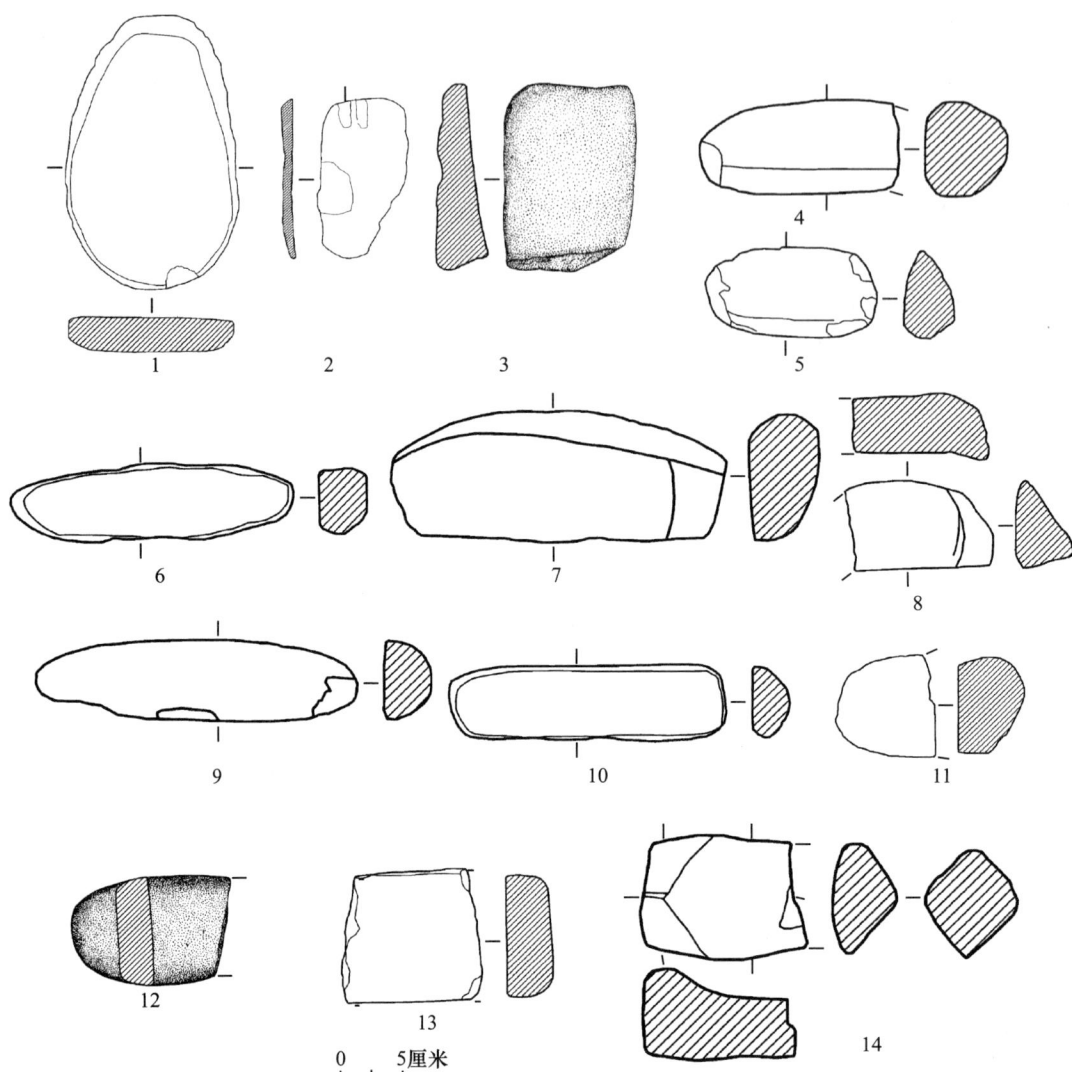

图 3.5　大汶口文化磨盘及磨棒分类

1. A 型磨盘（白石村 80YBⅠT2 ④：23）　2. B 型磨盘（白石村 80YBⅠT2 ③B：12）

3. C 型磨盘（前埠下 H156：24）　4. A1-1 型磨棒（王因 T249H1：1）

5. A1-2 型磨棒（王因 T285 ③：3）　6. A1-3 型磨棒（白石村馆藏号 P0308）

7. A2-1 型磨棒（北阡 T1616 ⑥b：12）　8. A2-2 型磨棒（北阡 T1516 ⑦b：9）

9. B1-1 型磨棒（白石村 80YBⅠTG1 ③：98）　10. B1-2 型磨棒（白石村 81YBTG2 ③：23）

11. B1-3 型磨棒（北阡 T1511H105：15）　12. B1-4 型磨棒（前埠下 T5438 ②：1）

13. B1-5 型磨棒（北阡 T1611H103：3）　14. B2 型磨棒（北阡 T1611H12：2）

　　A2-1 型　横断面呈弧边梯形。北阡 T1616 ⑥b：12，完整磨棒，弧背设计。磨面内凹，一端的端头呈突起状，为长期使用所致。最大长 29.8、最大宽 11.7、最大厚 6.1 厘米，重 2791 克（图 3.5，7）。

　　A2-2 型　横断面呈弧边三角形。北阡 T1516 ⑦b：9，残存一端，弧背设计，磨面内凹，端头突起，为长时间使用所致。背部为自然形态，不见明显加工痕迹。残长12.6、最大宽7.6、端头最大厚5.7、磨面最大厚4.9厘米，可见使用磨损为0.8厘米，重778克（图3.5，8）。

B型 不见弧背设计，呈长条状。依据是否有突起端头分为B1及B2两类。

B1型 无突起端头，磨面内凹不明显。依据横断面形状再分为以下几类。

B1-1型 横断面为半圆形，且无突起端头。白石村80YBⅠTG1③：98，完整磨棒，云母片岩。最大长27.8、最大宽7、最大厚4厘米，重1376克（图3.5，9）。

B1-2型 横断面为弧边三角形，且无突起端头。白石村81YBTG2③：23，完整磨棒。最大长23.2、最大宽6.3、最大厚3.4厘米，重898克（图3.5，10）。

B1-3型 横断面为弧边梯形，且无突起端头。北阡T1511H105：15，磨棒一端。残长8、最大宽8.3、最大厚4.7厘米，重368克（图3.5，11）。

B1-4型 横断面为椭圆形，且无突起端头。前埠下T5438②：1，灰色砂岩，形体扁薄，有两个磨面。残长13.4、宽9.2厘米（图3.5，12）。

B1-5型 横断面为圆角长方形，且无突起端头。北阡T1611H103：3，磨棒断块，残长11.7、最大宽11、最大厚3.9厘米，重727克（图3.5，13）。

B2型 端头呈突起状，磨面内凹明显。横断面为弧边三角形。北阡T1611H12：2，残存一端。共四个磨面。端头横断面呈方形，内凹部分横断面已呈弧边三角形，说明已磨损近二分之一，应为长期使用所致。残长13.4、最大宽10.1、端头最大厚7.3、磨面最大厚4.7厘米，重889克（图3.5，14）。

四、龙山文化时期

磨盘主要依据周缘是否内收及平面形态分为A、B两型（图3.6）。

A型 盘底不见内收，平面形状略为圆角长方形。郭家村上采：4，磨面内凹明显，粘板岩。长30、宽26厘米（图3.6，1）。

B型 盘底内收，平面形状略呈圆角长方形。西山采：04，石灰岩，一角稍残，磨面微凹，背部微凸。长29.5、宽9.5、厚3.5厘米（图3.6，2）。

磨棒未见明显弧背设计，依据端头是否有突起分为A、B两型（图3.6）。

A型 端头有明显突起，磨面内凹明显。横断面呈半圆形。郭家村上T4②：9，石英片岩。长37、宽9.5厘米（图3.6，3）。

B型 端头未见明显突起，磨面内凹不明显，依据横断面形态分为：

B1型 横断面呈椭圆形。司马台遗址采集一件磨棒，灰石琢制。残长12.8、宽6、厚4厘米（图3.6，4）。

B2型 横断面呈圆角长方形。造律台遗址出土一件磨棒，为长条形。长22、宽4.6、厚3厘米（图3.6，5）。

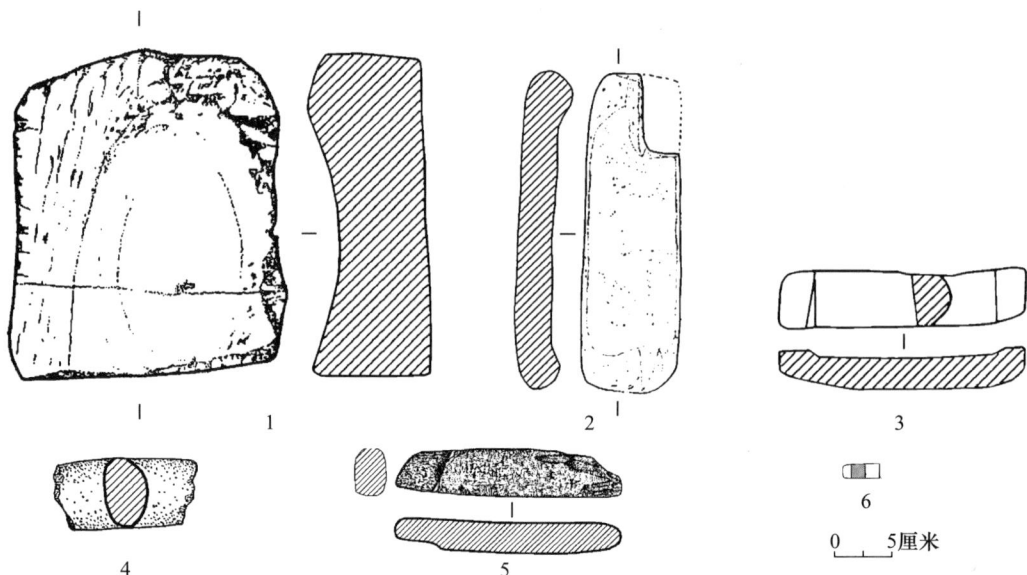

图 3.6　龙山文化磨盘及磨棒分类

1. A 型磨盘（郭家村上采：4）2. B 型磨盘（西山采：04）3. A 型磨棒（郭家村上 T4②：9）
4. B1 型磨棒（司马台采）5. B2 型磨棒（造律台出土）6. B3 型磨棒（三堂村Ⅳ T101 上：1）

B3 型　横断面近圆形。三堂村Ⅳ T101 上：1，残，棒形（图 3.6，6）。

第三节　小　　结

　　从后李至龙山文化时期，据绝对数量来看，磨盘类工具未发现明显减少趋势，但应该明确的是，龙山文化时期，明显集中在海岱地区的周边，以胶东半岛和辽东半岛南端最为集中，而龙山文化的腹地则已基本不见此类工具，反映了处于边缘区的文化发展的滞后性。因而总体而言，龙山时期确实是磨盘类工具的衰退期。杵臼从北辛文化时期开始出现，而后李时期未曾发现杵臼类工具，暗示着粮食加工种类有所改变，我们认为应该是与此时期稻作农业的真正确立有关。连云港二涧发现了 3 件陶杵，而未发现磨盘、磨棒，同时发现水稻遗存，可能恰恰说明杵臼类工具与水稻加工的关系。大汶口及龙山文化时期也有发现，但龙山时期分布较为广泛，多个遗址均有分布。表明当时杵臼较之以前阶段更为普及。据文献记载，三代时期杵臼成为加工粮食的主要工具。可见龙山时期是杵臼广泛流行的肇始期。但数量一直较少，并不发达，可能确为"断木为杵，掘地为臼"。民族学资料及模拟实验也证明了木杵臼的可用性及高效性。

　　通过类型学分析，我们还发现，后李文化的晚期阶段，海岱地区在月庄遗址出现了真正意义上的有足磨盘，其制作工艺与裴李岗及磁山文化完全一致。后李文化的磨盘除月庄遗址出土有带足的以外,其他遗址则未见到,显示了月庄遗址的独特性。月庄遗址的有足磨盘,是本地起源的还是由其他文化传过来的?这是一个很有意义的问题。根据以上对月庄遗址磨盘的分析及与其他后李文化遗址的比较,我们认为月庄遗址有足磨盘虽有本地起源的可能性,但考虑到目前的考古发现,解释为受其他文化的影响似乎更为合理。因为通过上面的分析,我们认为月庄遗址的时代应当属后李文化晚段,之前发现的后李文化遗址的年代都应早于该遗址,但在这些遗址中都未曾发现有足磨盘的踪迹。月庄遗址的有足磨盘最大的可能就是受到了裴李岗文化或磁山文化的影响。因为这两支文化是典型的"有足磨盘文化圈",有足磨盘不仅出土量大且种类较多。再者,考虑到月庄遗址的地理位置,它处于目前所知后李文化圈的最西缘,距离"有足磨盘文化圈"比较近,具备了受其影响的地缘条件。其东面的其他后李文化遗址未发现有足磨盘,不是单纯的巧合可以解释的。

关于后李文化与磁山文化、裴李岗文化的关系问题,已有学者做过专门的研究,认为后李文化与磁山文化的联系不太密切,但与裴李岗文化却有着大量的接触。具体解释为:在后李文化的晚期,裴李岗人由于受到了来自西边老官台文化的压力而被迫东迁,到达泰沂山脉以南的区域与土著的后李文化发生了直接的接触和碰撞,二者共图缔造了其后的北辛文化,这样,后李文化的先民也随之发生迁徙[1]。根据目前的考古资料来看,这个观点还是十分有说服力的。还有学者在详细研究了贾湖遗址的资料后,更进一步指出,距今约7500年,裴李岗文化确实发生了东迁,东迁的就是裴李岗文化中的贾湖类型,并且也认为东迁的最后到达地是泰沂山脉以南的泗、沂流域[2]。月庄遗址的时代恰好处于后李文化的晚段,并出土了与裴李岗文化类似的有足磨盘,有足磨盘最早是在10层下开口的遗迹单位中出现,这就说明裴李岗人至迟在这个时候已经来到泰沂山脉以南。这与研究者所指出的裴李岗文化在后李文化晚段才与其接触是比较吻合的[3]。

近期在月庄遗址出土26粒炭化稻,经AMS测年,时代为距今7050年±80年或公元前6060~前5750年。对于稻,不能确定为栽培还是野生,但研究者倾向于前者。关于其来源,研究者倾向于从外地传播而来[4]。我们非常赞同研究者的意见,并且结合以上其他方面分析,我们认为水稻以及研磨工具有足磨盘都应该是从裴李岗文化贾湖类型中传播而来。这反映了稻作农业的东传路线,即海岱地区最早的稻作农业应该是从淮河流域引进的,期间应该伴随着农人的迁徙。在陶器上我们也能明显看到两地的

①　栾丰实:《试论后李文化》,《海岱地区考古研究》,山东大学出版社,1997年,1~26页。

②　邵望平等:《贾湖类型是海岱史前文化的一个源头》,《考古学研究(五)》,科学出版社,2003年,121~128页。

③　栾丰实:《试论后李文化》,《海岱地区考古研究》,山东大学出版社,1997年,1~26页。

④　Gary W. Crawford等:《山东济南长清月庄遗址发现后李文化时期的碳化稻》,《东方考古》第3集,科学出版社,2006年,247~251页。

联系。正如同粟作农业向朝鲜半岛的扩散一样，在农业传播的同时，特定的谷物加工工具也随同传播[①]。

有研究表明，庄稼、家畜甚至人类及技术的扩张在东西轴向上的速度要快于南北方向，因为同一纬度上有相同的月长和时间，经常有相似的气候、习俗以及疾病。因此传播过程中需要更少的变化和适应[②]。贾湖与后李（月庄）基本处于同一纬度，并有淮河可以利用，因而农业的传播也更容易理解。欧洲新石器时代农业的传播也基本是沿河流进行的，很多大河都成为农业扩散的通道，比如多瑙河、易北河及莱茵河等。据研究，在欧洲农业的传播速度非常快，1500 年可以推进 3000 千米[③]。因而，我们有理由相信，裴李岗文化贾湖类型的水稻种植，完全可以在近千年的时间内，传播到海岱地区。

据体质人类学研究，距今 5000 年前后的广饶五村及傅家大汶口文化居民，在体质上介于甘青组与黄河中下游-江淮组之间，在组群内部，则与大汶口遗址、西夏侯遗址、龙虬庄、横阵人群关系更为密切。如果作更细的划分，则可看出黄河下游组与江淮组之间关系颇为密切，提示人群间交流较多。这些都从体质人类学角度证实史前时期的人群移动现象[④]。更为直接的证据是，研究者对舞阳贾湖墓葬出土颅骨测量和聚类分析也表明，贾湖人的种族特征与黄河下游的古代人群关系密切，属于同一个类型（图 3.7）[⑤]。

语言学角度的研究也可以给我们一些启发，据研究，贾湖遗址出土的刻符可以通过古彝文释读[⑥]，我们姑且不论其释读是否正确，但也确实说明了贾湖类型文化与古彝族的密切关系，而彝族正是古东夷族的一支，这可以在语言学（如丁公陶文可用古彝文释读）及拔牙习俗等诸多方面得到证实。而海岱地区为东夷族的起源地已成学界共识，所以从语言学角度也不难发现贾湖与史前海岱地区的关系十分密切。

还有一个问题就是广大的鲁西地区尚未发现有裴李岗文化或后李文化的任何踪迹，文化不可能跨越式地传播影响到长清地区。那么这又作何解释呢？对于这个疑问，也有人做了专门的研究。经研究发现，在相当于后李文化时期，豫东和鲁西地区处于黄河的强烈影响下，地势低洼，水网密布，湖沼广阔，并且在整个新石器时代早中期，这一区域一直都属于黄河第二湖沼带的形成分布区，而且处于湖沼发育盛期，几乎不

① 藤本强：《石皿·磨石·石臼·磨臼（Ⅰ）—序论·旧石器时代·中国新石器时代》，《东京大学文学部考古学研究室研究纪要》第 2 号，1983 年，47～76 页。

② 崔建新等：《全新世环境考古研究进展》，《冰川冻土》2005 年 27 卷 6 期，913～919 页。

③ Lydia Zapata, etc. Early Neolithic Agriculture in the Iberian Peninsula. *Journal of World Prehistory,* 2004, 18(4): 283～325.

④ 尚虹：《山东广饶新石器时代人骨及其与中国早全新世人类之间关系的研究》，中国科学院古脊椎动物与古人类研究所博士学位论文，2002 年。

⑤ 游修龄：《人种迁徙、语言演变与农业起源的思考》，《中国农史》2004 年 1 期，3～9 页。

⑥ 朱琚元：《中华万年文明的曙光：古彝文破译贾湖刻符、彝器辨明文物》，云南人民出版社，2003 年。

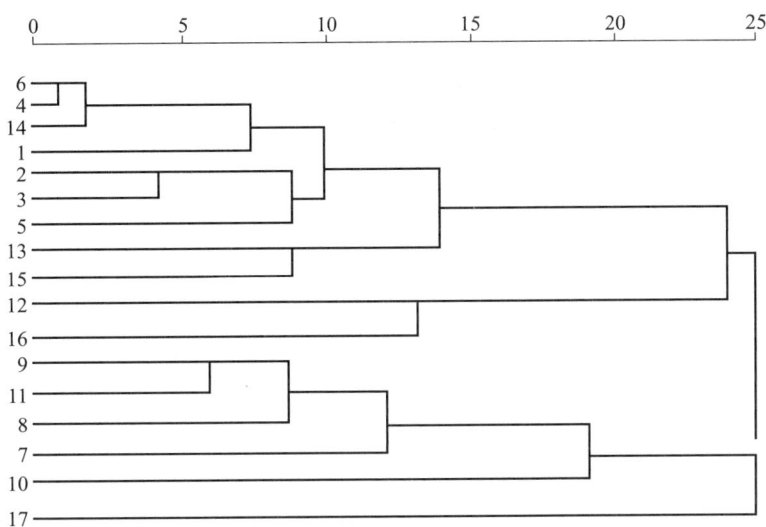

图 3.7 舞阳贾湖墓葬出土颅骨测量和聚类分析图

1. 贾湖组 2. 庙底沟组 3. 下王岗组 4. 大汶口组 5. 西夏侯组 6. 野店组 14. 宝鸡组

（采自《舞阳贾湖》下卷，科学出版社，1999 年，878 页）

可能成为古人类的居住地[①]。这样看来，是由于环境不适宜人居住，导致后李文化时期此地成为无人区。那裴李岗人究竟是沿着什么路线东进的呢？研究者根据鲁豫皖区南部早期遗址带成东西向分布的特征，认为裴李岗人就是通过豫东南至皖北这一路径向东迁徙的[②]。

当然，我们也考虑过是否是由于文化的趋同现象导致了月庄遗址和裴李岗文化都选择了有足磨盘这一工具？其实，趋同现象与社会发展是成反比的，即越是在社会发展的较早阶段，这种现象就越明显。我们现在，往往一遇到相同的文化特征，首先想到的就是从相邻的文化中寻找来源，而不是从本地思考问题。这不是一个很好的习惯。我们要做的是首先从本地找寻有足磨盘的起源线索，但遗憾的是，经过仔细比较月庄遗址磨盘与后李文化其他遗址的磨盘，虽然能够看出有足磨盘在月庄遗址经历了一个由少到多再到少，直至最后消失的过程，但却看不出其自身在本地起源并逐步演化发展的规律和过程。因此，就目前的考古学资料来看，我们还是觉得与文化的影响和传播比较起来，由文化的趋同导致月庄有足磨盘本地起源的推测缺乏更有说服力的证据。再者，所谓的趋同，应该是指在两地的文化发展大体处于同一时期时出现的相同或似的文化现象。而由上述分析我们确定月庄遗址属后李文化晚段，绝对年代应不会超过距今 8000 年。与此相比，裴李岗文化在较早的贾湖一期阶段就有有足磨盘的出土。显然月庄遗址有足磨盘的年代要晚于"有足磨盘文化圈"同类器的年代。根据贾湖一

① 陈洪波：《史前鲁豫皖区的聚落分布与环境变迁》，山东大学硕士学位论文，2004 年。
② 陈洪波：《史前鲁豫皖区的聚落分布与环境变迁》，山东大学硕士学位论文，2004 年。

期经树轮校正的碳 -14 测年数据来看，月庄遗址的绝对年代比其至少要晚 500 年以上。这样也就不存在所谓的趋同现象了。另外，关于如何判别趋同现象，有学者也做过专门的论述和研究 [1]，比如新石器时代早中期房址基本上都为半地穴式，这么广大的区域都是这种现象，这就不可能是影响或传播所能解释的了，应该是文化的趋同现象。此外，基本上越是简单的文化现象越容易发生趋同，比如陶器中钵、碗一类简单的盛器。而有足磨盘这种较为复杂的工具，很难用趋同来解释。

---

① 徐基：《中国东方地区新石器时代早中期诸文化因素异同之考辨》，《东方考古》第 1 集，科学出版社，2004 年，75～92 页；张建锋：《裴李岗、磁山和北辛文化的比较研究》，《刘敦愿先生纪念文集》，山东大学出版社，2000 年，16～24 页。

第四章　模拟制作实验

为了更好地理解磨盘类工具的制作过程，模拟实验是十分重要的研究手段。通过实验，我们可以更好地理解工具的加工程序及技术过程。这样我们在观察考古标本时，才会明白哪些特征是生产过程中必须出现的，哪些是刻意制作出来的。如此我们就可以从工艺角度进行类型学分析，而不仅仅是静态的分类。对于模拟实验的重要性，石器模拟实验巨擘 Don E. Crabtree 这样描述："在判定石器加工技术方面，没有任何方法比实验更有效。（在进行实验时）实验者需要记录制作的全过程，并要研究废片上的各种特征，以此来证明或驳斥理论的正确与否。能够最好地证明分析者理论正确与否的方法就是实验。分析者不需要非常精通打制石器，但是一次实验尝试就能够使他们了解到制作过程中的机械原理及体力方面的问题，也能够使他们认识到用力大小和角度的重要性。"[①] 从近来国际上石器研究最流行的操作链角度来考量，石器制作同样是非常重要的一环。因而我们十分有必要进行模拟制作实验。工具制造的最初阶段，首先要选择适当尺寸和结构的石料。为了将来能够与考古学标本进行类比研究，我们尽量选取与考古标本类似岩性的石料。海岱地区史前时期磨盘类工具绝大多数都是使用各种砂岩制作的，因而，我们也主要是利用砂岩进行模拟实验。

第一节　民族学资料

关于磨盘类工具的选料及加工，由于缺乏文献记载，因而民族学材料可以提供给我们很多具有借鉴意义的资料。

如墨西哥的萨巴特克（Zapotec）印第安人是专业化的磨盘生产阶层。他们中熟练的工匠可以通过石料的颜色、节理发育等来判定石料是否可以被加工成磨盘，以及加工的难易程度和使用的耐久性。采石完成后，他们就地把大块的石料变成适合加工磨盘的尺寸，并且在破裂母岩之前，要经过精细的考虑，甚至测量，以使特定的石料

---

①　Don E. Crabtree. *An Introduction to the Technology of Stone Tools*. Occasional Papers of the Idaho State University Museum, Idaho, Pacatello, 1972, (29): 3~4.

能够生产最多的磨盘。在考虑好破裂的位置后，就使用锤和楔把石料按照预想的规格劈裂开来。这样产生的磨盘石料，通常还会用石锤进行敲打，看是否有裂隙出现，以确定能否加工成磨盘。敲打没有发现裂隙后，这块石料就正式成为磨盘的初坯，开始进入磨盘的成型阶段。首先是大致成型阶段，在对石料进行加工之前，工匠头脑中应该有想要加工磨盘的具体形状，根据想象中的图板，在石料上画上线，通常使用树叶。然后使用 Barreta（一种长柄金属工具）把多余的料去掉，操作者站立，每分钟50～90次，以45°角向下用力，大约用不到半小时，此过程就会完成。这样就基本成了一个截顶的金字塔状，截顶的部分就是将来的磨盘下面，即加工三足的一面，而底部即是将来磨盘的使用面。下一个步骤就是成型阶段，即打制出三个足和磨面，这也是磨盘生产中最关键的一步，如果出错，将前功尽弃。这一步通常需要30～45分钟，也是使用 Barreta。接下来是精细加工阶段，仍然使用 Barreta，使磨盘变薄，达到一定的厚度，并且对三足进行精细修正。从初坯到精细加工完成，通常需要3～5个小时。这些过程中，也可以使用石锤和石凿。具体用时与工匠的熟练程度、岩石的硬度及磨盘的大小等有关。精细加工完成以后用驴子运到工匠的住处，完成最后的加工，通常使用类似于凿的工具，使磨盘面达到可用的程度。这一步骤用时较长，需要4～6小时（磨棒需要2小时）。这一过程女性和孩子也可以参加。这样磨盘最终完成。完成后，有的时候还要对磨盘进行装饰，在上面绘制或雕刻图像。作者还提到，不同区域的印第安人所制作的磨盘风格和式样有所差别，仔细区别不同村寨甚至不同制作者的产品也是有差别的，只是这种差别是十分细微的，而我们可能只能看到不同区域风格的差异[①]。

　　Homer Aschmann 通过民族学调查，指出加利福尼亚州一些土著居民制作磨盘和磨棒一般会用同一块石料。石料一般为多孔的火山熔岩，在挑选石料时要充分考虑其尺寸和形状。一般每块石料重60～70英镑，并且在制作加工时，要利用每块石料的具体特征，尽可能使磨盘的尺寸最大。因而具体每件磨盘的尺寸和形状与石料的特性有很大关系。加工成的磨盘一般重15～20英镑，几乎四分之三的石料要在加工中去掉。磨面尺寸一般为12与18英寸。与使用者的倾斜角度为20°左右。磨面两边都留有四分之一英寸宽的边，下面有三足，两个在前，一个在后。磨棒长度短于磨盘宽度，操作时用双手进行前后运动。横断面为矩形。如果非常熟练的工匠利用现代铁质工具生产，一般每天工作6小时，可以生产一套磨盘。如果石料非常理想，每天最多可以生产两套。正常情况下，每个磨盘的使用寿命是20年左右。如一个5000人的聚落，每月需要磨盘超过15个[②]。

　　① Scott Cook. Stone Tools for Steel-Age Mexicans? Aspects of Production in a Zapotec Stoneworking Industry. *American Anthropologist*, New Series, 1973, 75(5): 1485～1503.

　　② Homer Aschmann. A Metate Maker of Baja California. *American Anthropologist*, New Series, 1949, 51(4): 682～686.

磨盘可能是用石凿加工而成。通过实验，使用玄武岩的石凿成功加工出一件凝灰岩的有四足的磨盘。从作者描述的这件未完成的有足磨盘来看，磨面及边缘已经完成，但足还未完成，可以推断有足磨盘的加工顺序。由于考虑到磨盘四足较长，比较脆弱，如果在其他地方加工成，运输时容易破裂。研究者考虑磨盘生产应该是在住址完成的 [①]。

这些记述是描述美洲印第安人如何制作有足磨盘的，由于磨盘类型本身存在较大差异，因而我们的模拟实验不可能完全参照这一加工方法，但是却为我们进行实验提供了相关的背景资料。

第二节　制 作 实 例

一、石料的选取

为了找寻制作磨盘及磨棒合适的石料，笔者曾多次出外调查，其中济南东部西巨野河流域发现合适石料甚少，主要是砂岩石料较少，并且可用作磨盘制作的大型石料几乎不见。仅拣取少量用于加工磨棒的石料。多次去济南长清区月庄遗址附近的南大沙河流域调查，一则是为了找寻实验用石料，再者希望可以为月庄遗址磨盘类石料来源获取线索。南大沙河自东南向西北环绕遗址，现已干涸，部分已辟为田地。河床中粉红色砂岩随处可见，此种石料正是遗址中出土磨盘及磨棒所用石料。但这些石料绝大多数体积偏小，长 20、宽 10 多厘米的石料即为较大者，加工磨棒较为合适，显然不适合加工磨盘。据遗址中出土最大一件残磨盘来估算，完整有足磨盘长约 60、宽约40、厚约 4 厘米。可见，河床中的砂岩石料根本无法完成磨盘的制作。那么其石料到底来源于何处？带着这个问题，我们围绕遗址展开了调查。遗址西方及北方为平原，不产石料。东方及南方有小山环绕，我们估计制作磨盘的石料应该来自这些小山。我们首先考察距离遗址最近的小山，当地人称为东山，步行约 1 小时，来到山脚，山上石料丰富，但绝大多数为青灰色石灰岩，未见砂岩分布及露头。由此可排除遗址磨盘石料来源于东山的可能性。那么大型砂岩究竟从何而来呢？带着这个问题，我们请教当地村民，他们看到此种石料，非常明确地表示其来源于东南约 15 千米外的马山一带，并表示南大沙河下游的月庄、张官很少见到 30 厘米以上的砂岩石料。而南大沙河也确系发源于马山一带，当时的先民极有可能溯源而上，到马山一带去开采加工磨盘类的石料。后来我们多次去马山一带调查，但仍未发现与月庄遗址完全一样的石料，因而今后仍待继续调查。但我们却发现马山一带出产一种粉红色细砂岩，山上多处可见此种砂岩露头。这种砂岩比月庄遗址出土磨盘颗粒稍细，质地稍软，相对更易于加工，但其粗糙度也完全可以胜任磨盘工具的制作，因而在当地进行了多次模拟实验。

① Russell H. Mitchell. An Unfinished Metate from Panama. *American Antiquity*, 1963, 28(3): 401～402.

同样，为了比较不同石料制作同类石器的难度差异，我们也在南大沙河下游的河床中拣选了石料进行模拟实验。

二、磨盘、磨棒加工实验

（一）马山砂岩模拟实验

1. 实验一：磨棒 MSB01 打制实验

最大长 22.5、最大宽 14.1、最大厚 3.8 厘米，重 1542 克（图 4.1）。

由于石料宽度较大，所以首先进行变窄加工，石料放于土地上，使用石锤直接打击，从左下缘从左至右依次进行，速率为每分钟 50 次左右，由于石料较薄，易于打制，3 分钟后完成初步的打击，石片疤清晰可见，相互之间打破关系明显，打击点均较明显。单个石片疤的方向性明显，近端与远端较易于分辨。石片疤分布的总体形态在考古标本上也多有发现。然后把石料翻转过来，从背面开始打击，方向为从右至左，5 分钟后，由于用力不当，导致石料至中间处断裂，可能与石料较薄有一定关系。但左下缘基本加工完成。由石料背部打击的石片疤部分打破原有石片疤，导致左下缘中端突起较高的参差不齐的状态。

破裂后，长及厚没有变化，最大宽变为 12.5 厘米，重为 1388 克（图 4.2）。打下石片收集到共 72 克，其余为较小碎屑。石片中最大一片长 5.3、宽 3.1、厚 1.2 厘米，重 27 克。最小一片长 1.4、宽 0.6、厚 0.2 厘米，重 0.4 克。

图 4.1　磨棒 MSB01 原料　　　　　　　图 4.2　磨棒 MSB01 破裂后

2. 实验二：磨棒 MSB02 打制实验

最大长 20.5、最大宽 14.5、最大厚 5.6 厘米，重 3100 克。

首先进行变窄处理，放于土地上进行打击，速率为每分钟 50 次左右，先打击正面下缘，1 分钟时石料即破裂。

石料存在节理。在外表看不到节理迹象。

3. 实验三：磨棒 MSB03 打制实验

最大长 18.3、最大宽 10.5、最大厚 4.5 厘米，重 1513 克。

此次加工把石料放于石砧上，用石锤直接打击，速率为每分钟 45 次左右，由右至左打击正面上端，打击 2 分钟后，沿裂隙剥离下三片石片，然后转向打击右端突出部位，1 分钟后，石料从中间沿节理破裂。

破裂后，长及厚没有变化，最大宽为 9 厘米，重 1418 克（图 4.3）。三片石片重 74 克，最大一片长 6.4、宽 4.1、台面厚 1.5 厘米，重 43 克。最小一片长 2.9、宽 1.9、台面厚 0.4 厘米，重 4 克。

破裂原因主要为石料有节理和裂隙，因而选料时应避开此类石料。

图 4.3　磨棒 MSB03 破裂后

4. 实验四：磨棒 MSB04 打制实验

最大长 33.5、最大宽 6.8、最大厚 5.5 厘米，重 2018 克。

由于原料较长，首先对其进行减短处理，打击右端，速率为每分钟 45 次左右，2 分钟后右端剥离下一大石片，遂改为对左端进行打击，3 分钟后掉下两片石片。改对边缘进行修整，2 分钟后，完成对一边的初步修整（图 4.4），改对另一边进行打制，1 分钟后石料沿中间断裂。

图 4.4　磨棒 MSB04 打制后边缘片疤

破裂后，宽及厚没有变化，最大长为 25.7 厘米，重 1874 克。

破裂原因为用力不当，且石料过长、过窄导致受力不均匀。

5. 实验五：磨棒 MSB05 打制实验

最大长 26.1、最大宽 9.6、最大厚 4.7 厘米，重 2471 克。

石料上缘被白色石片包围，且由于石料较宽，首先进行变窄处理。把石料放于土地上，以免石砧产生反作用力，石料容易破裂。使用石锤直接打击，方向为从左至右，用力十分小心，速率为每分钟 40 次。5 分钟后，剥离下六片较大石片，开始专门打击中部，2 分钟后，又掉落三片小石片，转为打击上缘左侧，3 分钟后，掉落一大石片，然后把石料侧立，上缘朝上，对其垂直打击，3 分钟后，掉落一大石片，然后平放石料，对右侧进行打击，2 分钟后掉落一石片。后把石料上缘左侧放于石砧上，用较小力打击左侧，由于左侧已掉落一大石片，对形状造成破坏，遂决定打制为弧背磨棒，5 分钟后，稍具雏形，转为打击右侧，同样放于石砧上，垂直进行打击，2 分钟后，由于用力不当，石料发生非意愿破裂，掉落三片石片。继续精心琢打弧背，又 15 分钟，正面出现细微裂隙，遂停止打击。此时左侧基本完成弧背打制，但右侧仍旧不理想，未达到规整形态（图 4.5）。

最大长 22.2、宽 8.5 厘米，厚未发生变化，重 1168 克。弧背上由于精细琢打，出现麻点状琢打痕（图 4.6），与考古标本类似。

剥离下石片较多，多为宽石片。

图 4.5　弧背磨棒 MSB05 半成品　　　　　　图 4.6　磨棒 MSB05 上的琢打痕

6. 实验六：磨盘 MSP01 打制实验

最大长 29.7、最大宽 20.6、厚 6.2 厘米，重 8100 克。

根据原料形态，拟打制为圆角长方形磨盘。首先打击左下角，然后打击右下角，把原料放于地面上，石锤直接打击，速率为每分钟 55 次左右。由于原料较厚重，不担心破裂，用力较大，5 分钟后，完成左下角及右下角打击，基本变为圆角状。转为打击左上角及右上角，速率及用力大小基本与前述一致，9 分钟后，完成打击。如此，平面形态基本完成，为圆角长方形。此时长 25.2、宽 19.8 厘米，厚未变化，重 7600 克。掉落数片较大石片。收集到 15 片，多为宽石片，共重 398 克，最大一片长 6.8、宽 10.3、台面厚 1.3 厘米，重 262 克，较小一片长 2.6、宽 5.8、台面厚 0.6 厘米，重 12 克。

发现一长边及一短边凹凸不平，遂进行整形。首先从正面向背面打击，4 分钟后，距正面较近的突起基本被琢打平整，翻转石料由背向开始打击，5 分钟完成对突起的打击。转为把石料侧立，对长边进行垂直精细琢打，速率为每分钟 70 次左右，用力较大，21 分钟后，长边基本平整，停止打击，然后改为对短边打击，方法与长边类似。12 分钟后，短边完成打击。观察掉落石片，与平面成型时相比，个体均较小，并且还发现磨盘周围为一层粉末状物质。最大石片长 1.8、宽 2.2、台面厚 0.2 厘米，重 1.1 克。

最终磨盘完成后（图 4.7），最大长 24.8、宽 18.9 厘米。由于磨盘厚度适中，未对其进行减薄处理，仍为 6.2 厘米，重 7212 克。

图 4.7 无足磨盘 MSP01 复制品

通过实验我们总结出以下认识：

打击磨盘、磨棒，选料是关键，尽量要选取没有裂隙及节理的原料，上述试验二及三就是由于石料节理发育，导致打制失败。但有些石料外表看不出节理，而内部却节理发育，所以很难发现，需要有长时间的经验积累，才能对石料的选择有较好的掌握。

一般认为磨棒与磨盘相比个体较小，容易打制，通过试验，我们发现情况并非如此。一般选择磨棒原料时，都会选择长条状石料进行打制，但恰恰是这种长条状形态，容易导致受力不均匀，较宽大型石料更容易发生非意愿破裂，并且经常发生从中间断裂的状况，导致原料过短，不能继续加工而失败。而磨盘由于较为宽大，且较厚重，一般不容易发生从中间破裂的情况，但有时候由于用力不当，也会发生非意愿破裂，但一般为剥离下较大石片，对成型造成影响，不会对今后使用构成很大破坏，可以继续加工直至完成。

（二）南大沙河砂岩模拟实验

如前所述，南大沙河河床中捡取的砂岩石料由于尺寸偏小，只能进行磨棒打制实验。

1. 实验一：磨棒 NASB01 打制实验

砂岩石料长 18、宽 13.5、厚 10 厘米。

采用硬锤直接打击法，由于石料较大，手握较为困难，使用砸击法进行加工，速率为每分钟 65 次，5 分钟后石锤破裂，石料仅最大宽处破裂约长 3、宽 4 厘米的小凹坑。后又换一把石锤继续进行打击，速率基本与之前相同。8 分钟后，又剥离下一小石片，石料上破裂处也稍有增大。继续加工 30 分钟后，未能如愿打下石料多余部分。手臂力度减小，指缝间有鲜血渗出，遂放弃加工。由此可见看起来容易加工的磨棒，制作起来也颇耗费能量及时间。

考虑古人可能并非采用石锤直接打击，于是准备加工一把石凿毛坯作为辅助。采用砸击法进行加工，用时 10 分钟左右，石凿毛坯加工完成。以石凿毛坯作为中介物，使用石锤对石料进行间接打击，8 分钟后，石凿上端破裂，石料仅破损一小凹坑（约长 1、宽 0.5 厘米）。与直接打击法相比，此法效率更低，效果十分不明显，并且由于石锤很容易在石料表面滑动，极易造成手部损伤。

2. 实验二：磨棒 NASB02 打制实验

石料长 25、宽 13、厚 8 厘米。

由于第一次实验失败，考虑到一直未能打掉石料多余部分，可能是石锤偏小的原因，此次选取较大石锤对其进行砸击，3 分钟后，石料至横向断裂，一侧破裂面呈舌状形态。继续对其中一段进行打击以使其变为小型磨棒。由于其横向宽度稍大，难于手握使用，因而拟剥离多余部分，继续打击 4 分钟，效果不明显，推测可能石料过厚，导致难于加工，于是拟对其进行减薄处理，从侧面对其进行砸击，2 分钟后，石料沿纵向节理破裂，减薄完成。然后对其正面继续进行变窄处理，5 分钟后，变为长 11、宽 6、厚 5 厘米的小型磨棒。

经过实验，我们认识到，虽然石料最终加工成可用之材，但却并非与加工者在加工前头脑中的概念模版相符，比如此次加工，在加工前我们准备将其加工成长 20、宽 10、厚 6 厘米的理想磨棒，但在加工过程中，首先就将其横向打断，为了不浪费石料，只能对断块进行加工，最终将其加工成目前的形态。由此可见，石器的制作难度远非陶器可比，陶土的可塑性很强，加工者完全可以按照自己的意愿对其加工，而石器加工属于减地处理，并且在打制过程中很难对石料的破裂方向进行控制，燧石石料可能稍好，而砂岩类石料则很难把握。即使打制石器技术十分熟练的工匠，也很难使石料完全达到自己的预想效果，在很多情况下，只能因材而为。因而从这个角度而言，与陶器类型学相比，我们目前进行的石器的类型学分析存在着一定问题。

3. 实验三：磨棒 NASB03 打制实验

石料长 19、宽 15、厚 7 厘米。

采用石锤直接打击法进行加工，速率为每分钟 50 次左右，6 分钟后石料破裂成数块，但并未按照加工者意愿破裂，导致石料浪费。总结原因，一是与加工者不甚熟悉石料的破裂机理及打制技术不很熟练有关，二是可能与石料本身裂隙较多及风化时间较长有关。

（三）马山砂岩有足磨盘模拟实验

由于此前已经对无足磨盘及磨棒加工有一定心得及体会，所以尝试加工难度更大的有足磨盘。期望可以通过模拟实验了解此类特殊石器的加工工艺，尤其是足部的加工方法，并且搞清楚加工的用时问题，进而与无足磨盘进行比较。

6 月 14 日，根据以上实验的经验，为了便于打制，我们首先进行石锤的选料及打制，因为好的石锤可以大大提高工作效率，更好保证磨盘制作的完成。为了保证石锤不因反作用力发生破裂，我们特意找到硬度较高的花岗岩石料，先行打制石锤（由于此磨盘加工使用多个石锤，故进行编号，此为 1 号石锤）。使用锤击法，从大石料上打下一长条状石料，然后使用直接打击法对石料进行二次加工，把石料打制出较为锋利的刃缘，共费时 1 小时 25 分钟。石锤长 17、宽 4.8、厚 4.2 厘米，两端刃分别厚 0.9 及 0.7 厘米，重 760 克。

6 月 15 日上午，笔者使用 1 号石锤（原料为花岗岩）对磨盘石料进行打击，此石料来自于鲁中山区的马山。近梯形，加工前一面尚保留石皮，凹凸不平，一面为节理面，较平整。深红色砂岩，包含白色云母颗粒，摩氏度低于 5。最大长 30.8、最大宽 26.9、最大厚 6.4 厘米，重 8050 克。准备在石皮一面加工出四足（图 4.8）。为了叙述方便，图中箭头方向暂定为上方，与之相对一侧为下方，其余两边分别称左、右两侧。

为了更好地还原及体验先民制作石器的原貌，实验在露天土地上进行。把制作磨盘的石料立起，对其左下角进行直接打击，速率为每分钟 45 次，13 分钟后停止打击。打制形成的小石片，肉眼可见的 30 余片，其中最大的一片长 1.7、宽 1.2 厘米。经测量可见小石片的分布范围（以磨盘中心为原点，测量其与小石片中心间距离），共测量 33 片数据。其中第一象限 15 片，第二象限 9 片，第三象限 7 片，第四象限仅 2 片。最大长大于 1.5 厘米的有 11 片，分布在以磨盘为中心，半径 20 厘米的范围内，但都在中心线以右，应该与打击者用力角度有关。具体分布见图 4.9～图4.12。

图 4.8 有足磨盘原石

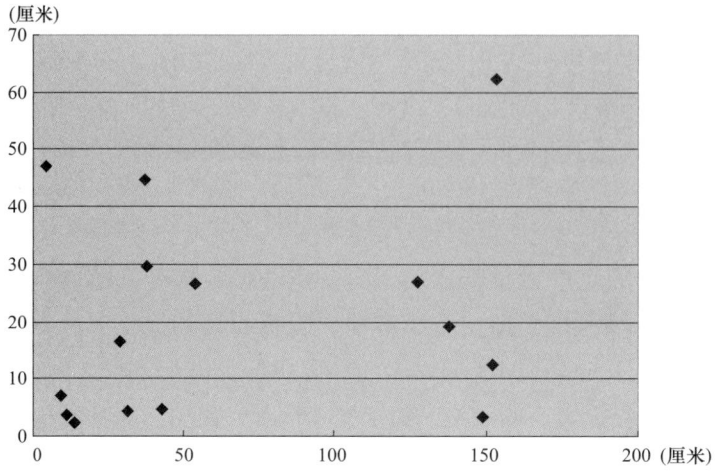

图 4.9　第一象限石片分布图

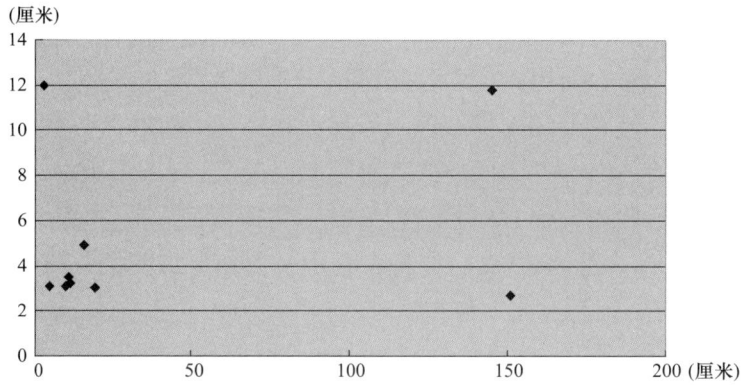

图 4.10　第二象限石片分布图

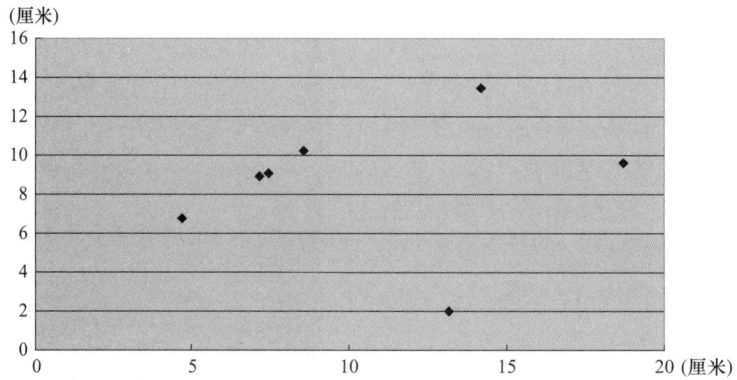

图 4.11　第三象限石片分布图

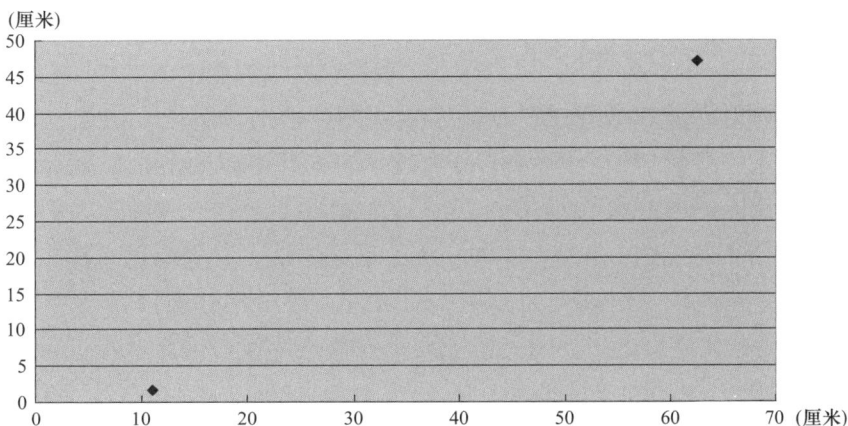

图 4.12　第四象限石片分布图

6 月 15 日下午，14 点 32 分开始工作，使用 1 号石锤继续进行打制，将石料直接放于土地上（图 4.13；图版 1：1），如放置在石砧上，会使石料与石砧接触部位造成不可预知的损伤。使用此石锤进行直接打击。背面向上，打击左侧边，4 分钟后，平放加工，碎片较多，效果较理想。14 点 47 分由于手部较累，加工效果不再理想。为了更加符合古人制作石器的情境，请平时一直从事体力劳动的实验者继续对磨盘加工。为了使加工者不受事前规定的各种参数影响，告知加工者，目的就是完成加工有足磨盘的任务，可根据需要，随时变换用力角度及大小，也可改变工具使用方式、打击部位等，笔者随时跟踪记录数据。加工者为左撇子，有足面朝上，斜向右方，49 分时，长 8.8、宽 2.9 厘米石片掉落，距离磨盘中心直线距离 27 厘米。50 分时，石锤掉下石片，长 4.6、宽 3.2、厚 1.8 厘米。54 分时，改变姿势，加工者坐于石头上，双腿平伸，石料放于加工者两腿之间，左侧边朝上。15 点 03 分测量拍照，下部距侧边最大径 3.5、落差 0.5 厘米，左侧距侧边最大径 4.3、落差 0.6 厘米，上部距侧边最大径 1.8、落差 1.7 厘米，右侧距侧边最大径 2.3、落差 0.4 厘米。15 点 12 分继续打制，速率为每分钟 82 次。14 分时，石锤掉下小石片。由于双腿阻挡，石片飞出外围明显减少。在对石料横敲时，石片落向左部较多。19 分时，由于石料四边都已打落，越靠近中心部位打制难度越大，因为台面变窄，且角度变钝，无法着力。只能在上部继续进行减薄处理，增加纵向打击，为增加打击台面宽度，并使台面角度变小。由于打击过程中，石料不停变换角度，所以石片位置发生位移，也有少量石片在石料移动中被压断，

图 4.13　有足磨盘打制实验

变成更小断块。在打击足部周围时，石锤速率变缓，约为每分钟55次，以免足部被破坏。15点27分，纵向台面与石料背面夹角仍较大，约为140°。所以石锤打击时，容易滑动，不易用力，效率降低。只能继续垂直打击磨盘背面，以使台面角尽量减小。34分时转向，开始打击下部，36分时继续转向，打击右侧边，效果不明显。38分时，使用石锤上掉下的大石片作中介物，尝试间接打击，石料改为平放地面。41分时，放弃使用间接打击，因为中介物变短，不好抓握。又开始用石锤直接打击，但周缘台面均已变为钝角，角度太大，效果不明显。47分时，石锤掉下小石片。48分左手食指指甲缝有鲜血渗出。15点53分休息。16点改换场地，继续进行打制，速率降为每分钟75次，主要加工左侧边，用力较小，进行细琢，掉下均为粉末状石屑。17点结束当天加工。

6月16日，由于发现1号石锤效率已经降低，遂又找寻几个石锤（由于加工1号石锤颇费时间及精力，遂去建筑工地找寻一些花岗岩废料稍经加工作为石锤使用），其中2号长16.1、最宽处4.2、厚5.0、刃部厚0.5～0.8厘米，重680克；3号长13.2、最宽处5.0、厚4.3、刃部厚0.5～0.8厘米，重655克；4号长19、宽12、厚5、刃厚1～3厘米，重801克；5号长15.5、宽7、厚4.5厘米，重575克；6号长8.8、宽6.3、厚4.4厘米，重384克。

6月17日，9点15分继续实验，速率为每分钟75次。先对右侧边进行打击，重点想对石料进行减薄处理，以使四足凸现出来。原理类似于雕刻工艺中的减低技法。20分时进行转向，对石料左侧边进行打击，效果不理想。22分时，换2号石锤，速率略减，为每分钟68次。29分时，左下部足的左下端由于用力不当，掉下一石片，使预想中的足部有所残损。31分时，左下足断掉，与石料层理有很大关系，改用3

图4.14　有足磨盘半成品

号石锤对右下足进行细琢处理，速率降低为每分钟52次。吸取上次左下足断掉的教训，用力变小，也更加谨慎。由于细琢用力较小，掉落许多石粉末，而并非石片，分布在加工者用力方向半径10厘米范围内。34分时，3号石锤刃部变钝，效率降低。遂改用石锤尾端有尖部位继续加工。琢制时，不能将石料平放于地面，那样效果十分不理想。应将石料立起，与地面成60°左右夹角，石锤斜向下用力，大约与石料成45°左右夹角。如此效果明显，在10分钟内，石料被打下长11、宽4.5、深约0.3厘米的凹槽（图4.14；图版1：2）。

9点58分时，改变用力角度，开始对

石料上端两足之间进行琢制，使两足分离凸现出来，以免用力过大造成大石片剥离，对足部造成损伤。随着琢制进行，感觉石料还是偏厚，遂于 10 点 7 分时，改用 4 号石锤，对边缘进行减薄打击，顺序为右侧边—上边—下边—左侧边。9 分时，改用 2 号石锤对右侧边琢制，由于效果不理想，改用 4 号石锤对磨盘进行间接打击，3 号石锤作为中介物。但由于石料被琢制圆滑，没有着力点，石锤经常打滑，效果也不理想。20 分时，放弃间接打击，继续使用 2 号石锤对左上足周围进行琢制。30 分时，2、3 号石锤都较圆钝，琢制效率降低。改用 5 号石锤对左上角加工，由于棱角锋利，效果明显。45 分时，使用 5 号石锤另外一个棱脊对右上角进行琢制。46 分时，由下向上琢制，47 分时，由足的右上部向下琢制，打击十几次后改为由下向上琢制。在琢制过程中，根据进程不断调整琢制方向和角度。50 分时，右下部足掉下一石片，厚 0.2 厘米。51 分时，改用 6 号石锤对左上角足部周围进行琢制。11 点 3 分，对右下角足周围进行琢制，其间不断变换用力角度。12 点 26 分上午实验结束。

　　下午 14 点 30 分继续实验。使用 7 号石锤加工右侧边，速率为每分钟 80 次左右。49 分时，由于效率降低，改用 8 号石锤对右上角处进行打击，目的是使其圆钝。51 分时，对左上角打击。15 点 01 分，几个石锤棱角都已圆钝，只能再次打击原有石锤，使其出现棱角。15 分开始使用 4 号石锤，以破碎石片作为中介物对右上足周围进行间接打击，效果较为理想。23 分时停止间接打击，由于中介物尖部变钝，效率降低。16 点改用 5 号石锤打击左上角，而后继续对四足周围进行加工，17 点停止工作，有足磨盘基本完成（图 4.15～图4.17；图版 1：3～5）。加工后长宽尺寸未发生变化，磨盘通高 5.6、盘体最厚处 4.5、足最大高 1.4、最大足径 4.3 厘米，重 6500 克。

　　有足磨盘打制过程中，剥离下石片共重 502 克，石锤掉落石片重 49 克，特别是使用时间较长的 1 号石锤，磨损十分严重，与使用前形态相比变化极大（图 4.18、

图 4.15　有足磨盘成品

图 4.16　有足磨盘足部细部

图 4.17　有足磨盘背面琢打痕

图 4.19；图版 1：6、7）。剥离下的石片在以石料为中心半径 40 厘米范围内最为密集（图 4.20～图4.23）。肉眼可见 80 多片，大于 2 厘米石片在右下角最密集（图 4.24），1～2 厘米的石片及碎屑在左下角最密集，应与打击方向有直接关系。小石片宽大于长者较多（图 4.25），台面较小，以线状台面为多，终端多为羽翼状（图 4.26）。

图 4.18　1 号石锤使用前　　　　　　图 4.19　1 号石锤使用后

(厘米)

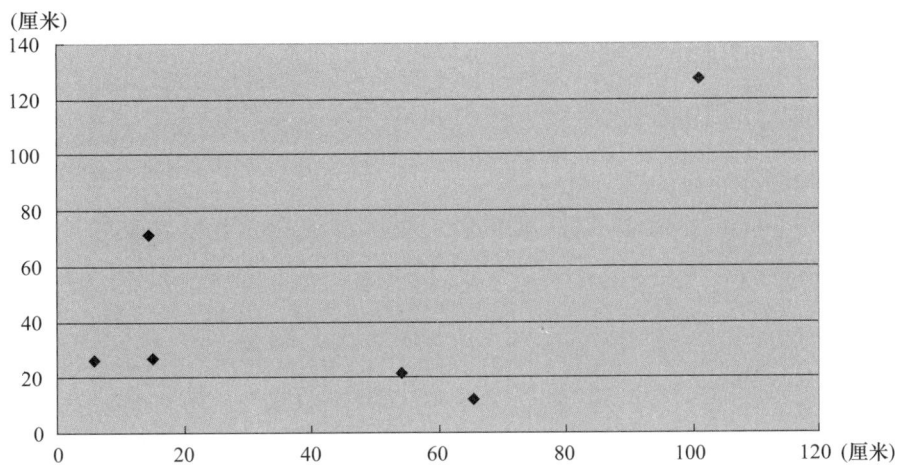

图 4.20 第一象限石片分布图

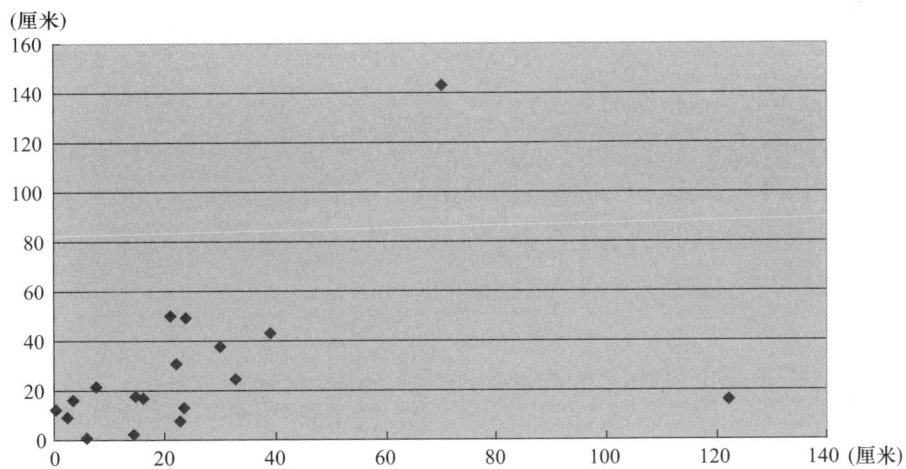

图 4.21 第二象限石片分布图

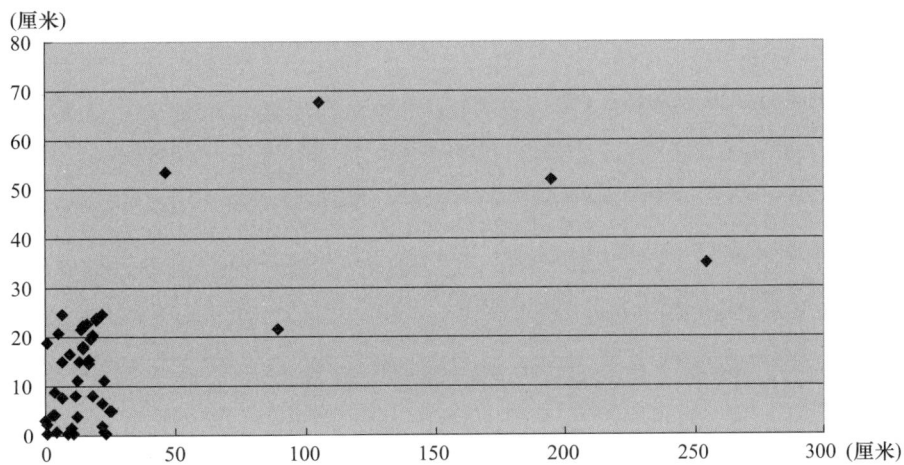

图 4.22 第三象限石片分布图

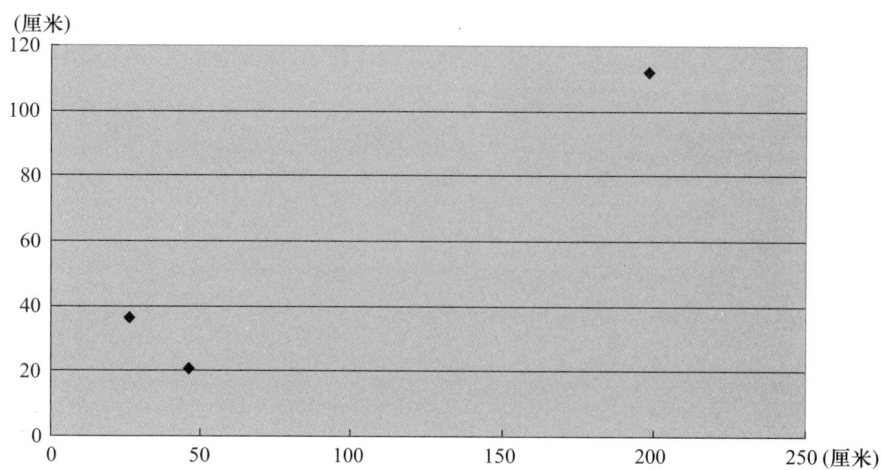

图 4.23　第四象限石片分布图

图 4.24　打制磨盘时石片分布情况

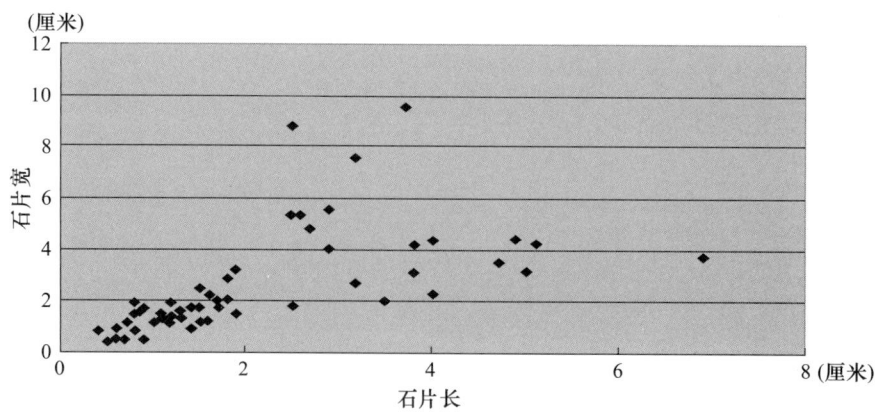

图 4.25　石片长、宽统计图

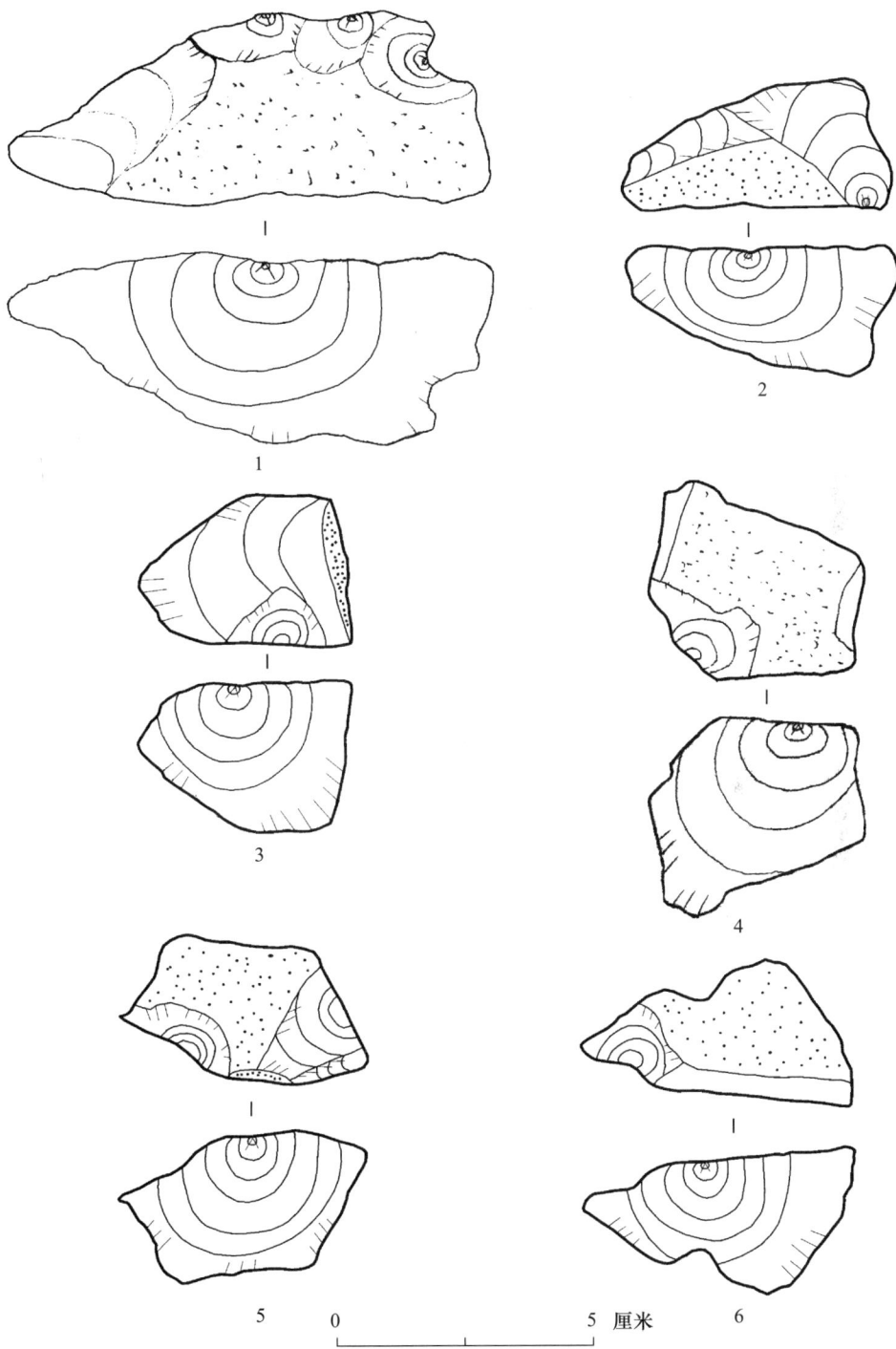

图 4.26　典型石片线图

1. 07SP01（41 克）　2. 07SP02（13 克）　3. 07SP03（10 克）
4. 07SP04（7 克）　5. 07SP05（8 克）　6. 07SP01（7 克）

第三节　小　结

通过模拟实验，我们总结出打制磨盘及磨棒的程序（图4.27）。

无论磨盘还是磨棒，加工前的选料是关键，尽量不要选取节理及裂隙发育的石料，以免造成非意愿破裂，导致打制的失败，但是对于石料的选择，需要多次经验才可以做到，尤其是内部富含节理及裂隙的，最难鉴别。

根据实验过程，我们认为与磨盘相比，磨棒的加工成功率很低。应该与选料时多选择长条状石料有关系，由于这种长条状形态与宽厚的大型石料相比，更容易由于受力不均匀而发生非意愿破裂，并且断裂多发生在与长轴垂直方向的中间处，从而导致原料过短，不能继续加工。而弧背设计的磨棒相较于长条状磨棒加工更为精细，更耗费时间，可能预示其在日常生活中会被更长时间使用。

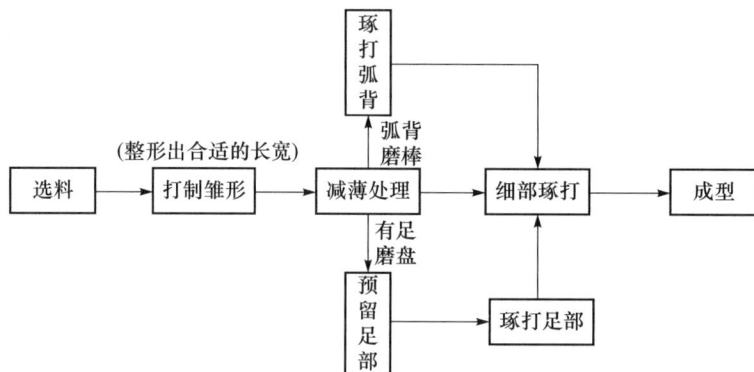

图 4.27　磨盘及磨棒加工程序

关于磨盘的制作，相对于有足磨盘而言，无足磨盘更容易加工，如果能够找到厚度合适的石料，仅对形态稍作打击即可使用，且对平面形态的打击远比给磨盘减薄容易。而有足磨盘的加工则难度很大，在实验中，我们尽力小心谨慎，努力控制自己的用力角度及力度，但仍造成一足崩掉。可见对石料非常熟悉且具备专业技巧才能成功完成有足磨盘的制作。据有经验的石匠讲，技术熟练的石匠在用力前就应知道此次打击会掉下多大石片，并能根据石料性质及加工进程尽快做出调整，保证任务顺利完成。而没有经验的石匠是很难完成复杂石制品的加工的。后李有足磨盘出现，可能预示手工业专业化，有专门的匠人对这类石器进行加工。

在打制过程中，首先以石料边缘为台面进行打制，此过程打下的石片多为1～2厘米的小石片，宽大于长者较为常见，台面较窄小，以线状台面居多。石片角多小于90°，远端多为羽翼状（或译为尖灭），此过程可称为粗琢。过程中产生的很有特色的石片为我们今后在发掘和浮选时辨认类似小型石片的性质及来源提供了很好的类比材料。并且打制石片的分布形态也为我们辨识这类石制品提供了参考。随着打制过程的进行，边缘部位逐渐内陷，并且由于琢制过程中打下的石片远端多为羽翼状，这样以第一次石片远端断裂所遗留部位为下一次打击台面的形态也相应变为凸弧状，其与石料平面所形成的夹角（即台面角）为钝角，由于此夹角过大，导致石片剥离的困难程度增大，甚至几乎无法完成打片（此时如改为间接打击法效果可能较好），只能以尖状或刃部为锐角的石锤进行琢制，与最初相比，此阶段可称为细琢。在这个过程中，打下的石片（或可直接称为碎屑）极小，已失去测量统计意义。随着这种琢制方式的进行，在石料表面就会形成凹凸有致的琢击痕，即我们通称的麻点。

对于加工磨盘，我们认为完全是一种打制或琢制过程，并不存在磨制程序，因而在石器类型学分析时，我们不主张将其划归磨制石器。通过实验，我们认为琢制磨盘时所用石锤的远端不应是通常意义上打制石器所采用的圆钝形态，而最好是采用尖刃或刃端夹角为锐角的形态。因为琢制过程中，虽然用力方式与打制相似，但为避免将石料打碎，用力较小。这样，只有减少石锤与石料的接触面，琢制范围才更容易控制，同时由于接触面的缩小，使得单位面积受力增大，从而更容易琢打下意愿中的石片，效果才会更理想。这种石锤使用时间较长以后，顶端会由于打制变得十分圆钝，报告中经常提到的研磨器，有很大一部分应该是长时间使用的石锤。

第五章　模拟使用实验

对于考古学而言，器物的用途研究是一个永恒的课题。无论是史前时期考古还是历史时期考古，当我们发现一种器物时，首先要考虑的就是它是什么，用途是什么，然后才是其他深层次的研究。而对于器物用途的研究，除了利用各种科技手段进行检测以外，模拟使用实验也是一个非常重要的方法。通过多种可能的模拟实验我们可以直观地考察器物的可用性及有效性，从而为其功能的推断提供更为客观的证据。

第一节　民族学资料

在设计模拟使用实验之前，我们可以参考民族学资料以及其他地区同类工具的相关研究成果，这会为我们讨论其使用方式及功用提供很好的线索。

美国亚利桑那州北部的哈瓦苏沛人（Havasupai）一般也是先使用舂捣及压榨的方式加工食物，然后再使用磨盘、磨棒进行研磨才食用。北美的尤马人（Yuman）、祖尼人（Zuni）、赫必人（Hopi）、巴巴哥人（Papago）都有使用磨盘的传统。而纳瓦霍人（Navajo）、特佩瓦人（Tepehuan）明确使用磨盘加工玉米。据研究每人每天至少需要0.5千克玉米，槽形磨盘和双手抓握磨棒每小时可以研磨1千克，因而一个8口之家，每天需要4～5个小时研磨玉米[①]。

民族学资料显示，很难把某种食物制备工具和特定的加工对象联系起来。古代的美索不达米亚地区，磨盘用来加工多种物质，包括开心果（pistachio）、葛缕子（caraway）、芝麻、香料、颜料、谷物等，杵臼用来加工谷物、洋葱、葡萄、芝麻等。而加利福尼亚的一些部族则使用磨盘加工橡子、松子、植物根茎、水果、豆类、颜料及颗粒较小的种子等，而杵臼用来加工烟草、浆果、橡子及其他一些种子等。在非洲一些部落中，野生草本植物的种子是主要食物。澳大利亚干旱地带的一些族群，首选块茎及水果类食物，当其缺乏时，才会选择难于研磨的种子类食物。非洲一些部族使

---

① Donald H. Morris. Changes in Groundstone Following the Introduction of Maize into the American Southwest. *Journal of Anthropological Research*, 1990, 46(2): 177～194.

用木臼给谷子脱壳^①。

Mason 很早就对美洲地区不同印第安土著民族食物制备所使用的工具及加工程序做过详细研究。文中指出在绝大多数印第安民族中食物制备工作是由女性来完成。加利福尼亚北部的胡帕人（Hupa）使用柳条筐采集橡子，然后背回居住地对其进行加工。首先把橡子放入石臼中，石臼上放置一个四周有孔隙的漏斗，然后使用杵对其舂捣，如此橡壳留在上面，橡粉则从漏斗的孔隙中漏到下面铺垫的浅盘状容器中，最后一般使用石煮法（stone-boiling）将橡粉熬成稠粥食用。科罗拉多河口处的皮马（Pima）人经常食用一种豆科植物种子，他们首先把豆荚放在一种圆锥状的容器中，然后使用一个很长的木杵对豆荚舂捣，使豆子与豆荚分离开来。然后把豆子运回居住地，使用木臼把其加工成粗粉状态，最后使用磨盘把粗粉磨成细粉，装入容器以供使用。密西西比州东部的部落使用杵臼加工玉米，但他们已懂得使用外力来节省体力，他们将一根绳子的一端绑在臼的末端，一端绑在大树的树枝上，这样在舂捣中向上拿起杵时可利用树枝的弹性来节省体力。苏族（Sioux）印第安人使用杵臼加工野牛肉干，但他们使用的臼是用一种坚硬的生皮制成，杵则是一种复合工具，是把木柄绑在石制杵头上制成。居住在北美大盆地沙漠中的犹特（Ute）印第安人主要依靠各种植物的种子为生。他们的工具套包括装种子的圆锥形筐、顶端粗大的采集棒、簸去碎屑及壳的浅盘以及磨盘和磨石。他们首先把种子放在浅盘中，然后把烤热的石头放在里面，不停摇晃浅盘直至种子全部烤干，然后把种子放在磨盘上研磨成粉末食用^②。

Homer Aschmann 通过民族学调查，指出加利福尼亚州一些土著居民用磨盘碾磨玉米、胡椒、岩盐、咖啡豆、小麦等^③。

在印度尼西亚苏拉威西岛的 Maros 地区，发现公元前 1500 年前后的遗址中出土坚果，研究者推测当时是使用石片工具把坚果壳割开食用，而非砸击。文中还提到，大多数族群使用石锤或杵臼给坚果脱壳^④。

日本列岛关于食物制备方面的研究表明，绳纹时代的许多遗址都发现储藏橡子类坚果的窖藏以及大量炭化的橡子颗粒及橡子饼，并同时伴出磨盘及磨棒。表明磨盘类工具和橡子研磨关系密切，同时民族学资料也多次提到磨盘类工具加工橡子及七叶树果实等坚果的实例。此外还有使用杵臼加工鱼虾类海产品的记载^⑤。

关于磨盘类工具的具体使用方式也有学者进行过关注，北美民族学资料显示印第安

① Katherine I. Wright. Ground-Stone Tools and Hunter-Gatherer Subsistence in Southwest Asia: Implications for the Transition to Farming. *American Antiquity*, 1994, 59(2): 238～263.

② O. T. Mason. The Aboriginal Miller. *Science*, 1887, 9(206): 25～28.

③ Homer Aschmann. A Metate Maker of Baja California. *American Anthropologist*, New Series, 1949, 51(4): 682～686.

④ Victor Paz. Cut not Smashed: A New Type of Evidence for Nut Exploitation from Sulawesi. *Antiquity*, 2001, 75(289): 497～498.

⑤ 渡辺誠：《縄文時代の知識》，東京美術，1983 年。

民族使用磨盘磨碎玉米时，是跪在磨盘前的。这项工作一般是由女性和孩子完成，成年男性几乎不会参与研磨工作，并且在加工玉米之前，会把玉米浸泡在水中一段时间 [①]。

还有学者从营养学及模拟实验角度对磨盘、磨棒与杵臼的功能进行过详细比较。Katherine I. Wright 曾指出舂捣及碾磨在食物加工中有除去纤维、减小颗粒尺寸、去除有毒元素、增加或减少营养成分等作用。在参考其他学者模拟实验的基础上，提出在对谷物进行去壳处理时，最有效的方法即使用杵臼对其舂捣，其中以木杵最为有效。而磨盘及磨棒很难有效地将籽实与麸糠分离。实验还表明，谷物的成熟度与能否顺利脱壳之间存在很大关系，不太成熟的谷物需要用耐用度较高的石臼来进行加工，而成熟度较高的谷物使用木臼即可以完成脱壳。食物颗粒的减小可以通过舂捣及碾磨实现，但实验证明，碾磨比杵臼效果更好，可以使颗粒更加均匀 [②]。

埃及 Wadi Kubbaniya 遗址出土磨盘所作残留物分析显示其曾用于加工块茎，其年代约为距今 19000 年 [③]。

我国使用磨盘及磨棒的民族学资料较为少见，据我们的资料收集情况来看，我国仅有纳西族和独龙族等有使用磨盘的习俗，主要用来研磨玉米、麦及黄豆等，而其他少数民族则大多使用杵臼对谷物进行脱壳加工（表 5.1）。

表 5.1　我国民族学相关资料

民族/地区	脱粒方式或工具	脱壳或磨粉工具	加工对象	时代	资料来源
辽宁满族	打稻机	磨米机	谷物，具体不详	20 世纪50 年代	《满族社会历史调查》，75 页
鄂温克	连枷（呼伦克）	木臼（揶红哥）	谷物，具体不详	清末	《鄂温克族简史》，111 页
鄂伦春	石磙	碾子	谷物，具体不详	20 世纪50～60 年代	《鄂伦春族社会历史调查》第一集，23 页
土族	石磙		谷物，具体不详	中华人民共和国成立前	《土族简史》，77～78 页
撒拉族	连枷、石磙（碌）	石磨，半年修凿一次，效率比不修高	小麦、青稞、荞麦、大麦、胡麻、菜籽、饲料	20 世纪50 年代	《撒拉族简史》，64 页；《青海省回族撒拉族哈萨克族社会历史调查》，78、84～85 页
东乡族		石磨、石磙	谷物，具体不详	清代	《东乡族简史》，35 页

---

①　Ruth Lewis etc.. A Day in the Life of a Mexican Peasant Family. *Marriage and Family Living*, 1956, 18(1): 3～13.

②　Katherine I. Wright. Ground-Stone Tools and Hunter-Gatherer Subsistence in Southwest Asia: Implications for the Transition to Farming. *American Antiquity*, 1994, 59(2): 238～263.

③　Katherine I. Wright. Ground-Stone Tools and Hunter-Gatherer Subsistence in Southwest Asia: Implications for the Transition to Farming. *American Antiquity*, 1994,59(2): 238～263.

续表

民族／地区	脱粒方式或工具	脱壳或磨粉工具	加工对象	时代	资料来源
保安族	石碡、牲畜或人踩踏、连枷		谷物，具体不详	清同治以前	《保安族简史》，22 页
保安族	石碡	石磨	谷物，具体不详	清同治至中华人民共和国成立前	《保安族简史》，32 页
裕固族	石碡		谷物，具体不详	中华人民共和国成立前	《裕固族简史》，63 页
锡伯族	石碡		谷物，具体不详	清至 20 世纪 50 年代	《锡伯族简史》，89 页
大理县白族	连枷、竹片刮削		谷、豆、麦、菜籽	20 世纪 50 年代	《白族社会历史调查》，22～23 页
剑川县白族	连枷、石碾	石碓、石磨	谷物，具体不详	中华人民共和国成立前	《白族社会历史调查》，84 页
瑶族		石磨	玉米、黄豆等磨粉	20 世纪 80 年代	《盘村瑶族》，135、215 页
西双版纳傣族		木碓，每天一次	稻米	20 世纪 50～80 年代	《傣族》，48 页
德宏傣族	摔打、木棍敲打、牛踩	水碓	稻米	20 世纪 40～50 年代	《德宏傣族社会历史调查》（二），33、47 页
哈尼族	脚搓	石磨、碓、碾	旱谷及其他	中华人民共和国成立前	《哈尼族社会历史调查》，65、107 页
佤族	棍打、脚搓	木碓、臼	谷物，具体不详	中华人民共和国成立前至 20 世纪 80 年代	《佤族简史》，38 页；《佤族社会历史与文化》，118～119、124 页
傈僳族		石碓		20 世纪 50 年代	《傈僳族社会历史调查》，29 页
纳西族	连枷	磨盘、石磨、臼、碓	谷物及某些食物	中华人民共和国成立前至 20 世纪 80 年代	《永宁纳西族的母系制》，423 页；《纳西族简史》，76 页；《纳西族》，14、19 页
拉祜族	摔打、弯棍	碓	谷物，具体不详	20 世纪 50 年代	《拉祜族社会历史调查》（一），6、19 页
景颇族	牛踩	木杵臼、脚碓	谷物，具体不详	20 世纪 50 年代	《景颇族社会历史调查》（一），55、57、92 页
布朗族	摔打、木棒	木杵臼、碓	前者加工熟肉，后者加工稻米、玉米	20 世纪 50 年代	《布朗族社会历史调查》（二），6、43、109 页
阿昌族		榷子、石磨、脚碓、水碾	谷物，具体不详	20 世纪 50 年代	《阿昌族社会历史调查》（二），5 页

续表

民族 / 地区	脱粒方式或工具	脱壳或磨粉工具	加工对象	时代	资料来源
怒族		木碓	谷物，具体不详	中华人民共和国成立前	《怒族社会历史调查》，26 页
独龙族	木棍	磨盘及磨棒、杵臼、石磨、水碓、	玉米、谷、麦、青稞、黄豆等	中华人民共和国成立前	《独龙族社会历史调查》（二），插图，92、101 页
德昂族		脚碓、杵臼	稻	20 世纪50 年代	《德昂族简史》，72 页；《德昂族》，64、67 页
普米族		手碓、脚碓	大麦、燕麦、荞麦、玉米等磨粉	20 世纪50～80 年代	《普米族》，63 页
土家族		水磨、水碓、水碾	谷物，具体不详	清代	《土家族土司简史》，151 页
四川藏族	连枷	石磨	谷物，具体不详	20 世纪50～60 年代	《四川省甘孜州藏族社会历史调查》，197 页
毛南族		石臼、石碓、石磨	谷物，具体不详	20 世纪80 年代	《毛南族》，90 页
黎族	人踩、牛踩	木杵、木臼	谷物，具体不详	中华人民共和国成立前至 20 世纪50 年代	《黎族社会历史调查》，14 页
高山族		木杵、木臼	水稻、粟等脱壳	清代	《高山族简史》，65、121 页
维吾尔族		水砣		宋代	《宋史》卷四百九十《高昌传》，转引自《维吾尔族史料简编》上册，65 页
四川苗族	连枷	石磨、土蕳子、石蕳子、木杵、石臼	石磨给玉米及豆磨粉，土蕳子给黄谷脱壳，石蕳子给玉米磨粉，杵臼脱壳	中华人民共和国成立前	《四川省苗族傈僳族傣族白族满族社会历史调查》，39～40、66～67、106 页
彝族	连枷、弯棍、联棍	石磨、杵臼、水碾	石磨给玉米、荞麦、大小麦磨粉，大米蒸熟在木臼中捣成面状	中华人民共和国成立前	《凉山彝族奴隶制社会形态》，56、77 页；《彝族》，74、79 页
壮族		木杵、石臼	捣碎熟米饭	20 世纪80 年代	《壮族》，112 页
青海藏族		石磨、石杵、石臼	谷物，具体不详	中华人民共和国成立前后	《青海省藏族蒙古族社会历史调查》，9、93 页
青海回族	石磙	水磨	青稞	中华人民共和国成立前	《青海省回族撒拉族哈萨克族社会历史调查》，19、32 页

注：民族学资料中所见与磨棒类似的工具：20 世纪 50～60 年代的鄂伦春族鞣皮工具有三种，包括毛丹（带齿）、贺得勒（不带齿）及塔拉克文（轧皮工具），其中前两种基本形态为带弯木棍上镶带齿或刃的铁片，最后一种与磨棒形态更为类似[1]；中华人民共和国成立前的青海藏族使用的鞣皮工具为一种带锯齿木棍[2]

---

① 内蒙古自治区编辑组：《鄂伦春族社会历史调查》第一集，内蒙古人民出版社，1984 年，25、104 页；赵复兴：《鄂伦春族研究》，内蒙古人民出版社，1987 年，77～78 页。

② 青海省编辑组：《青海省藏族蒙古族社会历史调查》，青海人民出版社，1985 年，82 页。

我国考古方面也有关于磨盘类工具使用方面的信息，长江下游地区发现的全新世早期的上山和小黄山遗址出土大量碾磨工具，被认为和加工坚果和稻米有关[①]。距今3000年前后的新疆哈密五堡墓地出土过一种小米饼，数量较多，大部分作方形，长约20、厚4厘米，由于粉碎不佳，常可见饼内包含卵圆形小米颗粒。另外此遗址还曾出土过马鞍形石磨盘[②]。

根据民族学及其他地区同类工具的研究成果来看，磨盘类及杵臼类工具的主要功用与制备食物有关，因而本书的实验设计主要使用这些工具加工食物类物质，通过加工不同的物质，来考察工具的有效性及效率的高低。从此角度来解释这些工具在海岱地区史前时期可能发挥的作用及扮演的角色。依据前文对海岱地区史前环境及生业模式的复原，我们拣选了此类工具最有可能加工的几类物质，包括谷子、黍子、水稻、橡子、小麦、大豆。每一种物质分别使用磨盘、磨棒及杵臼进行加工，并在加工的不同时间阶段进行观察统计，以便更加客观地评估其有效性及效率的高低。

第二节　模拟使用实验

根据上述民族学资料提供的线索以及之前海岱地区史前环境以及生业模式研究的成果，我们选取了六种最有可能作为加工对象的物质进行模拟使用实验，包括谷子、黍子、水稻、橡子、大豆、小麦，并且为了进行使用效果的比较，我们分别使用磨盘与磨棒以及杵臼对同种物质进行加工，从而更加客观地考量这两类工具的可用性、使用寿命及效能。实验中采用动态观察记录的方法，即每隔一段时间就停止实验，进行观察统计，以分析不同物质加工过程中历时的变化情况，从而可以从量化角度更为精确地评估工具的功能。

一、磨盘及磨棒使用实验

1. 实验一：加工谷子

实验时间：2007年9月12日。

实验地点：东方考古研究中心石器实验室。

实验者：笔者本人。

加工工具简单描述：磨盘、磨棒均来自于鲁中山区的马山。磨盘005为深红色砂岩，包含白色云母颗粒，摩氏度低于5。平面形状近矩形，正面为节理面，背面尚有部

---

① 刘莉：《中国史前的碾磨石器和坚果采集》，《中国文物报》2007年6月22日第7版。

② 贺菊莲：《从新疆史前考古初探其古代居民饮食文化》，《中国农史》2007年3期，3～10页；卫斯：《西域农业考古资料索引（续）》，《农业考古》2005年3期，223～230页。

分石皮覆盖。最大长 23.4、最大宽 22.3、最大厚 3.7 厘米，重 2972 克。磨棒 002 为河卵石，有较明显的磨圆，粉红色砂岩，有纵向裂隙，摩氏度为 5 左右。平面形状近长方形。最大长 15.7、最大宽 9.3、最大厚 7.7 厘米，重 2155 克。

使用面组合：磨盘 005 正面与磨棒 002 正面。

被加工物简单描述：来源于冀东平原，为 2006 年收获的成熟谷物，颗粒较小，平均直径为 1.6 毫米左右，平均每克包含 485 粒。颗粒较饱满，秕粒少见，杂质较少。加工前经过晾晒。

平均速率：加工 16 克时为每分钟 53 次，加工 32 克时为每分钟 45 次（往复算一次，如果计算每分钟实际速率，则要比该数值高，因为其间还包括把被加工物聚拢的操作，平均每分钟 6 次左右。以下实验如无特别说明，则对平均速率的统计方法与此相同）。

实验过程描述：首先把磨盘放在高度为 80 厘米的实验室操作台上，磨盘下垫铺棉布，增加摩擦力，以防磨盘在用力过程中打滑，并且便于磨盘上滑落谷物的回收。称重后把谷物放入磨盘中间部位，双手抓握磨棒，进行往复摩擦运动（图 5.1；图版 2：1）。以下实验如无特别说明，则操作方法与此相同。

图 5.1　磨盘、磨棒加工谷子实验

第一次加工 16 克，加工 2 分钟时，随机抓取 0.2 克谷物进行统计，发现已完成脱壳的完整小米为 7 粒，未脱壳 79 粒，其余为碎米及谷壳，脱壳率为（97-79）/97=18.6%，由于完整小米所占比例较低，故采用以下算法评估其完整率。小米完整率为 7/（97-79）=38.9%。由于加工时间较短，所以效率较低。

4 分钟时，随机抓取 0.2 克进行观察统计，已完成脱壳的完整小米 20 粒，未脱壳 60 粒，其余为碎米及谷壳，明显比加工 2 分钟时增多（图 5.2；图版 2：2）。脱壳率为（97-60）/97=38.1%。小米完整率为 20/（97-60）=54.1%。

　　7 分钟时，随机抓取 0.2 克，发现未脱壳 8 粒，完整小米 2 粒，其余为破碎小米及谷壳，据初步统计包含肉眼可见破碎状小米 80 余粒（图 5.3；图版 2：3）。脱壳率为91.8%，完整率为 2 /（97-8）=2.2%，与其说脱壳，不如说磨粉。

　　10 分钟时，未脱壳谷物已十分少见，且粉末状物质及谷壳比例十分高，停止加工，随机抓取 0.2 克进行观察，发现完整未脱壳 1 粒，未见完整小米，均为破碎状小米及谷壳（图 5.4；图版 2：4）。初步统计，可见破碎状小米 150 余粒，此时脱壳率为 99%，但未见完整小米，已完全被粉末化，与脱壳得到完整小米的目的相差很远。

图 5.2　谷子加工 4 分钟后

图 5.3　谷子加工 7 分钟后

图 5.4　谷子加工完成后状况

　　通过实验，我们发现加工 4 分钟后，如停止加工，则完整小米比例最高，可达54.1%，但此时脱壳率还很不理想，仅有 38.1%，未达到全部脱壳的目的，因而，为了完成这一目的，势必继续进行加工，但完整小米比例则随之降低。可见完整率与时间成反比，而脱壳率与时间成正比，脱壳率与完整率成了一对矛盾。理论上有一种方法可以化解这个矛盾，即当完整率达最高值时，从被加工物中挑出完整小米，再加工剩余的未脱壳谷子，这样既可完成脱壳的目的，也可以保证较高的完整率。但在实际操作中，需要加工的谷物的数量与实验相比会成倍增长，挑选过程将耗费大量时间，单位时间内卡路里回报值将会十分低，因而几乎不具有可行性。

实验完成后，发现被加工物掉落磨盘较少，掉落谷物也几乎都在磨盘周围，且以后端居多，应与操作者操作习惯及用力方式有关，其中最远一粒谷物距磨盘中心11厘米。掉落谷物中，未脱壳比例很高，所以有必要放回磨盘重新加工，掉落0.6克，比例为3.8%。为了不造成浪费，在进行谷物加工时，需在磨盘下面垫铺兽皮之类，以免掉落物掉落沙土之中，污染食物，且掉落者中包含部分粉末状小米，如掉落沙土中，很难挑拣。

如一次加工量过少，由于颗粒不多，相互间摩擦较少，故效率不高。等加工量增加时，相互间摩擦力增加，则效率提高，如加工2倍谷子，时间不是原来的2倍。大型考古磨盘效率可估算，长宽多几倍，一次加工量多几倍，而最少时间值为实验标本加工最大量谷子所用时间，如此实验所用磨盘，有效值为32克，用时13分钟，最多时间为实验标本加工量的倍数，如考古加工为实验量的3倍，则时间也为3倍，为3分钟。实际考古时间在两者最少及最多之间。

第二次实验，加工32克谷子。

效率与用力大小、速率快慢、谷物干燥程度、磨盘及磨棒摩擦力大小、谷物加工量都有关系。

2分钟时，随机抓取0.2克观察统计，发现14粒完整小米，63粒未脱壳，其余大多为谷壳，碎米及粉末较少。脱壳率为（97−63）/97=35.1%，完整率为14/（97−63）=41.2%。与第一次加工16克谷子2分钟时相比，脱壳率增高，完整率也略有提高。

4分钟时，随机抓取0.2克观察统计，发现完整小米11粒，未脱壳15粒，谷壳及粉末增多，完整小米数量略有减少。脱壳率为（97−15）/97=84.5%，完整率为11/（97−15）=13.4%。脱壳率比加工16克4分钟时明显增高。

7分钟时，随机抓取0.2克观察统计，发现未脱壳11粒，完整小米5粒，脱壳率为88.7%，比加工16克7分钟时脱壳率稍低，完整率为5/（97−11）=5.8%。完整小米的绝对数量比加工16克同期增多，与一次加工量多有关系。

11分钟时，随机抓取0.2克观察统计，发现未脱壳6粒，完整小米12粒，脱壳率为93.8%，随着脱壳率逐渐增高，完整小米增加，完整率达到12/（97−6）=13.2%。脱壳率类似加工16克7分钟时，不如10分钟时高。

13分钟时，随机抓取0.2克观察统计，发现未脱壳2粒，完整小米3粒，完整率为3/（97−2）=3.2%。脱壳率97.9%，近似加工16克10分钟时，所用时间多3分钟。当达到如此高的脱壳率时（95%以上），虽然一次加工量增多，但完整小米仍旧较少，可见增加被加工物数量并不能解决完整率与脱壳率的矛盾。另外也说明加工量多一倍时，时间却不是增加一倍。

　　这次实验表明，随着被加工物的增多，相互间摩擦力也相应增大，故脱壳率在 2 分钟及 4 分钟时都比加工 16 克时有所提高。特别是 4 分钟时，脱壳率已经达到 84.5%。可见在短时间内，加工数量相对多时，效率会更高。但由于数量多出一倍，所以在较长时间段内，从 7 分钟开始比较发现，第二次实验，脱壳率低于 16 克同期值。因为第一次实验数量少一半，所以 7 分钟时，基本已完成加工。所以 7 分钟前的效率值更具有比较意义及说服力。

　　此后每批依旧加工 32 克，共加工 20 批，上午 8 点开始加工，12 点 34 分结束加工，共用时 274 分钟。每次加工用时分别为 12、12、10、11、13、11、12、12、13、14、12、11、11、13、12、13、12、14、15、14 分钟，实际加工共用时 247 分钟，平均每次用时 12.35 分钟。其间每批加工完后，把被加工物放入容器以及清扫磨盘，共用时 27 分钟，平均每次用时 1.35 分钟。感觉从第 18 次加工时（此时已使用 227 分钟）开始比较费力，磨盘粗糙度有所降低，加工效率受到影响。平均加工效率为每分钟 2.59 克。其间我们为了验证研磨时用力大小对于实验结果的影响，也多次改变用力大小，但结果变化不大，等研磨完成时，依旧为粉末状物质。

　　由于粉末沾染在磨盘、磨棒上，因而会有损耗。加工前谷子重 16 克，加工后重 15.7 克，损耗率为 0.3/16=1.9%。如果再把谷壳除去（使用风扇吹去），剩余 12.7 克，则损耗率为（16–12.7）/ 16=20.6%。如每人每天食用 600 克小米（实际所需谷子还要更多，因为有损耗），每加工 16 克需要 10 分钟，实际所用磨盘比实验标本大 3 倍，假设效率增加 3 倍，则加工 600 克需要 125 分钟。如为后李文化 8 口之家加工一天所需小米，则需 16.7 小时，这个时间显然太长。因此用磨盘加工谷子，且每天以之为食，很不经济，单位时间内卡路里回报值太低。

2. 实验二：加工黍子

　　实验时间：2007 年 9 月 14 日。

　　实验地点：东方考古研究中心石器实验室。

　　实验者：笔者本人。

　　加工工具简单描述：磨盘来自于鲁中山区的马山，为深红色砂岩，包含白色云母颗粒，摩氏度低于 5。为不规则四边形，节理发育，两面均保留部分石皮。最大长 37.5、最大宽 35.4、最大厚 4.6 厘米，重 9102 克。磨棒与实验一相同。

　　使用面组合：磨盘 002 正面与磨棒 002 背面。

　　被加工物简单描述：来源于冀东平原，为 2006 年收获的成熟谷物，颗粒较小，平均长径 3.0、平均短径 2.2 毫米，平均每克包含 281 粒。颗粒较饱满，秕粒少见，杂质较少。加工前经过晾晒。

　　平均速率：加工 60 克时为每分钟 60 次，加工 120 克时为每分钟 56 次左右（聚拢操作均为平均每分钟 7 次左右）。

实验过程描述：首先加工 60 克黍子（图 5.5），5 分钟后停止，随机抓取 1 克进行观察统计，发现 84 粒未脱壳，40 粒脱壳完整的黄米，其余为黍壳及粉末状物质。脱壳率为（281–84）/281=70.1%，完整率为 40/（281–84）=20.3%。

图 5.5　磨盘、磨棒加工黍子实验

又加工 3 分钟，随机抓取 1 克观察统计，发现 30 粒未脱壳，20 粒脱壳完整的黄米，其余为黍壳及粉末状物质，黍壳比 5 分钟时明显增多。脱壳率为（281–30）/281= 89.3%，完整率为 20/（281–30）=8.0%。

又加工 7 分钟后，肉眼可见绝大多数颗粒已粉碎，遂停止加工，仍随机抓取 1 克进行观察统计，发现未脱壳黍子为 1 粒，未发现已脱壳完整的黄米，基本全部为颗粒小于 1 毫米的粉末状物质（图 5.6、图 5.7），脱壳率为（281–1）/281=99.6%，完整率为 0。

图 5.6　黍子加工完成后状况

图 5.7　黍子加工完成后形成的粉末

第二次加工 120 克黍子，5 分钟后停止，随机抓取 1 克进行观察统计，发现 134 粒未脱壳，49 粒脱壳完整的黄米，其余为黍壳及粉末状物质。脱壳率为（281–134）/281=52.3%，完整率为 49/（281–134）=33.3%。

又加工 11 分钟，随机抓取 1 克进行观察统计，发现 57 粒未脱壳，26 粒脱壳完整的黄米，其余为黍壳及粉末状物质。脱壳率为（281–57）/ 281=78.7%，完整率为 26 /（281–57）=3.8%。

又加工 10 分钟后，肉眼可见绝大多数颗粒已经粉碎，遂停止加工，发现 1 粒未脱壳，1 粒已脱壳完整黄米，其余均为直径小于 1 毫米的粉末状物质。脱壳率为（281–1 / 281）=99.6%，完整率为 1 /（281–1）=0.4%。

由于磨棒较短，每次加工不能使 120 克全部处在被加工状态下，同一时间只有三分之一被加工。因而在这个层面上讲，120 克黍子实际上是分三批进行加工的，所以效率并不高。之后，每批仍加工 60 克，又加工 12 批，下午 13 点 45 分开始，17 点 12 分结束加工，共用时 207 分钟。每次加工所用时间分别为 14、15、17、16、17、15、16、16、17、16、17、18 分钟。加工共用时 194 分钟，平均每次用时 16.2 分钟，每次加工后清理等程序共用时 13 分钟，平均每次用时 1.08 分钟。从第 7 次时（包括前两次实验的时间，即共使用 135 分钟）效率开始下降，此时感觉打滑明显，比较费力。这之后所用时间一直没有低于第一次的 15 分钟。最后一次时，效率降到最低为 18 分钟。加工完成后未除去黍壳时重 699 克，损失率为（720–699）/ 720=2.9%。损失掉的主要为掉落在磨盘下、磨盘和磨棒沾染及打扫时沾染在打扫器具上的物质。效率为 720 / 194=3.71 克 / 分钟。其间我们为了验证研磨时用力大小对于实验结果的影响，多次调整用力大小，但结果变化不大，等研磨完成时，依旧为粉末状物质。

使用磨盘加工黍子，在加工 60 克时，加工 5 分钟后完整率最高，为 20.3%，但脱壳率仅为 70.1%。加工 120 克时，同样是加工 5 分钟时完整率最高，为 33.3%，但脱壳率更低，仅为 52.3%。可见无论加工数量多少，都很难在达到高脱壳率的同时，也保持高完整率。这种情况与加工谷子十分类似，表明磨盘同样不适合给黍子脱壳，相反比较适合磨粉。

3. 实验三：加工水稻

实验时间：2007 年 9 月 17 日。

实验地点：东方考古研究中心石器实验室。

实验者：笔者本人。

加工工具简单描述：磨盘、磨棒均来自于鲁中山区的马山。磨盘 003 为深红色砂岩，包含白色云母颗粒，摩氏度低于 5。平面形状为不规则五边形，一面保留部分石皮，一面为节理面，中间有裂隙。最大长 35.1、最大宽 27.8、最大厚 3.8 厘米，重 5092 克。磨棒 001 为不规则长方形，河卵石，磨圆明显。青白色砂岩，摩氏度为 5 左右。最大长 22.9、最大宽 10.5、最大厚 7.6 厘米，重 2337 克。

使用面组合：磨盘 003 正面与磨棒 001 正面。

被加工物简单描述：来自鲁北平原，为 2006 年收获成熟谷物。平均长径 7.5、平均短径 3.8 毫米。平均每克包含 36 粒。颗粒较饱满，杂质较少。加工前经过晾晒。

平均速率：每分钟 65 次（聚拢操作为平均每分钟 2 次左右）。

实验过程描述：加工 60 克水稻，5 分钟时，肉眼可见大多数稻谷已脱壳，所以停止加工，随机抓取 3 克进行统计，发现 37 粒未脱壳，已脱壳完整 70 粒，已脱壳破碎仅 2 粒。可见破碎稻米很少，基本完整。肉眼可见不同破碎程度的稻壳 77 片，脱壳率为（108–37）/ 108=65.7%，完整率为 70 /（108–37）=98.6%。

又加工 4 分钟，肉眼可见绝大多数水稻已完成脱壳（图 5.8）。随机抓取 3 克统计，发现未脱壳水稻 2 粒，脱壳完整大米 126 粒，脱壳碎米仅为 16 粒，并伴有大量稻壳，其中碎米较加工谷子少很多，分布在磨盘底部。由于此时完整大米在被加工物中所占比例较高，故完整率可用更加精确的方法计算。126 粒大米及 16 粒碎米重 2.96 克，而脱壳大米 3 克包含 135 粒，按此计算，2.96 克应包含约 133 粒完整大米，即 16 粒碎米为 7 粒完整大米破碎所形成。如此完整率可计算为 126 / 133=94.7%。如果忽略其他成分来计算比例，则完整率为 126 / 135=93.3%。可见无论采取哪种统计方法，完整率都十分高。脱壳率为 106 / 108=98.1%。

加工 9 分钟后，基本完成 60 克水稻的脱壳任务，且绝大多数为完整稻米。与谷子完成脱壳加工时，绝大多数为碎米有很大不同。

一批水稻完成脱壳后，可通过风力除去稻壳，数量多时可使用扬场的办法。然后把加工后的水稻倒入容器中，最好是有孔隙的编织物，可以漏去碎米及粉末。放进容器后，上下左右多次摇晃，可使大米、残留的稻壳及碎米分开（稻壳滑落一侧，碎米沉积在底部），然后把稻壳拣出，把大米倒入另一容器，碎米剩余在原来容器底部，即可倒掉。这样这批水稻经过初步的加工，即可进入食用环节。下次使用前要对磨盘进行清理打扫，以免沾染物降低加工效率。这一过程又会花去 3 分钟。经过这样的处理，剩余稻米重 42 克，如忽略极少量未脱壳水稻，则损失率为 18/60=30%，损失物包括稻壳、碎米等。如此，如需加工 42 克大米供食用，忽略食用前淘洗等工序，共需要 12 分钟。

又加工 20 批，每批加工 60 克，7 点 50 分开始，12 点 17 分结束加工，共用时 267 分钟。每批加工所用时间分别为 9、8、10、11、10、11、9、11、10、10、8、9、9、10、11、10、11、10、12、11 分钟。可见从 14 次时（包括第一次实验的时间，即共使用 134 分钟）效率明显下降，这之后所用时间均高于第一次的 9 分钟，应该是磨盘经过长时间使用后，摩擦力下降，导致效率降低。如想保持较高的效率，需进行维护，即再次琢制来提高其粗糙度。但也可能与实验者体力下降有一定关系。20 次加工共用时 200 分钟，平均每次 10 分钟，则每次加工后的后期程序所用时间平均为 3.35 分钟左右，比第一次略长。效率为 1200/200=6 克 / 分钟。加工完成后净重量为 881 克，损失率为（1200–881）/ 1200=26.6%，比第一次加工 60 克时损失率略有减少，可能与磨盘粗糙度下降，碎米量减少有很大关系。按这个效率计算，如每人每天需要 600 克大米，为 8 口之家加工一天所需大米需要花费时间为 267 / 881×4800=1454 分钟，几乎需要一个人加工一天一夜。这简直不可想象。即使按照最高效率计算，如磨盘大小是实验所用磨盘的 3 倍，则需 472 分钟，也是一个很高的数字，即一个人上午下午各加工 4 小时，才能够全家吃一天。

加工稻米效率较高，可能由于稻米为长条形，且有多条棱脊（与谷子几乎近圆形不同），粗糙度较高，同时不易滚动，不用像加工谷子一样需要多次收聚谷粒，效率也随之提高。

尝试给水稻脱粒加工 16 克带穗的水稻，共有长短不一的 38 条稻穗。给水稻脱粒，效果理想。2 分钟后，33 条稻穗脱粒完成，另 5 穗仅余少量稻米，最多为 3 粒，并且在脱粒的同时完成脱壳。随机拣选 3 克脱粒完成的稻米，发现仅余 5 粒未脱壳。又加工 1 分钟，仅余 1 条穗上有 2 粒稻谷未脱粒，且脱粒下的稻谷 3 克中仅余 2 粒未脱壳。总体看来，使用磨盘给稻谷脱粒，效率很高，重要的是在脱粒的同时可以完成脱壳，节省了很多时间。由此推测，从实用性及加工效率角度考虑，磨盘完全可以用来给水稻脱壳，并且最好带穗加工，这样脱粒的同时完成脱壳（图 5.9），卡路里回报值很高。

4. 实验四：加工橡子

实验时间：2007 年 9 月 18 日。

实验地点：东方考古研究中心石器实验室。

实验者：笔者本人。

图 5.8　水稻加工完成后状况　　　　　图 5.9　水稻脱粒实验完成后状况

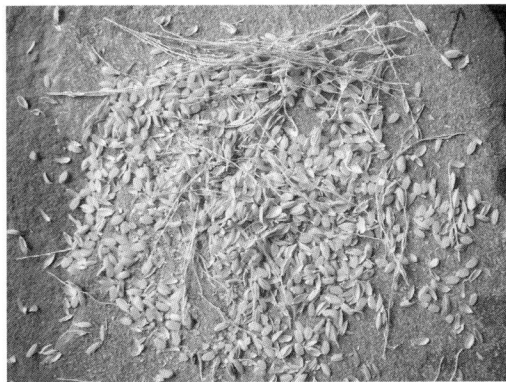

加工工具简单描述：磨盘来自于鲁中山区的马山。深红色砂岩，包含白色云母颗粒，摩氏度低于 5。近梯形，加工前一面尚保留石皮，凹凸不平，另一面为节理面，较平。最大长 30.8、最大宽 26.9、最大厚 6.4 厘米，重 8050 克。后在包含石皮一面加工出四足，但一足在加工过程中残断。加工后长宽尺寸未发生变化，总厚度为 5.6、盘体最厚处 4.5、最大足径 4.3 厘米，重 6500 克。磨棒也来自马山，为花岗闪长岩，硬度

较大，摩氏度大于 5。平面形状为不规则长方形，一面较平，一面凹凸不平，周缘磨圆度较高，加工时使用其较平一面。最大长 17.3、最大宽 13.2、最大厚 4.9 厘米，重 2067 克。

使用面组合：磨盘 001 正面与磨棒 004 正面。

被加工物简单描述：来自冀西太行山区，为 2007 年秋采集，采集时已基本成熟，橡壳变为黄褐色。基本为椭圆形，大小不均匀，个体差异较大（图 5.10）。大者带壳长径 16.6、短径 14.1 毫米，小者长径 13.0、短径 8.3 毫米，平均长径 14.8、短径 11.2 毫米。剥壳后橡仁大者长径 10.6、短径 9.6 毫米，小者长径 9.2、短径 4.5 毫米，橡仁平均长径 9.9、平均短径 7.1 毫米。带壳平均每克包含 1.58 颗，脱壳后平均每克包含 1.73 颗。

平均速率：40 分钟以前为每分钟 45 次左右（聚拢操作为平均每分钟 9 次左右），40 分钟以后由于大多变为较小颗粒，不易滚动，平均速率为每分钟 65 次（聚拢操作为平均每分钟 3 次左右）。

图 5.10　加工前有壳的橡子

实验过程描述：采集 2500 克带壳橡子，用时两天，每天采集 8.5 小时，共用时 17 小时。加工之前先剥壳，徒手可剥开绝大多数橡子，拣选 50 颗实验，徒手剥开 47 颗，每分钟剥 7 颗，如放在磨盘上砸击，则每分钟 6 颗，考虑到橡子壳的硬度，应该用手剥离。带壳的橡子 95 颗重 60 克，则全部 2500 克含 3958 颗。脱壳后，30 克含 52 颗，如此，则每颗壳重 60 / 95–30 / 52。2500 克剥壳后减轻 216.42 克，剩余 2283.58 克。

加工 84 克剥壳后橡仁，首先直接把橡仁放在磨盘上进行碾磨。由于其质地非常坚硬，且形状为椭圆形，极易滚动，加工时需要大力下压，十分费力。

加工 10 分钟，随机抓取 42 克进行观察统计，发现 5 颗完整，其余绝大部分中间破裂，磨盘底部有部分粉状物（图 5.11；图版 2：5），经收集称重为 2.1 克，则磨粉率为 2.1/42=5%，此时效率很低。

又加工 20 分钟，取 20 克观察，二分之一大小 4 片，小于二分之一大于 2 毫米 68 片。粉状物重 5.9 克，磨粉率为 5.9 / 20=29.5%，可见效率有所提高，但仍不理想。

又加工 28 分钟，肉眼观察已不见较大颗粒，基本为粉末状物质（图 5.12；图版 2：6），遂停止加工。随机抓取 20 克进行观察统计，发现除 3 粒约 2 毫米的颗粒外，均为粉末状。

共用时 58 分钟，加工过程感觉十分费力。效率为 84 / 58=1.45 克 / 分钟，可见磨粉效率很低。加工完成后净重 80.5 克，损失率为（84–80.5）/ 84=4.2%，比黍子稍高，可能与橡粉发黏，容易沾染磨盘有关。

图 5.11　橡子加工 10 分钟后状况

图 5.12　加工完成后的橡粉

首次尝试时，加工前未对橡仁进行任何处理，橡仁极易滚动，影响效率。故第二次加工前，先用石锤在磨盘上砸碎橡仁，至小于二分之一大小，每次砸击 1 颗较大或 2～3 颗较小的橡仁。砸碎 84 克共用时 16 分钟，砸碎后称重为 81 克，3 克为砸击过程中飞溅损失。将砸碎的橡仁放在磨盘上加工，使用前需清洗磨盘，减少沾染物质对摩擦力的影响，特别是橡仁发黏，更要清洗以保证加工效率。

加工 10 分钟后，随机抓取 20 克进行观察统计，发现 2 毫米以上颗粒有 60 余粒，磨盘底部粉末状物质较多，收集称重为 8.9 克，磨粉率为 8.9 / 20=44.5%。比未砸击加工时的效率高出近 40%。

又加工 12 分钟后，肉眼可见绝大多数为粉末状物质，取 20 克进行观察，除 5 粒约 2 毫米的颗粒外，其余均为粉末状物质。

加上砸击 16 分钟，共用时 38 分钟，则效率为 84/38=2.21 克 / 分钟，明显比直接放在磨盘上要高。

加工完成后重 77.1 克，则损失率为（84–77.1）/84=8.2%，由于砸击时飞溅损失 3 克，总体损失率稍高。

带足磨盘 5 分钟内发生位移超过 5 厘米的滑动 4 次，而不带足为 6 次，相比之下带足磨盘摩擦力稍大。

加工橡子不需要太大磨盘，由于运行时需很大向下压力，每次运行距离较短，一般为 15 厘米左右，所以较大磨盘对于使用效率没有什么提升。

5. 实验五：加工大豆

实验时间：2007 年 9 月 19 日。

实验地点：东方考古研究中心石器实验室。

实验者：笔者本人。

加工工具简单描述：同实验二。

使用面组合：磨盘 002 背面与磨棒 002 侧面。

被加工物简单描述：由市场上购买，平均长径 8.2、平均短径 7.6 毫米。颗粒较饱满，杂质较少。平均每克包含 4.55 粒。加工前经过焙干。

平均速率：3 分钟以前为每分钟 50 次左右（聚拢操作为平均每分钟 5 次左右），3 分钟以后由于大多变为较小颗粒，不易滚动，为每分钟 65 次（聚拢操作为平均每分钟 3 次左右）。

实验过程描述：一次加工 60 克大豆（图 5.13）。3 分钟后，除 1 粒基本完整外，其余均破碎为约二分之一大小，且豆壳与豆子分离。磨盘底部可见少量粉状物，经收集称重为 4.7 克，磨粉率为 4.7/60=7.8%。大豆颗粒较圆，容易滚动，加工时较费力。本实验使用的磨棒太窄，宽度不及 5 厘米，抓握十分费力，宽 8～9 厘米较为理想。

又加工 10 分钟，随机抓取 3 克进行观察统计，有 6 粒约四分之一大小的颗粒，此外，大于 2 毫米颗粒 59 粒，粉末略有增加，磨盘底部粉状物共重 11.3 克，磨粉率为 18.8%。

又加工 7 分钟，随机抓取 3 克进行观察统计，2 粒大于 2 毫米，其余均为小于 2 毫米的粉末状态，停止加工（图 5.14）。

图 5.13　磨盘、磨棒加工大豆实验　　　　　　图 5.14　大豆加工完成后状况

共用时 20 分钟，效率为 60/20=3 克 / 分钟，比加工橡子效率高一倍多。

此后又加工 4 批，每批 60 克。8 点半开始，10 点结束加工。每次用时分别为 21、21、20、21 分钟。共用时 83 分钟，每批加工完成后清理等程序平均用时 1.75 分钟。

加工过程中未发现效率明显降低，说明摩擦力未明显减小。加工完成后四批共重230.8克，损失率为3.8%，比加工橡子略低。

6. 实验六：加工小麦

实验时间：2007年9月19日。

实验地点：东方考古研究中心石器实验室。

实验者：笔者本人。

加工工具简单描述：磨盘来自鲁中山区的马山。为不规则五边形，节理发育，为深红色砂岩，包含白色云母颗粒，摩氏度低于5，最大长27.5、最大宽21.4、最大厚4.3厘米，重3102克。磨棒同实验三。

使用面组合：磨盘004正面与磨棒001侧面。

被加工物简单描述：来自冀东平原，为2006年收获成熟谷物。长径7.0、短径3.3毫米。颗粒饱满，基本不含杂质。其中6克包含164个麦粒，平均每克包含27.3粒。加工前经过晾晒。

平均速率：3分钟以前为每分钟60次左右（聚拢操作为平均每分钟3次左右）。

实验过程描述：一次加工50克小麦。加工8分钟后，随机抓取2克进行观察统计，大于1毫米颗粒42粒，其余均为粉末状物质，磨盘底部粉状物共重为12.6克，磨粉率为25.2%。

又加工7分钟，随机抓取2克进行观察统计，大于1毫米颗粒减少为22粒，其余均为粉末状物质，磨盘底部粉状物共重为31.6克，磨粉率为63.2%。

又加工6分钟，大于1毫米颗粒为6粒，其余均为小于1毫米粉末状（图5.15），重为47.4克，磨粉率为47.4/50=94.8%。比杵臼加工效率高，且浪费较少，不容易飞溅。

图5.15　小麦加工完成后状况

共用时 21 分钟，效率为 50/21=2.38 克 / 分钟，效率好像不如大豆，其实与磨盘较小有关。又加工两批，每批 50 克。两次用时分别为 20、21 分钟。加工完成后两批共重 93.2 克，损失率为 6.8%。

二、杵臼使用实验

此次实验使用的杵臼均为机械加工而成。石杵臼为花岗岩质。石臼通高 11、深 8、口径 10.5 厘米，重 1280 克，石杵长 12.5、直径 4.5 厘米，重 490 克。细木杵长 27.5、直径 2.3 厘米，重 115 克。粗木杵长 35、直径 3.0 厘米，重 415 克。

1. 实验一：加工谷子

实验时间：2007 年 9 月 20 日。

实验地点：东方考古研究中心石器实验室。

实验者：笔者本人。

工具组合：第一、二次为石杵臼，第三、四次为木杵及石臼。

平均速率：石杵为每分钟 140 次（摇晃为平均每分钟 2 次左右），木杵较轻，省力，速率较高，为每分钟 160 次。

实验过程描述：首次使用石杵加工 16 克（图 5.16；图版 2：7），加工 4 分钟，随机抓取 0.2 克观察统计，发现完整未脱壳 19 粒，脱壳完整小米 48 粒，破碎小米有 39 粒，还有少量粉末，其余均为谷壳，但谷壳破碎程度比磨盘加工时严重。脱壳率为（97–19）/97=80.4%，完整率为 48/（97–19）=61.5%。

又加工 4 分钟，随机抓取 0.2 克观察统计，发现未脱壳 2 粒，脱壳完整小米 61 粒，破碎 46 粒，其余绝大多数为谷壳，均破碎严重。脱壳率为（97–2）/97=97.9%，完整率为 61/（97–2）=64.2%。

第二次使用石杵加工 32 克谷子，加工 4 分钟，随机抓取 0.2 克观察统计，完整未脱壳 34 粒，脱壳完整小米 51 粒，破碎小米仅有 18 粒，其余为谷壳。脱壳率为（97–34）/97=64.9%，完整率为 51/（97–34）=81.0%。

又加工 8 分钟，肉眼可见谷壳增多，绝大多数谷子完成脱壳（图 5.17；图版 2：8），遂停止加工。随机抓取 0.2 克观察统计，完整未脱壳 1 粒，脱壳完整小米 75 粒，破碎小米仅有 35 粒，还有极少量粉末，其余绝大多数为谷壳。脱壳率为（97–1）/97=99.0%，完整率为 75/（97–1）=78.1%。

第三次使用细木杵加工 32 克谷子，加工 4 分钟，随机抓取 0.2 克观察统计，完整未脱壳 26 粒，脱壳完整小米 61 粒，破碎小米仅有 4 粒，其余为谷壳。脱壳率为（97–26）/97=73.2%，完整率为 61/（97–26）=85.9%。

又加工 6 分钟，随机抓取 0.2 克观察统计，发现完整未脱壳 3 粒，脱壳完整小米 79 粒，破碎 3 粒，其余均为谷壳。脱壳率为（97–3）/97=96.9%，完整率为 79/（97–3）= 84.0%。

图 5.16 石杵臼加工谷子实验

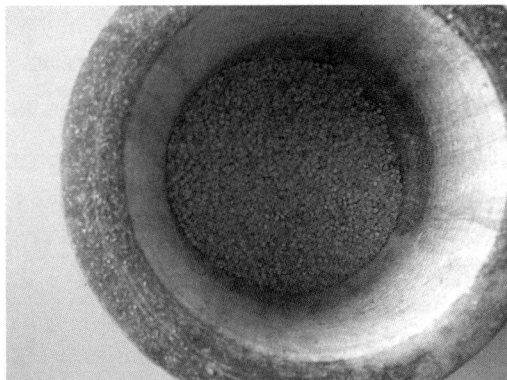

图 5.17 谷子加工完成后状况

杵面直径不宜太小，应与臼的直径成一定比例。杵柄为手握部分，至少为 6~7 厘米，如太短，较费力，不宜长时间使用。

第四次使用粗木杵加工 32 克谷子，加工 4 分钟，随机抓取 0.2 克观察统计，完整未脱壳 22 粒，脱壳完整小米 69 粒，破碎小米仅有 4 粒，其余为谷壳。脱壳率为（97–22）/ 97=77.3%，完整率为 69 /（97–22）=92.0%。

又加工 5 分钟，随机抓取 0.2 克观察统计，发现完整未脱壳 2 粒，脱壳完整小米 84 粒，破碎 2 粒，其余均为谷壳。脱壳率为（97–2）/ 97=97.9%，完整率为 84 /（97–2）= 88.4%。

2. 实验二：加工黍子

实验时间：2007 年 9 月 20 日。

实验地点：东方考古研究中心石器实验室。

实验者：笔者本人。

工具组合：第一次使用石杵臼，第二次使用细木杵及石臼，第三次使用粗木杵及石臼。

平均速率：石杵每分钟 130 次（摇晃平均每分钟 2 次左右），木杵每分钟 140 次。

实验过程描述：首次使用石杵加工 32 克黍子，与谷子不同的是黍子外壳十分光滑，所以受到外力春捣时容易飞溅，只好用手捂着。加工后期，由于多数黍壳脱落，飞溅情况好转。

加工 4 分钟，随机抓取 1 克观察统计，完整未脱壳黍子 147 粒，脱壳完整黄米 95 粒，破碎黄米仅有 8 粒，其余为黍壳。脱壳率为（281–147）/ 281=47.7%，完整率为 95 /（281–147）=70.9%。

又加工 6 分钟，随机抓取 1 克观察统计，完整未脱壳黍子 97 粒，脱壳完整黄米 137 粒，破碎黄米仅有 11 粒，其余为黍壳。脱壳率为（281–97）/ 281=65.5%，完整率为 137 /（281–97）=74.5%。

又加工 9 分钟，肉眼可见绝大多数黍子已脱壳，随机抓取 1 克观察统计，完整未脱壳黍子 5 粒，脱壳完整黄米 216 粒，破碎黄米有 17 粒，其余为黍壳。脱壳率为（281–5）/ 281=98.2%，完整率为 216 /（281–5）=78.3%。

加工效率比谷子低，破碎也较多，与黍子较滑有很大关系。

第二次使用细木杵加工 32 克（图 5.18），加工 6 分钟，随机抓取 1 克观察统计，完整未脱壳黍子 73 粒，脱壳完整黄米 57 粒，破碎黄米较多，肉眼可见大于 1 毫米颗粒为 171 粒，其余为黍壳及粉末。脱壳率为（281–73）/ 281=74.0%，完整率为 57/（281–73）=27.4%。

图 5.18　细木杵加工黍子实验

又加工 8 分钟，随机抓取 1 克观察统计，完整未脱壳黍子 18 粒，脱壳完整黄米 12 粒，其余均为粉末及黍壳。脱壳率为（281–18）/ 281=93.6%，完整率为 12 /（281–18）=4.6%。

又加工 3 分钟，停止加工。随机抓取 1 克观察统计，完整未脱壳 2 粒，脱壳完整 1 粒，其余均为粉末及黍壳。脱壳率为（281–2）/ 281=99.3%，完整率为 1 /（281–2）=0.4%。

第三次使用粗木杵加工 32 克，加工 6 分钟，随机抓取 1 克观察统计，完整未脱壳黍子 67 粒，脱壳完整黄米 102 粒，破碎黄米比使用细木杵有所减少，肉眼可见大于 1 毫米颗粒为 140 余粒，其余为黍壳及粉末。脱壳率为（281–67）/ 281=76.2%，完整率为 102 /（281–67）=47.7%。

又加工 8 分钟，随机抓取 1 克观察统计，完整未脱壳黍子 12 粒，脱壳完整黄米 196 粒，其余均为粉末及黍壳。脱壳率为（281–12）/ 281=95.7%，完整率为 196 /（281–12）=72.9%。

又加工 2 分钟，停止加工。随机抓取 1 克观察统计，完整未脱壳 3 粒，脱壳完整 203 粒，其余均为粉末及黍壳。脱壳率为（281–3）/ 281=98.9%，完整率为 203 /（281–3）=73.0%。

3. 实验三：加工水稻

实验时间：2007 年 9 月 22 日。

实验地点：东方考古研究中心石器实验室。

实验者：笔者本人。

工具组合：第一次使用石杵臼，第二次使用木杵及石臼。

平均速率：石杵每分钟 150 次（摇晃平均每分钟 8 次左右），木杵每分钟 160 次。

实验过程描述：首先使用石杵加工 60 克水稻，5 分钟后，随机抓取 3 克进行观察统计，发现未脱壳 12 粒，脱壳完整大米 95 粒，破碎 9 粒，脱壳率为（108–12）/108=88.9%，完整率为 95/108=88.0%。效率比磨盘高。

又加工 2 分钟停止，随机抓取 3 克进行观察统计，仅 2 粒完整未脱壳，脱壳完整大米 104 粒，破碎 3 粒，脱壳率为（108–2）/108=98.1%，完整率为 104 / 108=96.3%。相比磨盘加工碎米较少，特别是没有粉碎状碎米（图 5.19）。

图 5.19　石杵臼加工水稻完成后状况

加工水稻时米没有飞溅现象，但滚动循环较少，需要经常摇晃石臼，使所有稻谷都被加工。臼中盛放水稻量最好在四分之一至三分之一，超过二分之一效果不佳，容易发生飞溅，并且由于被加工物较多，不能有效滚动循环从而导致效率降低。

第二次实验使用木杵加工 60 克水稻，5 分钟后，随机抓取 3 克进行观察统计，发现未脱壳 8 粒，脱壳完整大米 98 粒，破碎 5 粒。脱壳率为（108–8）/108=92.6%，完整率为 98 / 108=90.7%。

又加工 1 分钟停止，随机抓取 3 克进行观察统计，未脱壳 1 粒，脱壳完整大米 105 粒，其余为碎米及谷壳。脱壳率为（108–1）/108=99.1%，完整率为 105 / 108=97.2%。

木杵比石杵效率高，但不明显，木杵原料易得，更容易制作，且使用省力，所以更为普及。

4. 实验四：加工橡子

实验时间：2007 年 9 月 22 日。

实验地点：东方考古研究中心石器实验室。

实验者：笔者本人。

工具组合：石杵臼。

平均速率：13 分钟以前为每分钟 105 次左右（摇晃为平均每分钟 4 次左右），13 分钟后体力下降，改为每分钟 90 次。

实验过程描述：一次加工 84 克橡仁。把石臼放于地面上，实验者蹲在地上，右手持杵，上下往复运动，左手捂在臼口上，杵从拇指及食指缝中经过，以防橡仁飞溅。

13 分钟后，取 42 克观察，13 粒完整，5 粒约为三分之一大小，其余均为近二分之一大小，还有极少量粉末。

又加工 17 分钟停止，取 20 克观察，仍有 3 粒完整，二分之一大小的 26 片，其余为小于二分之一大于 2 毫米的颗粒 94 粒（图 5.20），粉状物重 5.1 克。

图 5.20　橡子加工 30 分钟后状况

又加工 46 分钟，取 20 克观察，8 粒大于 2 毫米的颗粒，其余均为粉末。

共用时 76 分钟，加工效率不及磨盘，为 84/76=1.11 克 / 分钟。

5. 实验五：加工大豆

实验时间：2007 年 9 月 23 日。

实验地点：东方考古研究中心石器实验室。

实验者：笔者本人。

工具组合：石杵臼。

平均速率：每分钟 140 次（摇晃为平均每分钟 2 次左右）。

实验过程描述：一次加工 60 克。加工 14 分钟，随机抓取 3 克进行观察统计，发现 8 粒四分之一大小颗粒，大于 2 毫米小于四分之一的颗粒为 68 粒，粉末较少，经称重为 14.6 克，磨粉率为 14.6 / 60=24.3%。

又过 10 分钟，随机抓取 3 克进行观察统计，无很大颗粒（图 5.21），但大于 2 毫米颗粒仍有 55 粒，粉末称重为 20.9 克，磨粉率为 20.9 / 60=34.8%。

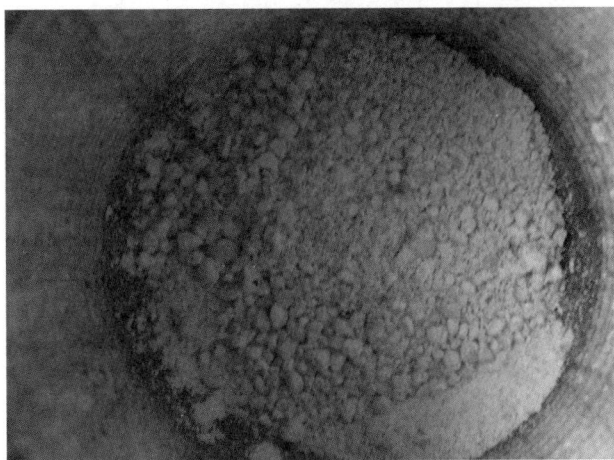

图 5.21　大豆加工 24 分钟后状况

又 12 分钟，随机抓取 3 克进行观察统计，大于 2 毫米颗粒 28 粒，其余为小于 2 毫米粉末状物质，遂停止加工，肉眼可见粉末明显增多，称重为 56.2 克，磨粉率为 56.2/60=93.7%。

共用时 36 分钟，效率为 60 / 36=1.67 克 / 分钟，加工效率不及磨盘。

6. 实验六：加工小麦

实验时间：2007 年 9 月 23 日。

实验地点：东方考古研究中心石器实验室。

实验者：笔者本人。

工具组合：木杵臼。

平均速率：每分钟 160 次（摇晃为平均每分钟 2 次左右）。

实验过程描述：一次加工 50 克。加工 15 分钟后，随机抓取 2 克进行观察统计，发现大于 1 毫米颗粒 140 余粒，其余为粉末状，称重为 32.7 克，磨粉率为 32.7 / 50=65.4%。

又加工 16 分钟后，随机抓取 2 克进行观察统计，大于 1 毫米颗粒仍有 50 余粒，其余为粉末状，称重为 38.6 克，磨粉率为 32.7 / 50=77.2%。

又加工 3 分钟后，随机抓取 2 克进行观察统计，大于 1 毫米颗粒仍有 30 余粒，停止加工（图 5.22），粉末状物质称重为 44.2 克，磨粉率为 88.4%。

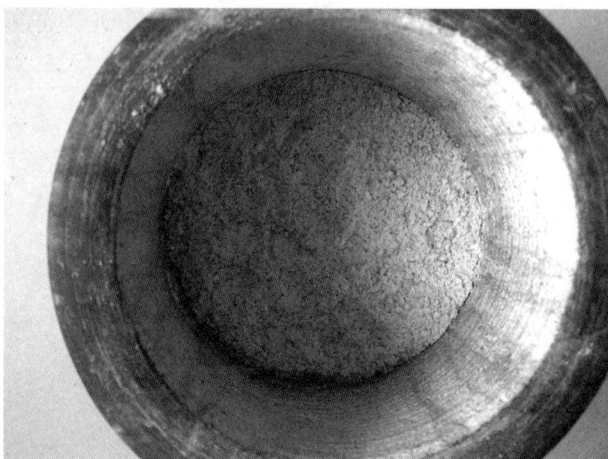

图 5.22　杵臼加工小麦完成后状况

效率为 50 / 34=1.47 克 / 分钟，损失较多，因为舂捣时飞溅严重。因而使用杵臼加工小麦，无论效率还是磨粉率均不如磨盘、磨棒，且不易把小麦完全加工成细粉状，一直有较多的大颗粒。

第三节　小　结

通过实验我们发现，磨盘及磨棒配合并不像许多学者认为的那样，可以有效地对粟（谷子）、黍进行脱壳，相反恰恰是磨粉效果很好。实验过程表明，研磨粟、黍时，在特定时间内，加工时间与完整率（脱壳完成后，颗粒的完整比例）成正比，在达到此特定时间时，完整率也达到最高值，但此时脱壳率却比较低，因而需要继续进行加工，但自此以后，加工时间与完整率则成反比关系，直到最后脱壳基本完成时，完整率也降为最低，谷物绝大多数变为粉末状物质。其间我们也考虑了用力大小这个变量对加工结果造成的影响，但实验表明，用力大小对实验结果影响并不明显。由此可见磨盘是不适合给粟、黍类小颗粒谷物进行脱壳的，相反磨粉效率却很高。而与之相对应的是，杵臼可以很好地完成给粟、黍脱壳的任务，且完整率较高，使用一定粗度的木杵舂捣时效果更好。

通过研磨橡子、黄豆、小麦等以磨粉为目的的实验，我们发现研磨橡子效率是最低的（图 5.23），这与橡仁较坚硬及富含油脂有很大关系，并且采摘橡子受季节约束很大，采摘效率也不是很高。如按照我们的实验进行推算，2500 克橡子从采集至加工成橡粉，共需 44 小时左右（包括采集 17 小时，去壳 10 小时，即使采用效率最高的方法，即碾磨前先用石锤在石砧上砸碎橡仁至小于二分之一状态，然后放在磨盘上进行加工，也需约 17 小时）。经过去壳及加工，最后净重约 2100 克。加工效率为 44.7 克 / 小时。如果再加上食用前的去涩程序，则耗时还要增加，可见其卡路里回报值很低，明显不如采集块茎及狩（渔）猎，甚至不及采集谷物。依照最佳觅食理论，采集加工橡粉显然不是很好的生计模式。应该是在其他食物资源相对匮乏时不得已的一种权宜性应对策略。但如果与使用杵臼加工橡粉进行比较，磨盘、磨棒加工效率较高，研磨的颗粒更加细小，而杵臼则效率低下，且十分费力。加工黄豆与小麦的实验也表明，在以磨粉为目的的加工时，磨盘、磨棒组合要比杵臼效率更高，且损耗率更低（加工小麦更加明显，由于杵臼的上下舂捣，很容易由于面粉的飞溅而造成更大损耗）。

加工水稻，则情况有所不同，磨盘、磨棒配合可以为水稻脱壳，同时与加工粟、黍相比也能保持较高的完整率，但效率明显不及杵臼，特别是使用木杵时效率更高（图 5.24）。

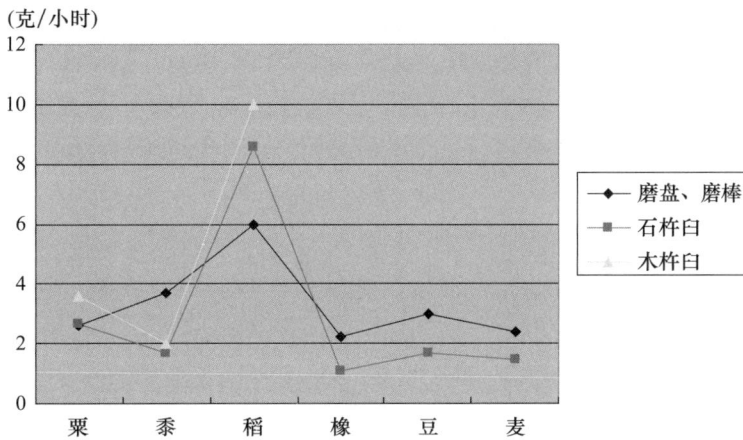

图 5.23　加工不同物质效率对比图

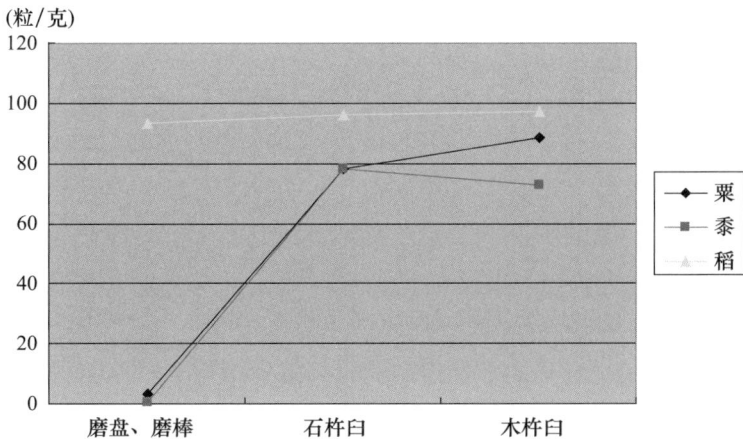

图 5.24　脱壳后完整率对比图

通过实验我们还发现，如果把磨盘放在 70～80 厘米高的物体上使用，则磨棒每次运行的最佳距离为 20～30 厘米，如大于 30 厘米，加工时不能完全及很好地用力，小于 20 厘米则加工效率太低。关于磨盘最佳宽度，使用时为了防止被加工物滑落，四边均需留出 4～5 厘米宽度，则理想磨盘最佳长度为 30～40 厘米。理论上，磨棒长于磨盘宽度，在使用方面没有用处，不会提高效率。通过实验，我们认为磨棒两手握持距离以 20 厘米左右为宜，如两端各余 10 厘米左右，则长度在 40 厘米以内较为合适，如过长则不易调整用力方向，且两手握持以外部分压力较小，不易用力，效率不高。宽度不宜超过 10 厘米，过长过宽会使其重量增加，使人不能长时间使用。由磨棒长度推知，如两侧边各留 5 厘米，则理想磨盘宽度不应超过 50 厘米，预留边缘可再宽一些，因而以 30～40 厘米为最佳。

在磨棒长度及磨盘宽度一定的情况下，磨棒每次运行距离与加工效率成正比，但不能超过最佳运行距离的最大值，如超过这个距离则效率反而降低。

手握磨棒时，中指一侧需要 4～5 厘米厚度，拇指一侧需要 4.5～6.5 厘米厚度，才能长期用力加工，因而如磨棒厚度低于 4 厘米，则几乎不能长期使用。

第六章 操作链分析

所谓操作链分析，即把石制品的一生分为原料采集、制作加工、使用、磨损、再加工及废弃等不同的阶段进行动态的考查，从而来复原工具的生命史，透视使用者的思维及认知能力。因而也有学者称为行为链、器物生命史理论或动态类型学等。操作链的概念最早于 1968 年出现于法国旧石器时代考古学中，这一概念是从民族学借鉴而来，最初是用来分辨和描述打制石器剥片过程中的不同阶段。20 世纪 80 年代后，逐渐被大家认识并受到很大关注[①]。操作链分析使我们在进行石制品研究时，不仅局限于静态地对石制品进行分类分析，而是要充分考虑到其在石制品生命史中所处的阶段。

第一节 研究简史及现状

我们上文中所进行的制作实验及使用实验正是基于这种考虑，从实验中理解工具生命史的变化轨迹。通过实验我们明确了磨盘及磨棒选料、加工、使用及磨损等多方面信息，这为我们观察考古标本提供了感性的认识以及分析的视角。其实对于磨盘类工具的操作链分析已有很多学者从不同角度进行过尝试，前文中介绍的关于选料及制作方面的资料即属于此范畴，下面再介绍一下关于此类工具在使用中动态变化的一些研究成果。

关于这方面的研究，在美洲磨盘研究中体现得十分充分。比如 Eddy 通过宏观的分析认为磨盘形态的变化是与其使用方式密切相关的。他推断美洲磨盘的演化序列是从浅盆形发展至槽形，最后再演变为平板形。磨盘形制的变化背后都有深刻的原因。浅盆形磨盘是与加工采集的种子相适应的，中间凹陷四周隆起的盆状形态可以很好地阻止种子飞溅，并且可以使用很大压力使较硬的种子变成粉末。而随着玉米的广泛种植，槽形磨盘开始大行其道。使用槽形磨盘时双手抓握磨棒前后往复运动，如此工作距离及面积扩大，并且双手操作可以使身体的重力也施加到磨盘上，促使其工作效率比盆形磨盘大大增加。而后由于磨盘箱的出现，致使槽形磨盘衰落，平板形磨盘兴盛。由于有了磨盘箱的控制，磨盘上的棱沿失去了作用，这样不但制作磨盘时可以简化加工手

---

① 陈淳：《考古学的理论与研究》，学林出版社，2003 年，359～360 页。

续，而且由于没有棱沿的限制，磨盘的有效使用面积增大，使工作效率进一步提高[①]。

Albert Mohr 提出了磨盘与磨棒由于不断使用而形成的动态变化，认为随着磨盘由平变成浅凹，再变成深凹，磨棒的使用方式也随之变化。最后在磨棒上可以观察到三个不同阶段的使用面[②]。

Schlanger 也认为磨盘与磨棒在使用中存在着维持问题，需要经常通过琢打使其变粗糙以维持其工作效率。她同时提出，很多磨盘与磨棒的断块并不是使用造成的破裂，而恰恰是这种维持时的琢打所造成的。同时磨棒的磨损要比磨盘快，因而琢打更经常发生，破裂的概率也比磨盘更高[③]。

Vanpool 等则认为永久定居聚落的磨盘比临时性聚落的磨盘需要使用的时间更长，因而通过琢打再更新也就更频繁。通过实验发现花岗岩和砂岩的磨盘在使用时石碎屑很容易掉落并混进食物中，同时使用面也更容易丧失摩擦力，因而需要不断更新。而玄武岩则不容易脱落碎屑，所以也较少发生琢打更新的操作。同时他们还发现，在生产磨盘时，其重量是一个需要考虑的重要因素，因为之后要涉及搬运问题，因而在不影响磨盘的使用功能时，尽量使磨盘重量减轻，大多情况下磨盘应该是在石料产地或离产地很近的地方完成加工，或者完成毛坯的制作，然后再运回使用地[④]。

第二节　考古标本操作链分析

依据操作链概念及模拟实验的认识，我们选取了从后李至大汶口文化多个遗址的大量考古标本进行了仔细观察，特别关注了与制作、使用、维持等方面有关的信息。通过观察我们认为绝大部分标本均经过不同程度的打制成型，极少发现直接使用自然原石的情况。这也从侧面反映出我们分析的这些遗址已经全部进入定居生活，所以其生活用具多为精细加工的长期使用类型，而权宜性工具则很少被制作。下面我们将以时代为序对所观察的标本作详细介绍。

一、后李文化时期

（一）西河遗址

共观察标本 10 件，其中磨盘 7 件，磨棒 3 件。具体情况如下：

---

① Frank W. Eddy. *Metates and Manos: The Basic Corn Grinding Tools of the Southwest*. Santa Fe: Museum of New Mexico Press, 1964.

② Albert Mohr. The Deep-Basined Metate of the Southern California Coast. *American Antiquity*, Vol.19, No.4, 1954: 394～396.

③ Sarah H. Schlanger. On Manos, Metates, and the History of Site Occupations. *American Antiquity*, Vol.56, No.3, 1991: 460～474.

④ Todd L. Vanpool, Robert D. Leonard. Specialized Ground Stone Production in the Casas Grandes Region of Northern Chihuahua, Mexico. *American Antiquity*, Vol.67, No.4, 2002: 710～730.

　　F66：17，完整磨盘。近端呈内收状态，便于移动时握持。两侧缘及近端均可见明显琢打痕。远端可见明显的整形石片疤，背面可见石片疤及琢打痕，正面遍布琢打痕（图6.1、图6.2），为整形时所形成。未见明显磨光面，表明器物制成后从未使用或维持琢打后未曾使用，考虑其正面边缘处也不见磨光面，我们更倾向于前者。

图6.1　F66：17正面遍布琢打痕　　　　图6.2　F66：17正面琢打痕细部

　　F62：24，完整磨盘。周缘及背面遍布琢打痕，为整形时形成，磨面明显。

　　F61：19，磨盘一端。顶端有数片石片疤，当为整形时打击而成。两侧缘琢打痕明显。正背两面都留有使用痕迹，均曾使用，并且两面都发现小型凹坑，暗示可能作为砸击坚果的石砧使用。

　　F1③：6，磨盘一端。侧缘及背面琢打痕明显，为整形时形成，正面使用痕迹明显，磨面内凹。

　　F2③：10，磨盘断块。残留的一侧缘上可见明显琢打痕，背面有研磨石、骨器形成的凹槽，曾作为砺石使用。

　　采17，磨盘断块。残留一侧缘呈内收之势，背面及侧缘琢打痕明显，为整形时形成。

　　F53：27，磨盘断块。正背两面可能都曾使用。两侧缘遍布石片疤，背面可见一大型石片疤，打破使用面，应为维持时用力不当打击而成，并且石片疤侧缘可见明显摩擦痕。由此可知应该是首先使用背面，后由于打击出大型石片疤无法使用，才改用正面（图6.3），因而造成背面摩擦痕打破石片疤的现状（图6.4）。

　　采18，完整磨棒。有多个使用面，周身遍布琢打痕，为整形时形成。

　　采16，磨棒一端。顶端、侧面及背面均可见琢打痕，为整形时形成。

　　F66：021，磨棒一端。三个面都曾使用，正面上有一石片疤，显系从侧面打击所致，应为维持琢打时形成。

图 6.3　F53：27 正面特征

图 6.4　F53：27 背面特征

（二）小荆山遗址

共观察标本 5 件，均为磨盘。具体情况如下：

F2：26，基本完整磨盘。正面近、远端各有一片较大石片疤（图 6.5），打击点分别位于两侧缘上，显系维持时打片所致，近端断面是由正面打击所造成，也应为由正面维持时琢打造成。周缘及背面有明显琢打痕（图 6.6），为整形时所形成，致周缘内收。

图 6.5　F2：26 正面的石片疤

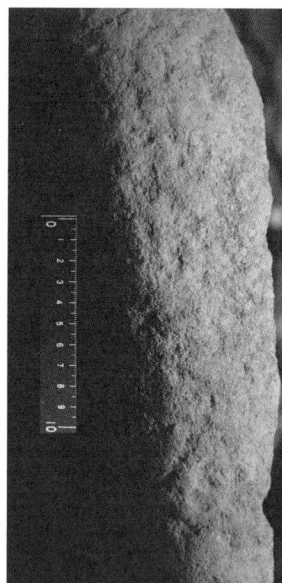

图 6.6　F2：26 侧缘琢打痕细部

采 052，磨盘一端。左右侧缘均可见打制成型时遗留的石片疤，残断一端右侧可见一大型打击片疤，打破原使用面，应为维持时打击所致，背面可见明显琢打痕，为整形时所形成。

采 051，磨盘一端。周缘及正、背面均可见琢打痕，为整形时所形成。

F2：49，磨盘一侧。左侧缘及远端底部可见明显打击痕，远端底部呈内收之势，顶端有琢打痕，为整形时所形成。

F1：19，"有孔磨盘"。形体较大，打制而成，刃部较尖，偏锋较厚，顶部斜直，器身两侧不规整。厚薄较均匀，中部有一琢打对钻孔。尖端两侧缘均经打制，A侧缘经正面向背面打击。B侧缘由背面向正面打击，打击片疤清晰可见，孔对琢而成。A及B整个边缘均可见打击片疤，而其他三边未见明显打击痕，A侧缘锋利，偏锋，其他四边较钝（图6.7）。

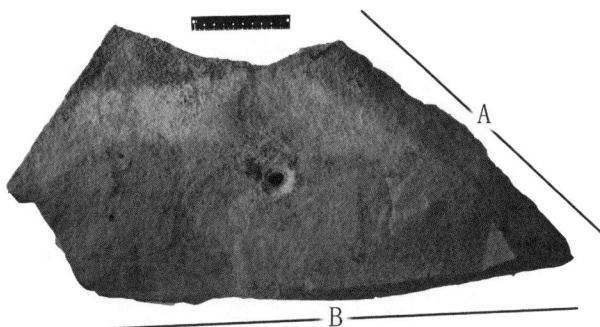

图6.7　F1：19背面

（三）月庄遗址

共观察10件标本，其中磨盘5件，磨棒5件。具体情况如下：

T5444H138：1，有足磨盘断块。盘体正背两面及足部均可见明显琢打痕（图6.8；图版3：1），为整形时形成，足底面琢打痕较弱，并可见摩擦面打破琢打痕（图6.9；图版3：2）。

图6.8　T5444H138：1背面及足部的琢打痕　　图6.9　T5444H138：1足底琢打痕及摩擦痕的关系

T5934H167：3，有足磨盘断块。周身均可见琢打痕，为整形时形成。足底面打击片疤尚存，未经精细加工。

T6150 ⑨：3，有足磨盘一端。正面可见琢打痕，但明显为磨面打破，应为整形时形成。背面有一明显凹坑，磨蚀严重，说明此磨盘曾作为砺石使用。

YZH：03，有足磨盘断块。盘体正背两面及足部均可见明显琢打痕，正面可见琢打痕打破部分使用磨面，应为维持时琢打形成。而背面及足部琢打痕则为整形时形成。

YZH：04，有足磨盘断块。盘体正背两面及足部均可见明显琢打痕，为整形时形成。正面可见一明显窄长凹痕，显然磨盘断裂后曾作为砺石使用。

T5934H178：1，磨棒一端。正背及侧面均可见琢打痕，为整形时形成。

T6050H219：2，磨棒一端。正面及一侧面可见明显琢打痕，且打破部分使用磨面，应为维持时琢打而成。

T6033H183：1，磨棒一端。正面可见琢打痕，但为使用磨面所打破，应为整形时形成。一侧面可见明显打击片疤，为整形所致。

YZH：06，磨棒一端。正背面及顶端均可见打击片疤，并且正背两面可见使用磨面打破石片疤，说明其为整形时所形成。侧面可见琢打痕，应为整形时所致。

YZH：07，磨棒一端。背面及顶端琢打痕清晰可见，正面为磨面打破琢打痕，致使琢打痕已不太明显，一方面说明琢打痕为整形时所形成，另一方面也说明此磨棒使用时间较长。

二、北辛文化时期

（一）北辛遗址

共观察标本 7 件，其中磨盘 4 件，磨棒 3 件。具体情况如下：

磨盘 020，北辛文化中唯一一件有足磨盘，为采集品。背面明显可分为三个部分，其中中间高凸略呈长方形，最大长度为 38.1 厘米。而近端及远端部分均低凹，系从近、远端内收时剥片所致（图 6.10、图 6.11），远端距 6.4、近端距 19.8 厘米。高低落差为 0.8 厘米左右。正面近端一侧长 15 厘米、远端一侧长 10 厘米的范围内均有明显琢打痕，但使用痕不明显，为整形时所形成。中间部分使用痕明显，但也可见琢打痕，从打破关系来看，是琢打痕打破部分原使用面，因此应该是维持时琢打所致（图 6.12；图版 3：3）。周缘及背面琢打痕也十分明显，近端及远端均内收明显，为整形时所形成。远端断裂处打击点清晰可见，显系从正面打击而成，应为维持时琢打而成。近端右侧、右侧缘上端及远端左侧均可见石片疤分布，打击点均位于周缘上，为维持时从侧缘打击而成。两矮足不是独立成足，而是一侧与磨盘外缘融为一体，与月庄足部完全突起独立的成足方法完全不同，应当是一种特例（图 6.13；图版 3：4）。

馆藏号 07507，磨盘一端。磨面内凹明显，周缘及正背面均可见琢打痕，为整形时所形成。完整端最厚处 2.0 厘米，断裂处仅厚 0.8 厘米，可见此磨盘被长时间使用，致磨损严重。

图 6.10　磨盘 020 远端背面石片疤、突起及琢打痕

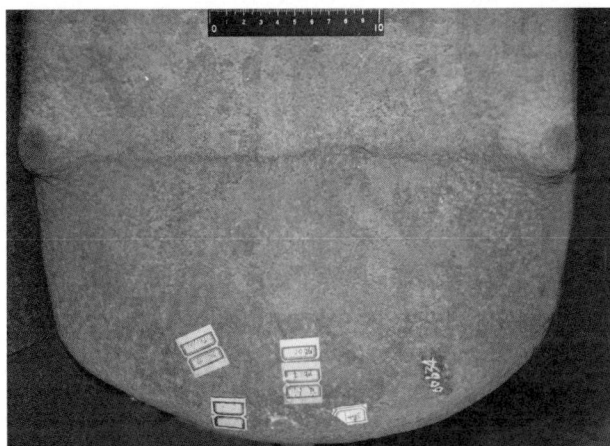

图 6.11　磨盘 020 近端背面棱脊状突起

图 6.12　磨盘 020 近端正面琢打痕与磨面

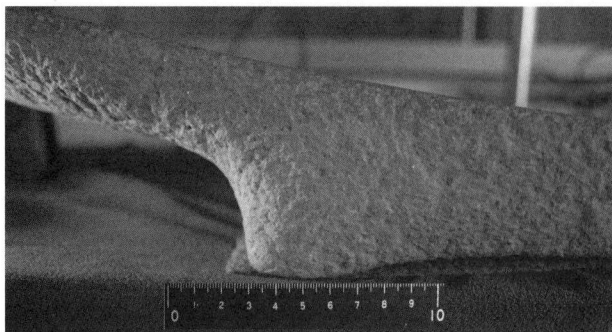

图 6.13　磨盘 020 足部形态及琢打痕

　　馆藏号 07506，磨盘一端。磨面内凹明显，完整端厚 2.4 厘米，断裂处厚 0.8 厘米，可见此磨盘也被长时间使用，致磨损严重。周缘均可见整形时的打击片疤，正面可见琢打痕，从打破关系来看，应为整形时所形成。

　　馆藏号 07504，磨盘一端。左、右侧缘及完整端均可见整形时的打击片疤。

　　馆藏号 07447，磨棒一端。周身遍布琢打痕，尤以左右两侧面更加明显，而背部痕迹较浅，可能与手部握持磨损有关。

　　T1H14：54，磨棒一端。顶端、背面及左右两侧缘均可见琢打痕，其中顶端及左侧缘最为明显，为整形时所形成。顶端左侧可见一石片疤，为维持时顶端打击而成。

　　馆藏号 07515，磨棒一端。周身均可见琢打痕，为整形时所形成。

（二）王因遗址

　　共观察标本 5 件，其中 2 件磨盘，3 件磨棒。具体情况如下：

　　T4011 ④下：1，磨盘一端，断块与石膏修复而成。正面左侧可见一凹槽，长约 7.5、宽约 0.8 厘米。应为磨盘破碎后，作为研磨石、骨器的磨石继续使用（图 6.14）。周缘及背面可见琢打痕。

图 6.14　T4011 ④下：1 正面使用情况及凹槽

　　T415 ④下：8，磨盘断块。完整的周缘上可见成型时的打击片疤和琢打痕，均呈内收之势，正面密布琢打痕，应为使用后维持琢打所致，可见磨面打破琢打痕，但琢打造成的凹痕仍清晰可见，表明琢打后又使用了较短时间。

　　T4009H4005：12，磨棒一端。断裂端上部有一石片疤，应为维持打击而成。首先作为磨棒使用，后作为磨石使用，可见与长轴平行的条痕。

　　T4009H4009：2，磨棒一端。弧背设计，正面及背面均可见琢打痕，断裂端可见两片石片疤。

T4006④下：109，磨棒一端。弧背设计，侧面及背面均可见琢打痕。

（三）东贾柏遗址

共观察标本10件，其中磨盘4件，磨棒6件。具体情况如下：

F6：1，拼接为完整磨盘。周缘均经细致琢打，磨面下凹，呈马鞍形。近端左侧及远端右侧可见石片疤，显系由侧缘打击而成。背面无明显加工痕，中间大部分琢打痕明显，而远、近两端及左、右侧边均保留有部分原始磨面。远端原始磨面最大长为8.8厘米，近端为6.2厘米，左右两侧约为1.5厘米。从琢打痕与原始磨面交界处明显可见，琢打痕打破原始磨面。因而很明显，中间琢打痕系使用后磨面粗糙度降低，维持时所造成，但由于用力不当，造成磨盘破裂为数块，磨盘遂被废弃。

F9：7，拼接为较完整磨盘。周缘均可见明显琢打痕，远端背面明显内收，在距背面远端边缘约10厘米处形成弧形棱状突起，应为内收时剥片所形成（图6.15）。此种技法见于北辛有足磨盘底部。远端及两侧边可见原始磨面，中间部分琢打痕明显，交界处可见琢打痕打破原始磨面（图6.16），因而可以推测是由于维持琢打造成磨盘破裂。

图6.15　F9：7远端背面内收状况

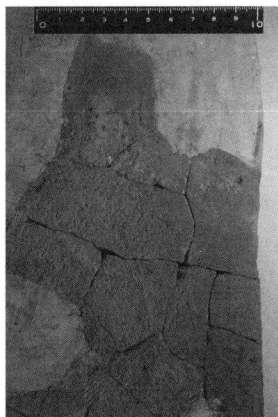

图6.16　F9：7正面的琢打痕及磨面

359克，磨盘断块。双面使用。正面右侧缘完整，可见琢打痕（图6.17），背面左侧可见石片疤，显系维持时从侧缘打击而成，石片疤棱脊上可见摩擦痕，表明背面为首先使用面，背面右侧为原始磨面，应为最初使用造成。由于维持打击用力不当，造成石片疤过大，遂改用正面，因而造成背面左侧石片疤上的摩擦痕（图6.18）。

1909克，磨盘断块。右侧缘完整，可见琢打痕，左侧缘及背面可见打制成型时形成的石片疤，左侧缘应为断裂后又进行打制而形成。

T602②：2，磨棒一端。有两个使用面。正、背面均可见琢打痕，正面可见两处石片疤，为维持时打击而成。

618克，磨棒一端。两个使用面。顶端、正面及背部均可见打制片疤，正面还可见琢打痕。

图 6.17　359 克正面的使用状况　　　　图 6.18　359 克背面磨面、石片疤与摩擦痕的关系

918 克，磨棒一端。双面使用。呈弧背设计，弧背上可见琢打痕。

F10：3，磨棒一端。有两个使用面，背面有琢打痕，略呈弧背。

F6：4，磨棒断块。但可见呈弧背设计，正面及背面均可见琢打痕。正面一部分为原始使用面，可见琢打痕打破此原始使用面，表明在对正面琢打时造成磨棒破裂。

F7：3，磨棒断块。背面及侧面可见琢打痕。

三、大汶口文化时期

（一）王因二期

共观察标本 8 件，其中磨盘 1 件，磨棒 7 件。具体情况如下：

2669 克，磨盘断块。磨面内凹，远端及右侧缘可见明显琢打痕，均呈内收状态，背面可见打击片疤。正面可见一打击片疤，为从侧缘打击而成，应为维持时打击造成。

248 克，磨棒一端。弧背设计，背部及右侧遍布琢打痕。

T249H1：1，磨棒一端。背部可见琢打痕，弧背设计。

T285③：3，基本完整磨棒。略呈弧背状。正面可见数片石片疤及琢打痕，为维持琢打而成（图 6.19）。背面可见打制成型的石片疤及琢打痕，说明背面也曾使用。

577 克，磨棒一端。背面及顶端可见琢打痕。

T238③：11，磨棒一端。两个使用面，弧背设计，横断面呈弧边三角形，正面可见与长轴平行条痕，打破原有磨面，可能磨棒残断后作为磨石使用。

236 克，磨棒一端。三个使用面。背面可见一由顶端打制而成的石片疤，应为维持时琢打所致，由于石片疤较大，故改用正面。

图 6.19 T285③：3 正面的石片疤及琢打痕

396 克，磨棒一端。三个使用面。弧背设计，正、背面均可见琢打痕迹。

（二）白石村二期

共观察标本 7 件，其中磨盘 2 件，磨棒 5 件。具体情况如下：

80YBⅠT2④：23，完整磨盘。使用面利用岩石节理面，两侧缘及远端均可见朝向背部的打击片疤，应为整形时形成，使得周缘均呈内收之势（图 6.20）。

80YBⅠT2③B：12，完整磨盘。正面左侧及近端中部均可见维持时打击片痕，右侧遍布琢打痕，也为维持造成。周缘均可见由正面向背面的打击片疤，应为整形时形成，使周缘呈内收之势。

80YBⅠT2④：19，完整磨棒。未见明显加工痕迹，应为自然形态，未发现使用痕迹。

80YBⅠTG1③：98，完整磨棒。正面可见数片由侧缘打击造成的石片疤，应与维持琢打有关。

81YB TG3②b：115，完整磨棒。有两个使用面。弧背设计。背面及侧面均可见石片疤及琢打痕。

81YB TG2③：23，完整磨棒。正面一端可见琢打痕，打破部分原始使用面，应为维持时形成。一端及两侧缘可见成型时的小石片疤。

馆藏号 P0308，完整磨棒。两个使用面。弧背设计，两侧缘可见整形的石片疤。正、背两面均可见琢打痕。

（三）北阡遗址

共观察标本 19 件，其中磨盘 4 件，磨棒 15

图 6.20 80YBⅠT2④：23 背面的
石片疤及内收设计

件。具体情况如下：

T1517D37：1，磨盘断块。侧缘及背面均可见清晰琢打痕，侧缘内收，呈圆弧状，显系精细加工所致。

T1614M24：4，磨盘断块。正背面均可见琢打痕。正面可见一石片疤，打破使用面，应为维持打击而成。周缘呈圆弧状，显系有意琢打而成，呈内收之势。边缘厚6厘米，中间断裂处厚2.6厘米，可见磨面下凹明显，为长期使用所致。

T1511H168：1，磨盘断块。磨面微凹。周缘可见由正面向背面打击而成的石片疤，为整形时所致。

T1515柱23：1，大型磨盘一端及石臼。正面未见明显使用磨面，有一小型臼窝。背面有使用磨面，周缘可见由侧缘向背面的打击片疤，为整形时所致，呈内收之势。

T1616⑥b：12，完整磨棒。弧背设计。背面可见由正面向背面打击而成的四片较大的石片疤，应为整形时形成，并遍布琢打痕。磨面内凹，一端的端头呈突起状，为长期使用所致。

T1515M20：3，基本完整磨棒。弧背设计，两顶端均可见整形时的石片疤。

T1614柱4：1，磨棒一端。侧面可见琢打痕，正面可见一由侧缘打击而成的石片疤，打破磨面，为维持时打击造成。

T1517H75②：8，磨棒一端。端头横断面略呈四边形，最大厚6.6厘米，磨面断面呈弧边三角形，最大厚为4.1厘米。可见使用造成磨损达到2.5厘米，致使磨面内凹明显，端头突起，显系长时间使用所致。基本形态与T1611H12：2十分相似。顶端及两侧面可见琢打痕。

T1613G1⑥：20，磨棒一端。两个使用面，弧背设计，正面可见一由侧面打击而成的石片疤，应为维持时打击而成。

T1515M13：1，磨棒一端。呈弧背设计。背面有琢打痕。

T1511H105：15，磨棒一端。背面可见两片由侧缘向背部的打击片疤，为整形时形成。

T1516⑦b：9，磨棒一端。弧背设计，端头最大厚5.7厘米，磨面最大厚4.9厘米，可见使用磨损达到0.8厘米，致使磨面内凹，端头突起，显系长时间使用所致。顶端可见由正面向背面打击而成的石片疤，为成型时所形成。背面未见明显琢打痕，应为自然形态。

T1517H1④：22，磨棒一端。弧背设计，两个使用面。两侧缘及顶端均可见琢打痕，为精细加工石器。

T1511④C：7，磨棒一端。正面一侧可见由侧面向正面打击而成的石片疤，为维持打击所致。

T1513G1：38，磨棒一端。周缘及顶端均可见琢打痕，正面一侧可见由侧面打击而成的石片疤，打破使用面，为维持时打击所致。

T1611H12：2，磨棒一端及杵。共五个使用面。磨面内凹，一端端头呈突起状

（图 6.21；图版 3：5）。端头横断面呈方形，内凹部分横断面已呈弧边三角形，说明已磨损近二分之一，端头最大厚 7.3 厘米，磨面最大厚 4.7 厘米，使用磨损达到 2.6 厘米，为长期使用所致。端头右上侧可见自侧缘向顶端打击而成的石片疤，打击点可见，应为维持琢打所致。由几个面的打破关系可见，首先使用左、右两个平面，后在维持时打击不当，致打击片疤过大（两面上均可见石片疤打破原始使用面的打破关系），改用两面交叉形成的面，并使用很长时间。此外另两个平面也曾使用，并且顶端可见一石片疤打破使用面的情形（图 6.22；图版 3：6），表明顶端也曾作为石杵使用。

T1512G2 ㉒：27，磨棒断块。两个使用面，背面可见琢打痕。

T1611H103：3，磨棒断块。两个使用面，两侧面可见由正面向背面的打击片疤，且琢打痕较普遍，均为成型时造成。

T1614M2：2，磨棒断块。背面可见打击片疤，侧面可见琢打痕，均为成型时造成。

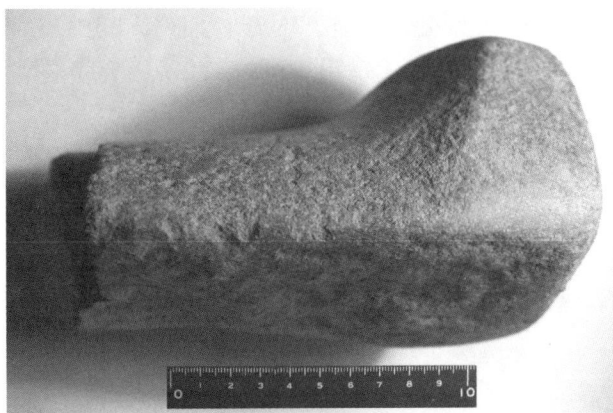

图 6.21　T1611H12：2 突起状端头及磨损情况

图 6.22　T1611H12：2 端头顶端使用面与石片疤的关系

（四）北庄一期

共观察标本 13 件，其中磨盘 2 件，磨棒 11 件。具体情况如下：

馆藏号 S02146，磨盘断块。正背面均可见琢打痕迹，侧缘呈内收之势。

馆藏号 S02130，磨盘断块。周缘及正背面均可见琢打痕迹，中间部分琢打明显，已成凹坑状，由于琢打程度较重，致使原使用面基本不见。此种情况的磨盘在海岱地区史前时期十分少见。据其形态推断，与其配套使用的磨棒较短，应该小于其宽度。

馆藏号 S02126，完整磨棒。整体扁薄。为两面使用。未见明显制作及维持时的琢打痕。

馆藏号 S02142，磨棒一端。正面可见三片石片疤，打破原使用面，应为维持琢打时形成。正背面均可见琢打痕迹，背面也曾使用，但磨损较轻，应该使用时间较短。

馆藏号 S02144，磨棒一端。周身遍布琢打痕迹。

馆藏号 S02140，磨棒一端。正背面均可见琢打痕迹，其中正面明显可看出琢打痕迹打破原使用面，为维持时形成。正面中部可见一凹坑，表明此磨棒还可能作为敲石使用。

馆藏号 S02145，磨棒一端。正背面均可见琢打痕迹。

馆藏号 S02099，磨棒断块。正背面均可见琢打痕迹。

馆藏号 S02139，磨棒断块。未见明显制作及维持时琢打痕。

馆藏号 S02098，磨棒断块。背面琢打痕迹明显，显系制作时整形所致。

馆藏号 S02143，磨棒断块。周身遍布琢打痕迹。但不见明显使用面，可能在成型时断裂，未曾使用。

馆藏号 S02124，磨棒断块。使用面磨损严重，不见明显琢打痕迹。

馆藏号 S02132，磨棒断块。未见明显打击成型痕迹，应为自然砾石。使用面磨损较轻，可能与使用时间较短有关。

第三节　小　　结

由上述不同时期磨盘及磨棒的工艺学分析，我们基本可以得出以下认识：

后李文化时期，共观察了西河、小荆山及月庄三个遗址共 25 件标本，其中磨盘 17 件，磨棒 8 件。由观察可以发现，对于磨盘及磨棒的生产，我们认为此时期基本都对工具进行过打击整形，并且绝大多数工具上还经过琢打的精细加工。基本不见直接利用自然原石的实例。从而说明此时期绝非磨盘及磨棒的最初产生期，而是处于较为进步的阶段，并且在磨盘上还可以观察到为了便于搬动而进行的内收设计，表明制作技术的进步，同时表明此时期磨盘已不是权宜性工具，而是被长时间使用。同时有足磨盘的出现，表明磨盘的制作工艺已比较成熟，暗示了石器专业化生产可能已出现。但在磨棒上还未观察到为便于长期抓握而进行的弧背设计，可能说明此时期磨棒的使用还不固定，存在经常更换的现象。抑或此时期确实还不存在该种制作方法，我们更倾向于后者，反映出能够使磨棒长期使用的舒适设计与为了磨盘长期使用而进行的特殊设计并不是同步的。关于其使用维持，我们在很多标本上见到再加工的痕迹，并且维持的方法首先是从侧缘向使用面直接打击以剥离掉石片，使由于使用而摩擦力降低的使用面得以更新，然后对工具上遗留的凹凸不平的石片疤再进行精细的琢打，使其较为平整，从而可以再次使用。除此之外，磨盘及磨棒还经常可以看到多面使用的情形，特别是月庄遗址更为明显，有的磨棒甚至有四个使用面，说明此类工具的制作难度和珍贵性，使得先民们尽量发挥其最大功效，而不轻易废弃。此外，我们在有的磨盘上还发现曾用于砸击坚果而造成的特有凹坑或研磨石、骨器形成的凹槽，一方面表明磨盘用途的多样性，另一方面也暗示了此时期已开始利用坚果。

北辛文化时期，共观察了北辛、王因及东贾柏三个遗址的 22 件标本，其中 10 件磨盘，12 件磨棒。关于磨盘及磨棒的生产，与后李时期相比，磨盘及磨棒依然经过精细加工，不见利用自然原石的现象。在北辛遗址中出现的有足磨盘经过我们的观察，认为其制作工艺与月庄有很大不同，并不是真正意义上的足部完全独立的形态，且仅发现一件，应该是一种特例，我们更倾向于认为其可能是内收设计的一种变体。东贾柏遗址即发现过内收十分明显，致使磨盘底部出现较高棱脊的状态。因而从工艺学角度而言，北辛有足磨盘的制作工艺更近似于东贾柏的工艺，而与月庄有足磨盘相差较大。在磨棒中，出现了特意加工出的弧背形态，表明磨棒使用的强化及技术的进步。关于其使用维持方面，与后李文化时期所使用的再加工方法基本类似。磨盘及磨棒依然存在着多面使用的现象，只是出现的比例比后李有所降低，可能表明对单件工具的珍稀程度有所下降，反映出此类工具制作技术已较为熟练。此时仍可见到磨盘及磨棒一器多用的现象。

大汶口文化时期，共观察了王因、白石、北阡、北庄四个遗址的 47 件标本，其中 9 件磨盘，38 件磨棒。关于磨盘及磨棒的生产，与前两个时期相比，绝大多数经过精细加工，偶见直接利用自然原石来作为磨棒使用的情形，但仅发现于白石及北庄遗址中，反映出制作技术具有一定程度的落后性，可能与其地处海岱文化区的边缘，文化发展滞后有较大关系。磨盘的内收设计及磨棒的弧背设计更为普及，说明这些进步工艺已为大多区域所接受，反映出此类工具的总体制作技术较之前又有了明显提高。关于其使用维持方面，与前两个时期所使用的再加工方法基本类似。磨盘及磨棒中多面使用的现象依然存在，并且仍然可见一器多用的现象。说明总体而言，磨盘及磨棒一直是较为珍贵的工具，一经制作完成，其使用价值将被最大化，并不会轻易废弃。

上文已介绍过，从分布来看，龙山文化时期磨盘及磨棒已经呈衰落之势，仅在海岱文化区的周边有所分布，其制作工艺是否也随之衰退，还不得而知。有待今后进一步研究。

　　另外一个有意思的现象是，磨棒出土时断块较多，并且绝大多数为磨棒一端，而磨棒中间断块比例较低。造成这种现象的原因是什么呢？如果磨棒为废弃后在埋藏过程中所破裂，那从概率学角度来说是不合理的。但如果从操作链角度来分析，就不难解释。磨棒使用较长时间后，磨面摩擦力减小，导致效率降低，而不得不对其进行琢打以便继续使用，在琢打时往往会因用力不当，造成磨棒从中间断裂而被废弃。很多磨棒断面的破裂方向也支持正面打击的说法。

第七章　微　痕　分　析

　　微痕分析法是近些年西方考古学界使用普遍的一种石器分析方法，然而这种十分重要的方法在我国考古学界才刚刚起步。它是通过对遗留在石制品表面的多种微痕（包括光泽、崩损、擦痕等）做放大观察（通常是在显微镜下），然后根据这些微痕的形态特征来推断石制品的运动方式及功用，进而复原古代社会的经济活动及生产活动。为了增加推断的可信性，在观察考古标本之前都要对相应的模拟实验品进行观察，以此作为可对比的数据库资料。总体而言，国际微痕学界对旧石器时代打制石器的微痕研究已经较为成熟，并且有很多成功的研究案例，但对于磨制石器的微痕分析进行得还比较少，方法依然在探索之中。而本研究拟进行微痕分析的对象为形态及使用方式均较为独特的磨盘及磨棒类工具，关于此类工具的微痕研究在国际上更是凤毛麟角，研究方法还不成熟，亟待摸索与总结。基于上述考虑，本章使用微痕分析对海岱地区史前时期不同时代的考古标本进行了尝试分析，以期能够对此领域研究起到推动作用。

第一节　微痕分析简史

　　早在西方近代考古学诞生之前，早期的古物学家们在收藏古物时，就对其用途十分感兴趣。19世纪初，古物学家 John Frere 在英国的萨福克郡（Suffolk）河床中发现了几件燧石制品，随后以《萨福克郡霍克森村的燧石武器》为题作了报道[①]。从题目中我们不难看到，发现者对这几件石制品的功能十分重视，并进行了推断。至19世纪上半叶，汤姆（C. J. Thomsen）生提出三期说以后，考古学成为一门真正意义上的学科。之后，考古学家对古物的用途研究一直孜孜以求。

　　19世纪40年代，汤姆生的朋友沃尔赛（J. Worsaal）在丹麦主持的一项考古发掘项目中，除了在考古发掘中验证了汤姆生的三期说外，其研究计划的一个重要组成部

---

　　① 　John Frere. Account of Flint Weapons Discovered at Hoxne in Suffolk. *Archaeologia*,Vol.13, 1800: 204～205. 转引自 Brian Hayden, Johan Kamminga. An Introduction to Use-Wear: The First CLUW. *Lithic Use-Wear Analysis*. New York: Academic Press, 1979: 1～13.

分就包括出土工具的功能问题[①]。但是限于当时的研究水平尚处于类型比对及臆测阶段，没有进行定性的科学分析。

19 世纪 60～70 年代，有学者在对器物功能推断时，开始注意其刃缘部位形态与其功能的互动关系问题[②]，当时虽然没有使用显微镜观察，但其对器物使用部位的观察已经较以前的主观臆断更加客观。而微痕分析就是对刃缘部位的显微观察。这就为以后的微痕分析奠定了基础。1872 年约翰·伊万斯（John Evans）出版了《大不列颠古代的石制工具、武器和装饰品》，在这本专著中，他几乎使用了当时所有的按功能进行分类的方法，此外，他已经注意到了器物使用部位的使用痕迹[③]。这比格林威尔（William Greenwell）的功能推动显然又有了新的进展，为以后镜下显微分析开了先声。但是之后不久，有学者意识到仅仅通过对古代器物的使用痕迹观察所得出的功能判断缺乏必要的验证，因而开始转向模拟实验研究。

19 世纪 80～90 年代，几位学者先后进行了几次实验。其中以斯普瑞尔（Spurrell）在 1884～1892 年之间的以使用痕迹为研究目的的系统实验最为著名，他在自己的实验标本上观察到了所谓的"镰刀光泽"，这与欧洲及近东地区史前遗址所出的石叶上所观察到的十分相似[④]。

20 世纪 20 年代前后，法国学者维森（Vayson）重复了斯普瑞尔的一些实验，并指出了斯氏的一些谬误[⑤]。1930 年美国人柯文（E. Cecil Curwen）使用燧石工具分别加工了玉米秆、木头及干骨头，并使用显微镜对使用痕迹进行了观察记录，这已经是真正意义上的微痕观察了，但他观察的重点是器物使用后所产生的光泽，对微疤及条痕等则甚少提及[⑥]。5 年之后，柯氏重新进行了大量实验后，以《巴勒斯坦的农业与燧石镰刀》为题对"镰刀光泽"进行了更加详尽的阐释，有力地驳斥了怀疑者的论点[⑦]。柯文的贡献在于他首次把显微镜引入了使用痕迹的分析之中，扩大了研究者的视野，也使得对使用痕迹的特征描述更加客观和精确。

大约与柯文同时，大洋彼岸的苏联学者西蒙诺夫（S. A. Semenov）也在进行工具的模拟实验及微痕分析，他的研究从 1934 年开始，前后共 20 余年，并于 1957 年出版

① 陈淳：《考古学的理论与研究》，学林出版社，2003 年，10 页。

② William Greenwell. Notices of the Examination of Ancient Gravehills in the North Riding of Yorkshire. *Archaeological Journal*, Vol.22, 1865: 95～105; William Greenwell. On the Opening of Grime's Graves in Norfolk. *The Journal of the Ethnological Society of London*(1869-1870), Vol.2, No.4, 1870: 419～439.

③ John Evans. *The Ancient Stone Implements, Weapons and Ornaments of Great Britain*. London: Longmans, Green, Reader and Dyer, 1872.

④ F. C. J. Spurrell. Notes on Early Sickles. *Archaeological Journal*, Vol.49, 1892: 53～59；吕烈丹：《史前器物研究与微痕分析》，《岭南考古研究》，岭南美术出版社，2002 年，93～98 页。

⑤ Brian Hayden , Johaw kamming. An Introduction to Use-Wear: The First CLUW. *Lithic Use-Wear Analysis*. New York: Academic Press, 1979: 1～13.

⑥ E. Cecil Curwen. Prehistoric Flint Sickles. *Antiquity*, Vol.4, No.14, 1930: 179～186.

⑦ E. Cecil Curwen. Agriculture and the Flint Sickle in Palestine. *Antiquity*, Vol.9, No.33, 1935: 62～66.

了微痕分析研究领域里程碑式的巨著《史前技术》，从理论和方法的层面阐明了微痕分析法的可行性，并使用这种方法对苏联几个遗址所出器物进行了分析，取得了理想的结果。其微痕分析观察的重点是条痕（striation），但也涉及光泽（polish）的观察，这些术语一直被微痕分析者应用至今[①]，标志着微痕分析法的正式诞生。遗憾的是，由于语言和政治等种种原因，西蒙诺夫的研究成果当时并未在国际学术界引起足够重视。直到 1964 年，Thompson 将其翻译成英文后，欧美学者才逐渐了解到西蒙诺夫所进行的研究。至 20 世纪 70 年代，该书又被重印数次，成为当时引用次数最多的考古专著，由此可见国际考古学界对其重视的程度以及其所产生的重大影响。

20 世纪 70 年代是微痕分析在欧美普及的一个重要时代，先是 Hester 等人使用破损（fracture）及疤痕（scar）等术语对石器使用痕迹进行了归纳和分析，但遗憾的是他们仅停留在主观分类阶段。随后几位后来成为微痕分析领域领军人物的学者先后发表论文，系统地探讨微痕分析的演进及方法等[②]。70 年代下半段三篇以微痕分析为题目的博士论文的完成以及以石器微痕分析为主题的专题学术会议的召开表明微痕分析在欧美已引起学界极大的关注[③]。从这三篇博士论文中，我们不难发现，研究者对于微痕分析已经出现了不同认识并使用了不同系统的分析方法。其中 Keeley 在微痕观察中使用的是 500 倍以上的显微镜，其观察的重点是光泽（polish）。而 Odell 使用的则是 100 倍以下的体视显微镜，他更加关注微疤（microfractures）及磨损（abrasion）。由此微痕分析开始分化为两套研究方向，即 Keeley 的高倍法与 Odell 的低倍法。他们也分别被视为欧美学界在各自领域的奠基者。而另外一位来自悉尼大学的约翰·坎明加（J. Kamminga）的论文由于发表在澳洲一较小刊物上，未能引起学界的很大关注。

20 世纪 80～90 年代的十几年是高倍法与低倍法激烈的争论时期，两个派别强调各自方法的优点而指责对方的缺陷。其中前半期，高倍法占据很大的优势。通过学术争论，使得微痕分析引起学界更大的关注。90 年代至今，双方学者都冷静而客观地从全局考察微痕分析，逐渐认识到两种方法各有优劣，最为理想的研究应该是二者取长补短，相互结合，充分发挥高倍法判断加工对象准确与低倍法判定工具运动方式更为理想的优势，形成优势互补，使得结论更为客观准确。

在中国，这种方法起步较晚，20 世纪 80 年代，开始有学者注意到欧美学者进行的微痕分析研究，并把相关的成果介绍入中国考古学界。其中童恩正先生功不可没[④]。

---

① S. A. Semenov. *Prehistoric Technology* (Translated by M. W. Thompson). Bath: Adams & Aart, 1973.

② L. H. Keeley. Technique and Methodology in Microwear Studies. *World Archaeology*, Vol.5,1974: 323～326；G. H. Odell. Micro-Wear In Perspective: A Sympathetic Response to Lawrence H. Keeley. *World Archaeology*, Vol.7,1975: 226～240.

③ L. H. Keeley. *Experimental Determination of Stone Tool Use*. The University of Chicago Press, 1980；Brian Hayden. *Lithic Use-Wear Analysis*. New Youk: Academic Press, 1979；沈辰等：《微痕研究（低倍法）的探索与实践——兼谈小长梁遗址石制品的微痕观察》，《考古》2001 年 7 期，62～73 页。

④ 童恩正：《石器的微痕研究》，《史前研究》1983 年 2 期，151～158 页。

随后张森水先生对 Keeley 的微痕分析名著发表书评，并认为可以为我国考古学界所借鉴[①]。

20 世纪 90 年代，中国科学院古脊椎动物与古人类研究所及北京大学考古学系开始有研究生陆续以微痕分析为专题进行模拟实验及考古标本的研究[②]。这些论文的发表，使得微痕分析逐渐为中国考古学界所了解。

进入 21 世纪以来，有学者发表论文对微痕分析（特别是低倍法）进行了全面而系统的介绍，并将此方法成功应用到百万年前的旧石器时代早期考古研究中，向学界展示了此方法的可行性及有效性[③]。此后王小庆先生撰文对高倍法进行介绍，并应用此法对新石器时代细石叶标本进行了观察[④]。

此后 2004 年 7 月，中国科学院古脊椎动物与古人类研究所举办首届微痕分析学习班，旨在为国内培养微痕分析的专业人才。来自全国多所高校及考古科研机构的人员参加学习，由低倍法主要领军人物 Odell 先生主讲。在进行了系统的理论学习后，学员分成若干专题小组到泥河湾盆地进行了现场打制石器实验和微痕观察，并撰写出微痕分析报告。通过此次培训和学习，不仅扩大了微痕分析在我国学界的影响，使更多的学者认识和关注这种方法，而且培养了一批年轻的专业人才，为微痕分析在国内的发展奠定了良好的基础。

受此影响，三篇研究生毕业论文均不同程度地应用了该方法[⑤]，表明微痕分析在我国的蓬勃发展。

此外，近几年有学者把微痕分析法应用到玉器的分析中，但是其理论方法与我们在石器分析中所应用的有较大区别，分析使用的术语及关注重点也有不小的差别。总之，把微痕分析法应用到玉器分析中，目前还不十分成熟，缺乏系统的理论和方法，

---

①　张森水：《述评〈石器使用的试验鉴定——微磨损分析〉一书》，《人类学学报》1986 年 5 卷 4 期，392～395 页。

②　侯亚梅：《石制品微磨痕分析的实验性研究》，《人类学学报》1992 年 11 卷 3 期，202～215 页；侯亚梅：《考古标本微磨痕初步研究》，《人类学学报》1992 年 11 卷 4 期，354～361 页；王幼平：《雕刻器实验研究》，《考古学研究》，文物出版社，1992 年，65～90 页；李卫东：《燧石尖状器实验研究》，《考古学研究》，文物出版社，1992 年，91～123 页；夏竞峰：《燧石刮削器的微痕观察》，《中国历史博物馆馆刊》1995 年 1 期，22～42、128 页；于振龙：《兴隆洼聚落遗址部分打制石器的实验研究》，北京大学硕士研究生学位论文，2000 年 6 月。

③　沈辰等：《微痕研究（低倍法）的探索与实践——兼谈小长梁遗址石制品的微痕观察》，《考古》2001 年 7 期，62～73 页。

④　王小庆：《石器使用痕迹显微观察的研究》，《21 世纪中国考古学与世界考古学》，中国社会科学出版社，2002 年，552～568 页；王小庆：《赵宝沟遗址出土细石叶的微痕研究》，《桃李成蹊集：庆祝安志敏先生八十寿诞》，中国考古艺术研究中心，2004 年，112～120 页。

⑤　谢礼晔：《微痕分析在磨制石器功能研究中的初步尝试——二里头遗址石斧和石刀的微痕分析》，中国社会科学院研究生院硕士学位论文，2005 年 5 月；王强：《月庄遗址后李文化石制品的初步研究》，山东大学硕士学位论文，2005 年 6 月；钱益汇：《济南大辛庄遗址出土商代石器的初步研究》，山东大学博士学位论文，2005 年 6 月。

还需要进一步实践和探索[①]。

日本的微痕研究起步于 20 世纪 60 年代后半期，以田中琢翻译西蒙诺夫的《史前技术》为肇始[②]。其后整个 70 年代进展甚微，仅有为数不多的几篇对欧美微痕研究进行介绍的文章。1980 年旧石器时代考古专家芹泽长介通过模拟实验进行了真正意义上微痕研究的尝试[③]，这是日本微痕分析领域第一个实验成果。而后以其学生阿子岛香为首的研究团队取得了较大成就[④]。他们采用高倍法对光泽进行了详细的研究和分类，并对多处考古出土标本进行了微痕分析，得出了较为可靠的结论。后来微痕分析在日本呈勃兴之势，专门成立了民间学术研究团体——石器使用痕研究会，会员有 40～50 人之多，每年定期召开以使用痕为专题的学术讨论会，说明微痕研究在日本考古学界受到很广泛的关注。后来，御堂岛正出版《石器使用痕の研究》一书，为日本微痕研究的集成之作，很好地反映出日本目前微痕研究的现状[⑤]。

韩国近年在微痕领域也取得了不少成果，其中金姓旭使用高倍法对多处韩国新石器时代遗址出土打制石器、石刀、石镰等进行了系统研究，为韩国农业产生等重大课题提供了新的证据[⑥]。

具体到关于磨盘类工具微痕方面的研究，也有一些学者在这方面进行过不少探索。Jenny L. Adams 通过实验及民族学材料，认定有的磨棒应该是加工处理皮革的。其可贵之处在于在实验过程中引入摩擦学术语及原理对摩擦过程进行解释，把摩擦的发生分为四个步骤。每个步骤的作用原理和特征也各不相同，在显微镜下可明显看到使用痕迹（40 倍）。通过模拟实验提出，加工皮革与加工玉米的微痕是不同的，利用显微镜可以进行有效识别[⑦]。Laure Dubreuil 是目前为止对于磨盘、磨棒类工具微痕分析最为详尽和系统的学者之一，他在模拟实验中，对不同变量进行了详细记录，并对加工不同物质所产生的微痕进行了系统的分类及描述。在实验数据的基础上，选取了纳吐夫文化中不同时代的三个遗址，对其中所出磨盘、磨棒类工具进行显微观察及记录，然后与实验数据进行比对，认为在纳吐夫文化中此类工具的用途十分广泛，被加工物包括豆类、谷物类以及矿物类，并且发现从早期至晚期一

① 张敬国等：《凌家滩出土玉器微痕迹的显微观察与研究——中国砣的发现》，《东南文化》2002 年 5 期，16～27 页；邓聪：《线切割 vs. 砣切割——凌家滩水晶耳珰凹槽的制作实验》，《故宫学术季刊》2005 年 23 卷 1 期，35～51 页。

② セミョーノフ S. A.（田中琢抄訳），《石器の用途と使用痕》，《考古学研究》，1968 年 14 卷 4 期，44～68 页。

③ 芹沢長介：《石器の使用痕に関する研究》，《考古学美術史の自然科学の研究》，古文化財編集委員会編，日本学術振興会，1980 年，461～468 页。

④ 阿子島香：《石器の使用痕》，ニューサイエンス社，1989 年。

⑤ 御堂島正：《石器使用痕の研究》，同成社，2005 年。

⑥ 金姓旭：《韩国新石器时代石器の使用痕観察：打制の石刀型石器を中心に》，《熊本大学社会文化研究》，2007 年，5 卷 95～109 页。

⑦ Jenny L. Adams. Use-Wear Analysis on Manos and Hide-Processing Stones. *Journal of Field Archaeology*, Vol.15, No.3, 1988: 307～315.

直存在对谷物及豆类的加工，说明当时人对这两类食物的偏好，这对于农业起源的研究有着很好的参考意义[①]。

第二节　实验标本微痕分析

此前关于使用金相显微镜观察磨制石器与磨盘类工具光泽的理论与方法已经比较成熟，有较为完善的数据库可供比对，因而本次微痕实验重点探索使用体视显微镜对磨圆及磨损进行观测，以便为考古标本的观察提供可供对比的资料。

一、实验仪器

本次实验拟使用 Nikon SMZ1500 连续变焦体视显微镜（图 7.1）。它具备显微摄影和使用外接显示屏观察的功能，如果加上 1.6 倍物镜，最高放大倍率可达 180 倍。我们在观察前先用清水把需要观察的标本进行清洗，而后令其自然风干。在观察时，先使用 10 倍的放大倍率对标本进行整体观察，以确认哪些区域需要进行高倍观察。然后使用 20～180 倍的放大倍率对重点区域进行多次观察，并对使用痕迹进行有重点的显微拍摄。在拍摄时，会考虑在不同倍率下多次进行并记录在电脑中作为数据库储存，以备将来与考古出土标本进行比对分析，我们主要拍摄的显微图片为 16、64、128、180 四个倍率。

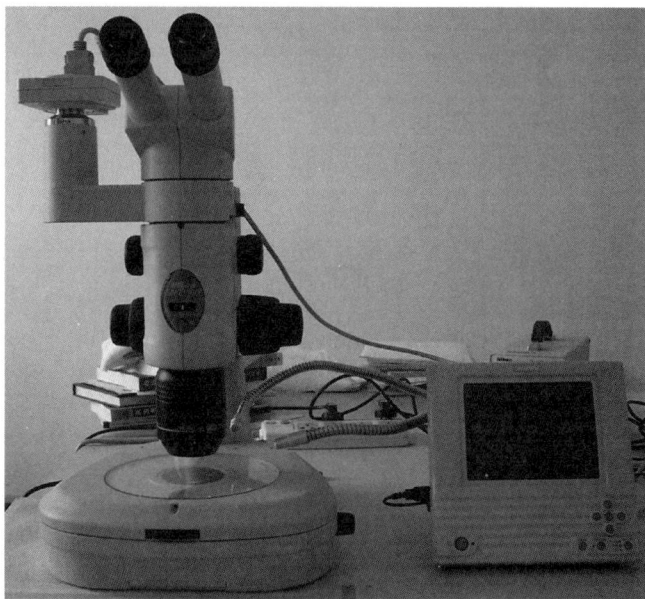

图 7.1　实验所用显微镜

---

① Laure Dubreuil. Long-Term Trends in Natufian Subsistence: A Use-Wear Analysis of Ground Stone Tools. *Journal of Archaeological Science*, Vol.31, No.11, 2004: 1613～1629.

二、实 验 设 计

依据微痕观察原理，不同的加工对象可以产生不同的微痕形态，因而通过不同形态的微痕，可以帮助我们推测工具的加工对象（如果一件器物有多种用途，则最后一次使用的微痕往往会破坏以前的使用痕迹）。

结合海岱地区史前时期的实际情况，我们设计了以下六组实验。实验加工所用的谷子（粟）、黍子、水稻、小麦、大豆均为人工种植品种，且全部为成熟颗粒，在实验前均经过晾晒。而橡子为野生种，采摘时也已成熟。具体情况详见上一章节。为与使用后情况对比，还进行了未使用时的微痕观察。为了排除不同操作者操作习惯及用力方式和大小对微痕的影响，本次全部实验都由笔者本人完成。为了能够有效掌握微痕的历时变化，每次实验过程中我们都特意进行了不同阶段微痕的观察。由于对于使用体视显微镜观察微痕尚属于探索尝试阶段，我们对实验中可能影响微痕结果的变量设计较少，尽量使磨盘及磨棒上的使用微痕易于判定和识别，因而此次实验使用的磨盘及磨棒均未经过人为打制和加工，这样有效地避免了这些因素对于微痕的影响。当然这是一种理想的实验模式，却可以为探索中的微痕分析提供可供比较的资料和数据，今后在具备这些简单实验微痕数据的基础上，再增加变量进行更为复杂的实验，以得到更为全面的资料。关于实验的具体情况在上文中已作详细介绍，此处不再赘述。需要说明的是不同的加工对象我们进行微痕观察的时间有所不同，具体如下：实验一加工谷子的实验分别在 57 及 270 分钟进行微痕观察；实验二加工黍子的实验分别在 70 及 235 分钟进行微痕观察；实验三加工水稻实验分别在 90 以及 276 分钟进行微痕观察；实验四加工橡子实验在 186 分钟进行微痕观察；实验五加工大豆实验分别在 41 及 103 分钟进行微痕观察；实验六加工小麦实验在 62 分钟进行微痕观察。

三、微痕观察具体程序

每个实验标本实验前先进行定位，磨盘上使用箭头标出，放置时箭头方向为上方。为了与实验后进行微痕比对，在实验前把磨盘划分为四个区域，为便于记录及描述，引入几何学象限概念，依次为第一、二、三、四象限。每象限分别拍摄 16、64、128、180 四个不同倍率的显微照片，便于实验后进行比较（由于磨盘一般面积较大，如每平方厘米都拍摄四个倍率的显微照片，则需拍摄大量照片，试想一标本 30 厘米 × 40 厘米大小，按照上述标准，则需拍摄 4800 张照片，如果标本较多，几乎不可能完成，因而考虑实际情况，采取划分四个象限的工作方法）。

为了更精确地表述观测点，将绘图纸铺于标本下方，利用横纵坐标进行定位。磨盘放置时，箭头向上，右缘与绘图纸右侧边重合，上缘与绘图纸上侧边重合，因而 X 轴数据即观测点中心点距绘图纸右侧边距离，Y 轴数据即观测点中心距绘图纸上侧边距离，因而可于绘图纸上直接读出实际数据。然后按照这种坐标位置标注于照片上，以便不同时间段观察时能都找到基本相同的观测点，便于更加客观地进行比较分析。

磨棒面积较小，仅在两个区域进行显微图片的拍摄。

四、实验标本微痕观测

本次实验微痕观测的方法主要采用 Adams 及 Dubreuil 文中使用的描述及分类标准[①]。观察的重点包括三个层次：

使用面的整体形貌（overall topography）；

构成岩石的单个颗粒表面（即矿物晶体的顶端部位）的微形态；

条痕、磨圆及光泽面的存在与否。

其中使用面的整体形貌如图 7.2～图7.5 所示，均为剖面示意图。

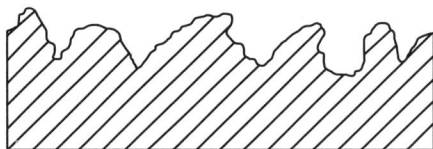

图 7.2　使用前磨盘及磨棒使用面的整体形貌
（自然原石或琢打修整均可表现为这种形态）
（改自 Laure Dubreuil 2004）

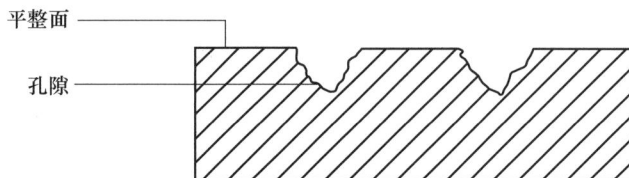

图 7.3　使用后矿物晶体顶端磨平的形态
（改自 Laure Dubreuil 2004）

图 7.4　使用后矿物晶体顶端磨圆的形态
（改自 Laure Dubreuil 2004）

---

① Jenny L.Adams. Use-Wear Analysis on Manos and Hide-Processing Stones. *Journal of Field Archaeology*, Vol.15, No.3, 1988: 307～315; Jenny L. Adams. *Ground Stone Analysis: A Technological Approach*. Salt Lake City: The University of Utah Press, 2002; Laure Dubreuil. Long-Term Trends in Natufian Subsistence: A Use-Wear Analysis of Ground Stone Tools. *Journal of Archaeological Science*, Vol.31, No.11, 2004: 1613～1629.

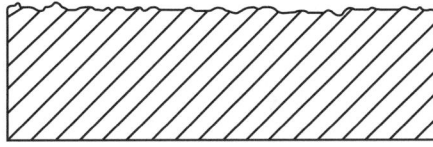

图 7.5　使用后矿物颗粒顶端与孔隙基本磨平为同一平面的形态
（改自 Laure Dubreuil 2004）

构成岩石的单个颗粒表面的微形态如图 7.6 所示。

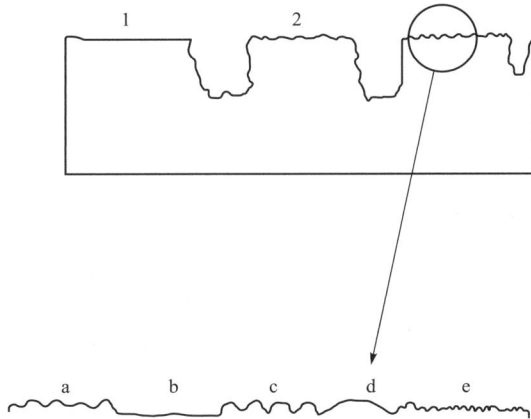

图 7.6　构成岩石的单个颗粒表面的微形态示意图
1. 平整面　2. 不平整面
a. 磨圆形态　b. 均匀平面　c. 磨平形态　d. 均匀弧突　e. 打制或压制的破损面
（改自 Laure Dubreuil 2004）

通过微痕观察，我们发现不同区域使用前的微痕形态基本类似，并且使用后在相同时间观察到的微痕在不同区域也无明显差异。因而在下文中我们将拣选比较典型的一个区域进行微痕形态展示及分析。每组微痕图片的放大倍率依次为 16、64、128、180 倍（从左至右）。

1. 实验一：加工谷子

磨盘 005 正面微痕观察具体区域如图 7.7。

第 1 处区域使用前及使用 57、270 分钟后不同倍率微痕图片如图 7.8～图 7.10（图版 4：1～3）。

磨棒 002 正面微痕观察具体区域如图 7.11。

第 2 处区域使用前及使用 57、270 分钟后不同倍率微痕图片如图 7.12～图 7.14。

通过实验前的微痕照片我们能够清楚地看到，磨盘和磨棒在使用前磨面的整体形貌均呈凹凸不平，如果从剖面来看，应该是凸起与孔隙的间或出现，并且磨棒整体形貌的参差状态更加明显，在 16 及 64 倍的放大倍率下可以清楚地看到这种情况。而构成岩

图 7.7　磨盘 005 正面微痕观察区域

图 7.8　磨盘 005 正面第 1 处区域使用前微痕

图 7.9 磨盘 005 正面第 1 处区域使用 57 分钟微痕

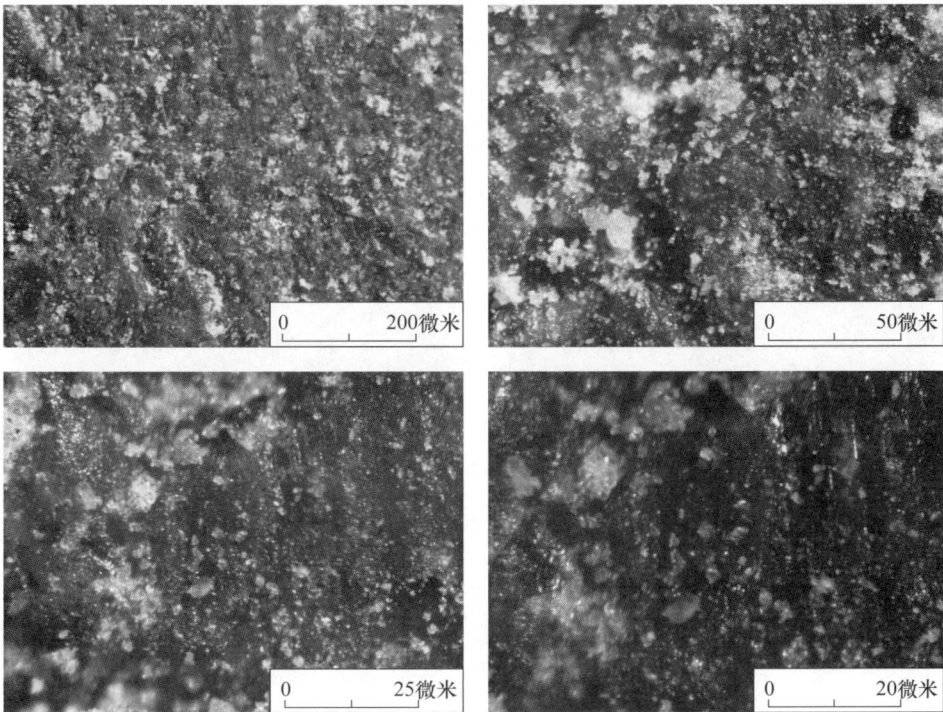

图 7.10 磨盘 005 正面第 1 处区域使用 270 分钟微痕

图 7.11　磨棒 002 正面微痕观察区域

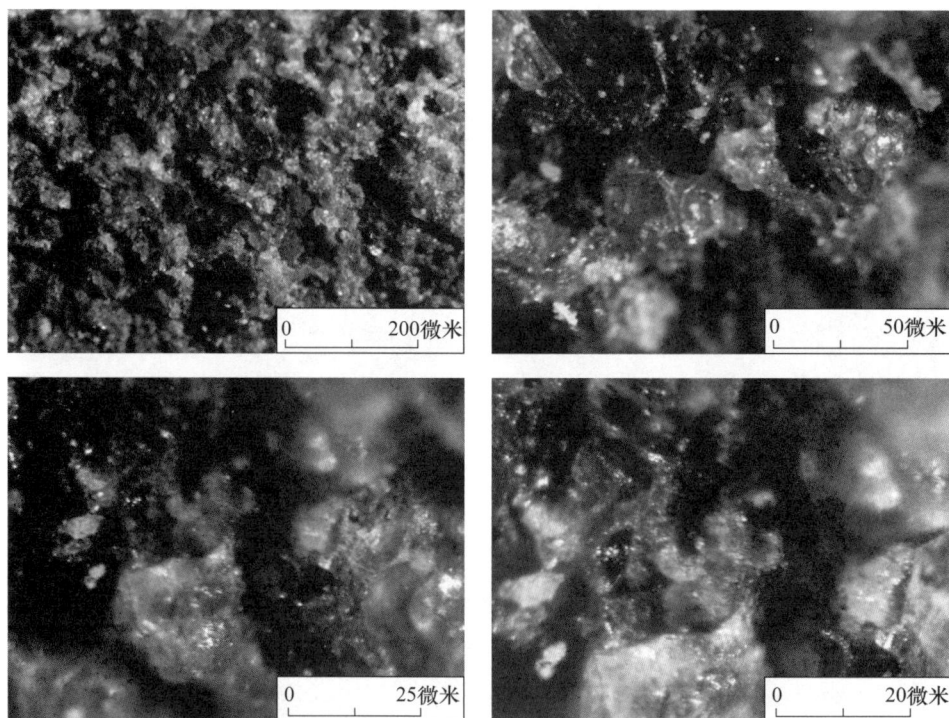

图 7.12　磨棒 002 正面第 2 处区域使用前微痕

图 7.13　磨棒 002 正面第 2 处区域使用 57 分钟微痕

图 7.14　磨棒 002 正面第 2 处区域使用 270 分钟微痕

石的单个颗粒表面的微形态也反映了同样的问题，即其微形态也为高低不平的错落形制。这就导致微痕图片部分区域无法聚焦，因而显示不清，尤其在128及180倍的放大倍率下比较明显。

而使用后，磨盘及磨棒的磨面由于磨损都发生了较大变化，但在不同的使用阶段稍有差异。

首先来看磨盘，无论是使用57分钟还是270分钟后的微痕照片上均可以观察到这种变化，磨面的整体形貌在16及64倍的放大倍率下均反映出如图7.4矿物晶体顶端磨圆的形态，并且由于研磨导致凸起与孔隙之间的垂直距离变小。反映在图片拍摄聚焦时表现为整体形貌较为平整，更容易聚焦，因而微痕图片拍摄区域均较清晰，越是在高倍下这种情况越明显。与此相应的变化也表现在构成岩石的单个颗粒表面的微形态方面，主要表现为图7.6中a、c、d三种形态，即磨圆、磨平及均匀弧突的形态，基本不见剥离及图7.6中b的均匀平面及e打制或压制的破损面的形态，这在使用57及270分钟后的180倍率下可清楚地看到。在一些微痕图片上还可观察到与加工摩擦方向平行的条痕，但主要集中在凸起的平面上，且较为短浅，而处于低位的孔隙中几乎不见。使用57分钟后16、64及128倍以及使用270分钟后的180倍的微痕图片均可以清楚观察到。此外，在使用270分钟后的128及180倍的微痕图片上还可见到较为清晰的光泽面，较为明亮，为光泽的初起期，即微痕分析领域经常言及的谷物光泽。

磨棒使用后的微痕形态与磨盘基本一致，只是未见条痕及光泽。

2. 实验二：加工黍子

磨盘002正面微痕观察具体区域如图7.15所示。

第3处区域使用前及使用70、235分钟后不同倍率微痕图片如图7.16～图7.18。

图7.15　磨盘002正面微痕观察区域

图 7.16 磨盘 002 正面第 3 处区域使用前微痕

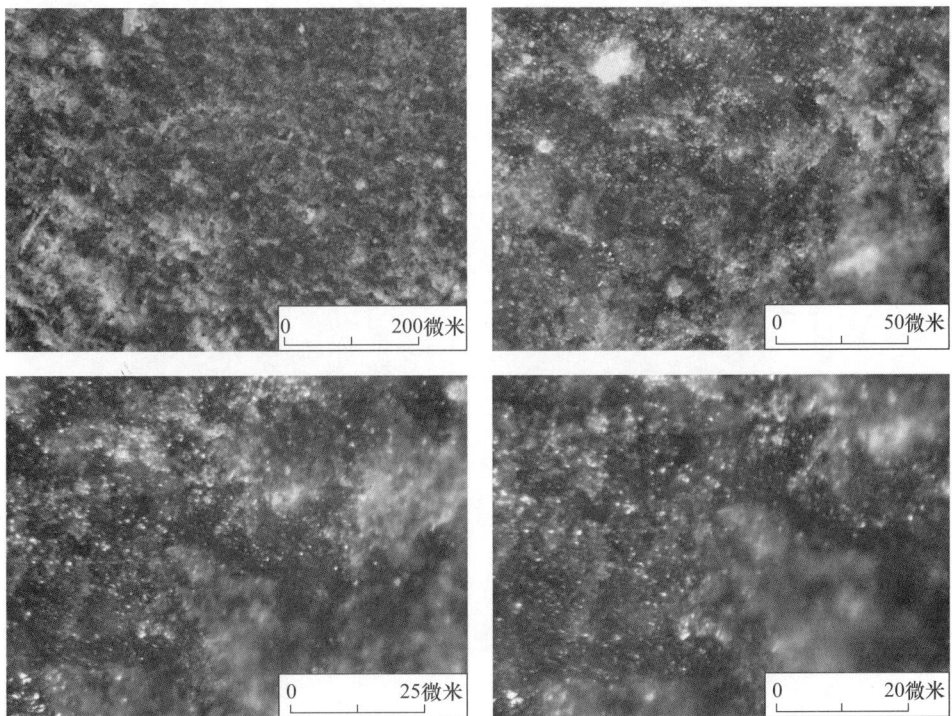

图 7.17 磨盘 002 正面第 3 处区域使用 70 分钟微痕

磨棒002背面微痕观察具体区域如图7.19所示。

第1处区域使用前及使用70、235分钟后不同倍率微痕图片如图7.20～图7.22。

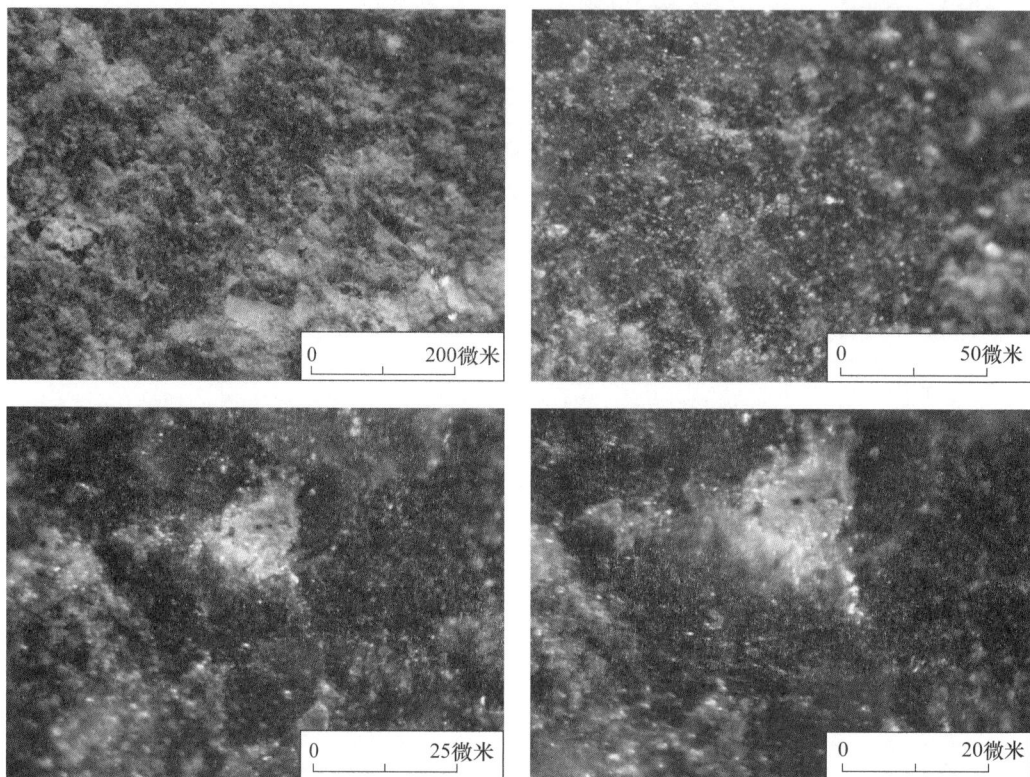

图7.18　磨盘002正面第3处区域使用235分钟微痕

图7.19　磨棒002背面微痕观察区域

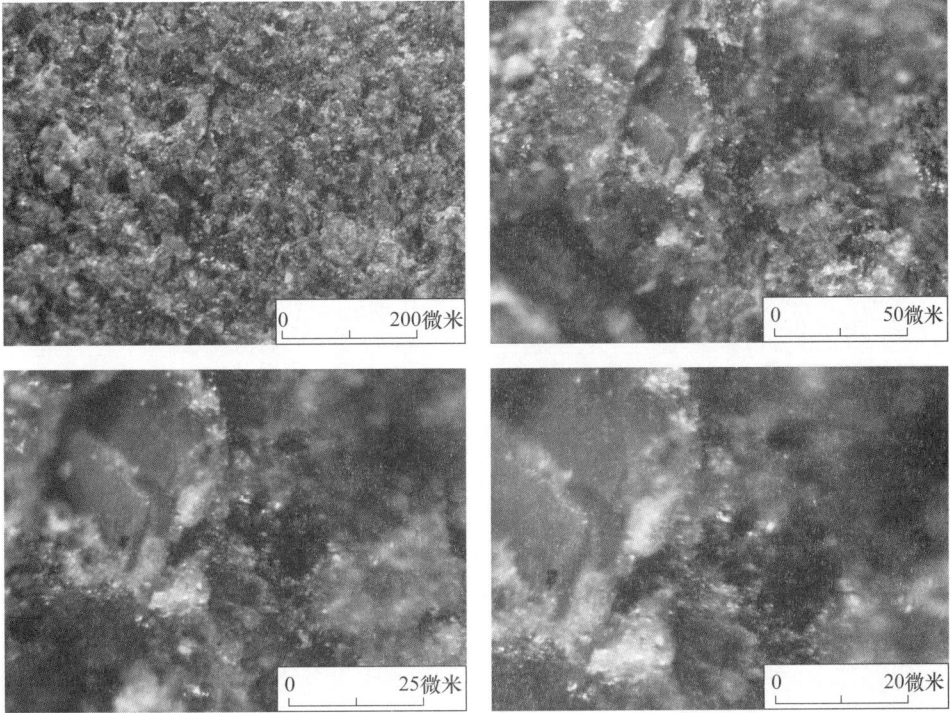

图 7.20　磨棒 002 背面第 1 处区域使用前微痕

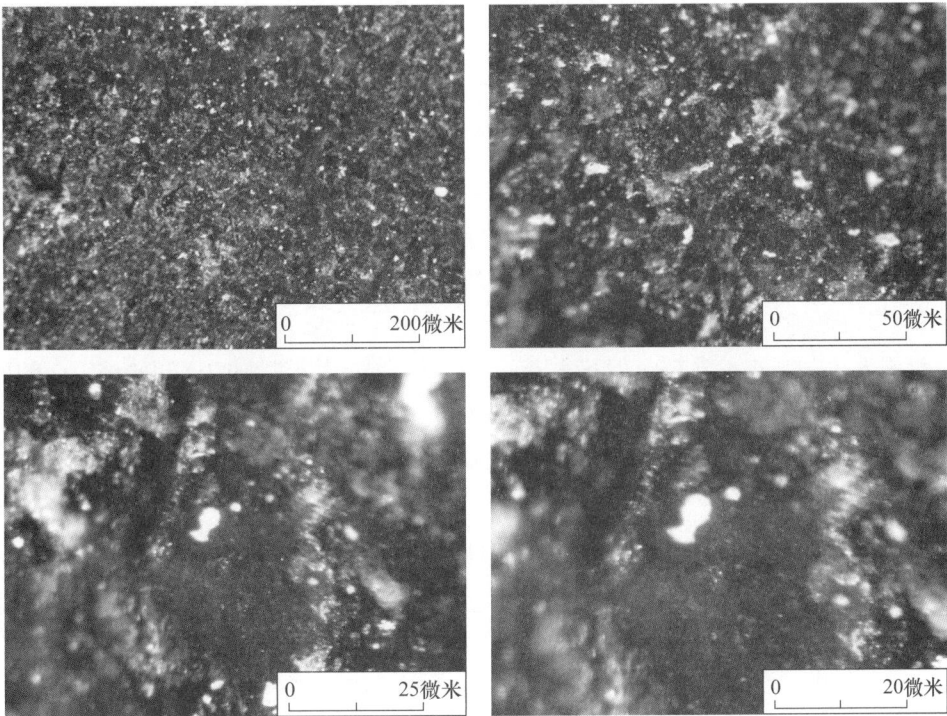

图 7.21　磨棒 002 背面第 1 处区域使用 70 分钟微痕

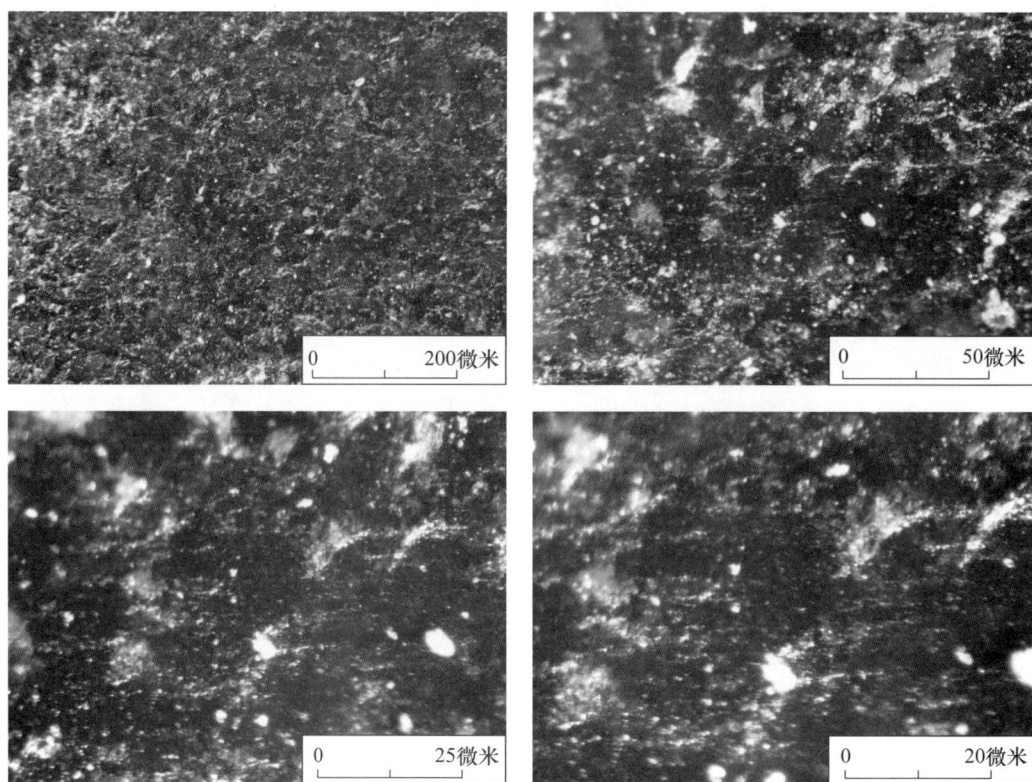

图 7.22　磨棒 002 背面第 1 处区域使用 235 分钟微痕

　　实验前微痕照片所反映的情况与上一实验基本类似，下面几个实验也是如此，不再赘述。

　　而使用后，磨盘及磨棒的磨面无论整体形貌还是构成岩石的单个颗粒表面的微形态由于磨损都发生了较大变化。

　　首先来看磨盘。磨面的整体形貌在 16 及 64 倍的放大倍率下均反映出矿物晶体顶端磨圆的形态，无论是使用 70 还是 235 分钟后的微痕照片均可以观察到这种变化。而构成岩石的单个颗粒表面的微形态方面，主要表现为图 7.6 中 a、b、c 及 d 四种形态，即磨圆、均匀平面、磨平及均匀弧突的形态，但基本不见剥离及图 7.6 中 e 打制或压制的破损面的形态，这在使用 70 及 235 分钟后的 180 倍率下可清楚地看到。条痕不明显，仅在使用 70 分钟后180 倍微痕图片的左下角发现一组，且较为短浅，集中分布于凸起的平面上，而处于低位的孔隙中没有发现。此外，在使用 70 分钟后 180 倍微痕图片上可见到较为明亮的谷物光泽，而使用 235 分钟后的微痕图片上未见明显光泽，可能与我们拍摄的区域有一定关系。

　　磨棒的微痕情况基本与磨盘类似。在使用 235 分钟后的微痕图片上可见条痕分布，长而浅，在 128 及 180 倍下均可见到。但光泽不明显。

3. 实验三：加工水稻

　　磨盘 003 正面微痕观察具体区域如图 7.23 所示。

图 7.23 磨盘 003 正面微痕观察区域

第 3 处区域使用前及使用 90、276 分钟后不同倍率微痕图片如图 7.24～图 7.26。

磨棒 001 正面微痕观察具体区域如图 7.27。

第 1 处区域使用前及使用 90、276 分钟后不同倍率微痕图片如图 7.28～图 7.30。

使用后，磨盘及磨棒的磨面无论整体形貌还是构成岩石的单个颗粒表面的微形态由于磨损都发生了较大变化。

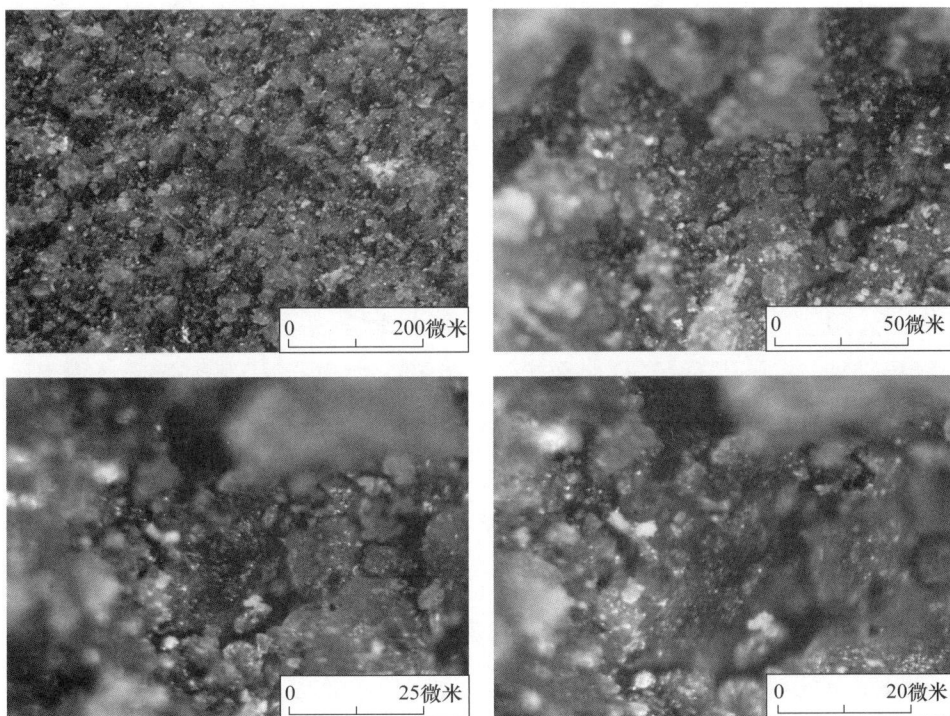

图 7.24 磨盘 003 正面第 3 处区域使用前微痕

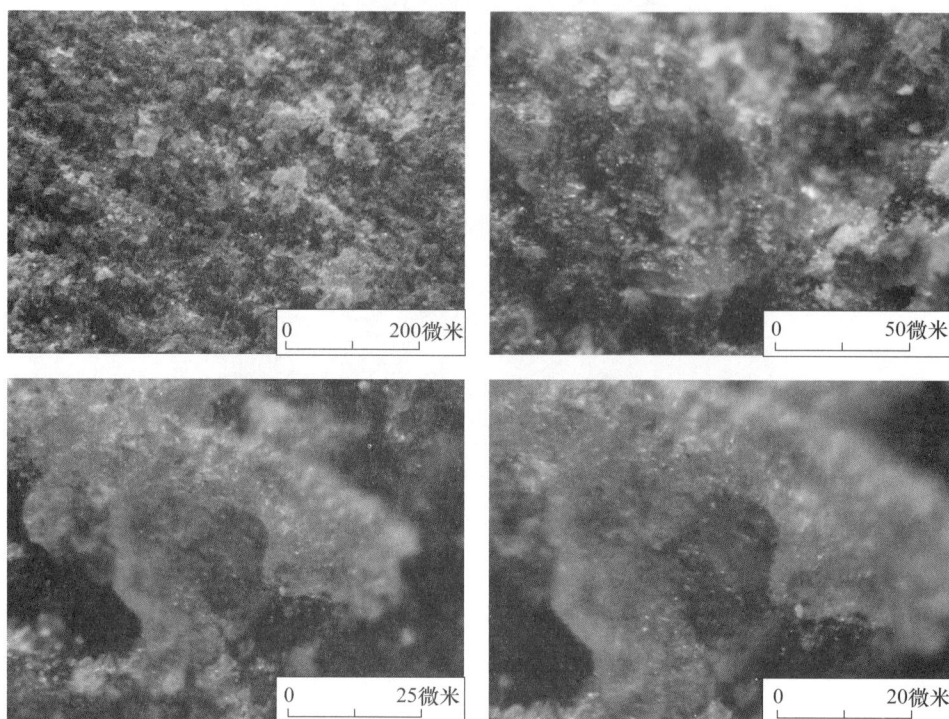

图 7.25　磨盘 003 正面第 3 处区域使用 90 分钟微痕

图 7.26　磨盘 003 正面第 3 处区域使用 276 分钟微痕

图 7.27 磨棒 001 正面微痕观察区域

图 7.28 磨棒 001 正面第 1 处区域使用前微痕

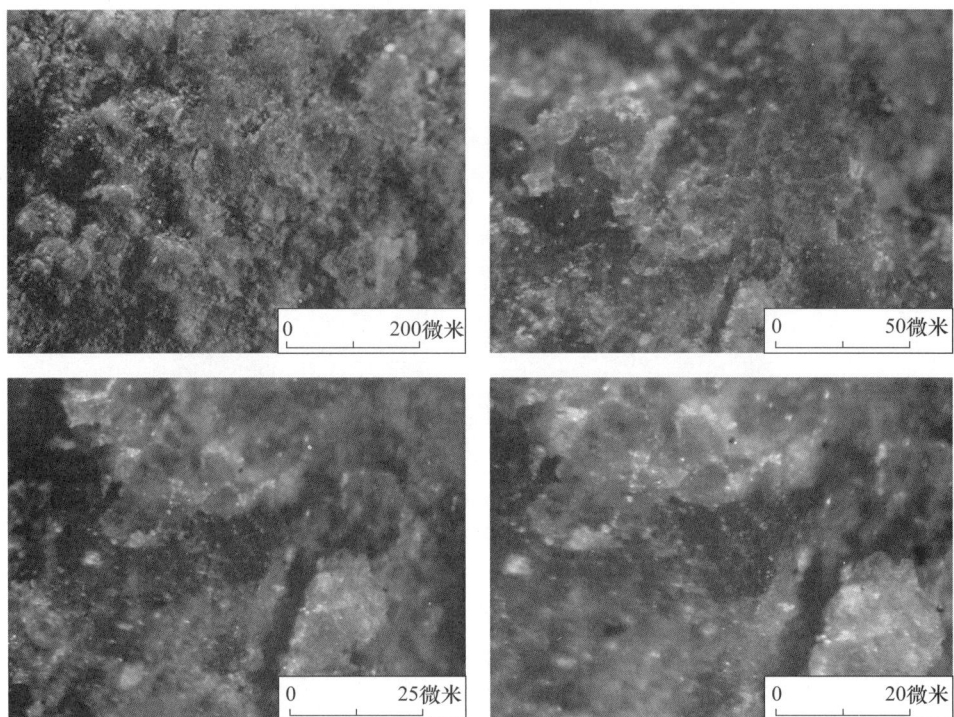

图 7.29　磨棒 001 正面第 1 处区域使用 90 分钟微痕

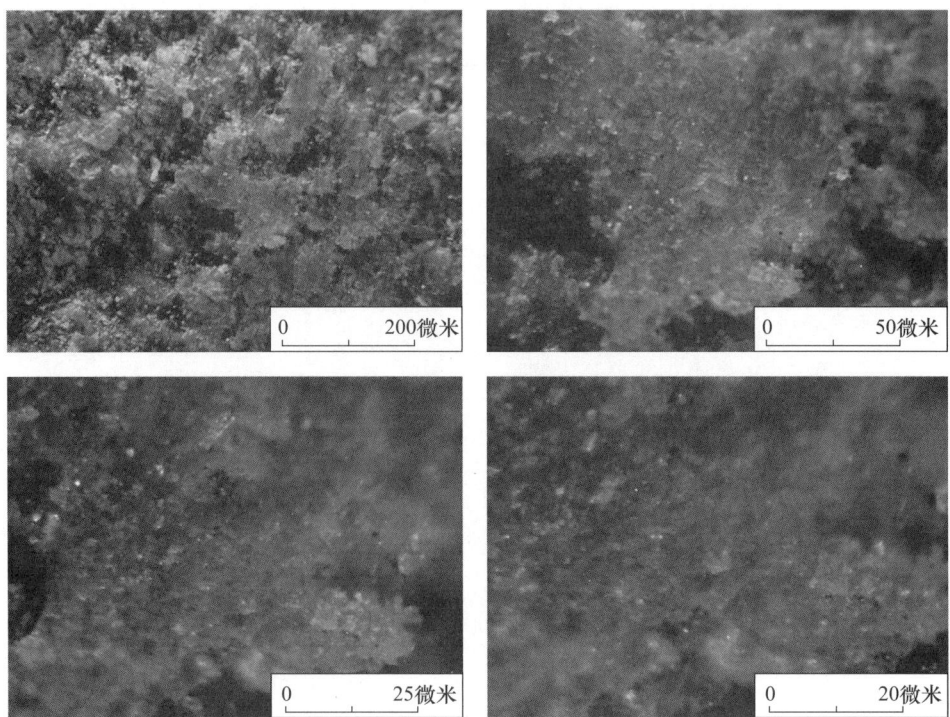

图 7.30　磨棒 001 正面第 1 处区域使用 276 分钟微痕

　　磨盘磨面的整体形貌在 16 及 64 倍的放大倍率下均反映出使用后矿物晶体顶端磨平的形态，并且由于研磨导致凸起与孔隙之间的垂直距离变小，与此相应的变化也表现在构成岩石的单个颗粒表面的微形态方面，主要表现为图 7.6 中 b 及 d 两种形态，即均匀平面及均匀弧突的形态，这在使用 90 及 276 分钟后的 180 倍率下均可看到，以后者更为明显。在一些微痕图片上还可观察到与加工摩擦方向平行的条痕，除大部分主要集中在凸起的平面上，在处于低位的孔隙中也可见少量条痕。条痕多为长而浅的状态，使用 90 分钟后微痕图片上几乎不见，而在使用 276 分钟后的 64、128 及 180 倍的微痕图片上均可清楚观察到，以 64 倍最为清晰。此外，在使用 276 分钟后 180 倍的微痕图片上可见到成点状分布的光泽面，亮度稍暗。

　　磨棒使用后的微痕形态与磨盘基本一致。在使用 90 分钟后的微痕图片上也可见与长轴斜交的条痕，高面及孔隙中均可见到，也为长而浅的形态，以 128 及 180 倍下较为清晰。使用 276 分钟后几乎不见。而光泽方面，在使用 276 分钟以后也可见点状较暗的光泽分布，以 180 倍下较为清晰。

4. 实验四：加工橡子

　　磨盘 001 正面微痕观察具体区域如图 7.31 所示。

　　第 2 处区域使用前及使用 186 分钟后不同倍率微痕图片如图 7.32、图 7.33。

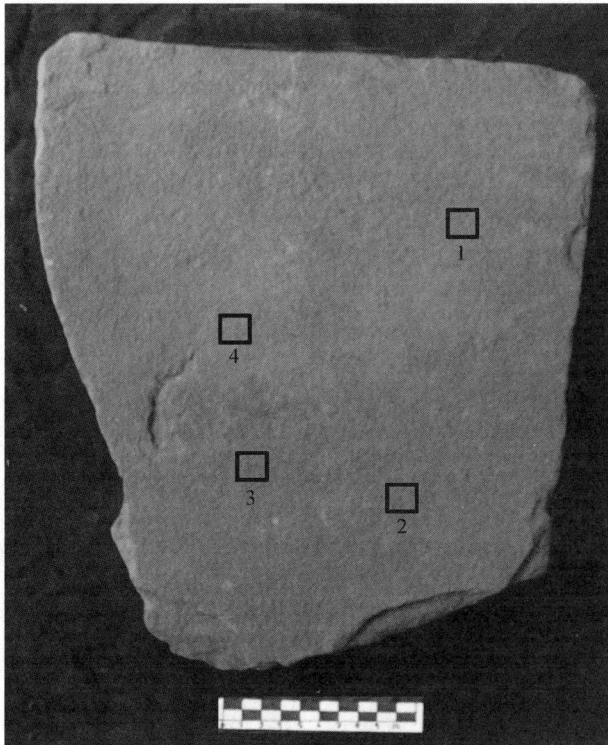

图 7.31　磨盘 001 正面微痕观察区域

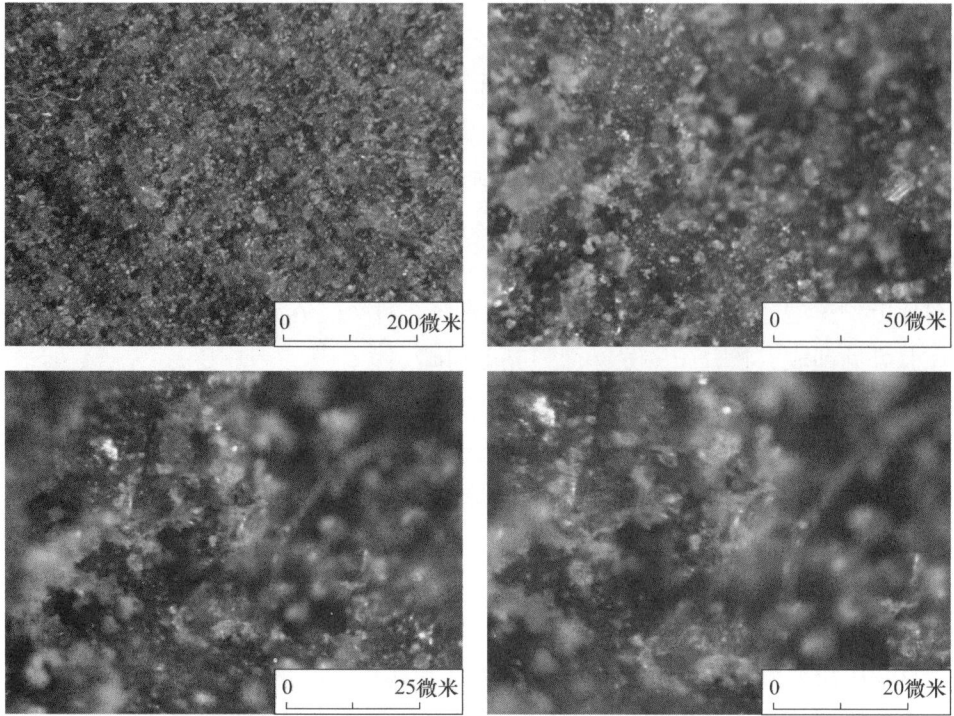

图 7.32　磨盘 001 正面第 2 处区域使用前微痕

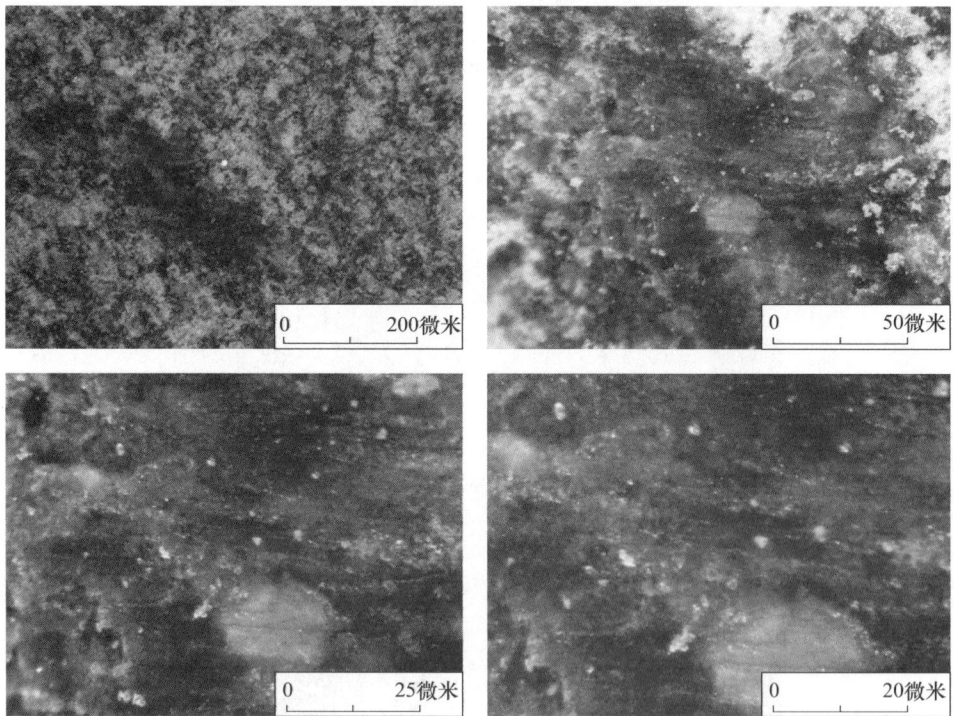

图 7.33　磨盘 001 正面第 2 处区域使用 186 分钟微痕

磨棒004微痕观察具体区域如图7.34所示。

第2处区域使用前及使用186分钟后不同倍率微痕图片如图7.35、图7.36。

使用后，磨盘及磨棒的磨面无论整体形貌还是构成岩石的单个颗粒表面的微形态由于磨损都发生了较大变化，此次实验仅在使用186分钟进行了微痕观察。

图7.34　磨棒004微痕观察区域

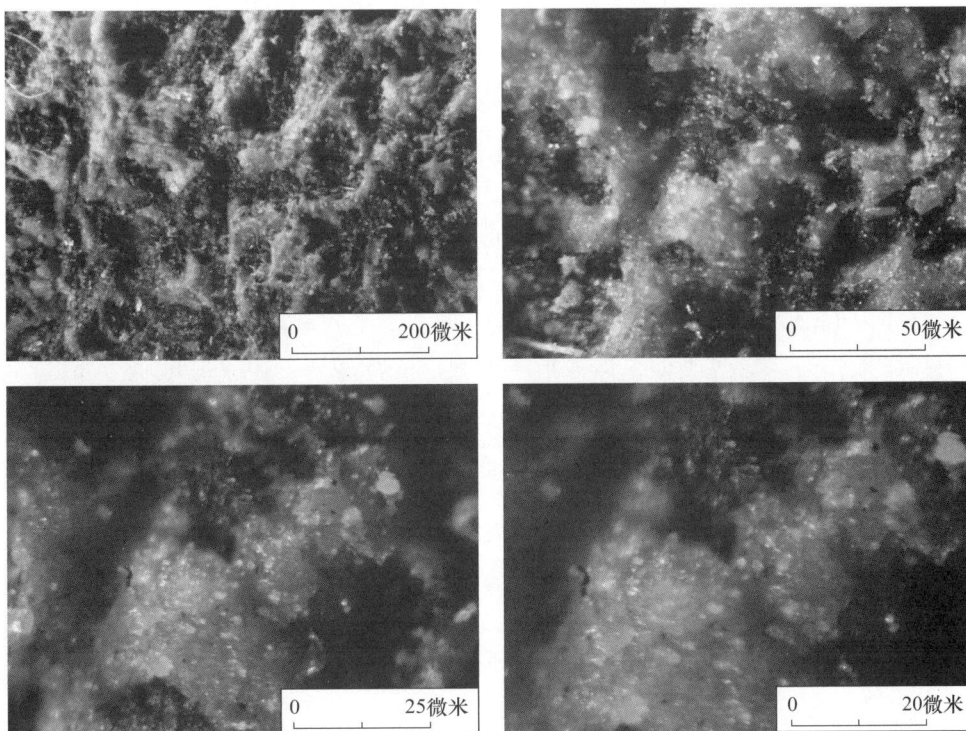

图7.35　磨棒004第2处区域使用前微痕

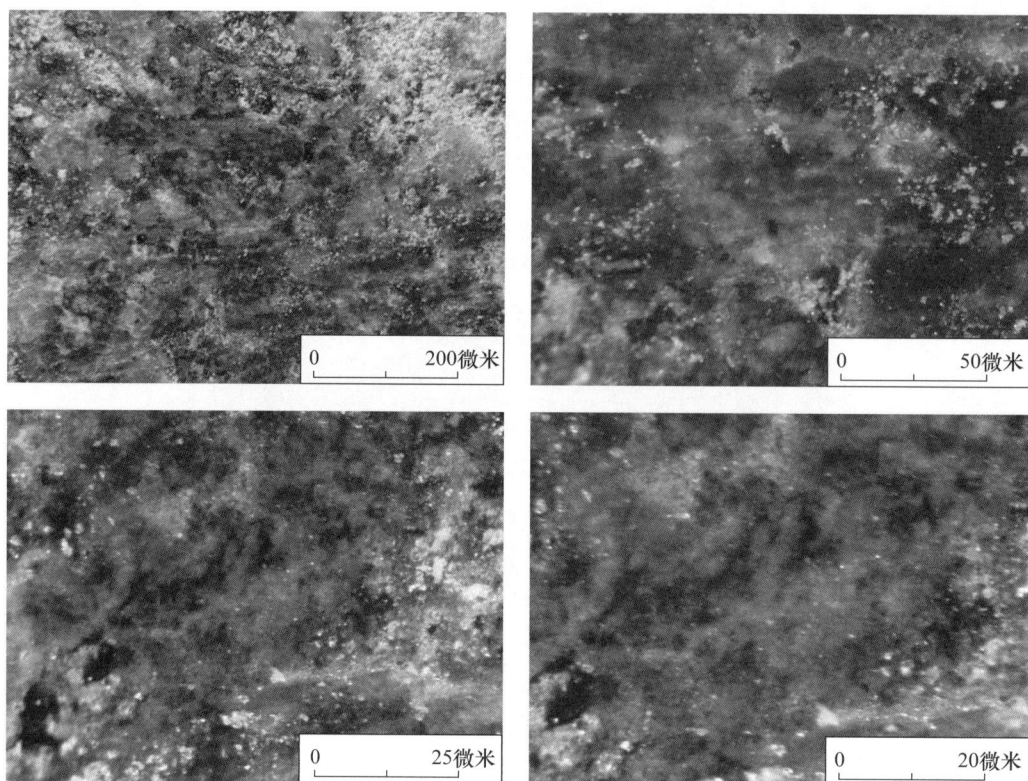

图 7.36　磨棒 004 第 2 处区域使用 186 分钟微痕

首先来看磨盘。磨面的整体形貌在 16 及 64 倍的放大倍率下均反映出图 7.3 所示的矿物晶体顶端磨平的形态，并且突起与孔隙间的垂直距离比较接近，近似于图 7.5 的形态。而构成岩石的单个颗粒表面的微形态方面，主要表现为图 7.6 中 a、b 及 c 三种形态，即磨圆、均匀平面及磨平的形态，基本不见均匀弧突及打制或压制的破损面，这在使用 186 分钟后的 128 及 180 倍率下可清楚地看到。条痕十分明显，长而深，凸起的平面与处于低位的孔隙中均可见到。此外，在使用 186 分钟后 180 倍微痕图片上也可见到光泽，但较为分散，高面及低面上均可见到，亮度较弱。

磨棒微痕形态与磨盘类似，但条痕不明显。光泽较弱，也呈分散状分布，高面及低面上均可见到，使用 186 分钟后的 128 及 180 倍率下可清楚地看到。

5. 实验五：加工大豆

磨盘 002 背面微痕拍摄具体区域如图 7.37 所示。

第 3 处区域使用前及使用 41、103 分钟后不同倍率微痕图片如图 7.38～图 7.40 所示。

磨棒 002 侧面微痕观察具体区域如图 7.41 所示。

第 2 处区域使用前及使用 41、103 分钟后不同倍率微痕图片如图 7.42～图 7.44。

使用后，磨盘及磨棒的磨面无论整体形貌还是构成岩石的单个颗粒表面的微形态由于磨损都发生了较大变化。

图 7.37 磨盘 002 背面微痕观察区域

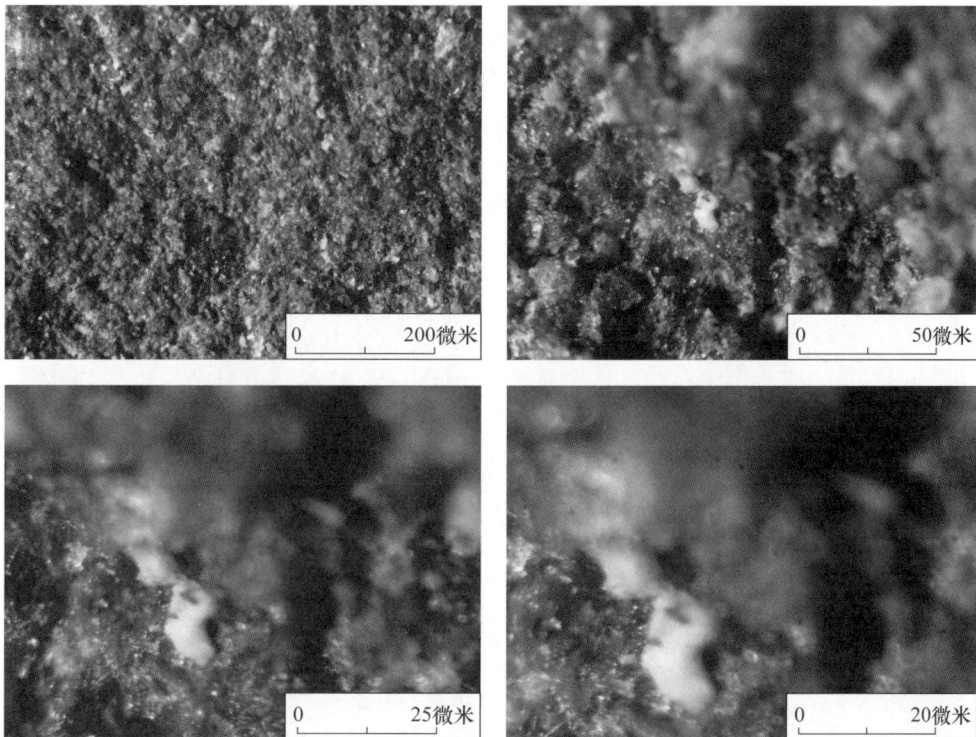

图 7.38 磨盘 002 背面第 3 处区域使用前微痕

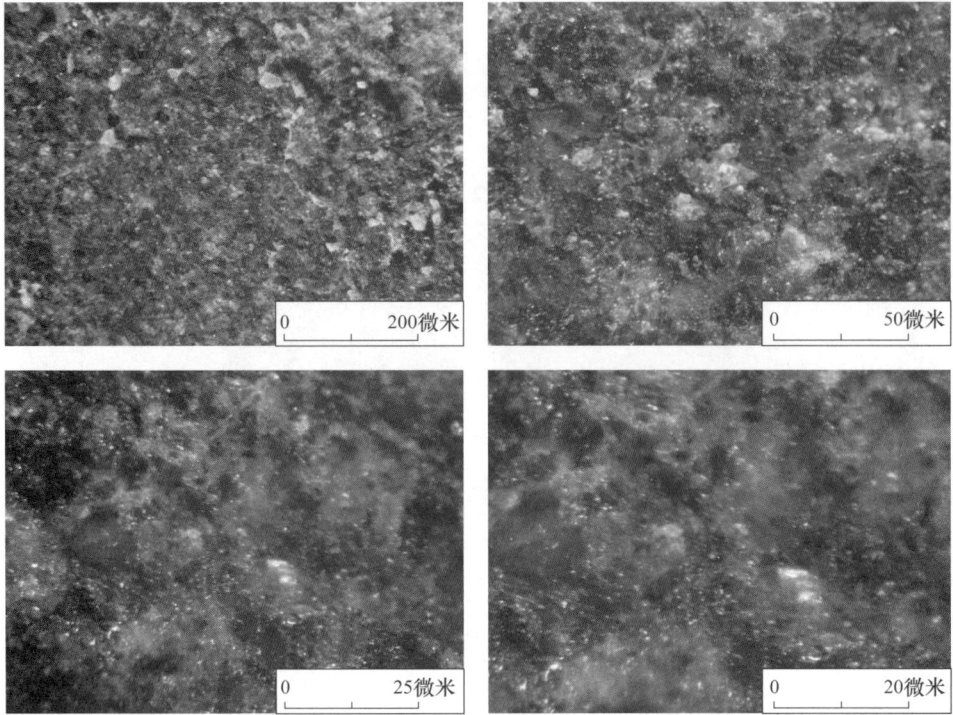

图 7.39　磨盘 002 背面第 3 处区域使用 41 分钟微痕

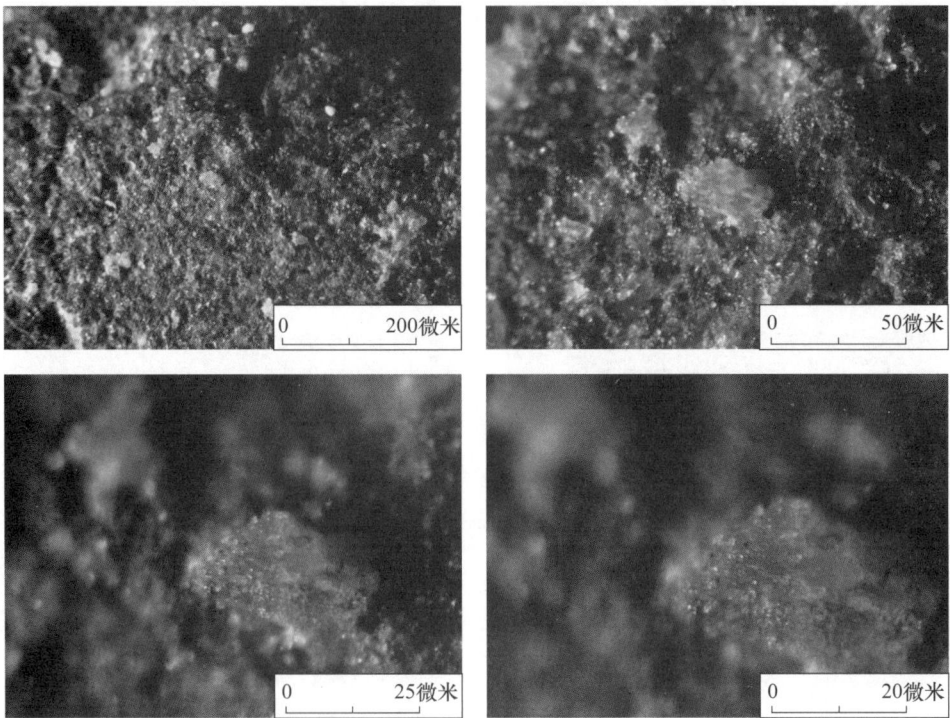

图 7.40　磨盘 002 背面第 3 处区域使用 103 分钟微痕

图 7.41　磨棒 002 侧面微痕观察区域

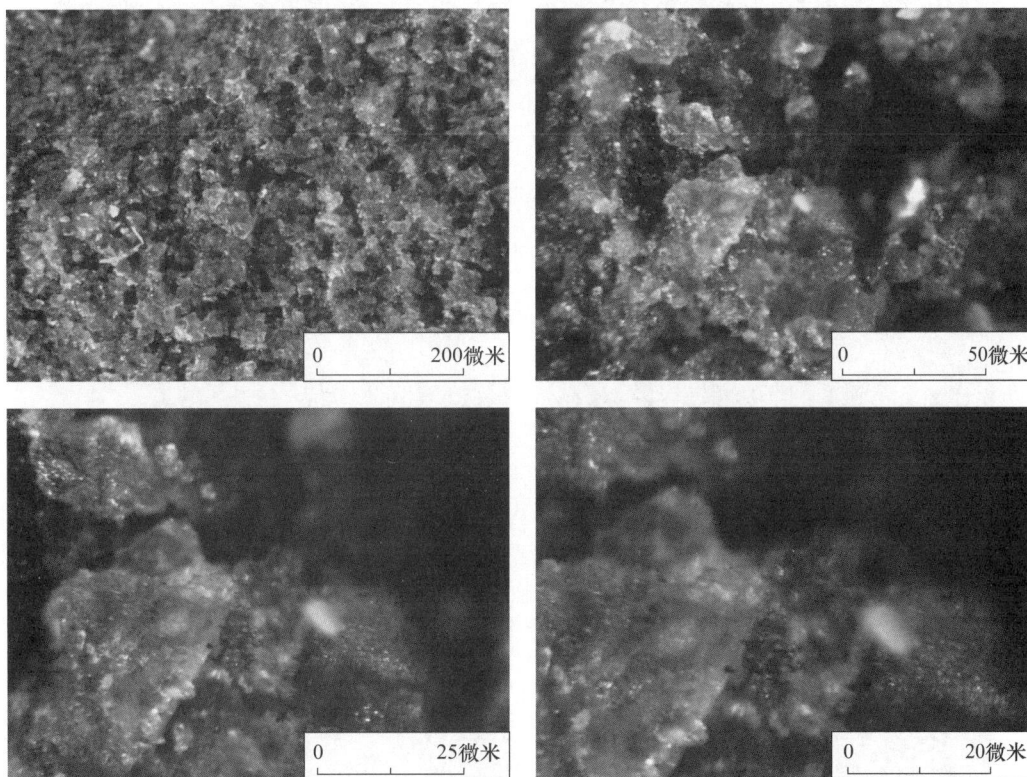

图 7.42　磨棒 002 侧面第 2 处区域使用前微痕

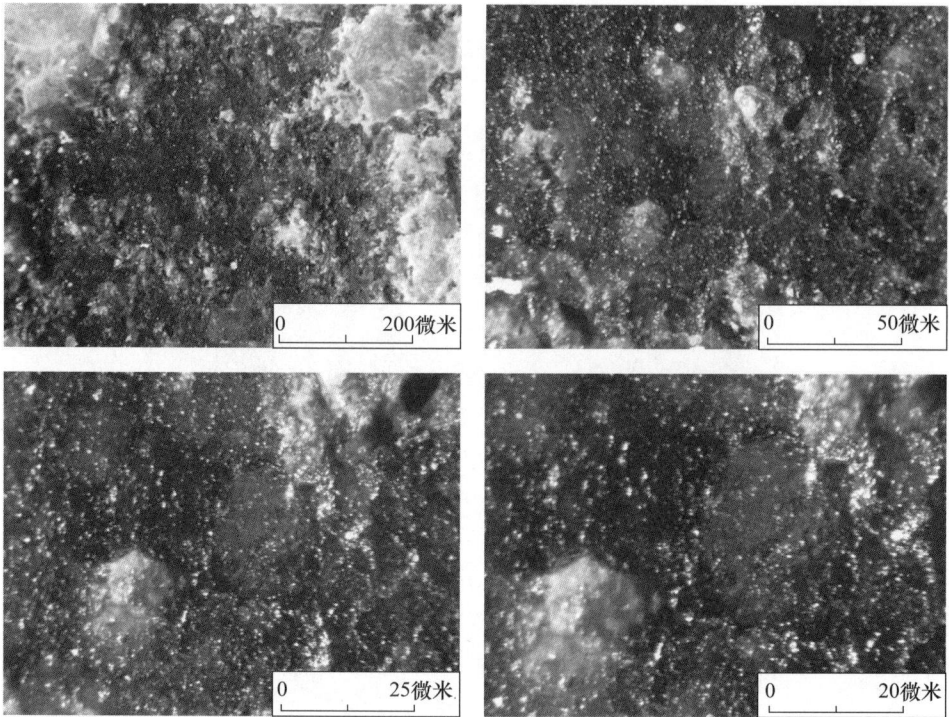

图 7.43　磨棒 002 侧面第 2 处区域使用 41 分钟微痕

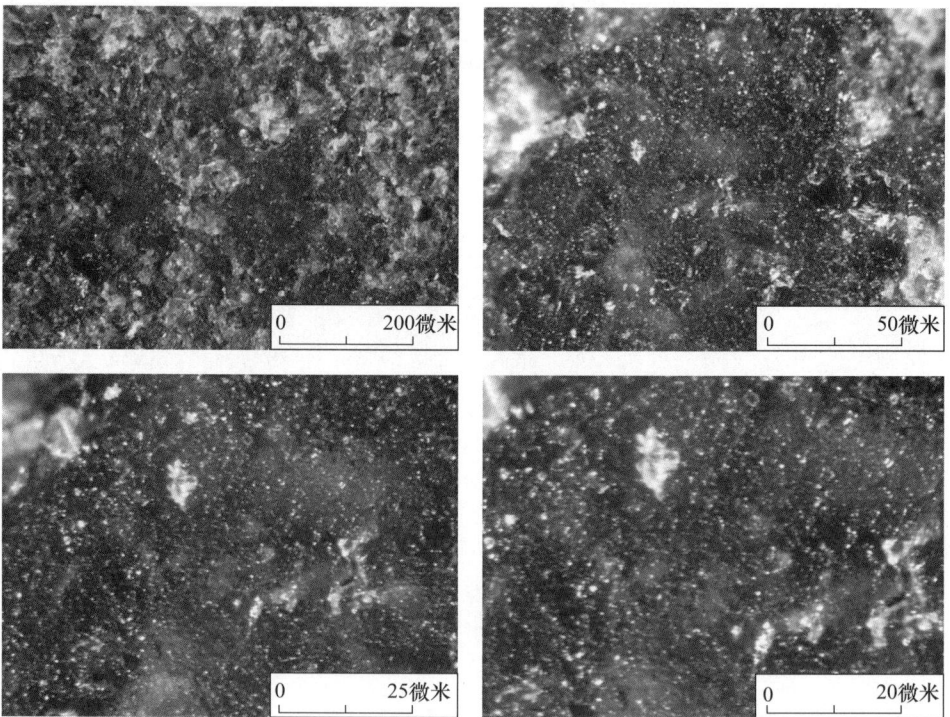

图 7.44　磨棒 002 侧面第 2 处区域使用 103 分钟微痕

首先来看磨盘。磨面的整体形貌在 16 及 64 倍的放大倍率下均反映出矿物晶体顶端磨平的形态。而构成岩石的单个颗粒表面的微形态方面，主要表现为图 7.6 中 e 破损面的形态以及颗粒的剥离情形，这在使用 41 及 103 分钟后的 180 倍率下可清楚地看到。条痕短而深，由凸起的平面延伸至处于低位的孔隙中，在使用 41 分钟后的 180 倍率下可见到。此外，在使用 103 分钟后 180 倍微痕图片上也可见到光泽，呈分散的点状分布，光泽较暗，主要分布于高面上。

磨棒微痕形态与磨盘类似，但条痕不明显。光泽也呈点状分布，光泽较暗，主要分布于高面上，在使用 103 分钟后 180 倍微痕图片上可见。

6. 实验六：加工小麦

磨盘 004 微痕观察具体区域如图 7.45 所示。

第 4 处区域使用前及使用 62 分钟后不同倍率微痕图片如图 7.46、图 7.47。

磨棒 001 侧面微痕观察具体区域如图 7.48 所示。

图 7.45 磨盘 004 微痕观察区域

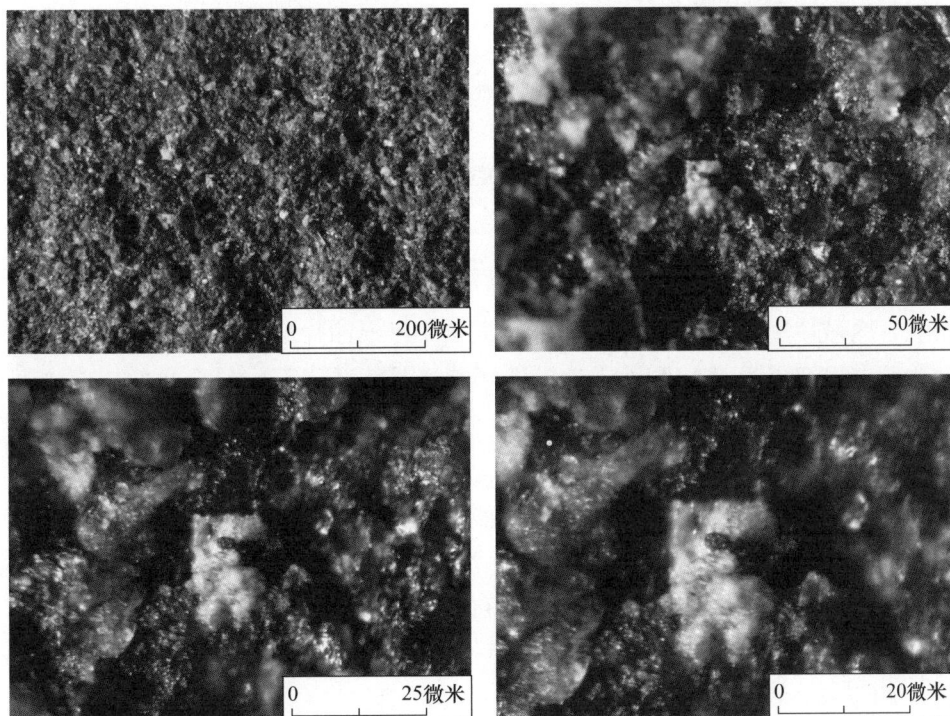

图 7.46 磨盘 004 第 4 处区域使用前微痕

图 7.47　磨盘 004 第 4 处区域使用 62 分钟微痕

图 7.48　磨棒 001 侧面微痕观察区域

第 2 处区域使用前及使用 62 分钟后不同倍率微痕图片如图 7.49、图 7.50。

使用后，磨盘及磨棒的磨面无论整体形貌还是构成岩石的单个颗粒表面的微形态由于磨损都发生了较大变化。

首先来看磨盘。磨面的整体形貌在 16 及 64 倍的放大倍率下均反映出矿物晶体顶端磨圆的形态。而构成岩石的单个颗粒表面的微形态方面，主要表现为图 7.6 中 a 磨圆的形态，这在使用 62 分钟后 180 倍微痕图片上可清楚地看到。条痕不明显。在使用 62 分钟后 180 倍微痕图片上可见到光泽，光斑分布密集，光泽明亮，均分布于高面上。

磨棒微痕形态与磨盘类似，但条痕较明显，为成组分布的短条痕，也主要分布于高出孔隙的平面上，使用 62 分钟后 16 及 64 倍微痕图片上可清楚看到。光斑分布密集，光泽明亮，均分布于高面上，使用 62 分钟后 128 及 180 倍下可观察到。

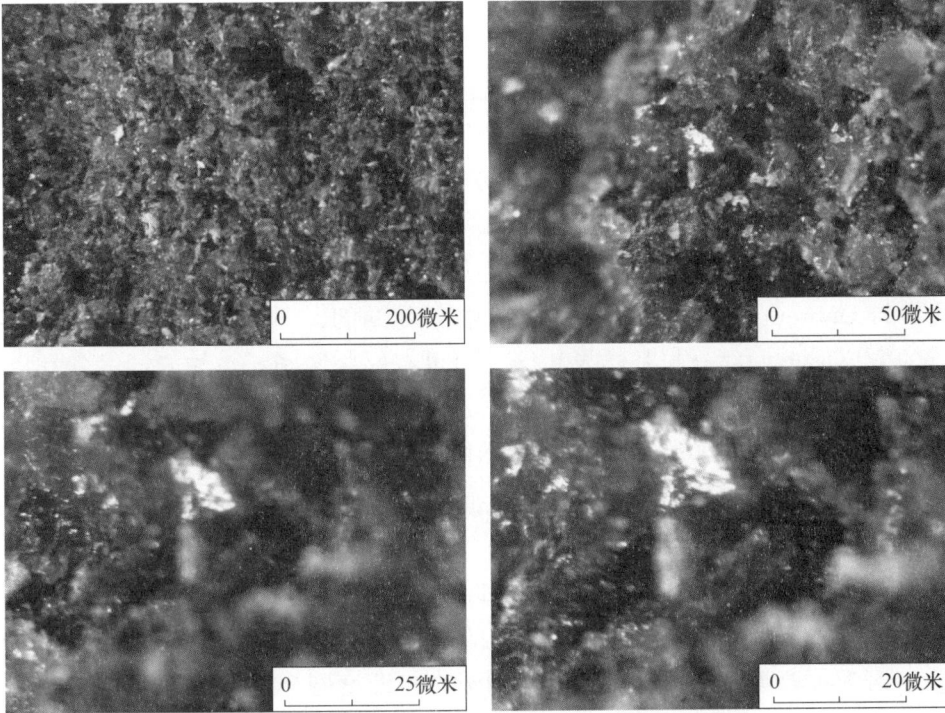

图 7.49　磨棒 001 侧面第 2 处区域使用前微痕

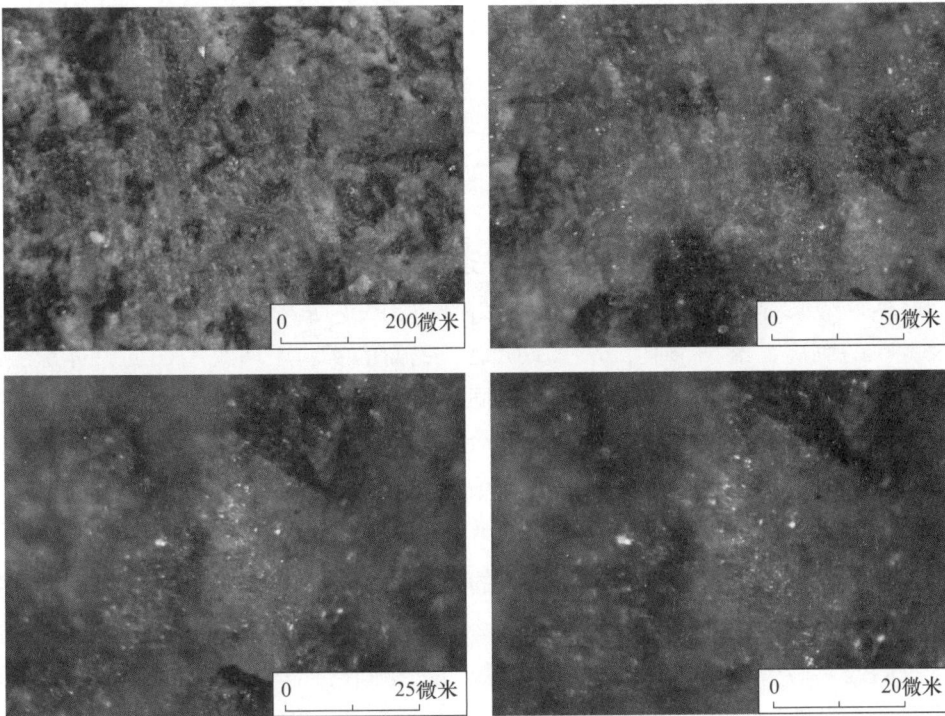

图 7.50　磨棒 001 侧面第 2 处区域使用 62 分钟微痕

　　通过以上六组实验，我们发现，使用磨盘及磨棒加工不同物质时的微痕确实是有区别的。此次实验我们主要参考 Dubreuil 对于磨盘、磨棒微痕分析的分类标准，并且我们在使用前均进行了微痕图片的拍摄，使用中一般也进行了动态的微痕观察，以便探寻微痕随时间的变化情况。实验中，我们发现不同使用时间在使用面上所观察到的整体形貌及构成岩石的单个颗粒表面的微形态变化不是很大，但是光泽及条痕有时会有所差异。另外，配套使用的磨盘、磨棒微痕形态基本相同，但在条痕及光泽方面略有不同。

　　我们与 Dubreuil 的实验有三类被加工物是相同的，即橡子、大豆及小麦。我们观察到的微痕形态大部分与其结果相同，但也有一些区别。具体异同表现在以下几个方面：

　　（1）加工橡子时，Dubreuil 的实验中对于使用面的整体形貌描述为矿物晶体顶端随着时间由磨圆至磨平的形态，在剖面上表现为平面与孔隙的交替出现。而我们的实验中，虽然使用完成后使用面的整体形貌也为矿物晶体顶端磨平的形态，但是同时发现突起与孔隙间的垂直距离比较接近，更近似于图 7.5 矿物颗粒顶端与孔隙基本磨平为同一平面的形态。对于构成岩石的单个颗粒表面的微形态的描述，Dubreuil 的实验中认为主要为图 7.6 中 a、c 及 e 的形态，即磨圆、磨平及破损面的类型。而我们的实验中发现了前两种形态，还发现有图 7.6 中 b 均匀平面的类型，却没有发现破损面的类型。对于条痕，Dubreuil 的实验仅在一件标本上发现条痕，认为并不常见，而我们的实验表明磨盘上条痕十分明显，长且深，凸起的平面与处于低位的孔隙中均可见到，而磨棒上则未发现。对于光泽，Dubreuil 的实验认为在每个高出孔隙的平面上经常会发现光泽面，且亮度较弱，仅有轻微反光。我们的实验表明磨盘及磨棒在使用后均可见到光泽，但较为分散，高面及低面上均可见到，亮度也较弱。

　　（2）加工豆类时，Dubreuil 的实验中描述使用面的整体形貌为图 7.3 矿物晶体顶端磨平的形态，构成岩石的单个颗粒表面的微形态则更多地表现为图 7.6 中 e 破损面的形态以及颗粒的剥离，不见条痕，光泽不明显。我们的实验中所见磨面的整体形貌与构成岩石的单个颗粒表面的微形态均与之相同。磨盘上条痕短而深，由凸起的平面延伸至处于低位的孔隙中，在使用 41 分钟后的 180 倍率下可见到，而磨棒上不见。关于光泽，我们在磨盘及磨棒的高面上均可观察到点状分布的暗淡光泽。

　　（3）加工小麦时，Dubreuil 的实验中描述使用面的整体形貌为图 7.4 矿物晶体顶端磨圆的形态，构成岩石的单个颗粒表面的微形态则情况较为多样，颗粒的剥离以及图 7.6 中五种形态都有发现，可见轻微光泽，在高出孔隙的平面上可见成组分布的短条痕。我们的实验中发现使用面的整体形貌与之相同，而构成岩石的单个颗粒表面的微形态则主要表现为图 7.6 中 a 磨圆的形态。关于条痕，我们未在磨盘上发现，但在磨棒上可观察到，形态及分布与其相同。而磨盘及磨棒上均发现光泽，且光斑分布密集，光泽明亮，均分布于高面上。

由上述分析可见，加工相同类型的物质产生的微痕是基本一致的。至于一些差异，可能是由于石料差异、加工时间及所用设备等实验参数不同造成的。比如加工橡子时，我们对于构成岩石的单个颗粒表面的微形态观察中未发现破损面的形态，这可能主要是前两项因素造成的，Dubreuil 的实验中使用玄武岩类岩石，加工时间较长，为 7 小时 30 分钟，而我们的实验中使用砂岩，所用时间为 3 小时 6 分钟。加工豆类时 Dubreuil 的实验不见条痕及光泽，而我们的实验中则可观察到，造成这种差异的原因除了石料不同，最主要应该是所用显微镜的光源不同。而加工小麦时我们对构成岩石的单个颗粒表面的微形态进行观察，仅发现磨圆一种类型，而光泽则较为明亮。对于前者我们认为主要是石料不同及加工时间长短不同所造成，而后者可能最主要的原因仍旧是所用设备不同。将来如果有机会，我们需要在不同参数设置下进行更多的模拟实验，以期对不同参数设置下微痕结果的影响做出更加客观的评估。

其实通过实验我们认识到对于微痕中的光泽鉴定，体视显微镜与金相显微镜相比有先天的缺点，前者仅能判定光泽的强弱与分布区域，而后者则可以准确断定光泽的形态及发育特征，而这些恰恰是从光泽角度断定被加工物种类的重要依据。因而在对考古标本进行微痕研究时，我们主要采用金相显微镜，在观察平面形貌及微形态的同时，也能够对光泽类型做出准确判断。

第三节　考古标本微痕分析

此次对于考古标本的微痕分析使用的设备为小型金相显微镜（Moritex：同轴落斜装置显微镜）及 Nikon Digital Sight DS-5M 具有 CMOS 感光组件的专业显微相机。拍摄显微图像时，测量拍摄点在器物上的具体位置，并落实在线图上。观察重点主要为光泽，然后与之前研究成果的数据库进行比对以确定光泽类型，光泽分类主要参考阿子岛香、斋野裕彦、高濑克范、御堂岛正、王小庆等的研究成果[①]。一般来讲，被加工物为植物类物质的光泽类型主要包括两大类，即 A 类和 B 类。其中 A 类光泽主要与加工禾本科植物特别是谷物类有直接关系，光泽十分明亮，在金相显微镜下呈现白色区域，光滑圆润，光泽自高点开始全部覆盖，连接为一片，并扩展至低位。B

---

① 　阿子岛香：《石器の使用痕》，ニューサイエンス社，1989 年；斋野裕彦：《石镰の机能と用途（上）（下）》，《古代文化》53-10、11，古代学协会，2001 年，17～32、32～44 页；高濑克范、庄田慎矢：《大邱东川洞遗迹出土石包丁の使用痕分析》，《古代》115，早稻田大学考古学会，2004 年，157～174 页；御堂岛正：《石器使用痕の研究》，同成社，2005 年；王小庆：《石器使用痕迹显微观察的研究》，《21 世纪中国考古学与世界考古学》，中国社会科学出版社，2002 年，552～568 页。

类光泽则主要与加工木头、竹子及禾本科植物有关，光泽明亮，表现为圆顶状的光泽斑块互相连接，且斑块圆润光滑，呈水滴状，在高点比较发达，而极少到达低位。大部分学者认为，B类光泽与A类光泽存在着转化关系，即随着加工时间的增加前者可以转化为后者。因此可以认为，前者是后者的初始期或后者是前者的发展期。

同时我们也关注磨面的整体形貌与微形态类型，以便与我们模拟实验中的微痕进行比对。配合两种观察系统以便更加客观和准确地确定磨盘功能。

一、扁扁洞遗址

扁扁洞采集的磨盘断块

在七处区域进行了微痕观察，由于资料未发表，暂无实测图。微痕具体情况见表7.1。

表 7.1　扁扁洞采集磨盘微痕情况统计表

观测点编号	放大倍率	整体形貌	微形态主要类型	光泽类型	有无条痕	是否谷物光泽	淀粉粒结果
1	45×	磨平		点状	无	否	
2	45×	磨平		微弱	无	否	
3	45×	磨平		微弱	无	否	
4	220×		磨圆、均匀平面及磨平	点状	无	否	为采集品，未进行淀粉粒采样
5	220×		磨圆、均匀平面及磨平	点状	无	否	
6	220×		磨圆、均匀平面及磨平	点状	无	否	
7	220×		磨圆、均匀平面及磨平	微弱	无	否	

整体形貌、微形态主要类型及光泽类型都指示此件器物曾用来加工坚果类物质，与模拟实验四微痕形态类似。观测点的微痕图片见图7.51。

二、西河遗址

1. F1 ③：6（磨盘一端）

共在三处区域进行了微痕观察，其中两处区域分别进行低倍及高倍观察，具体位置见图7.52。微痕具体情况见表7.2。

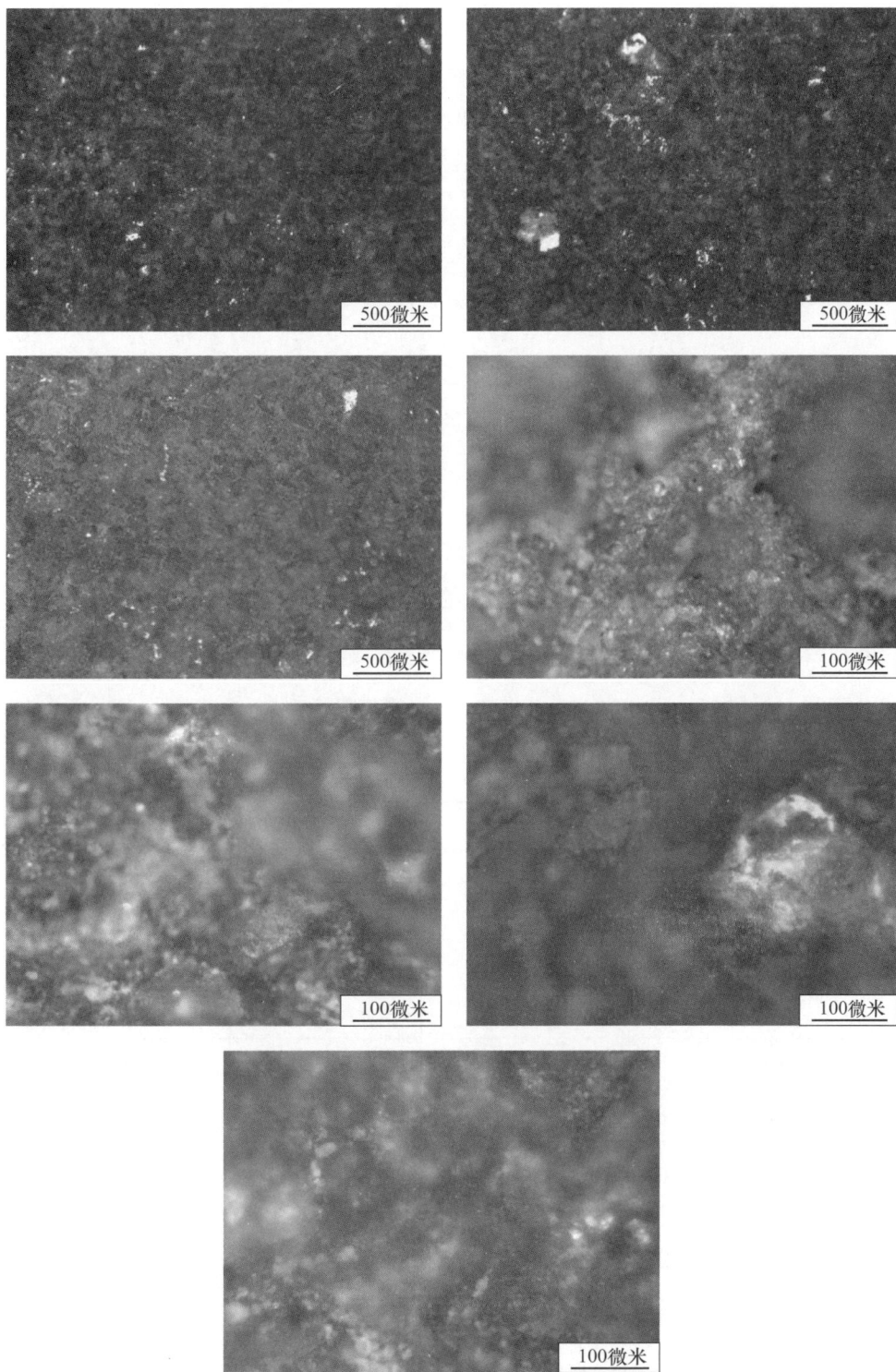

图 7.51 扁扁洞采集磨盘微痕

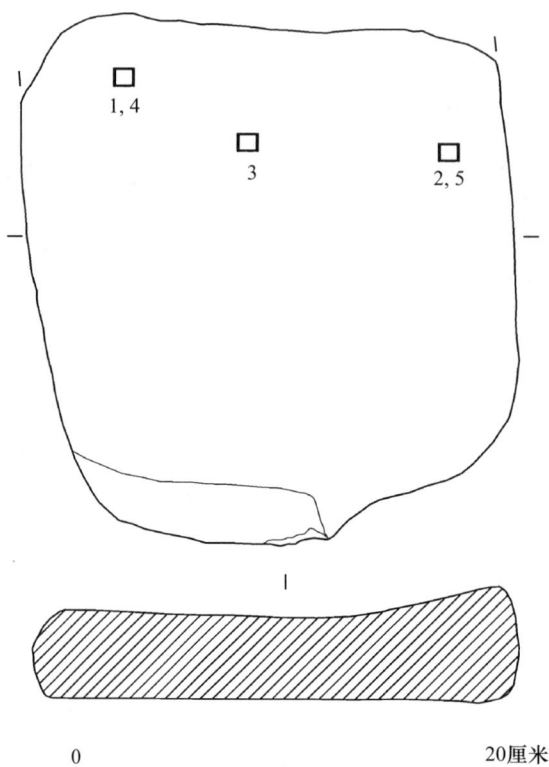

0 _____ 20厘米

图 7.52　西河 F1 ③：6 微痕观察区域

表 7.2　西河 F1 ③：6 微痕情况统计表

观测点编号	放大倍率	整体形貌	微形态主要类型	光泽类型	有无条痕	是否谷物光泽	淀粉粒结果
1	45×	磨平		不见光泽	无	否	
2	45×	磨平		微弱	无	否	
3	45×	磨平		不见光泽	无	否	发现坚果类及未成熟坚果类淀粉粒
4	220×		磨圆、均匀平面及磨平	不见光泽	无	否	
5	220×		磨圆、均匀平面及磨平	点状	无	否	

　　整体形貌、微形态主要类型及光泽类型都指示此件器物曾用来加工坚果类物质，与模拟实验四微痕类似。

2. F2 ③：10（磨盘断块）

　　共在三处区域进行了微痕观察，分别进行低倍及高倍观察，具体位置见图 7.53。微痕具体情况见表 7.3。

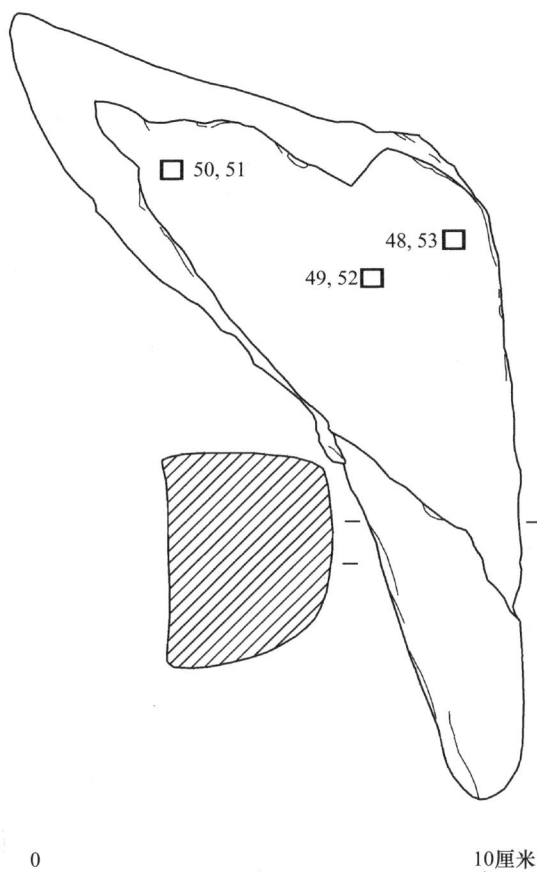

0　　　　　　　　　　　　　　10厘米

图 7.53　西河 F2 ③：10 微痕观察区域

表 7.3　西河 F2 ③：10 微痕情况统计表

观测点编号	放大倍率	整体形貌	微形态主要类型	光泽类型	有无条痕	是否谷物光泽	淀粉粒结果
48	45×	磨圆		B 中弱	无	可能是	
49	45×	磨平		点状	无	否	
50	45×	磨平		点状	无	否	未发现淀粉粒残留
51	220×		磨圆、均匀平面及磨平	弱	无	否	
52	220×		磨圆、均匀平面及磨平	弱	有	否	
53	220×		磨圆、磨平及均匀弧突	B 中弱	无	可能是	

　　整体形貌、微形态主要类型及光泽类型都指示此件器物曾用来加工两种以上物质，即谷物类和坚果类，分别与模拟实验一及四微痕类似。

3. F53：27（磨盘断块）

　　共在七处区域进行了微痕观察，并在三处区域分别进行低倍及高倍观察，具体位置见图 7.54。微痕具体情况见表 7.4。

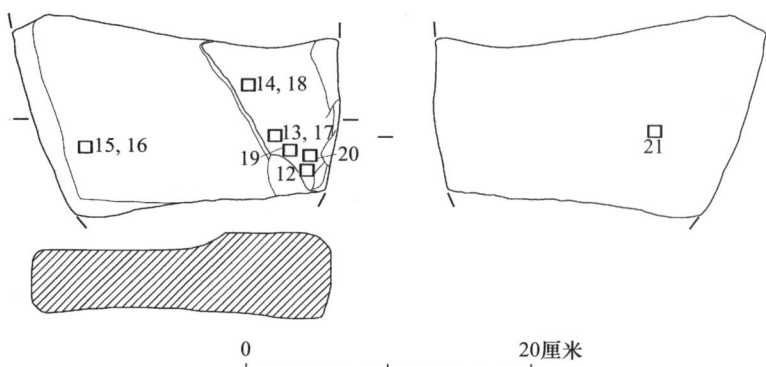

图 7.54　西河 F53：27 微痕观察区域

表 7.4　西河 F53：27 微痕情况统计表

观测点编号	放大倍率	整体形貌	微形态主要类型	光泽类型	有无条痕	是否谷物光泽	淀粉粒结果
12	45×	磨圆		B 中强	有	可能是	
13	45×	磨圆		B 中强	无	可能是	
14	45×	磨圆		B 中强	无	可能是	
15	45×	磨圆		B 中弱	无	可能是	
16	220×	磨平	磨圆、均匀平面及磨平	点状	无	否	
17	220×	磨圆	磨圆、均匀平面、磨平及均匀弧突	B 中强	有	可能是	未发现淀粉粒残留
18	220×	磨圆	磨圆、均匀平面、磨平及均匀弧突	B 中强	有	可能是	
19	220×	磨圆	磨圆、均匀平面、磨平及均匀弧突	B 中强	无	可能是	
20	220×	磨圆	磨圆、均匀平面、磨平及均匀弧突	B 中强（近 A）	无	可能是	
21	45×	磨平	磨圆、均匀平面及磨平	微弱	无	否	

　　整体形貌、微形态主要类型及光泽类型都指示此件器物曾用来加工两种以上物质，即谷物类和坚果类，分别与模拟实验三及四微痕形态类似。观测点的微痕图片见图 7.55（图版 5）。

图 7.55　西河 F53：27 微痕

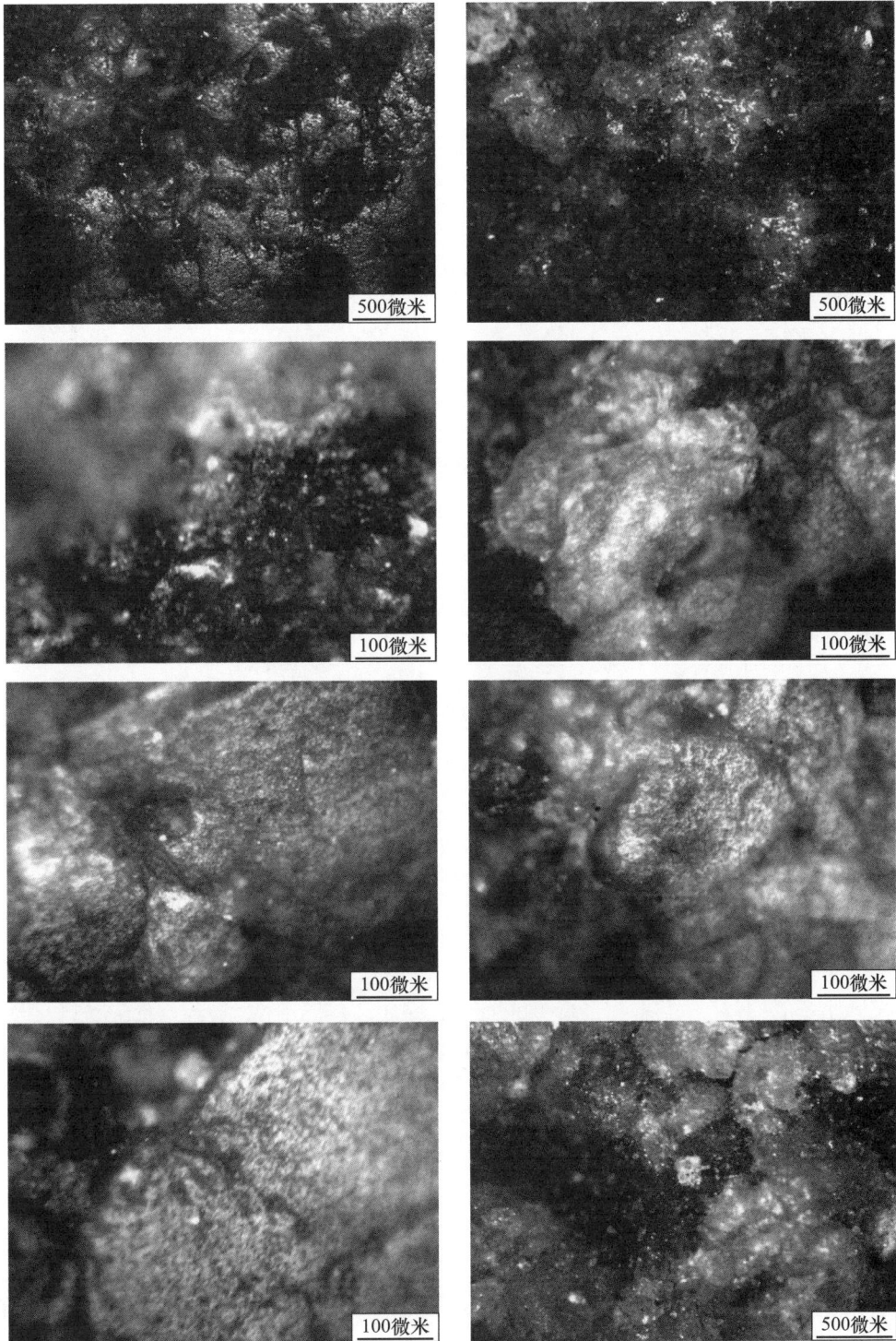

图 7.55　西河 F53：27 微痕（续）

4. F61：19（磨盘一端）

　　共在五处区域进行了微痕观察，其中背面一处区域分别进行高倍及低倍观察，具体位置见图 7.56。微痕具体情况见表 7.5。

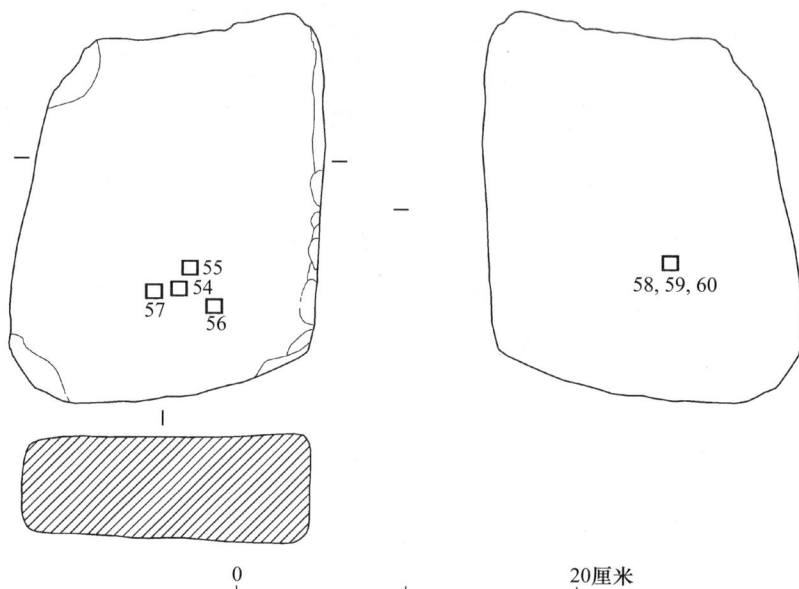

图 7.56　西河 F61：19 微痕观察区域

表 7.5　西河 F61：19 微痕情况统计表

观测点编号	放大倍率	整体形貌	微形态主要类型	光泽类型	有无条痕	是否谷物光泽	淀粉粒结果
54	45×	磨平		点状	无	否	
55	45×	磨平		B 中弱	无	可能是	
56	220×		磨圆、磨平及均匀弧突	B 中弱（近 A）	无	可能是	
57	220×		磨圆、磨平及均匀弧突	B 中弱	无	可能是	未发现淀粉粒残留
58	45×	磨圆		弱	无	否	
59	220×		磨圆、均匀平面及磨平	弱	无	否	
60	220×		磨圆、均匀平面及磨平	弱	无	否	

　　整体形貌、微形态主要类型及光泽类型都指示此件器物曾用来加工两种以上物质，即谷物类和坚果类，分别与模拟实验一及四微痕形态类似。观测点的微痕图片见图 7.57。

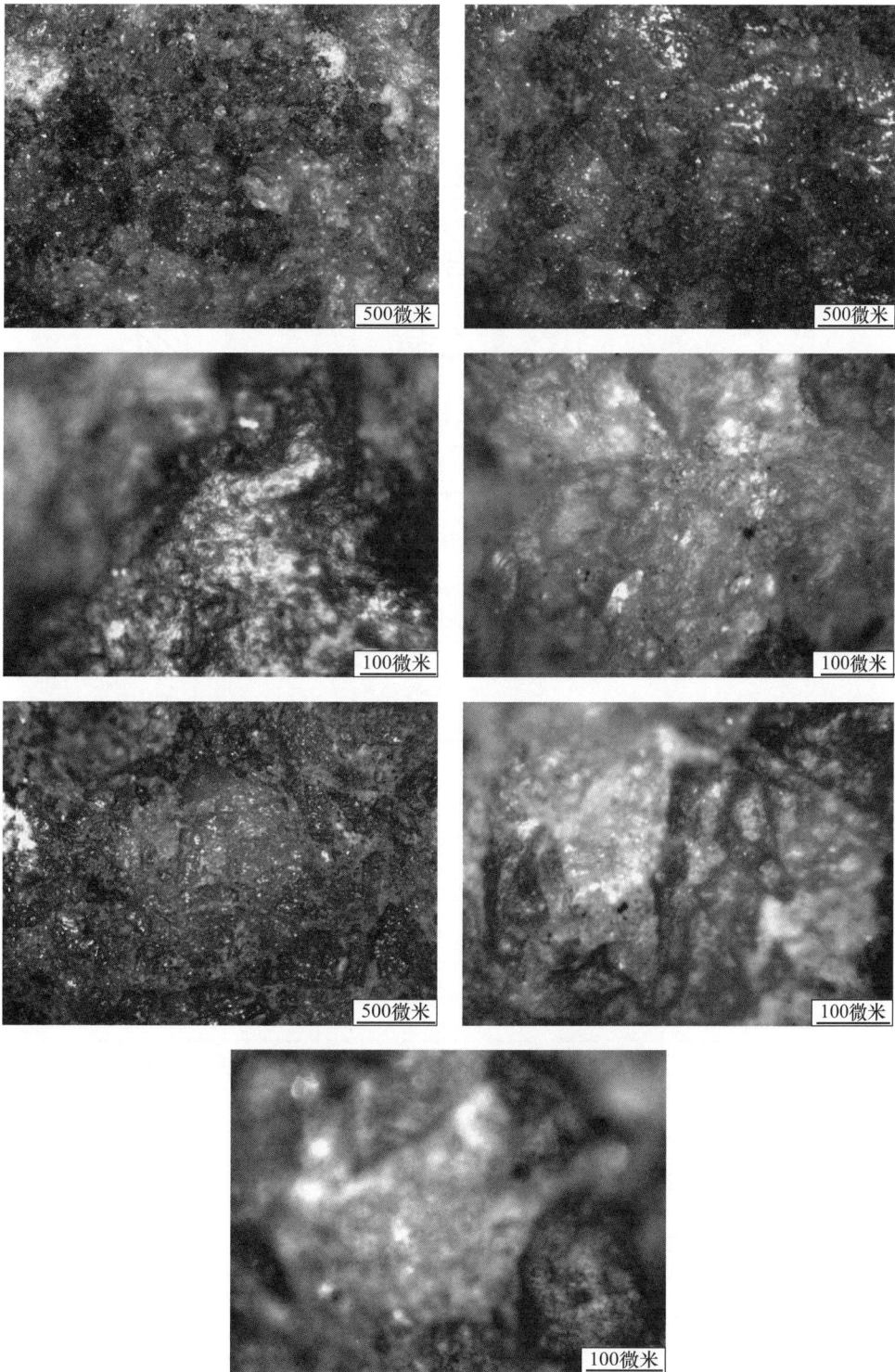

图 7.57 西河 F61：19 微痕

5. F62：24（完整磨盘）

　　共在三处区域进行了微痕观察，并分别进行低倍及高倍观察，具体位置见图7.58。微痕具体情况见表7.6。

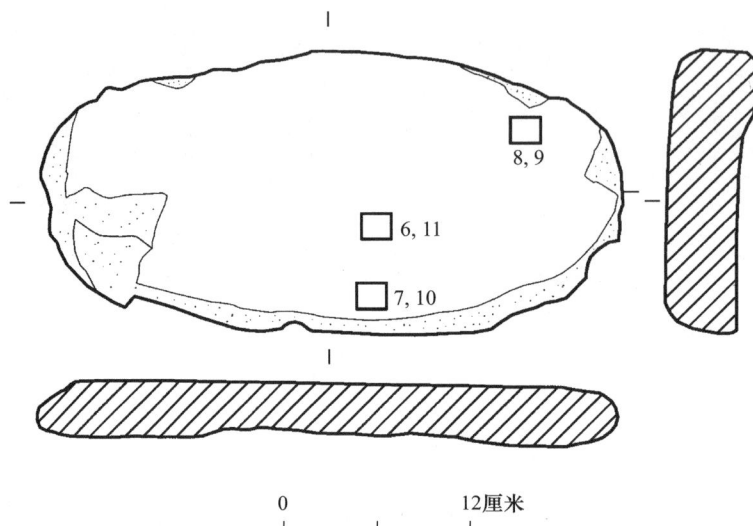

图7.58　西河F62：24微痕观察区域

表7.6　西河F62：24微痕情况统计表

观测点编号	放大倍率	整体形貌	微形态主要类型	光泽类型	有无条痕	是否谷物光泽	淀粉粒结果
6	45×	磨平		弱	有	否	
7	45×	磨平		弱	有	否	
8	45×	磨平		弱	有	否	发现坚果类植物淀粉粒
9	220×		磨圆、均匀平面及磨平	不见光泽	无	否	
10	220×		磨圆、均匀平面及磨平	微弱	无	否	
11	220×		磨圆、均匀平面及磨平	微弱	无	否	

　　整体形貌、微形态主要类型及光泽类型都指示此件器物曾用来加工坚果类物质，与模拟实验四微痕形态类似。

6. F66：021（磨棒一端）

　　共在八处区域进行了微痕观察，其中四处分别进行低倍及高倍观察，具体位置见图7.59。微痕具体情况见表7.7。

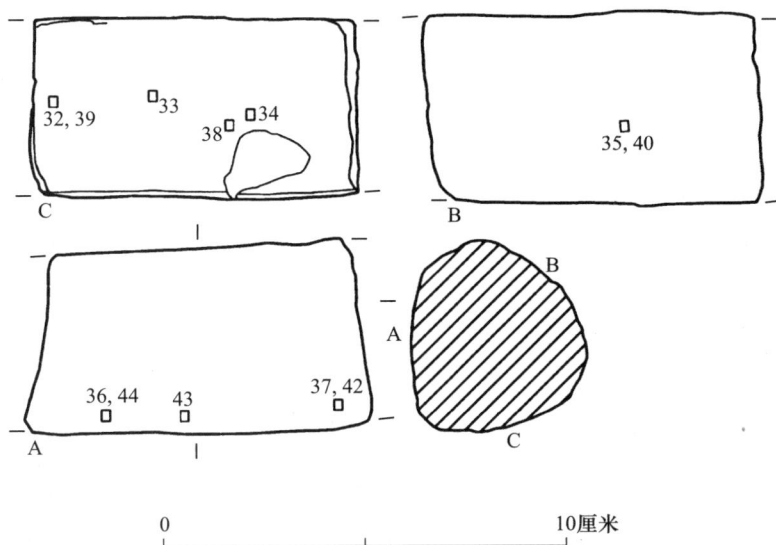

图 7.59　西河 F66∶021 微痕观察区域

表 7.7　西河 F66∶021 微痕情况统计表

观测点编号	放大倍率	整体形貌	微形态主要类型	光泽类型	有无条痕	是否谷物光泽	淀粉粒结果
32	45×	磨平		点状	无	否	
33	45×	磨平		点状	无	否	
34	45×	磨平		点状	无	否	
35	45×	磨平		微弱	无	否	
36	45×	磨圆		B 中弱	有	可能是	
37	45×	磨平		B 中弱	无	可能是	未发现淀粉粒残留
38	220×		磨圆、均匀平面及磨平	弱	无	否	
39	220×		磨圆、均匀平面及磨平	点状	无	否	
40	220×		磨圆、均匀平面及磨平	点状	无	否	
41	220×		磨圆、均匀平面及磨平	弱	有	否	
42	220×		磨圆、磨平及均匀弧突	B 中弱	无	可能是	
43	220×		磨圆、磨平及均匀弧突	B 中弱	有	可能是	

整体形貌、微形态主要类型及光泽类型都指示此件器物曾用来加工两种以上物质，即谷物类及坚果类物质，分别与模拟实验一及四微痕形态类似。

7. 采 16（磨棒一端）

　　共在六处区域进行了微痕观察，其中三处分别进行低倍及高倍观察，具体位置见图 7.60。微痕具体情况见表 7.8。

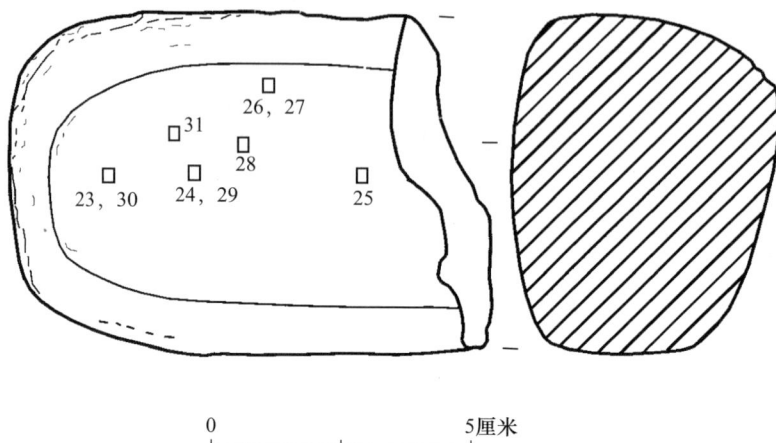

图 7.60　西河采 16 微痕观察区域

　　整体形貌、微形态主要类型及光泽类型都指示此件器物曾用来加工谷物类物质，与模拟实验一微痕形态类似。观测点的微痕图片见图 7.61。

表 7.8　西河采 16 微痕情况统计表

观测点编号	放大倍率	整体形貌	微形态主要类型	光泽类型	有无条痕	是否谷物光泽	淀粉粒结果
23	45×	磨圆		B 中弱	无	可能是	
24	45×	磨圆		B 中弱	无	可能是	
25	45×	磨圆		B 中弱	无	可能是	
26	45×	磨圆		B 中弱	无	可能是	
27	220×		磨圆、磨平及均匀弧突	B 中弱	无	可能是	为采集品，未进行淀粉粒采样
28	220×		磨圆、磨平及均匀弧突	B 中弱	无	可能是	
29	220×		磨圆、磨平及均匀弧突	B 中弱（近 A）	无	可能是	
30	220×		磨圆、磨平及均匀弧突	B 中弱（近 A）	无	可能是	
31	220×		磨圆、磨平及均匀弧突	B 中弱（近 A）	有	可能是	

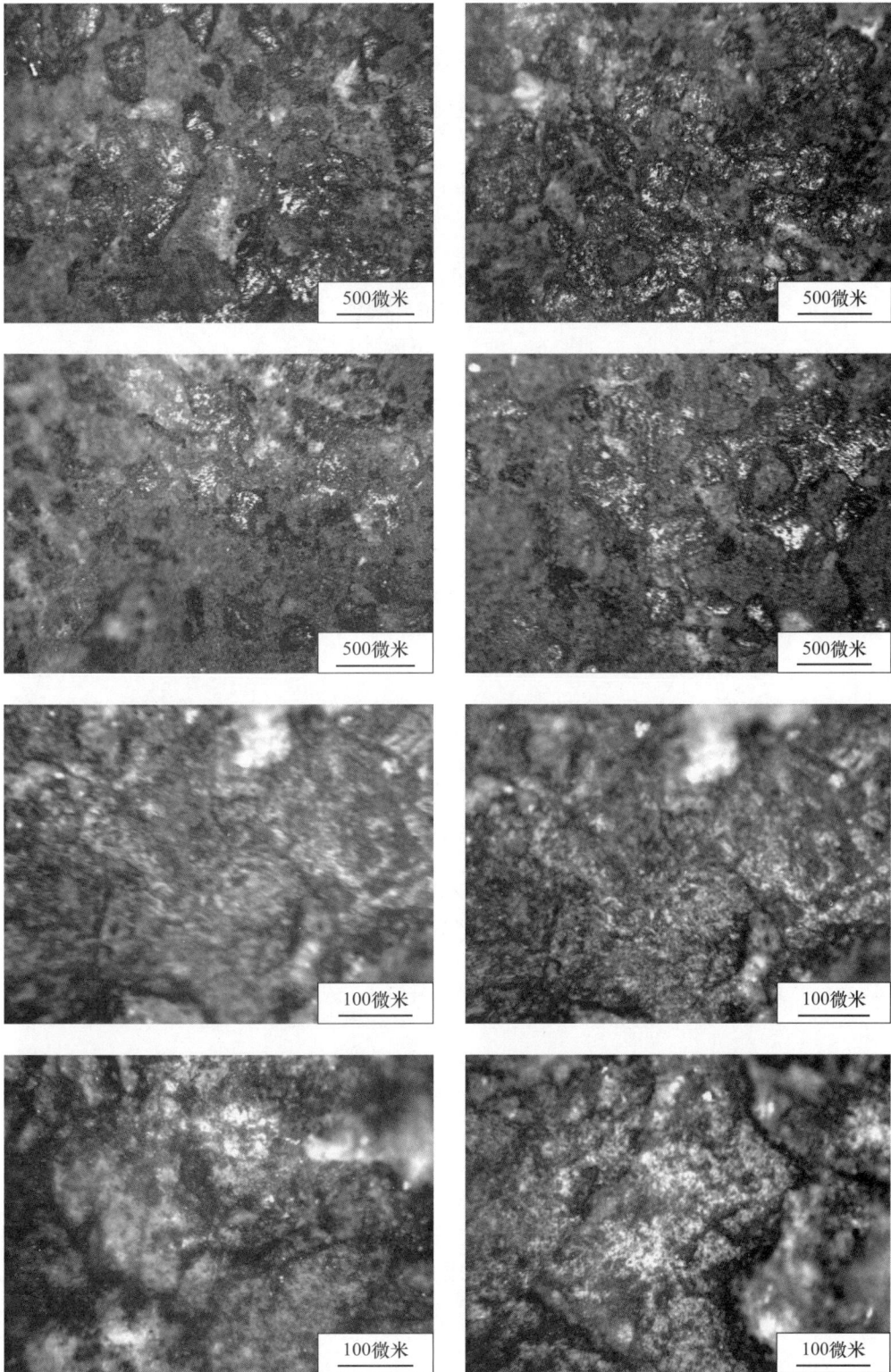

图 7.61 西河采 16 微痕

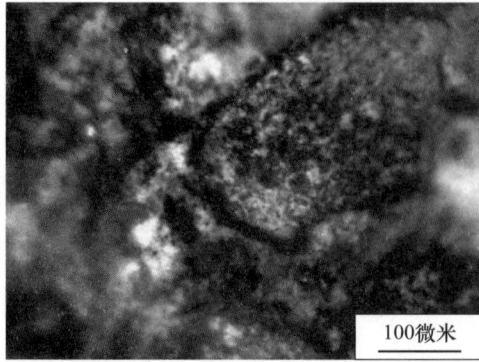

图 7.61　西河采 16 微痕（续）

8. 采 17（磨盘断块）

　　共在三处区域进行了微痕观察，其中左侧上端分别进行低倍及高倍观察，具体位置见图 7.62。微痕具体情况见表 7.9。

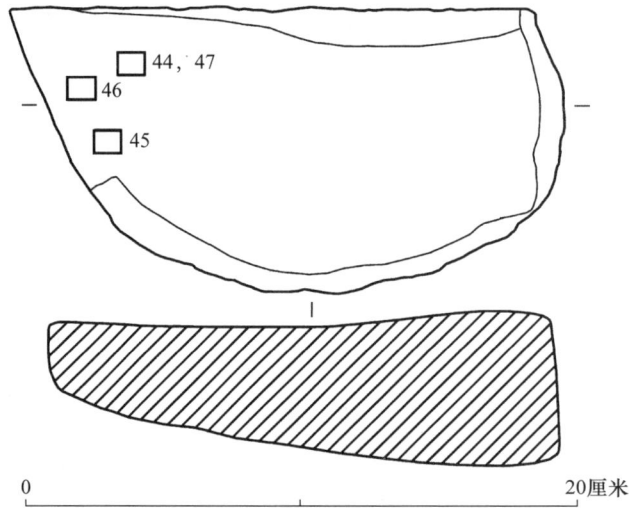

图 7.62　西河采 17 微痕观察区域

表 7.9　西河采 17 微痕情况统计表

观测点编号	放大倍率	整体形貌	微形态主要类型	光泽类型	有无条痕	是否谷物光泽	淀粉粒结果
44	45×	磨平		微弱	有	否	为采集品，未进行淀粉粒采样
45	45×	磨平		点状	无	否	
46	220×		磨圆、均匀平面及磨平	点状	无	否	
47	220×		磨圆、磨平及均匀弧突	微弱	无	否	

　　除观测点 47 微形态主要类型与加工谷物类相似外，整体形貌、微形态主要类型及光泽类型都指示此件器物曾用来加工坚果类物质，因而综合考虑此件器物功能为加工坚果类物质。

9. 采 18（完整磨棒）

在一处区域进行了微痕观察，具体位置见图 7.63。微痕具体情况见表 7.10。

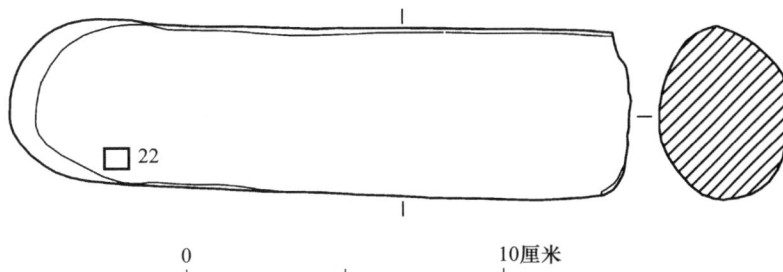

图 7.63　西河采 18 微痕观察区域

表 7.10　西河采 18 微痕情况统计表

观测点编号	放大倍率	光泽类型	整体形貌	有无条痕	是否谷物光泽	淀粉粒结果
22	45×	点状	磨平	无	否	为采集品，未进行淀粉粒采样

仅在低倍下进行微痕观察，整体形貌及光泽类型近似坚果类物质，未作高倍观察。工艺学观察显示其周身遍布琢打痕，且有多个使用面，暗示每个使用面使用时间都不长，因此微痕不明显，暂不能断定其用途。

三、小荆山遗址

1. F1：19（"有孔磨盘"）

共在九处区域进行了微痕观察，其中中部穿孔部位两处区域分别进行低倍及高倍观察，具体位置见图 7.64。微痕具体情况见表 7.11。

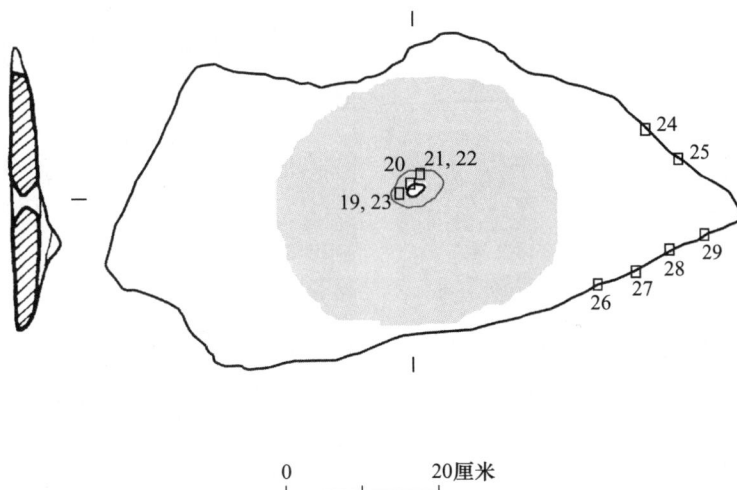

图 7.64　小荆山 F1：19 微痕观察区域

表 7.11　小荆山 F1：19 微痕情况统计表

观测点编号	放大倍率	光泽类型	整体形貌	微形态主要类型	有无条痕	是否谷物光泽	淀粉粒结果
19	45×	不见光泽	磨平		无	否	
20	45×	不见光泽	磨平		无	否	
21	45×	不见光泽	磨平		无	否	
22	220×	不见光泽		凹凸不平	无	否	
23	220×	不见光泽		凹凸不平	无	否	发现坚果类淀粉粒
24	45×	不见光泽		微疤	无	否	
25	45×	不见光泽		微疤	无	否	
26	45×	不见光泽		微疤	无	否	
27	45×	不见光泽		成簇状微疤	无	否	
28	45×	不见光泽		成簇状微疤	无	否	
29	45×	不见光泽		成簇状微疤	无	否	

此件标本，平面上及穿孔处均可见使用磨损，但不见光泽，而较为锋利的侧缘可见系列微疤，因而暗示其锋利的边缘可能被使用过。观测点的微痕图片见图 7.65。

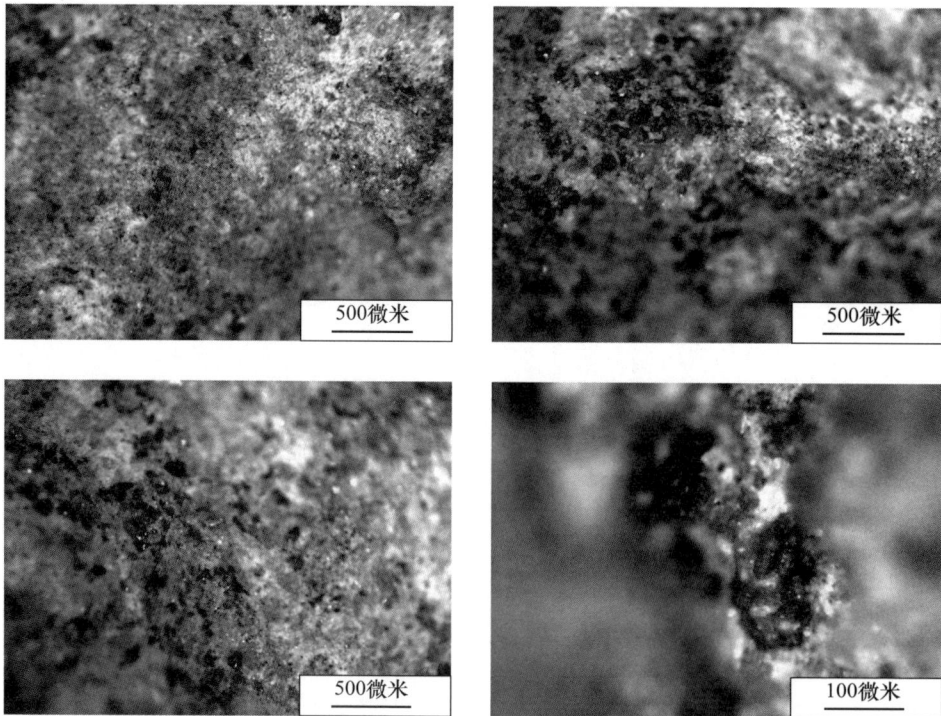

图 7.65　小荆山 F1：19 微痕

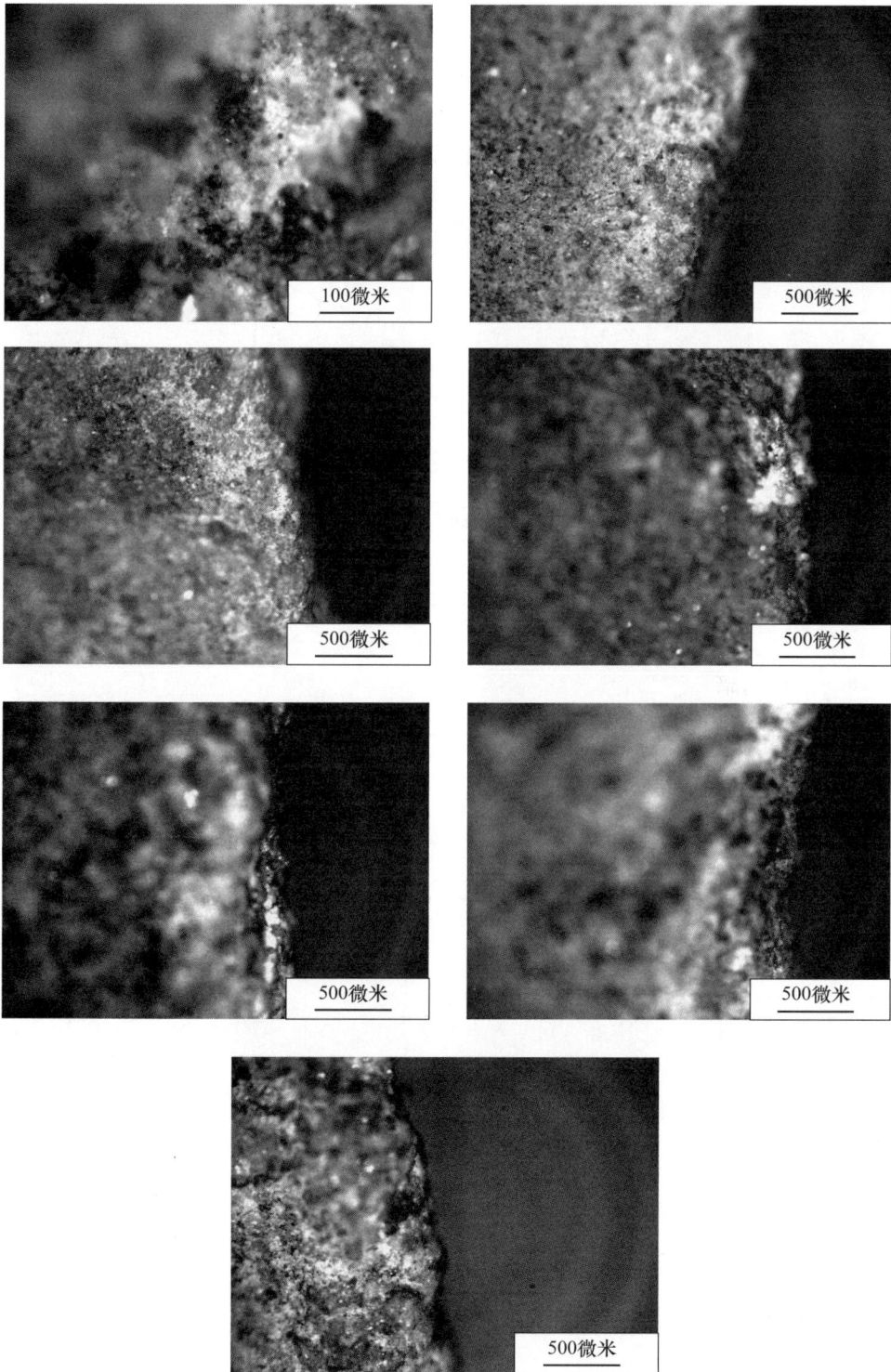

图 7.65　小荆山 F1：19 微痕（续）

2. F2：26（基本完整磨盘）

共在十一处区域进行了微痕观察，其中三处区域分别进行低倍及高倍观察，具体位置见图 7.66。微痕具体情况见表 7.12。

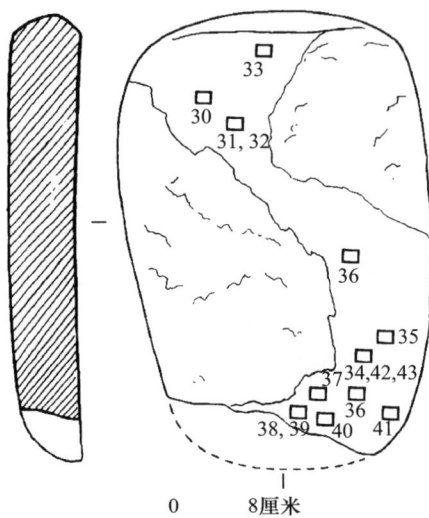

图 7.66　小荆山 F2：26 微痕观察区域

表 7.12　小荆山 F2：26 微痕情况统计表

观测点编号	放大倍率	整体形貌	微形态主要类型	光泽类型	有无条痕	是否谷物光泽	淀粉粒结果
30	45×	磨平		点状	无	否	
31	45×	磨平		点状	无	否	
32	220×		磨圆、均匀平面及磨平	点状	无	否	
33	220×		磨圆、均匀平面及磨平	点状	无	否	
34	45×	磨平		点状	无	否	
35	45×	磨平		微弱	无	否	
36	45×	磨平		弱	无	否	未发现淀粉粒残留
37	45×	磨平		点状	无	否	
38	45×	磨平		微弱	无	否	
39	220×		磨圆、均匀平面及磨平	不见光泽	无	否	
40	220×		磨圆、均匀平面及磨平	微弱	无	否	
41	220×		磨圆、均匀平面及磨平	微弱	无	否	
42	220×		磨圆、均匀平面及磨平	弱	无	否	
43	220×		磨圆、均匀平面及磨平	微弱	有	否	

整体形貌、微形态主要类型与光泽类型都指示此件器物曾经用来加工坚果类物质，与模拟实验四微痕结果类似。观测点的微痕图片见图 7.67。

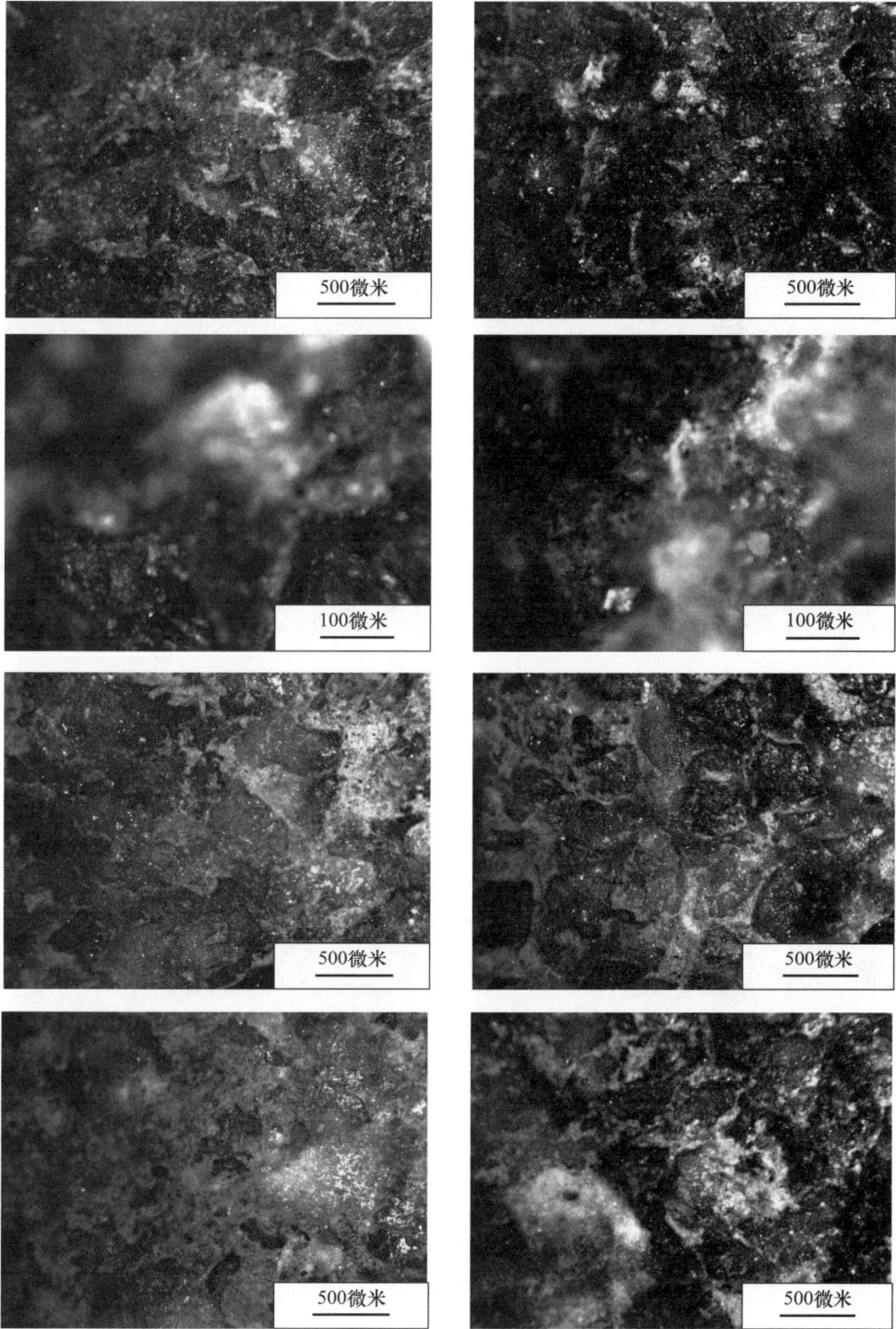

图 7.67 小荆山 F2∶26 微痕

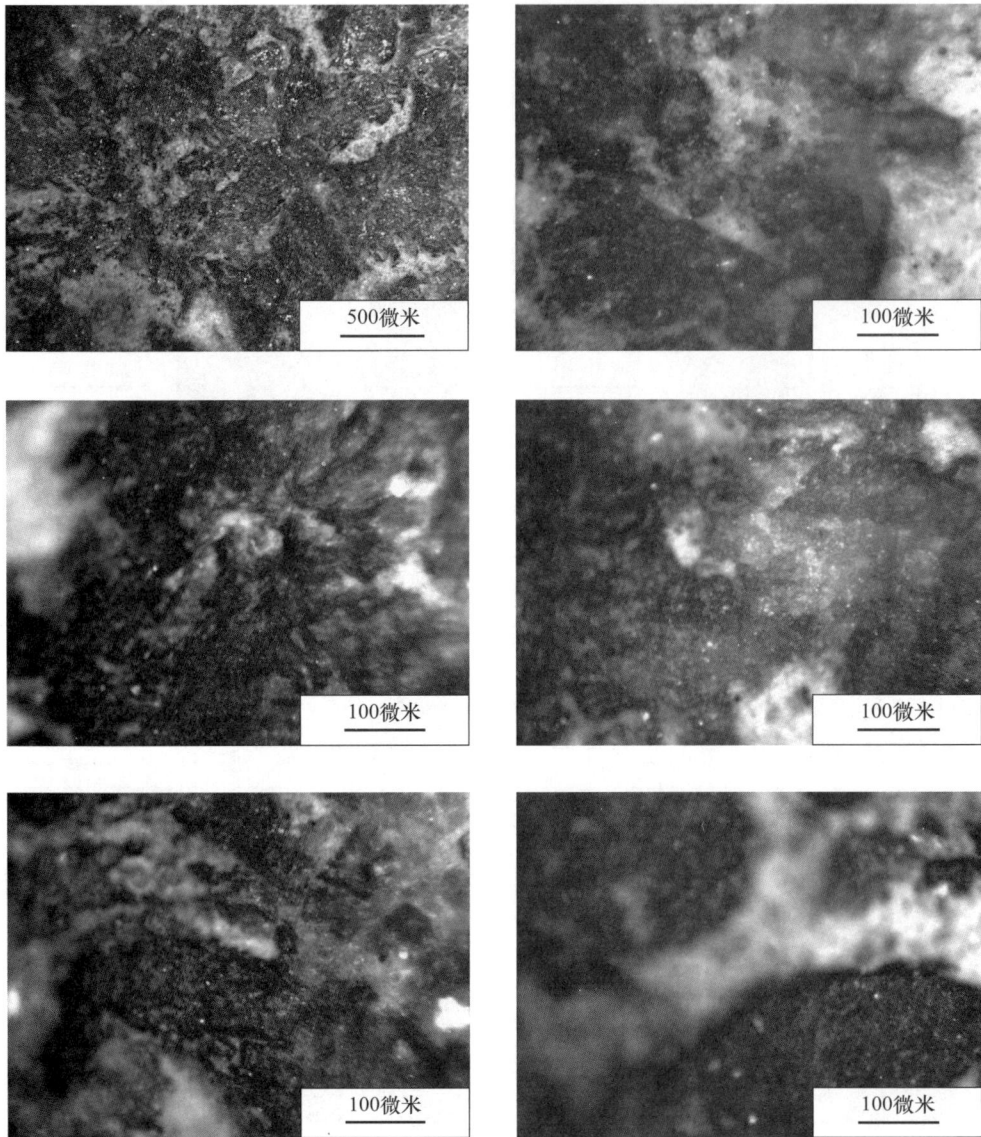

图 7.67　小荆山 F2：26 微痕（续）

3. F2：49（磨盘一侧）

共在四处区域进行了微痕观察，其中三处区域分别进行低倍及高倍观察，具体位置见图 7.68。微痕具体情况见表 7.13。

整体形貌、微形态主要类型都指示此件器物可能用来加工坚果类物质，但不见光泽，故此件标本功能存疑。

4. 采集 051（磨盘一端）

共在两处区域进行了微痕观察，其中一处区域分别进行低倍及高倍观察，具体位置见图 7.69。微痕具体情况见表 7.14。

表 7.13　小荆山 F2：49 微痕情况统计表

观测点编号	放大倍率	整体形貌	微形态主要类型	光泽类型	有无条痕	是否谷物光泽	淀粉粒结果
12	45×	磨平		不见光泽	无	否	
13	45×	磨平		不见光泽	无	否	
14	45×	磨平		不见光泽	无	否	
15	220×		磨圆、均匀平面及磨平	不见光泽	无	否	未发现淀粉粒残留
16	220×		磨圆、均匀平面及磨平	不见光泽	无	否	
17	220×		磨圆、均匀平面及磨平	不见光泽	无	否	
18	220×		磨圆、均匀平面及磨平	不见光泽	无	否	

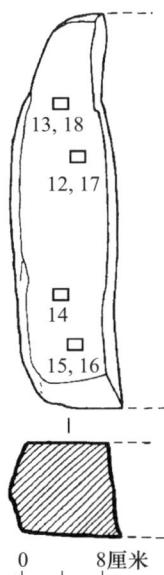

图 7.68　小荆山 F2：49 微痕观察区域　　图 7.69　小荆山采集 051 微痕观察区域

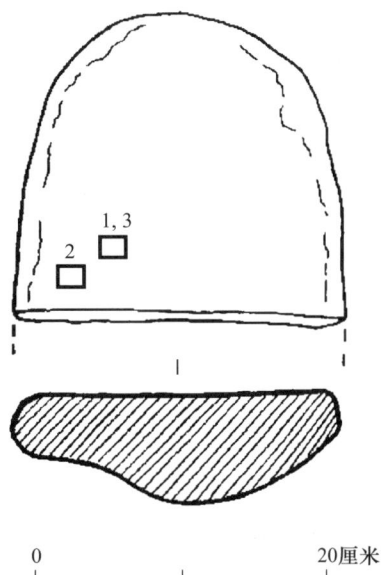

表 7.14　小荆山采集 051 微痕情况统计表

观测点编号	放大倍率	整体形貌	微形态主要类型	光泽类型	有无条痕	是否谷物光泽	淀粉粒结果
1	45×	磨平		不见光泽	无	否	为采集品，未进行淀粉粒分析
2	45×	磨平		不见光泽	无	否	
3	220×		磨圆、均匀平面及磨平	不见光泽	无	否	

与上一件类似，整体形貌、微形态主要类型都指示此件器物可能用来加工坚果类物质，但不见光泽，故此件标本功能存疑。

5. 采集 052（磨盘一端）

共在五处区域进行了微痕观察，其中两处区域分别进行低倍及高倍观察，具体位置见图 7.70。微痕具体情况见表 7.15。

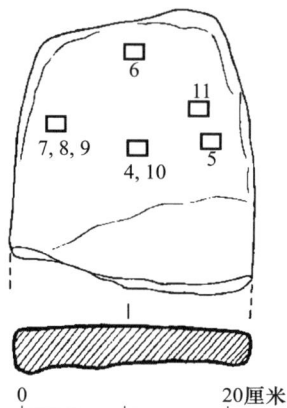

图 7.70　小荆山采集 052 微痕观察区域

表 7.15　小荆山采集 052 微痕情况统计表

观测点编号	放大倍率	整体形貌	微形态主要类型	光泽类型	有无条痕	是否谷物光泽	淀粉粒结果
4	45×	磨平		点状	无	否	
5	45×	磨平		点状	无	否	
6	45×	磨平		点状	无	否	
7	45×	磨平		不见光泽	无	否	为采集品，未进行淀粉粒分析
8	220×		磨圆、均匀平面及磨平	不见光泽	无	否	
9	220×		磨圆、均匀平面及磨平	不见光泽	无	否	
10	220×		磨圆、均匀平面及磨平	点状	无	否	
11	220×		磨圆、均匀平面及磨平	点状	无	否	

整体形貌、微形态主要类型及光泽类型都指示此件器物曾用来加工坚果类物质，与模拟实验四微痕类似。

四、月庄遗址

1. T5345H192：1（有足磨盘断块）

共在九处区域进行了微痕观察，具体位置见图 7.71。微痕具体情况见表 7.16。

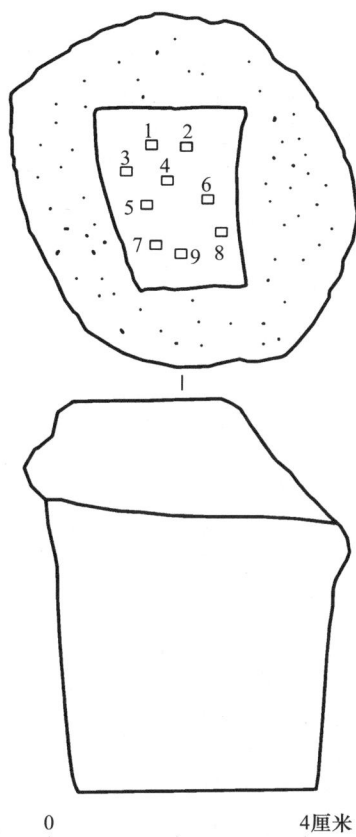

图 7.71 月庄 T5345H192：1 微痕观察区域

表 7.16 月庄 T5345H192：1 微痕情况统计表

观测点编号	放大倍率	整体形貌	微型态主要类型	光泽类型	有无条痕	是否谷物光泽	淀粉粒结果
1	45×	磨圆		A中	无	是	
2	45×	磨圆		B中	无	可能是	
3	45×	磨圆		A中	无	是	
4	220×		磨圆、磨平及均匀弧突	A中弱	有	是	
5	220×		磨圆、磨平及均匀弧突	A中弱	无	是	未发现淀粉粒残留
6	220×		磨圆、磨平及均匀弧突	A中弱	无	是	
7	220×		磨圆、磨平及均匀弧突	A中强	无	是	
8	220×		磨圆、磨平及均匀弧突	A中强	无	是	
9	45×		磨圆、磨平及均匀弧突	A中弱	无	是	

　　整体形貌、微形态主要类型及光泽类型都指示此件磨盘曾用来加工谷物类植物，与模拟实验一加工谷子的微痕形态最为接近。观测点的微痕图片见图7.72。

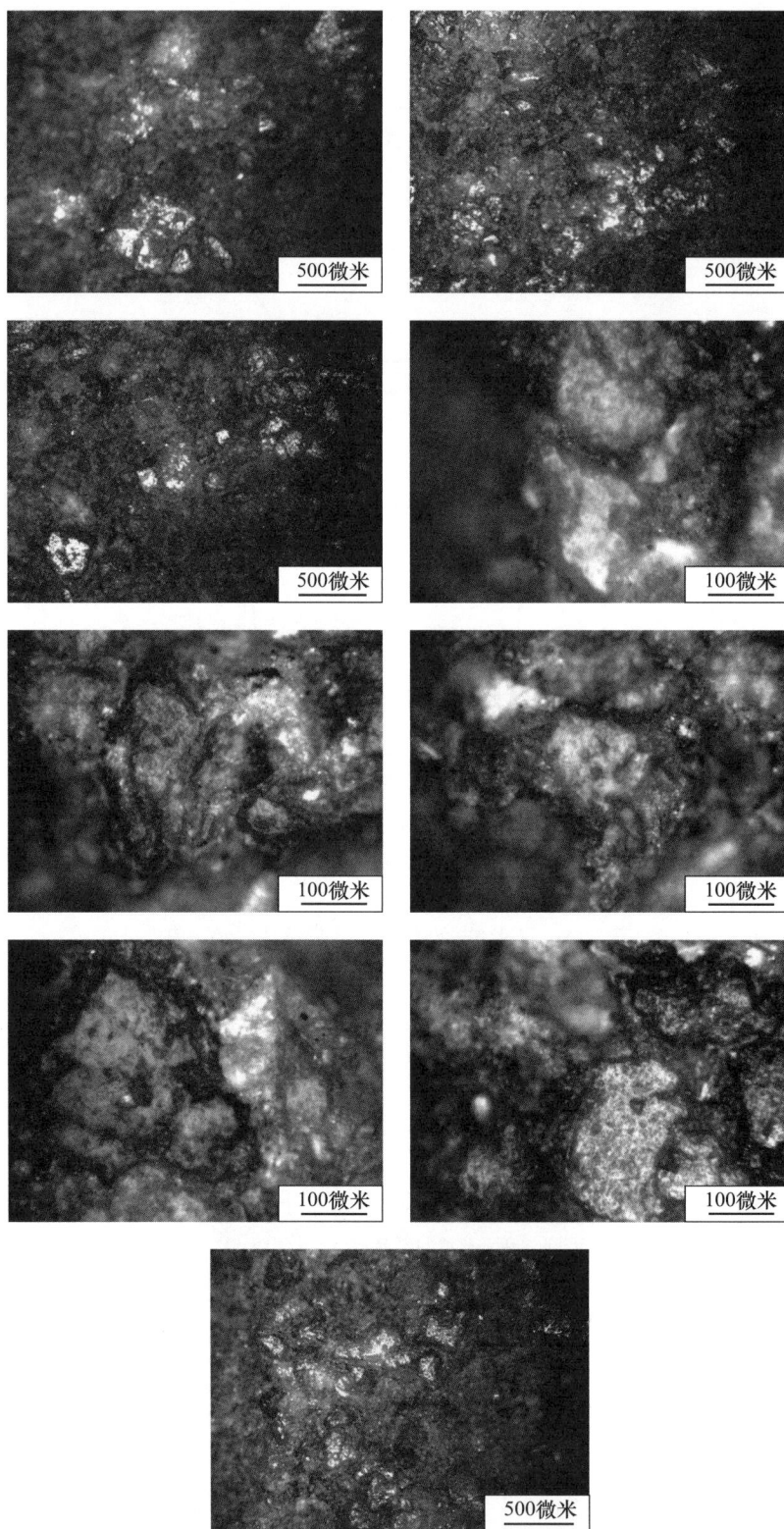

图 7.72　月庄 T5345H192∶1 微痕

2. T5934H178：1（磨棒一端）

共在四处区域进行了微痕观察，具体位置见图 7.73。微痕具体情况见表 7.17。

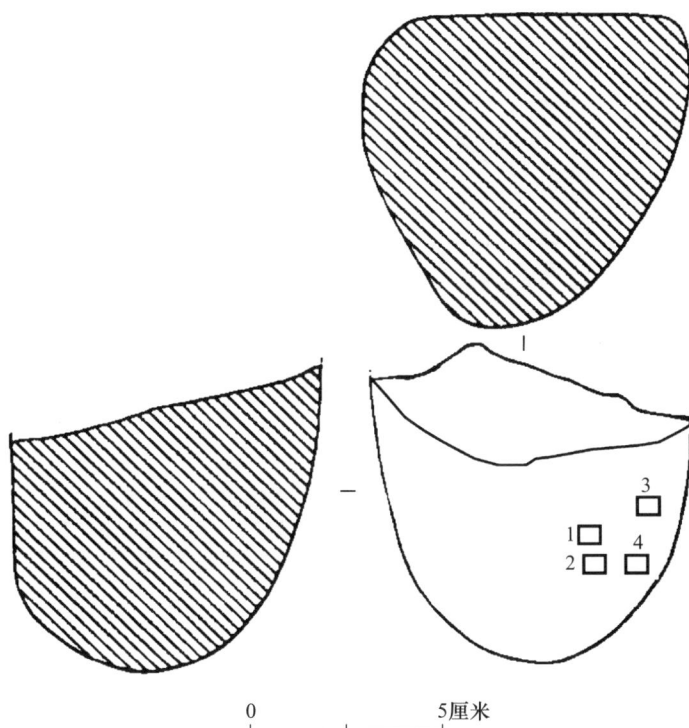

图 7.73　月庄 T5934H178：1 微痕观察区域

表 7.17　月庄 T5934H178：1 微痕情况统计表

观测点编号	放大倍率	整体形貌	微形态主要类型	光泽类型	有无条痕	是否谷物光泽	淀粉粒结果
1	45×	磨平		点状	无	否	
2	220×		磨圆、均匀平面及磨平	微弱	有	否	未发现淀粉粒残留
3	220×		磨圆、均匀平面及磨平	微弱	无	否	
4	45×	磨平		微弱	无	否	

整体形貌、微形态主要类型及光泽类型都指示此件磨棒曾经用来加工坚果类植物，与模拟实验四加工橡子的微痕形态最为接近。

3. T6053⑩：5（磨盘断块）

共在七处区域进行了微痕观察，具体位置见图 7.74。微痕具体情况见表 7.18。

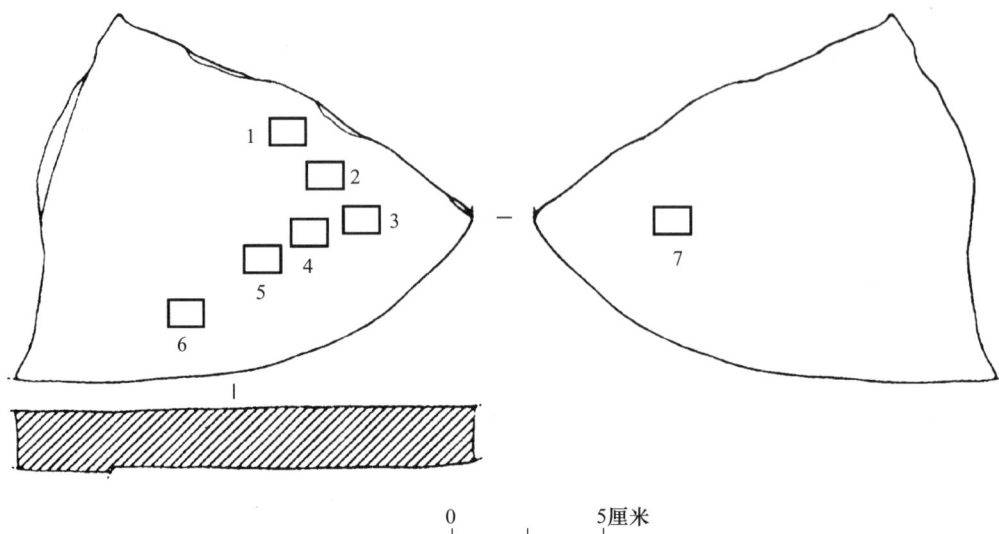

图 7.74　月庄 T6053 ⑩：5 微痕观察区域

表 7.18　月庄 T6053 ⑩：5 微痕情况统计表

观测点编号	放大倍率	整体形貌	微形态主要类型	光泽类型	有无条痕	是否谷物光泽	淀粉粒结果
1	45×	磨平		弱	无	否	
2	45×	磨平		弱	无	否	
3	45×	磨平		微弱	无	否	
4	220×	磨圆	磨圆、均匀平面、磨平及均匀弧突	B中	有	可能是	发现淀粉粒，种类包括坚果类、谷物类及疑似豆类植物
5	220×	磨圆	磨圆、均匀平面、磨平及均匀弧突	B中	无	可能是	
6	220×	磨圆	磨圆、均匀平面、磨平及均匀弧突	B中	无	可能是	
7	220×	磨平	磨圆、均匀平面及磨平	弱	无	否	

　　整体形貌、微形态主要类型及光泽类型都指示此件磨盘可能至少加工过两类以上物质，即谷物类及坚果类，分别与模拟实验三及四类似。淀粉粒分析结果还发现豆类，而我们的微痕分析未能发现加工豆类形成的微痕。可能此件器物最后的功能不是加工豆类或者虽加工豆类，但时间较短。观测点的微痕图片见图 7.75。

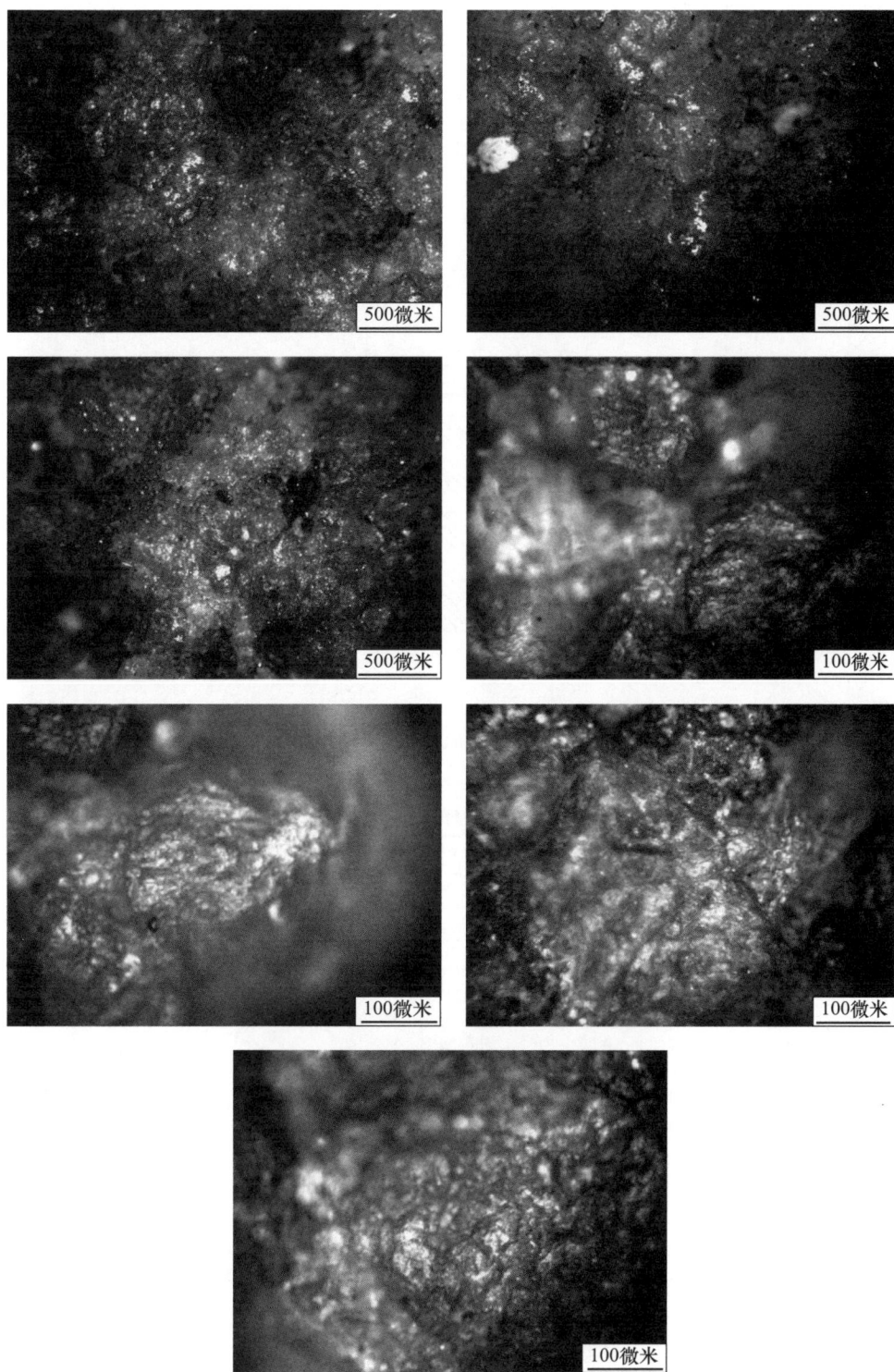

图 7.75　月庄 T6053 ⑩：5 微痕

4. T6153H72：2（磨盘断块）

共在七处区域进行了微痕观察，具体位置见图 7.76。微痕具体情况见表 7.19。

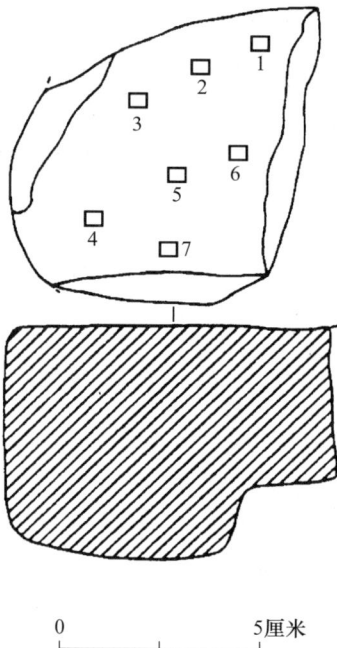

图 7.76　月庄 T6153H72：2 微痕观察区域

表 7.19　月庄 T6153H72：2 微痕情况统计表

观测点编号	放大倍率	整体形貌	微形态主要类型	光泽类型	有无条痕	是否谷物光泽	淀粉粒结果
1	45×	磨平		点状	无	否	
2	45×	磨平		点状	无	否	
3	220×		磨圆、均匀平面及磨平	弱	有	否	未发现淀粉粒残留
4	45×	磨圆		B中	有	可能是	
5	220×		磨圆、磨平及均匀弧突	B中	无	可能是	
6	45×	磨平		弱	有	否	
7	45×	磨平		弱	有	否	

整体形貌、微形态主要类型及光泽类型都指示此件磨盘可能至少加工过两类以上物质，即谷物类及坚果类，分别与模拟实验一及四类似。观测点的微痕图片见图 7.77。

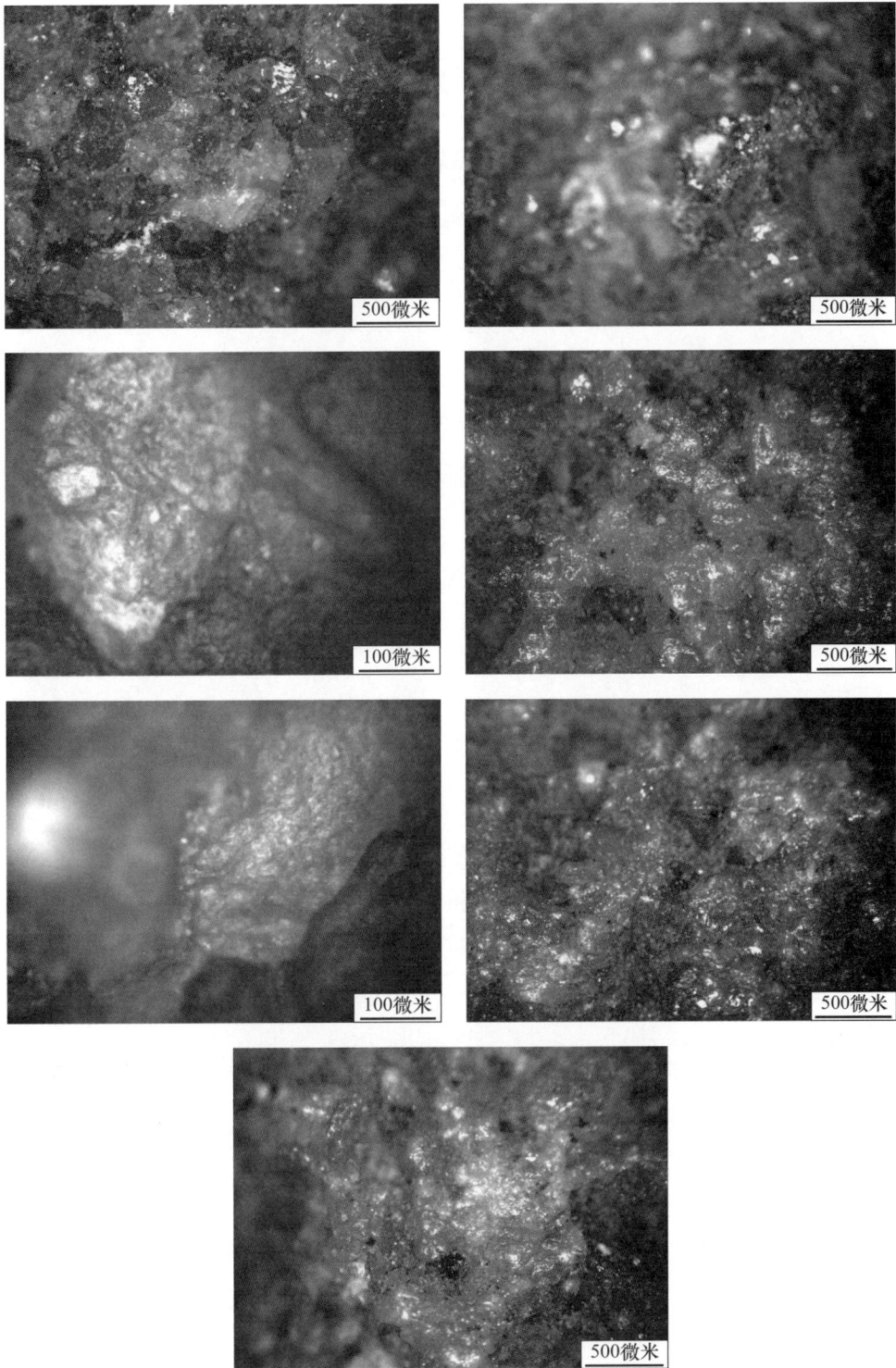

图 7.77　月庄 T6153H72：2 微痕

五、北辛遗址

1. 020（有足磨盘）

共在十六处区域进行了微痕观察，其中右侧部位的两处区域分别进行低倍及高倍观察，具体位置见图 7.78。微痕具体情况见表 7.20。

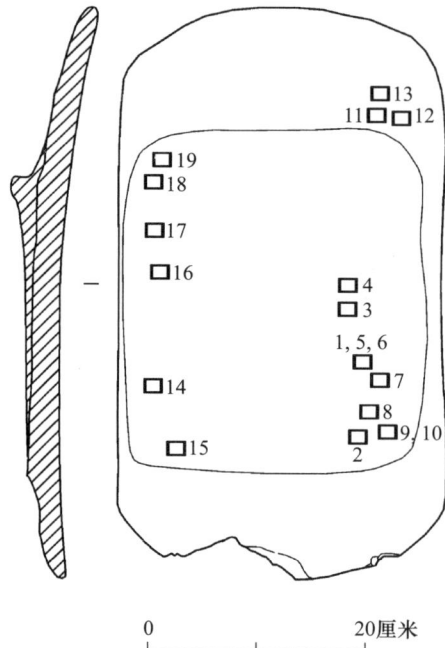

图 7.78　北辛 020 微痕观察区域

表 7.20　北辛 020 微痕情况统计表

观测点编号	放大倍率	整体形貌	微形态主要类型	光泽类型	有无条痕	是否谷物光泽	淀粉粒结果
1	45×	磨圆		B 中弱	无	可能是	
2	45×	磨圆		A 中强	有	是	
3	45×	磨平		不见光泽	无	否	
4	220×		不清楚	不清楚	无	否	
5	220×		磨圆、均匀平面及磨平	弱	无	否	为采集品，未进行淀粉粒采样
6	220×		磨圆、均匀平面及磨平	弱	无	否	
7	220×		磨圆、磨平及均匀弧突	A 中强	有	是	
8	220×		不清楚	不清楚	无	否	
9	220×		磨圆、均匀平面及磨平	弱	无	否	
10	220×		磨圆、磨平及均匀弧突	A 中强	有	是	

续表

观测点编号	放大倍率	整体形貌	微形态主要类型	光泽类型	有无条痕	是否谷物光泽	淀粉粒结果
11	220×		磨圆、磨平及均匀弧突	B 中弱	有	可能是	
12	220×		磨圆、磨平及均匀弧突	B 中弱	无	可能是	
13	220×		磨圆、均匀平面及磨平	微弱	无	否	
14	220×		磨圆、均匀平面及磨平	弱	无	否	为采集品，未进行淀粉粒采样
15	220×		磨圆、均匀平面及磨平	弱	无	否	
16	220×		磨圆、磨平及均匀弧突	A 中弱	有	是	
17	220×		磨圆、磨平及均匀弧突	B 中弱	无	可能是	
18	220×		磨圆、磨平及均匀弧突	A 中弱	无	是	
19	45×	磨圆		A 中弱	有	是	

　　整体形貌、微形态主要类型与光泽类型都指示此件器物曾经用来加工两种以上物质，即谷物类及坚果类，分别与模拟实验一及四微痕结果类似。观测点的微痕图片见图 7.79。

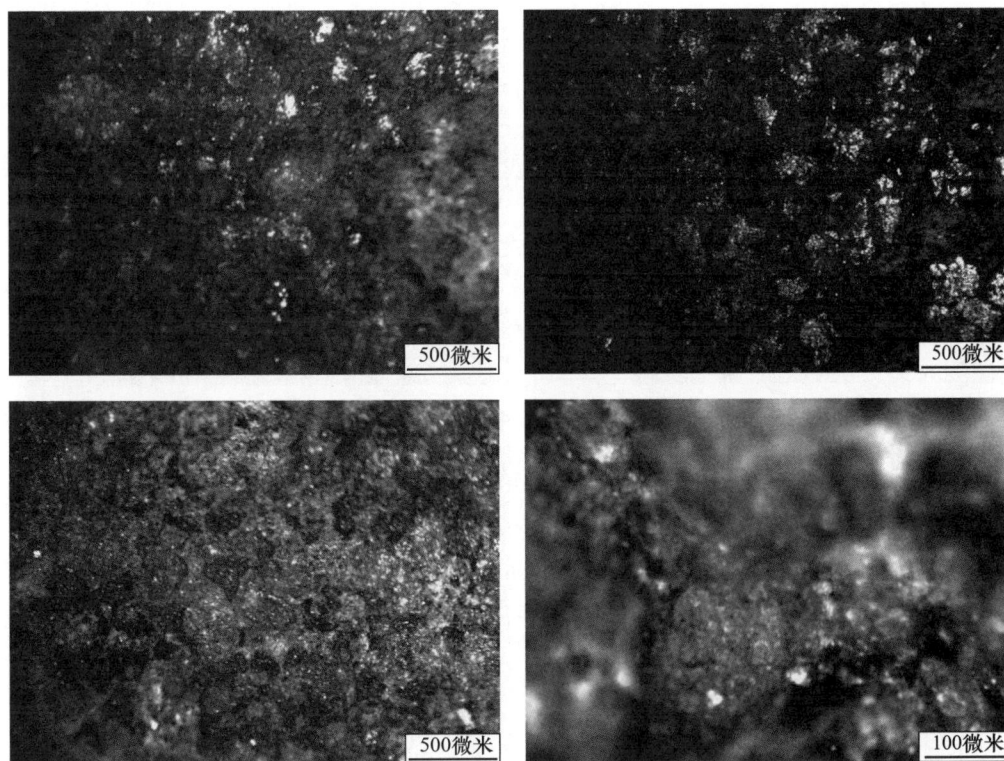

图 7.79　北辛 020 微痕

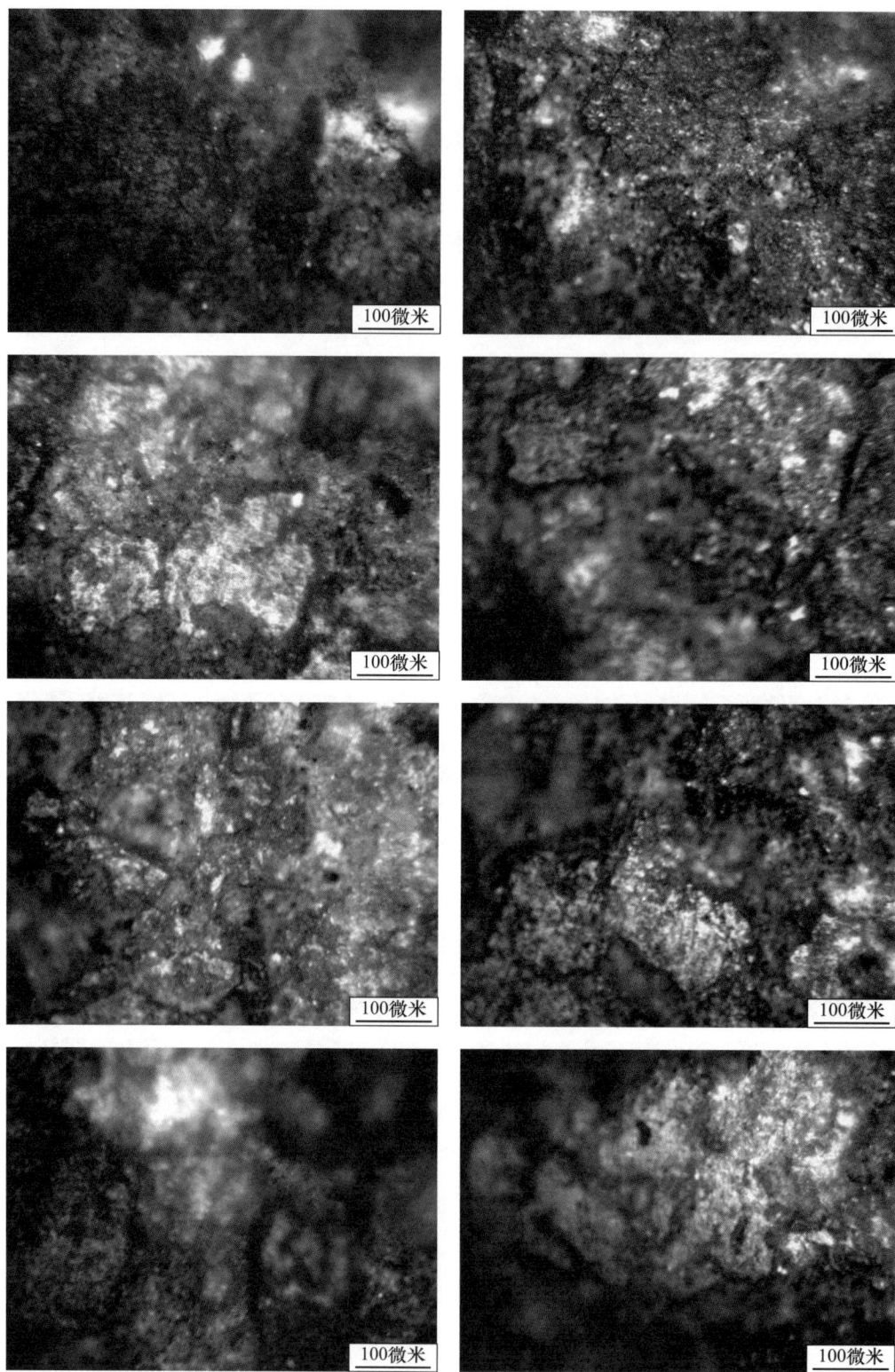

图 7.79　北辛 020 微痕（续）

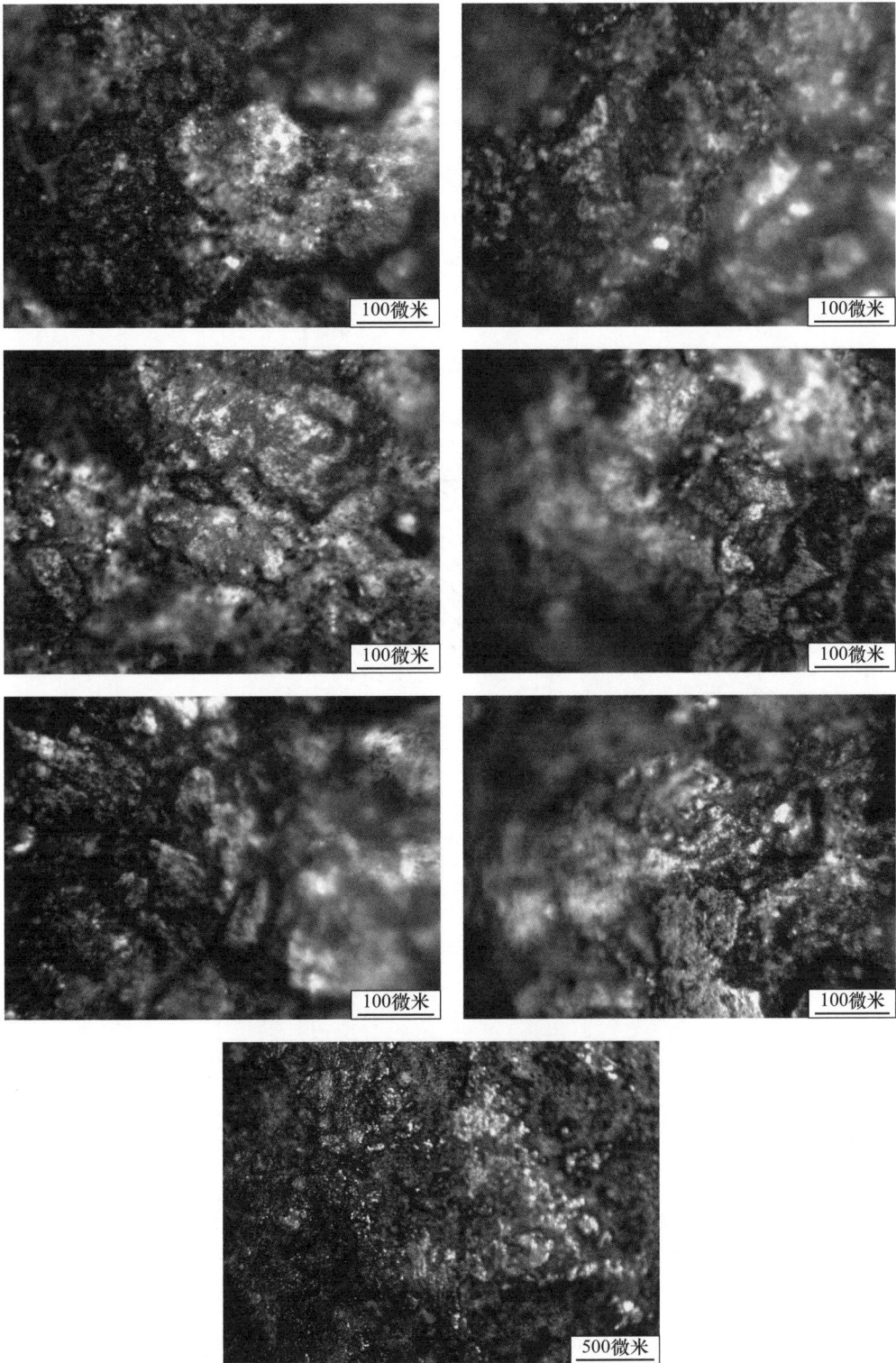

图 7.79 北辛 020 微痕（续）

2. 馆藏号 07433（完整磨饼）

共在七处区域进行了微痕观察，其中对中间部位分别进行低倍及高倍观察，具体位置见图 7.80。微痕具体情况见表 7.21。

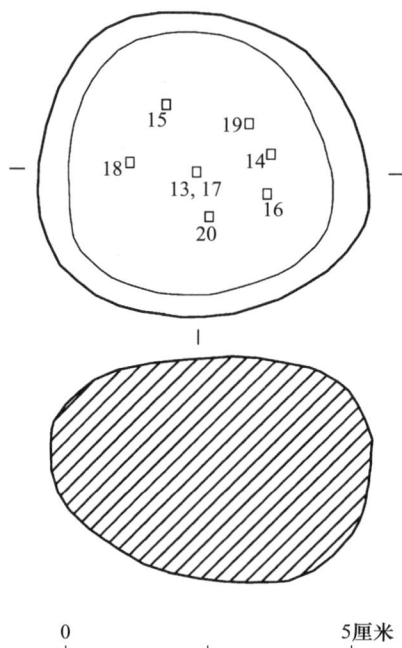

图 7.80　北辛馆藏号 07433 微痕观察区域

表 7.21　北辛馆藏号 07433 微痕情况统计表

观测点编号	放大倍率	整体形貌	微形态主要类型	光泽类型	有无条痕	是否谷物光泽	淀粉粒结果
13	45×	全部磨平		点状	无	否	
14	45×	全部磨平		弱	无	否	
15	45×	磨平		微弱	无	否	
16	220×		不清楚	不清楚	无	否	未发现淀粉粒残留
17	220×		磨平及破损面	点状	无	否	
18	220×		磨平及破损面	微弱	无	否	
19	220×		磨平及破损面	微弱	无	否	
20	220×		磨平及破损面	微弱	无	否	

此件标本微痕形态与我们六组模拟实验均差别较大，十分类似 Dubreuil 实验中研磨赭石的微痕形态，考虑到此件标本的形态，我们推测其可能用来加工颜料。观测点的微痕图片见图 7.81。

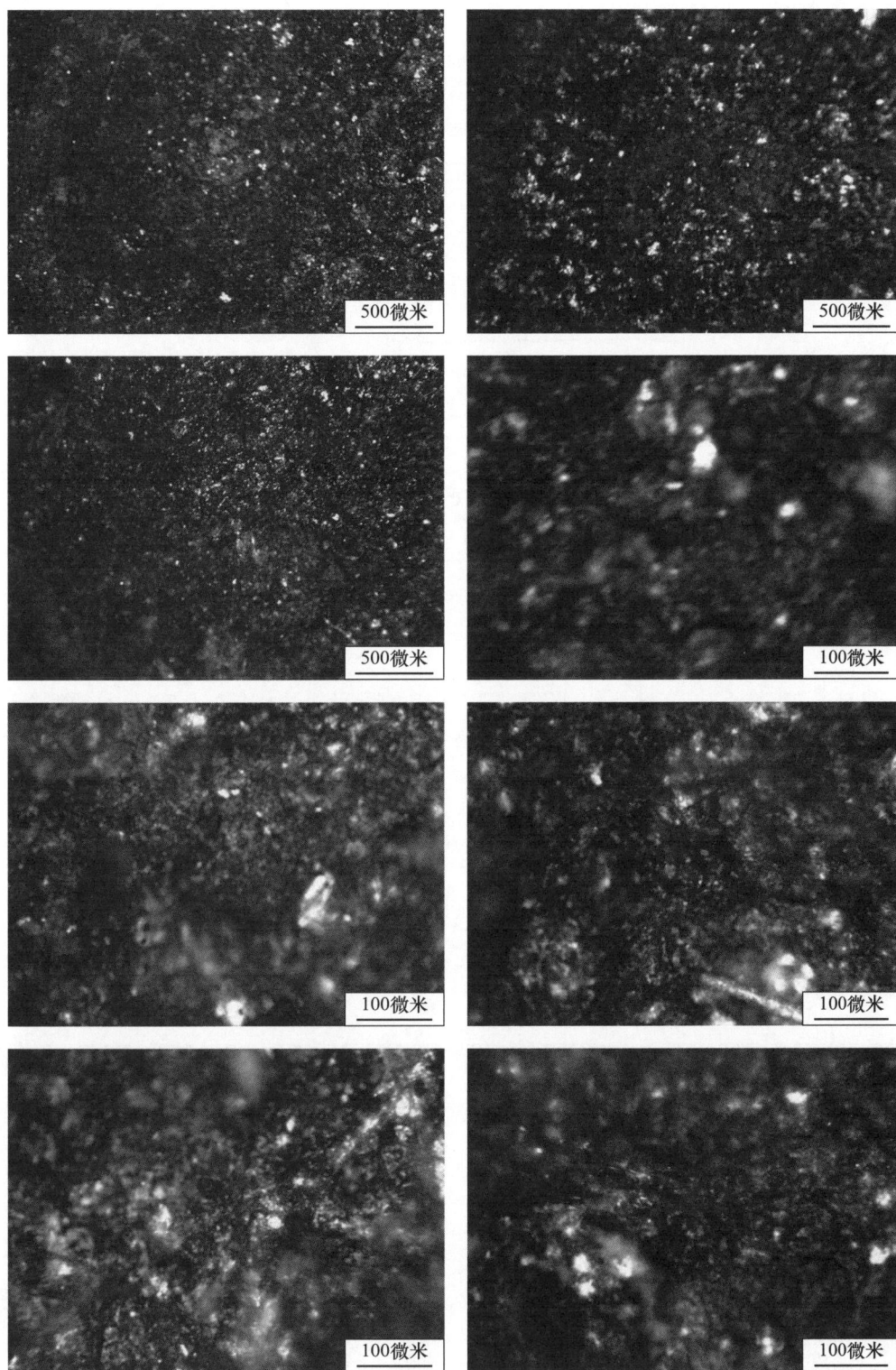

图 7.81 北辛馆藏号 07433 微痕

3. 馆藏号 07447（磨棒一端）

共在六处区域进行了微痕观察，其中一处区域分别进行低倍及高倍观察，具体位置见图 7.82。微痕具体情况见表 7.22。

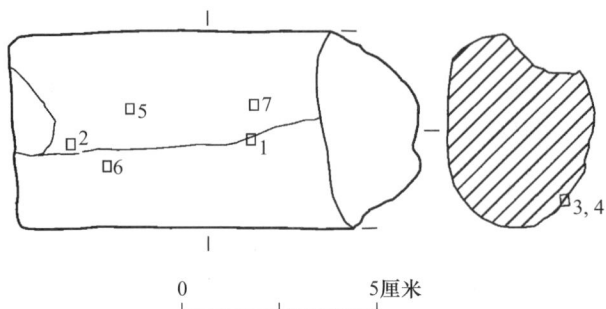

图 7.82　北辛馆藏号 07447 微痕观察区域

表 7.22　北辛馆藏号 07447 微痕情况统计表

观测点编号	放大倍率	整体形貌	微形态主要类型	光泽类型	有无条痕	是否谷物光泽	淀粉粒结果
1	45×	磨平		不见光泽	无	否	
2	45×	磨平		不见光泽	无	否	
3	45×	磨圆		点状	无	否	
4	220×		磨圆、均匀平面及磨平	不见光泽	无	否	发现谷物类淀粉粒
5	220×		磨圆、均匀平面及磨平	弱	无	否	
6	220×		磨圆、均匀平面及磨平	微弱	无	否	
7	220×		磨圆形态、均匀平面、磨平形态及均匀弧突	A 弱	无	可能是	

整体形貌、微形态主要类型与光泽类型都指示此件器物曾经用来加工两种以上物质，即谷物类及坚果类，分别与模拟实验三及四微痕结果类似。而淀粉粒分析仅发现谷物类物质。观测点的微痕图片见图 7.83。

图 7.83　北辛馆藏号 07447 微痕

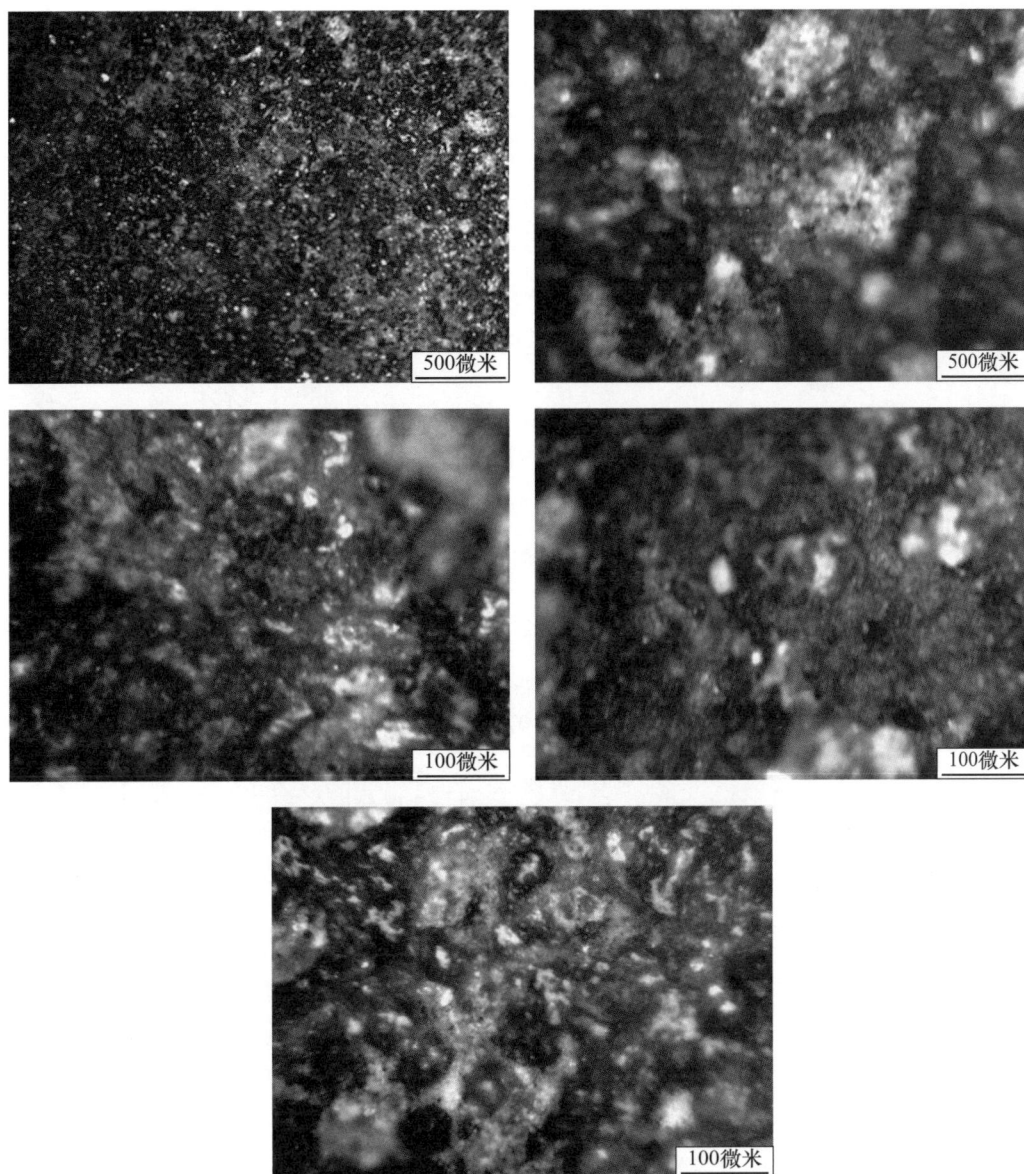

图 7.83　北辛馆藏号 07447 微痕（续）

4. 馆藏号 07504（磨盘一端）

　　共在十一处区域进行了微痕观察，其中右侧上部区域分别进行低倍及高倍观察，具体位置见图 7.84。微痕具体情况见表 7.23。

　　整体形貌、微形态主要类型与光泽类型都指示此件器物曾经用来加工两种以上物质，即谷物类及坚果类，分别与模拟实验一及四微痕结果类似。淀粉粒分析仅发现坚果类物质。观测点的微痕图片见图 7.85（图版 6）。

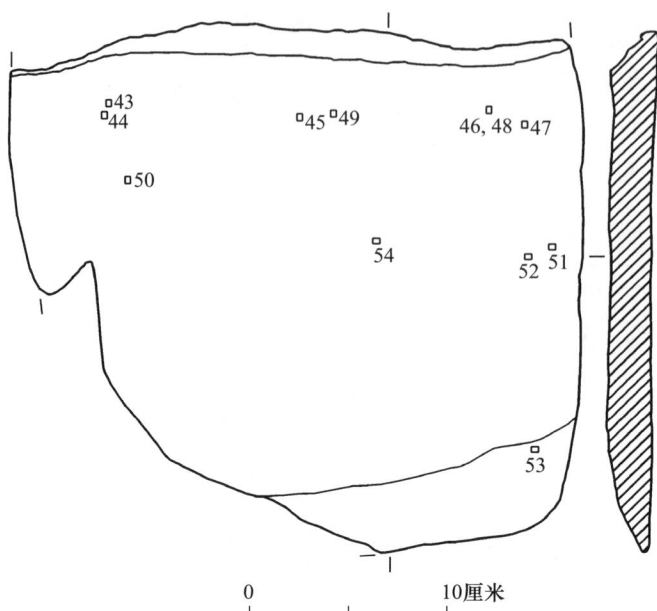

图 7.84　北辛馆藏号 07504 微痕观察区域

表 7.23　北辛馆藏号 07504 微痕情况统计表

观测点编号	放大倍率	整体形貌	微形态主要类型	光泽类型	有无条痕	是否谷物光泽	淀粉粒结果
43	45×	磨圆		A 中强	有	是	
44	45×	磨平		A 中强	有	是	
45	45×	磨圆		A 中弱	有	是	
46	45×	磨圆		A 中强	有	是	
47	220×		磨圆、磨平及均匀弧突	A 中强	有	是	
48	220×		磨圆、磨平及均匀弧突	A 中强	有	是	
49	220×		磨圆、均匀平面及磨平	弱	无	否	发现坚果类淀粉粒残留
50	220×		磨圆、磨平及均匀弧突	B 中强	有	可能是	
51	220×		磨圆、磨平及均匀弧突	B 中强	有	可能是	
52	220×		磨圆、均匀平面及磨平	B 中强	有	可能是	
53	220×		磨圆、磨平及均匀弧突	B 中强	有	可能是	
54	220×		磨圆、磨平及均匀弧突	A 中强	有	是	

5. 馆藏号 07506（磨盘一端）

　　共在九处区域进行了微痕观察，具体位置见图 7.86。微痕具体情况见表 7.24。

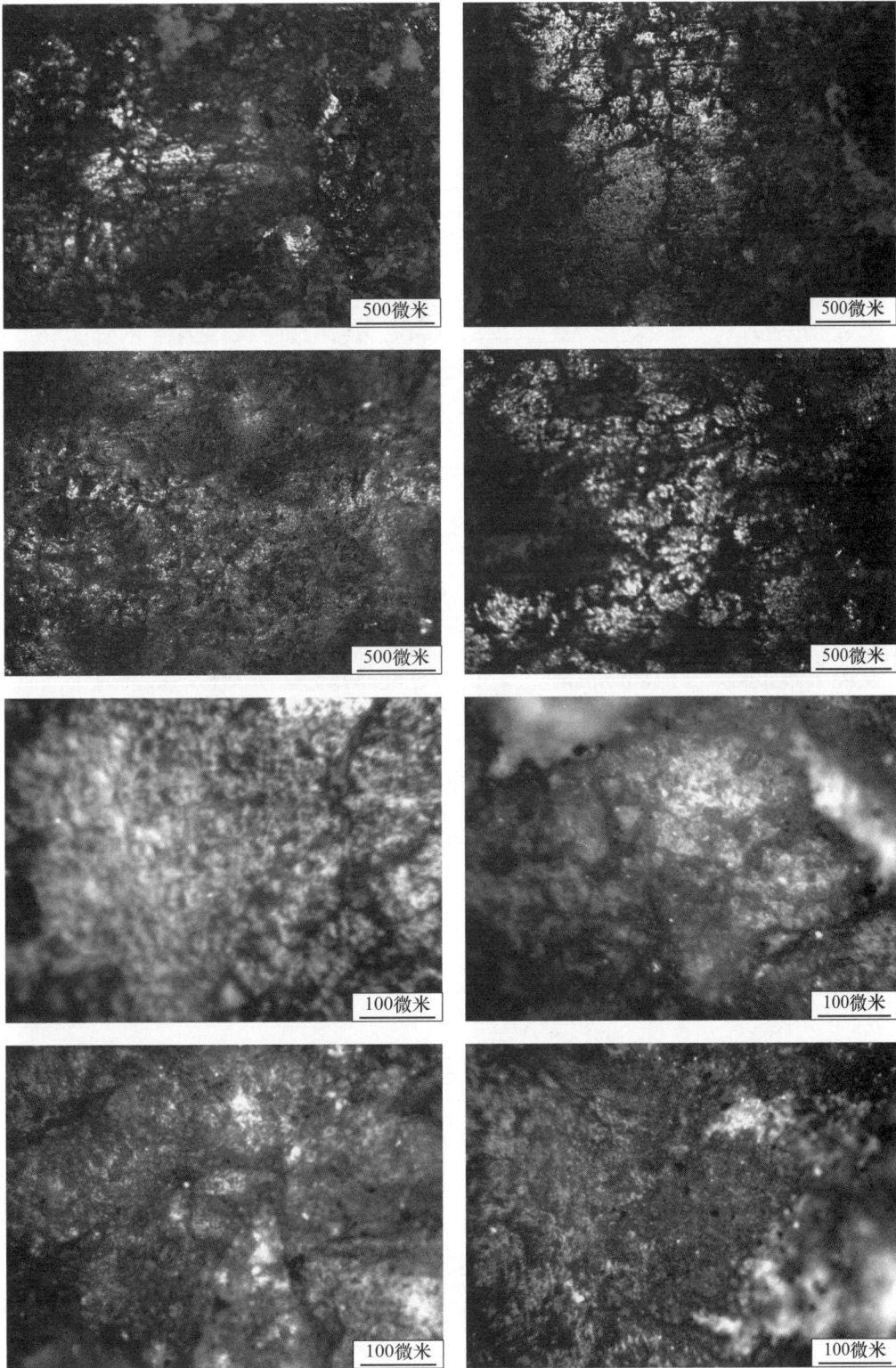

图 7.85　北辛馆藏号 07504 微痕

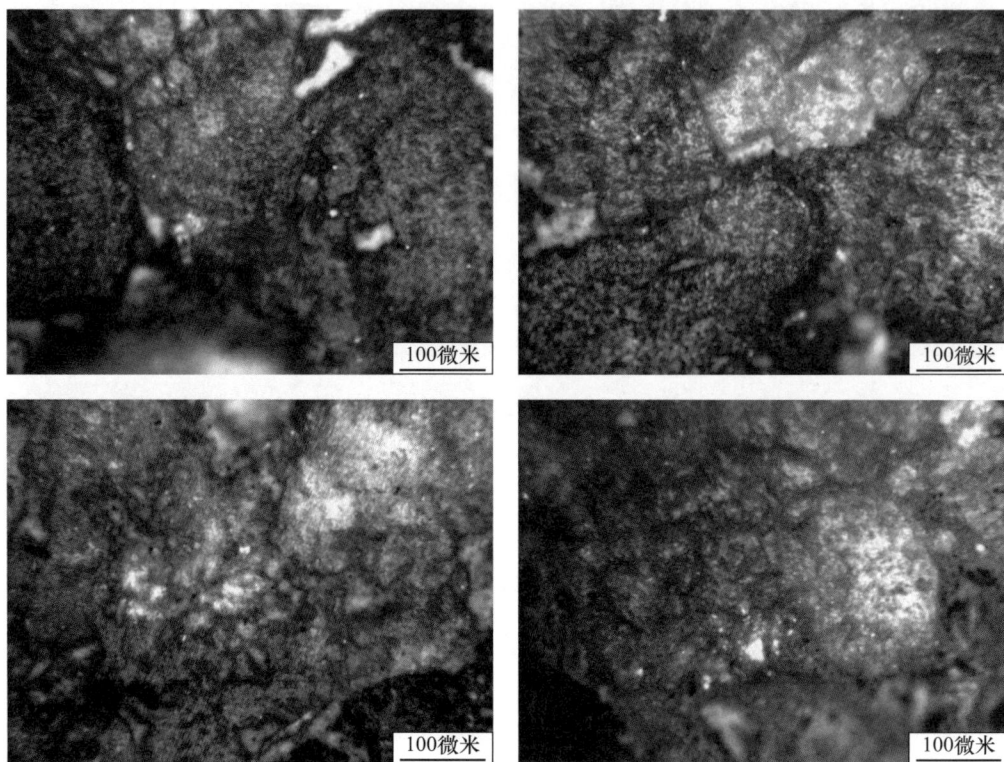

图 7.85　北辛馆藏号 07504 微痕（续）

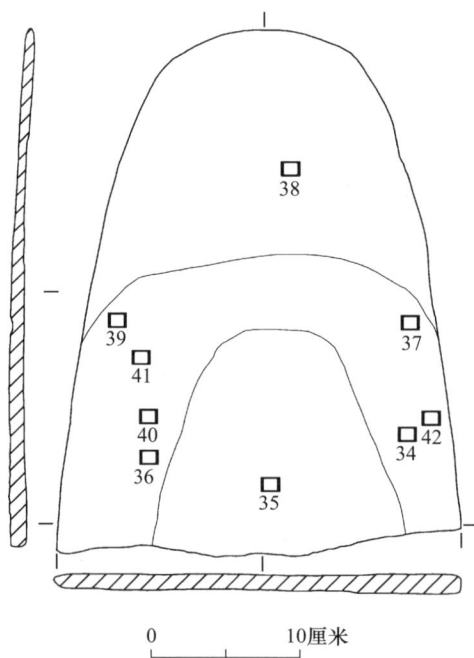

图 7.86　北辛馆藏号 07506 微痕观察区域

表 7.24　北辛馆藏号 07506 微痕情况统计表

观测点编号	放大倍率	整体形貌	微形态主要类型	光泽类型	有无条痕	是否谷物光泽	淀粉粒结果
34	45×	磨圆		B 中强	有	可能是	
35	45×	磨圆		B 中强	有	可能是	
36	45×	磨圆		B 中强	有	可能是	发现坚果类、未成熟坚果类及谷物类淀粉粒残留
37	45×	磨圆		B 中强	有	可能是	
38	45×	磨平		B 中弱	有	可能是	
39	45×	磨圆		B 中强	有	可能是	
40	220×		磨圆、均匀平面及磨平	B 中强	有	可能是	
41	220×		磨圆、磨平及均匀弧突	B 中强	有	可能是	
42	220×		磨圆、磨平及均匀弧突	B 中强	有	可能是	

　　整体形貌、微形态主要类型指示此件器物曾加工过两种以上物质，即谷物类及坚果类，而光泽类型指示此件器物可能用来加工谷物类。淀粉粒结果显示同时包含坚果类及谷物类物质，为微痕观察提供了很好的证据。观测点的微痕图片见图 7.87。

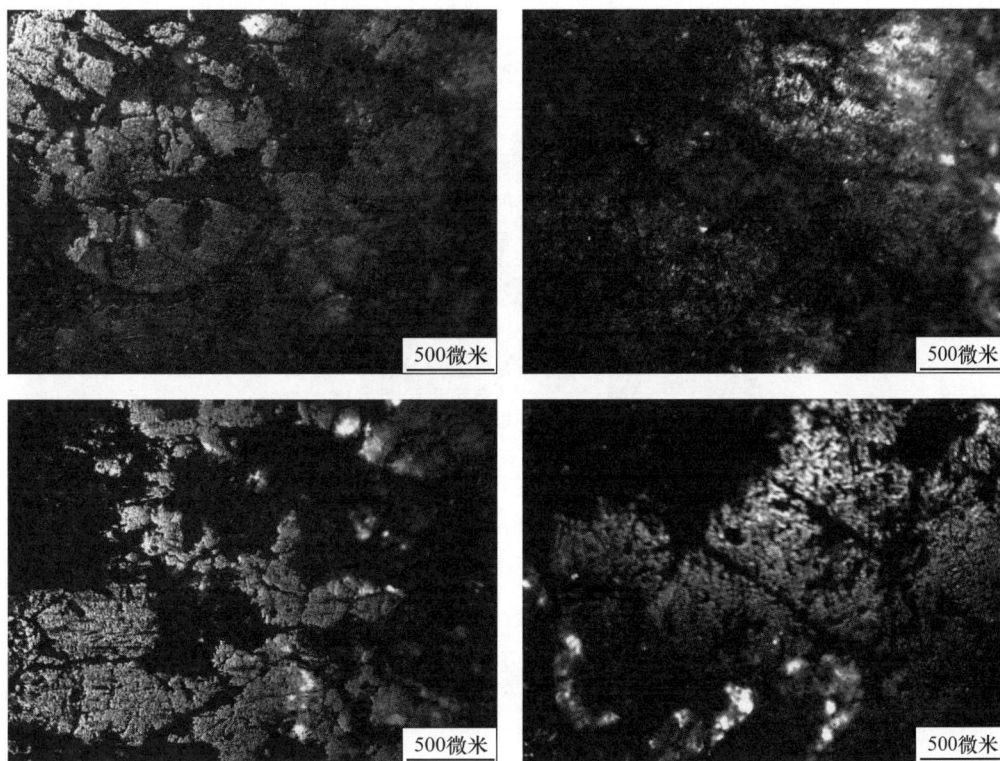

图 7.87　北辛馆藏号 07506 微痕

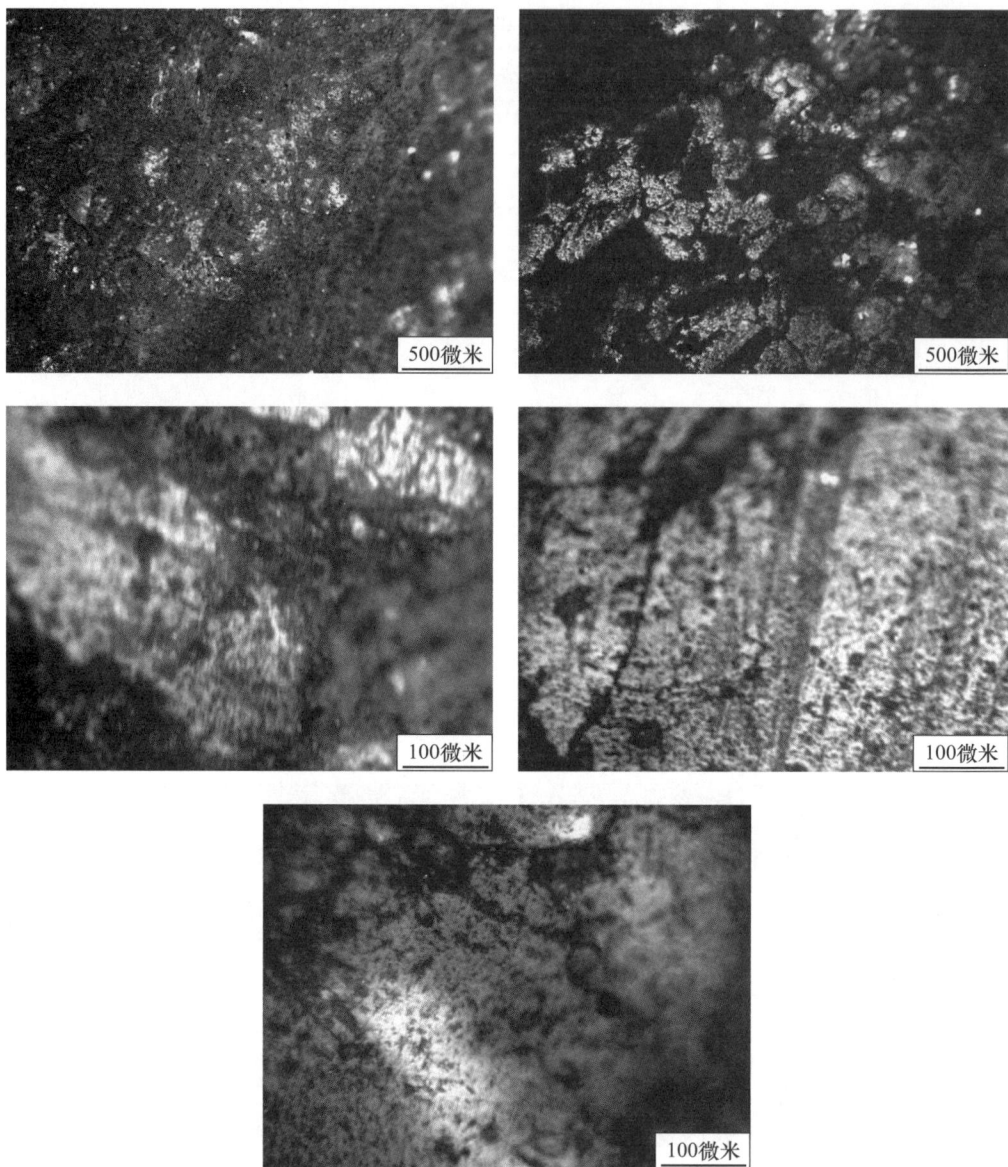

图 7.87　北辛馆藏号 07506 微痕（续）

6. 馆藏号 07507（磨盘一端）

共在八处区域进行了微痕观察，其中三处区域分别进行低倍及高倍观察，具体位置见图 7.88。微痕具体情况见表 7.25。

整体形貌、微形态主要类型与光泽类型都指示此件器物曾经用来加工两种以上物质，即谷物类及坚果类，分别与模拟实验一及四微痕结果类似。观测点的微痕图片见图 7.89。

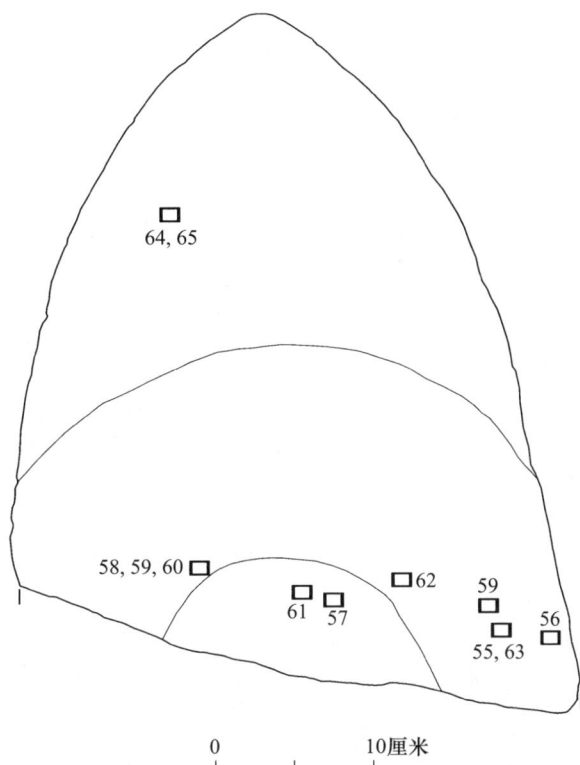

图 7.88 北辛馆藏号 07507 微痕观察区域

表 7.25 北辛馆藏号 07507 微痕情况统计表

观测点编号	放大倍率	整体形貌	微形态主要类型	光泽类型	有无条痕	是否谷物光泽	淀粉粒结果
55	45×	磨圆		B 中弱	无	可能是	
56	45×	磨圆		B 中强	无	可能是	
57	45×	磨平		弱	无	否	
58	45×	磨圆		A 中强	有	是	
59	45×	磨圆		A 中强	有	是	
60	220×		磨圆、磨平及均匀弧突	A 中强	有	是	为采集品，未进行淀粉粒采样
61	220×		磨圆、均匀平面及磨平	不见光泽	无	否	
62	220×		磨圆、磨平及均匀弧突	A 中强	有	是	
63	220×		磨圆、磨平及均匀弧突	A 中强	有	是	
64	220×		磨圆、均匀平面及磨平	点状	无	否	
65	220×		磨圆、均匀平面及磨平	点状	无	否	

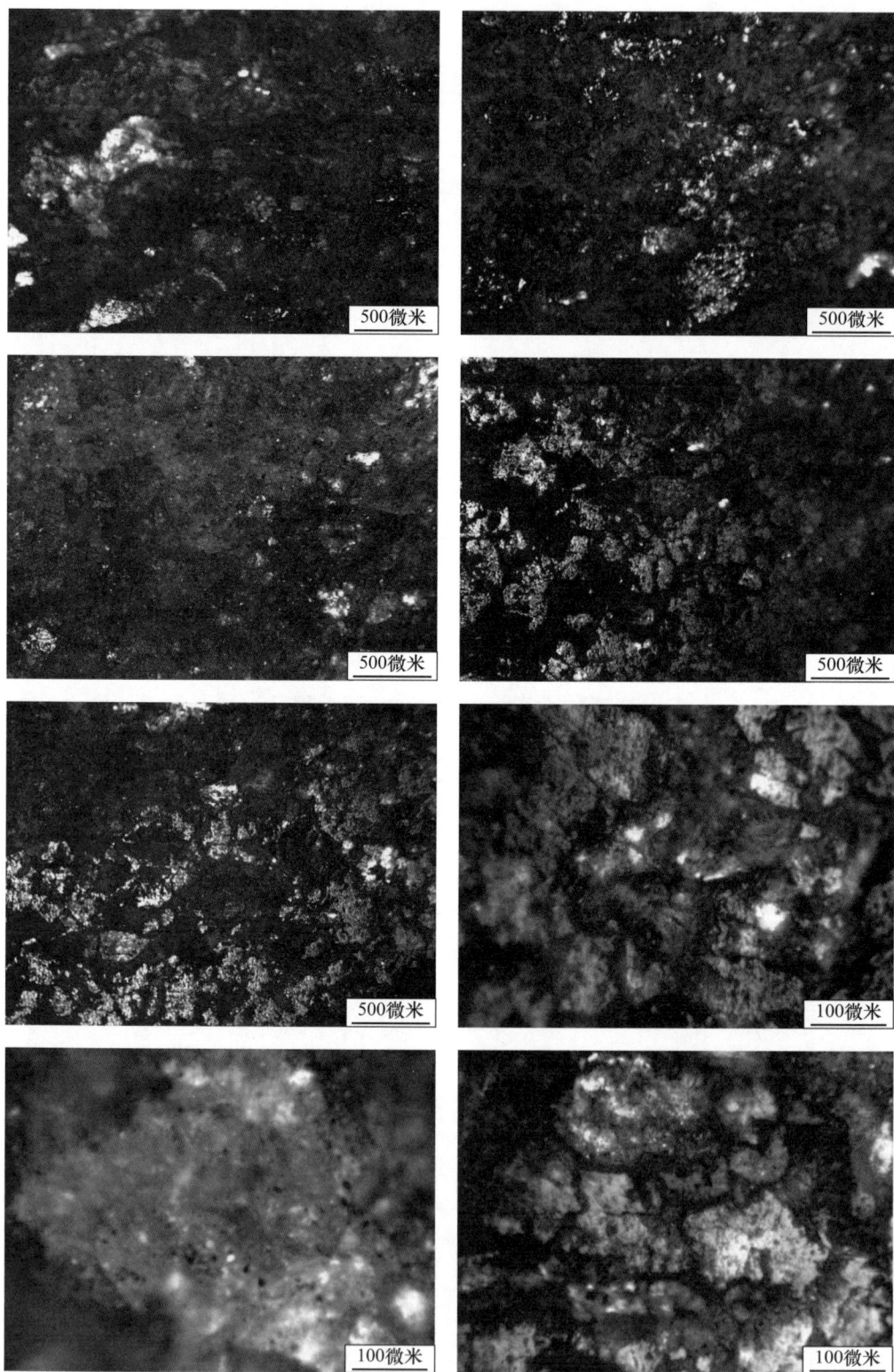

图 7.89　北辛馆藏号 07507 微痕

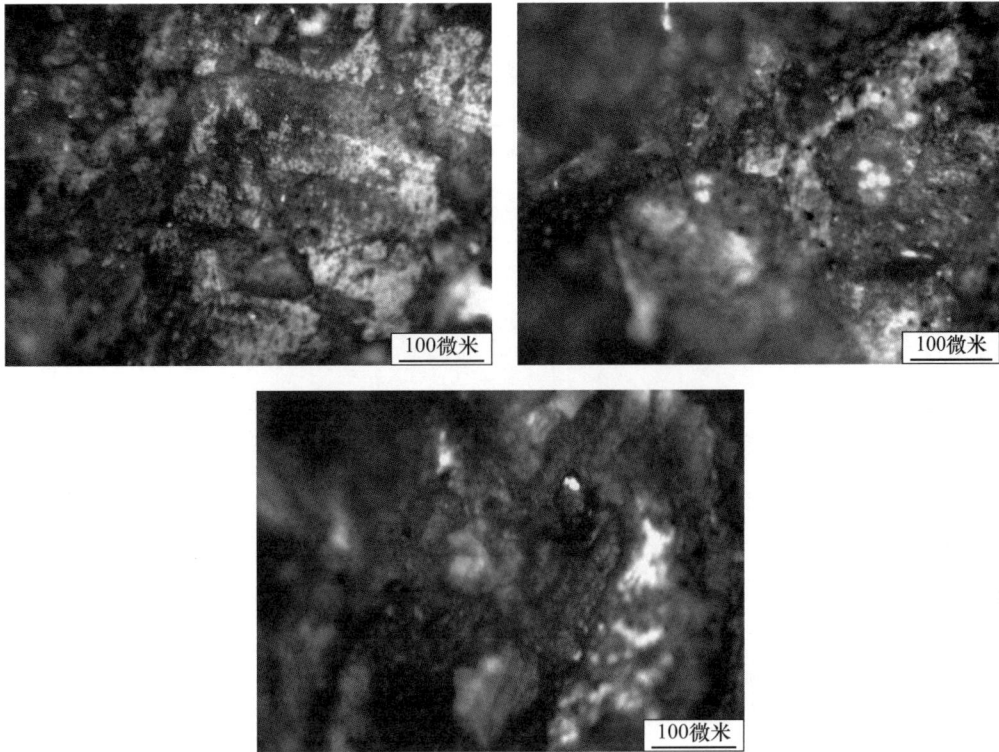

图 7.89　北辛馆藏号 07507 微痕（续）

7. 馆藏号 07515（磨棒一端）

共在十处区域进行了微痕观察，其中三处区域分别进行低倍及高倍观察，具体位置见图 7.90。微痕具体情况见表 7.26。

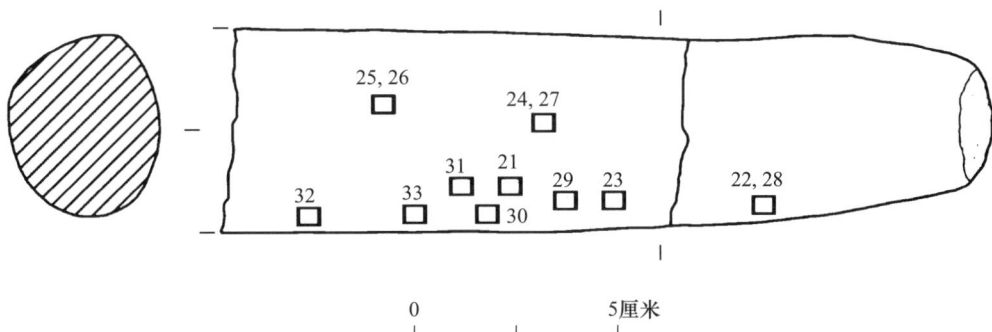

图 7.90　北辛馆藏号 07515 微痕观察区域

整体形貌、微形态主要类型与光泽类型都指示此件器物曾经用来加工两种以上物质，即谷物类及坚果类，分别与模拟实验三及四微痕结果类似。观测点的微痕图片见图 7.91。

表 7.26　北辛馆藏号 07515 微痕情况统计表

观测点编号	放大倍率	整体形貌	微形态主要类型	光泽类型	有无条痕	是否谷物光泽	淀粉粒结果
21	45×	磨平		B 中弱	有	可能是	
22	45×	磨平		点状	有	否	
23	45×	磨圆		A 中强	有	是	
24	45×	磨平		B 中弱	有	可能是	
25	45×	磨平		弱	无	否	
26	220×		磨圆、均匀平面及磨平	弱	无	否	
27	220×		磨圆形态、均匀平面、磨平形态及均匀弧突	A 中强	无	是	
28	220×		磨圆形态、均匀平面、磨平形态及均匀弧突	B 中弱	无	可能是	为采集品，未进行淀粉粒采样
29	220×		磨圆形态、均匀平面、磨平形态及均匀弧突	A 中强	无	是	
30	220×		磨圆形态、均匀平面、磨平形态及均匀弧突	B 中强	无	可能是	
31	220×		磨圆形态、均匀平面、磨平形态及均匀弧突	A 中强	有	是	
32	220×		磨圆形态、均匀平面、磨平形态及均匀弧突	B 中强	有	可能是	
33	220×		磨圆形态、均匀平面、磨平形态及均匀弧突	A 中强	有	是	

图 7.91　北辛馆藏号 07515 微痕

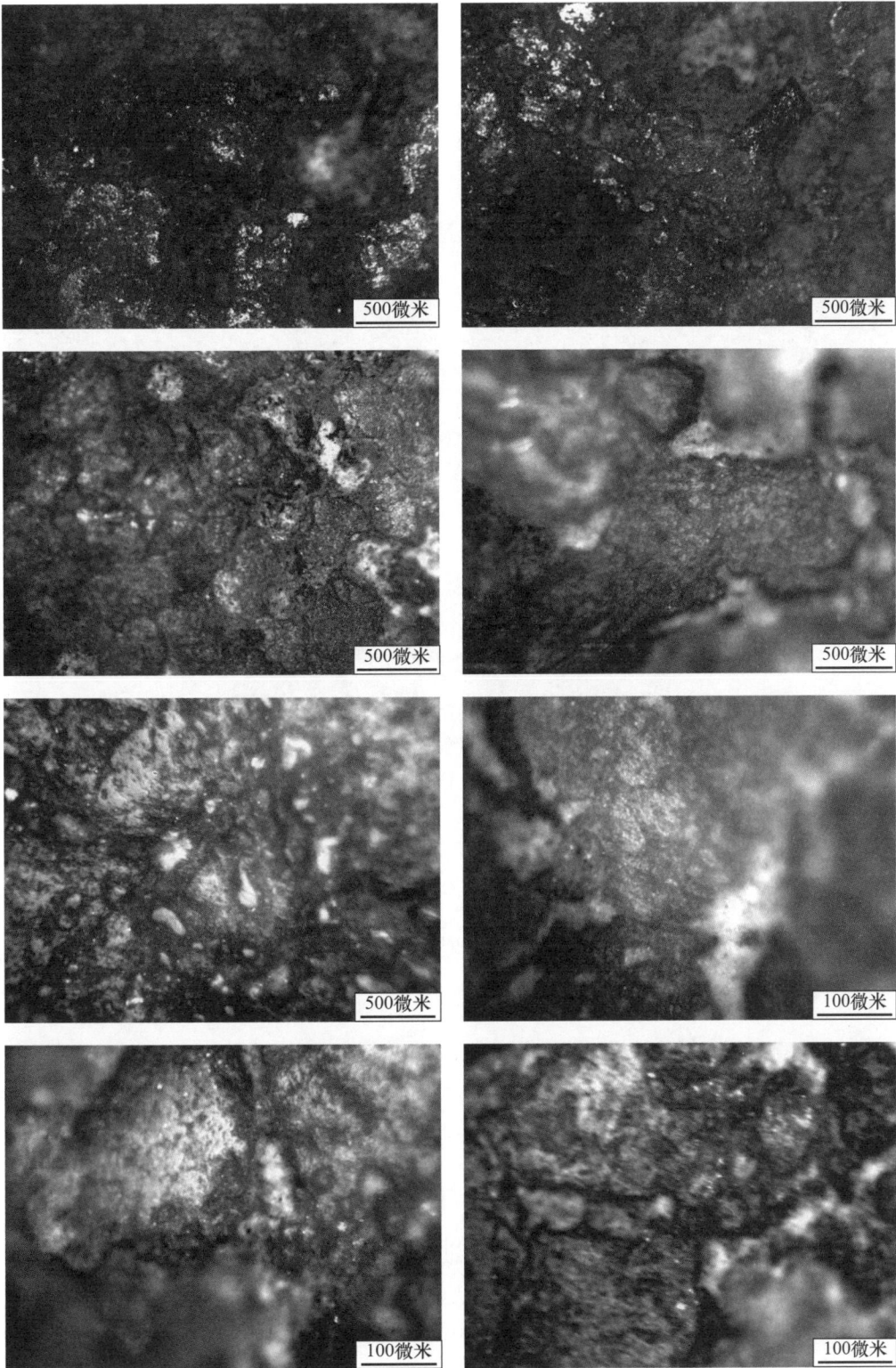

图 7.91 北辛馆藏号 07515 微痕（续）

图 7.91　北辛馆藏号 07515 微痕（续）

8. T1H14∶54（磨棒一端）

共在五处区域进行了微痕观察，具体位置见图 7.92。微痕具体情况见表 7.27。

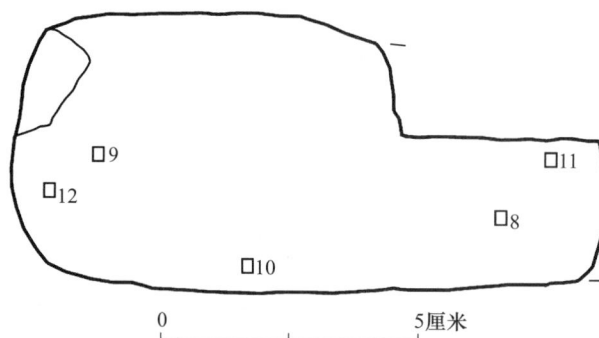

图 7.92　北辛 T1H14∶54 微痕观察区域

表 7.27 北辛 T1H14∶54 微痕情况统计表

观测点编号	放大倍率	整体形貌	微形态主要类型	光泽类型	有无条痕	是否谷物光泽	淀粉粒结果
8	45×	磨平		不见光泽	无	否	
9	45×	磨平		点状	无	否	
10	45×	磨平		不见光泽	无	否	未发现淀粉粒残留
11	220×		磨圆、均匀平面及磨平	不见光泽	无	否	
12	220×		磨圆、均匀平面及磨平	点状	无	否	

整体形貌、微形态主要类型与光泽类型都指示此件器物曾经用来加工坚果类物质，与模拟实验四微痕结果类似。

六、王 因 遗 址

1. 236 克（磨棒一端）

共在十处区域进行了微痕观察，其中对中部及下端左侧分别进行低倍及高倍观察，具体位置见图 7.93。微痕具体情况见表 7.28。

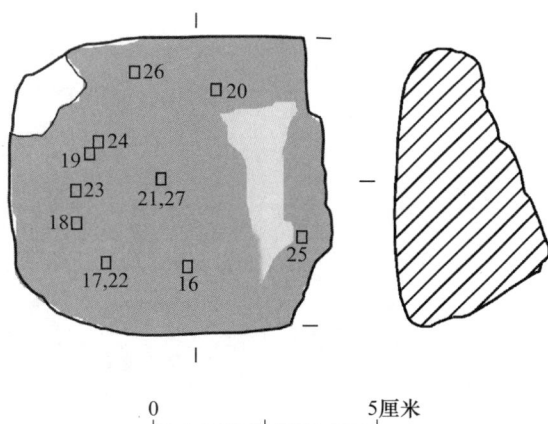

图 7.93 王因 236 克微痕观察区域

表 7.28 王因 236 克微痕情况统计表

观测点编号	放大倍率	整体形貌	微形态主要类型	光泽类型	有无条痕	是否谷物光泽	淀粉粒结果
16	45×	磨平		弱	无	否	
17	45×	磨圆		A 中强	有	是	
18	45×	磨圆		A 中强	有	是	发现坚果类淀粉粒残留
19	45×	磨圆		A 中强	有	是	
20	45×	磨平		弱	无	否	

观测点编号	放大倍率	整体形貌	微形态主要类型	光泽类型	有无条痕	是否谷物光泽	淀粉粒结果
21	45×	磨平		弱	无	否	
22	220×		磨圆形态、均匀平面、磨平形态及均匀弧突	A 中强	无	是	
23	220×		磨圆形态、均匀平面、磨平形态及均匀弧突	A 中强	有	是	
24	220×		磨圆形态、均匀平面、磨平形态及均匀弧突	A 中强	有	是	发现坚果类淀粉粒残留
25	220×		磨圆形态、均匀平面、磨平形态及均匀弧突	B 中弱	无	可能是	
26	220×		磨圆形态、均匀平面、磨平形态及均匀弧突	B 中弱	有	可能是	
27	220×		磨圆、均匀平面及磨平	弱	有	否	

　　整体形貌、微形态主要类型与光泽类型都指示此件器物曾经用来加工两种以上物质，即谷物类和坚果类物质，分别与模拟实验三及四使用微痕十分类似。而淀粉粒分析结果确实发现了坚果类物质，但并未发现谷物类淀粉颗粒。观测点的微痕图片见图 7.94。

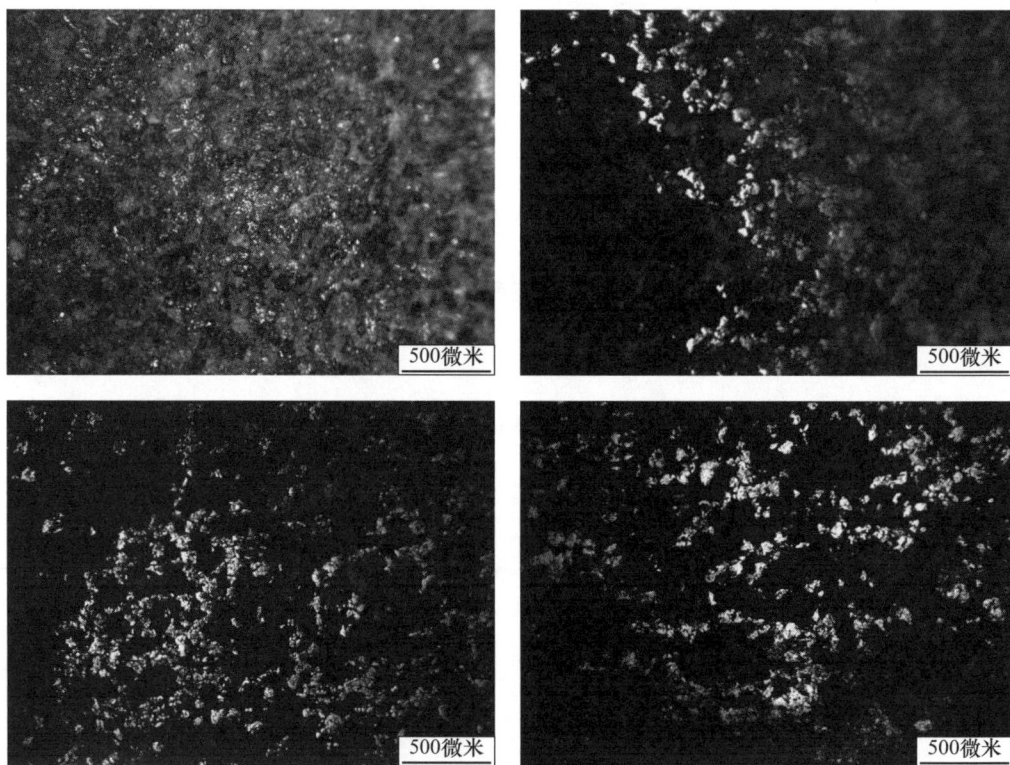

图 7.94　王因 236 克微痕

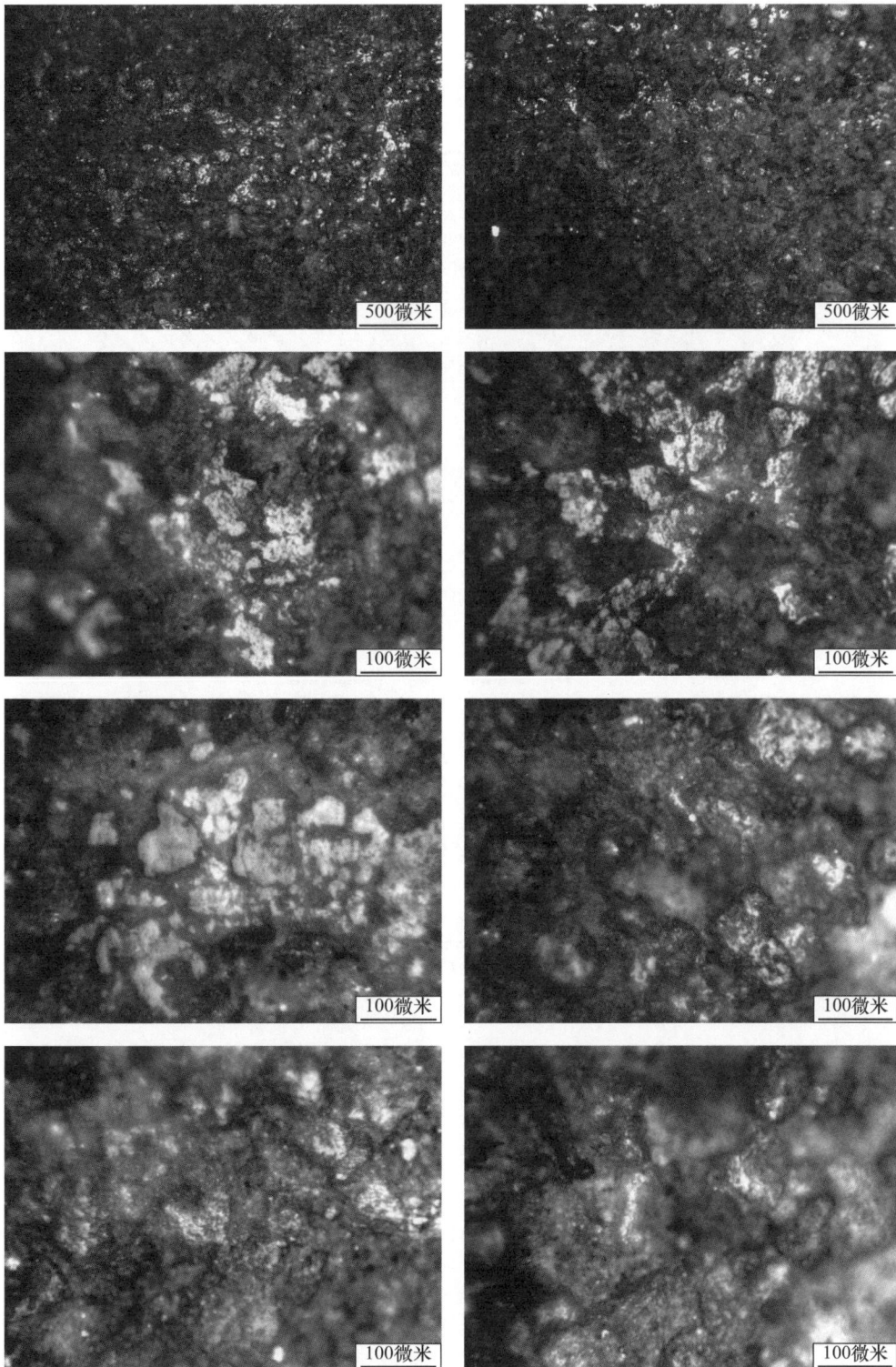

图 7.94　王因 236 克微痕（续）

2. 248 克（磨棒一端）

共在四处区域进行了微痕观察，具体位置见图 7.95。微痕具体情况见表 7.29。

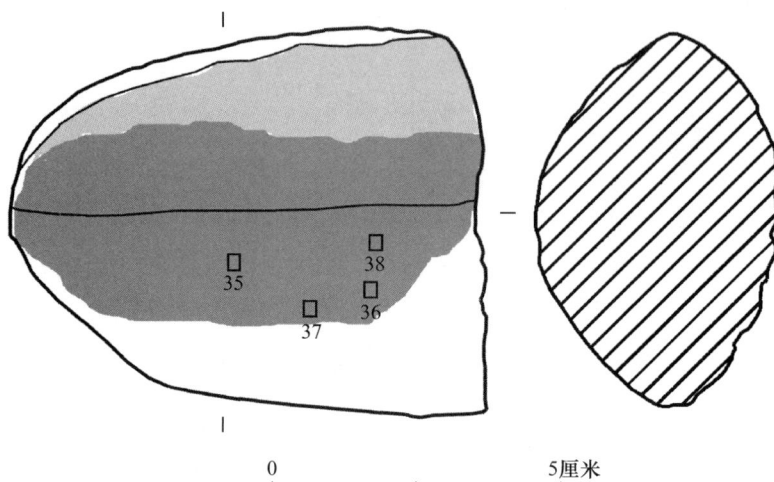

图 7.95　王因 248 克微痕观察区域

表 7.29　王因 248 克微痕情况统计表

观测点编号	放大倍率	整体形貌	微形态主要类型	光泽类型	有无条痕	是否谷物光泽	淀粉粒结果
35	45×	磨平		点状	无	否	
36	45×	磨平		点状	无	否	未发现淀粉粒残留
37	220×		磨圆、均匀平面及磨平	微弱	无	否	
38	220×		磨圆、均匀平面及磨平	微弱	无	否	

整体形貌、微形态主要类型与光泽类型都指示此件器物曾经用来加工坚果类物质，与模拟实验四使用微痕十分类似。

3. 396 克（磨棒一端）

共在十一处区域进行了微痕观察，其中四处区域分别进行低倍及高倍观察，具体位置见图 7.96。微痕具体情况见表 7.30。

整体形貌、微形态主要类型与模拟实验四类似，指示此件器物可能用来加工橡子类坚果，但绝大部分光泽类型指示此件器物也可能曾经用来加工谷物类物质。淀粉粒分析虽然发现坚果类物质，但其采集区域并未在使用面上，故不能作为功能判

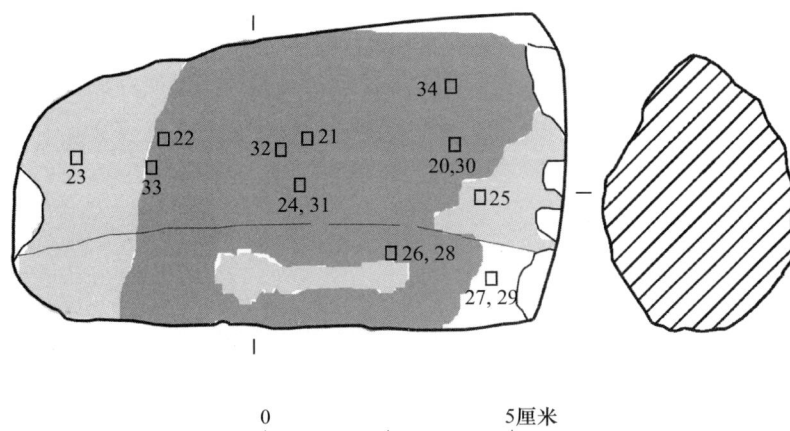

图 7.96　王因 396 克微痕观察区域

表 7.30　王因 396 克微痕情况统计表

观测点编号	放大倍率	整体形貌	微形态主要类型	光泽类型	有无条痕	是否谷物光泽	淀粉粒结果
20	45×	磨平		B 中弱	无	可能是	
21	45×	磨平		B 中弱	无	可能是	
22	45×	磨平		B 中弱	无	可能是	
23	45×	磨平		弱	无	可能是	
24	45×	磨平		B 中强	无	可能是	
25	45×	磨平		微弱	无	否	
26	45×	磨平		B 中弱	无	可能是	
27	45×	磨平		B 中弱	无	可能是	发现坚果类淀粉粒残留
28	220×		磨圆、均匀平面及磨平	B 中弱	无	可能是	
29	220×		磨圆、均匀平面及磨平	B 中弱	无	可能是	
30	220×		磨圆、均匀平面及磨平	B 中弱	无	可能是	
31	220×		磨圆、均匀平面及磨平	B 中弱	无	可能是	
32	220×		磨圆、均匀平面及磨平	B 中弱	无	可能是	
33	220×		磨圆、均匀平面及磨平	B 中弱	无	可能是	
34	220×		磨圆、均匀平面及磨平	B 中弱	无	可能是	

断依据。综合考虑，此件器物可能是一件既可加工谷物类也可加工坚果类物质的多用途工具。观测点的微痕图片见图 7.97。

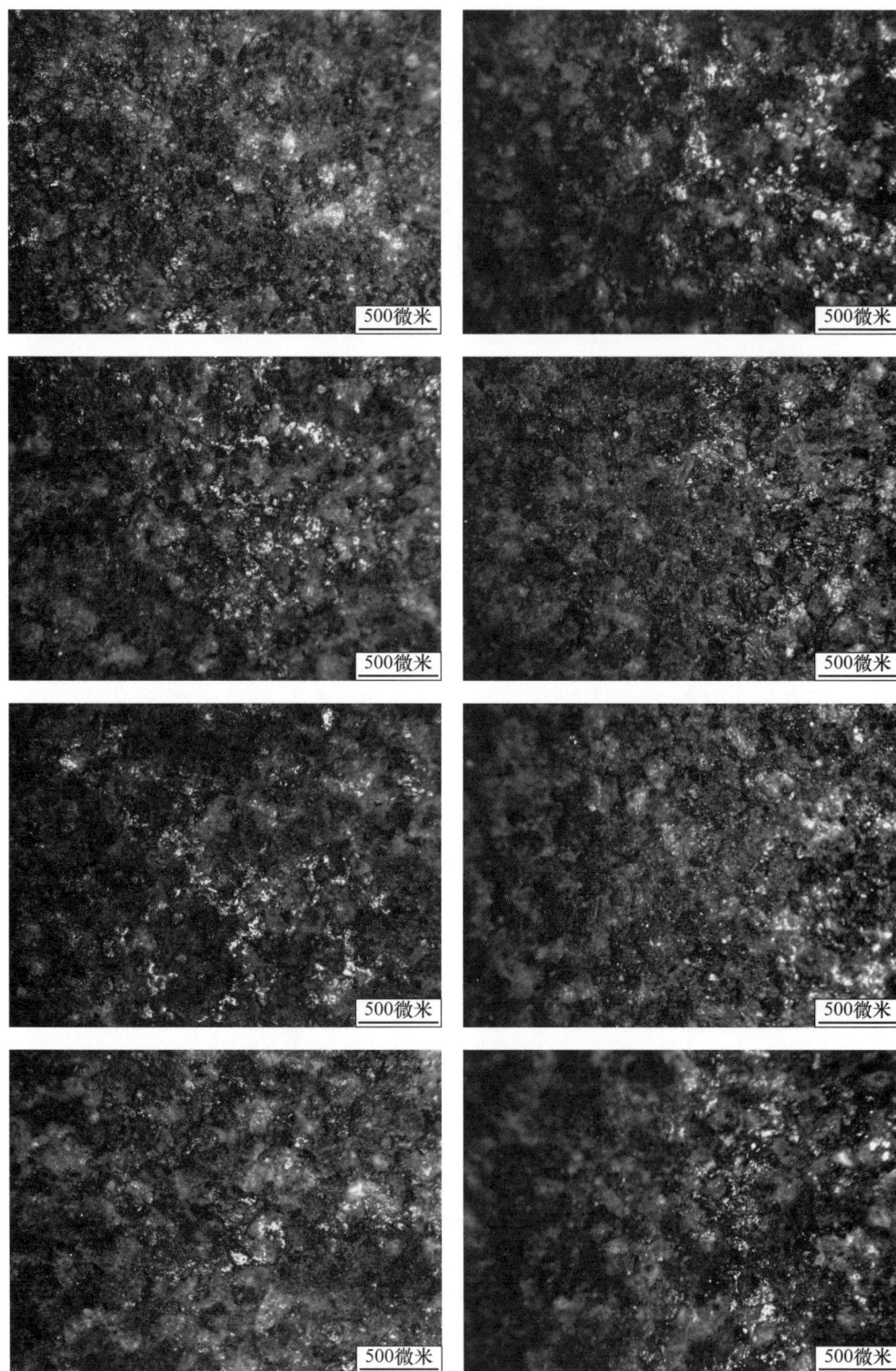

图 7.97　王因 396 克微痕

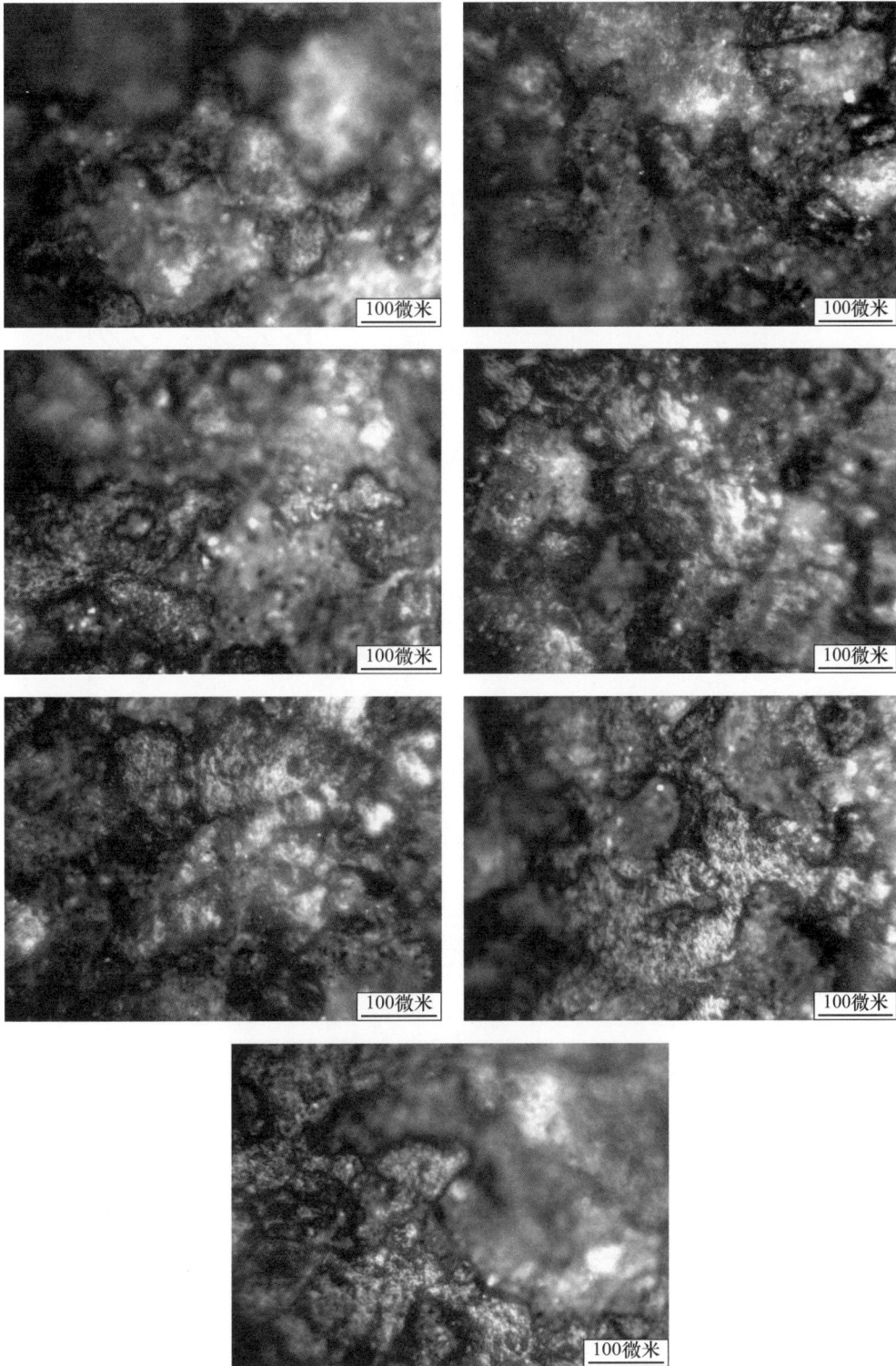

图 7.97　王因 396 克微痕（续）

4. 331 克（磨棒断块）

共在九处区域进行了微痕观察，其中下端右侧两处区域分别进行低倍及高倍观察，具体位置见图 7.98。微痕具体情况见表 7.31。

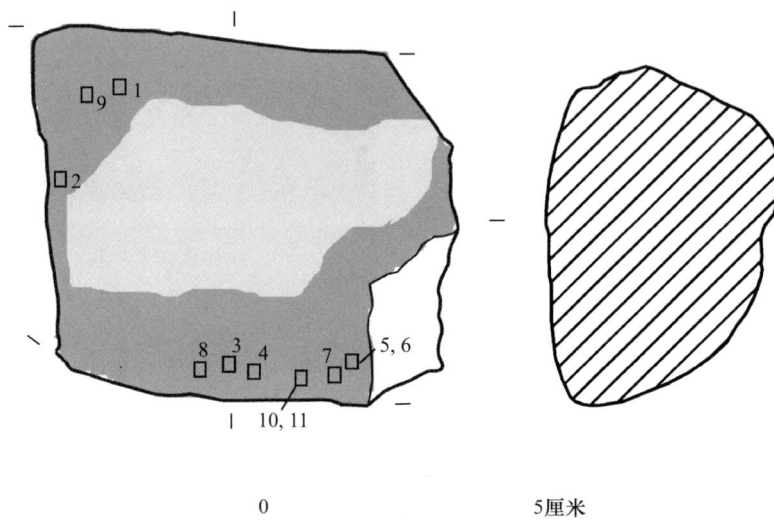

图 7.98　王因 331 克微痕观察区域

表 7.31　王因 331 克微痕情况统计表

观测点编号	放大倍率	整体形貌	微形态主要类型	光泽类型	有无条痕	是否谷物光泽	淀粉粒结果
1	45×	磨平		点状	无	否	
2	45×	磨平		微弱	无	否	
3	45×	磨平		弱	无	否	
4	45×	磨平		弱	无	否	
5	45×	磨平		弱	无	否	
6	220×		磨圆、均匀平面及磨平	弱	无	否	未发现淀粉粒残留
7	220×		磨圆、均匀平面及磨平	弱	无	否	
8	220×		磨圆、均匀平面及磨平	弱	无	否	
9	220×		磨圆、均匀平面及磨平	点状	无	否	
10	220×		磨圆、均匀平面及磨平	弱	无	否	
11	220×		磨圆、均匀平面及磨平	弱	无	否	

整体形貌、微形态主要类型与光泽类型都指示此件器物曾经用来加工坚果类物质，与模拟实验四使用微痕十分类似。

5. 577 克（磨棒一端）

共在四处区域进行了微痕观察，具体位置见图 7.99。微痕具体情况见表 7.32。

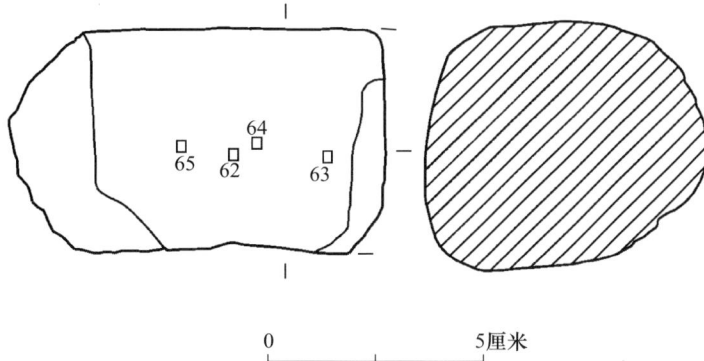

图 7.99 王因 577 克微痕观察区域

表 7.32 王因 577 克微痕情况统计表

观测点编号	放大倍率	整体形貌	微形态主要类型	光泽类型	有无条痕	是否谷物光泽	淀粉粒结果
62	45×	磨平		点状	无	否	发现坚果类及未成熟坚果类淀粉粒残留
63	45×	磨平		点状	无	否	
64	220×		磨圆、均匀平面及磨平	点状	无	否	
65	220×		磨圆、均匀平面及磨平	不见光泽	无	否	

整体形貌、微形态主要类型与光泽类型都指示此件器物曾用来加工坚果类物质，与模拟实验四使用微痕十分类似。而淀粉粒分析结果也很好地证明了这一判断。

6. T238③：11（磨棒一端）

共在四处区域进行了微痕观察，具体位置见图 7.100。微痕具体情况见表 7.33。

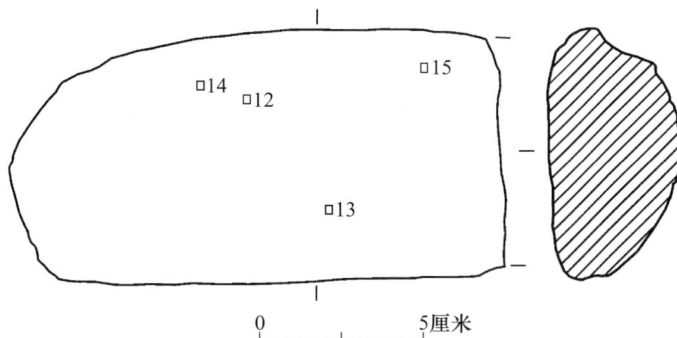

图 7.100 王因 T238③：11 微痕观察区域

表 7.33　王因 T238 ③∶11 微痕情况统计表

观测点编号	放大倍率	整体形貌	微形态主要类型	光泽类型	有无条痕	是否谷物光泽	淀粉粒结果
12	45×	磨平		点状	无	否	未发现淀粉粒残留
13	45×	磨平		点状	无	否	
14	45×	磨平		点状	无	否	
15	220×		磨圆、均匀平面及磨平	不见光泽	无	否	

　　整体形貌、微形态主要类型与光泽类型都指示此件器物曾经用来加工坚果类物质，与模拟实验四使用微痕十分类似。

7. T249H1∶1（磨棒一端）

　　共在八处区域进行了微痕观察，其中下端右侧区域分别进行低倍及高倍观察，具体位置见图 7.101。微痕具体情况见表 7.34。

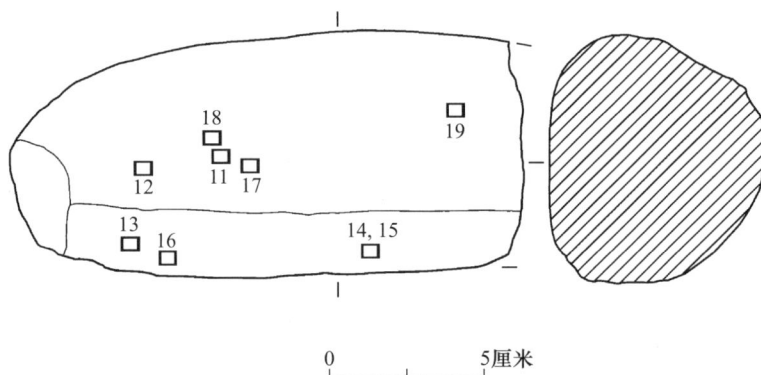

0　　　　　　　5厘米

图 7.101　王因 T249H1∶1 微痕观察区域

表 7.34　王因 T249H1∶1 微痕情况统计表

观测点编号	放大倍率	整体形貌	微形态主要类型	光泽类型	有无条痕	是否谷物光泽	淀粉粒结果
11	45×	磨平		点状	无	否	未发现淀粉粒残留
12	45×	磨平		点状	无	否	
13	45×	磨平		点状	无	否	
14	45×	磨平		点状	无	否	
15	220×		磨圆、均匀平面及磨平	不见光泽	无	否	
16	220×		磨圆、均匀平面及磨平	微弱	无	否	

续表

观测点编号	放大倍率	整体形貌	微形态主要类型	光泽类型	有无条痕	是否谷物光泽	淀粉粒结果
17	220×		磨圆、均匀平面及磨平	微弱	无	否	未发现淀粉粒残留
18	220×		磨圆、均匀平面及磨平	微弱	无	否	
19	220×		磨圆、均匀平面及磨平	微弱	无	否	

　　整体形貌、微形态主要类型与光泽类型都指示此件器物曾经用来加工坚果类物质，与模拟实验四使用微痕十分类似。观测点的微痕图片见图7.102。

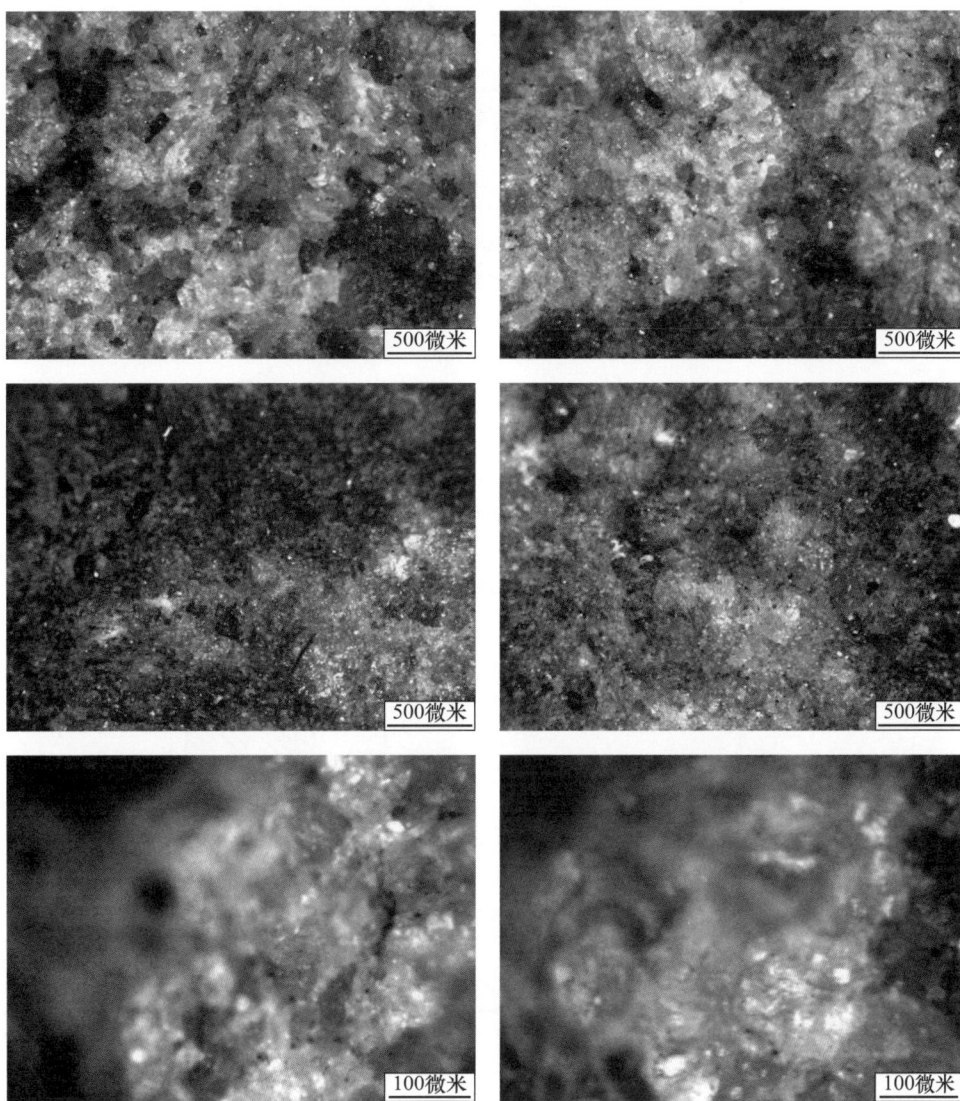

图 7.102　王因 T249H1∶1 微痕

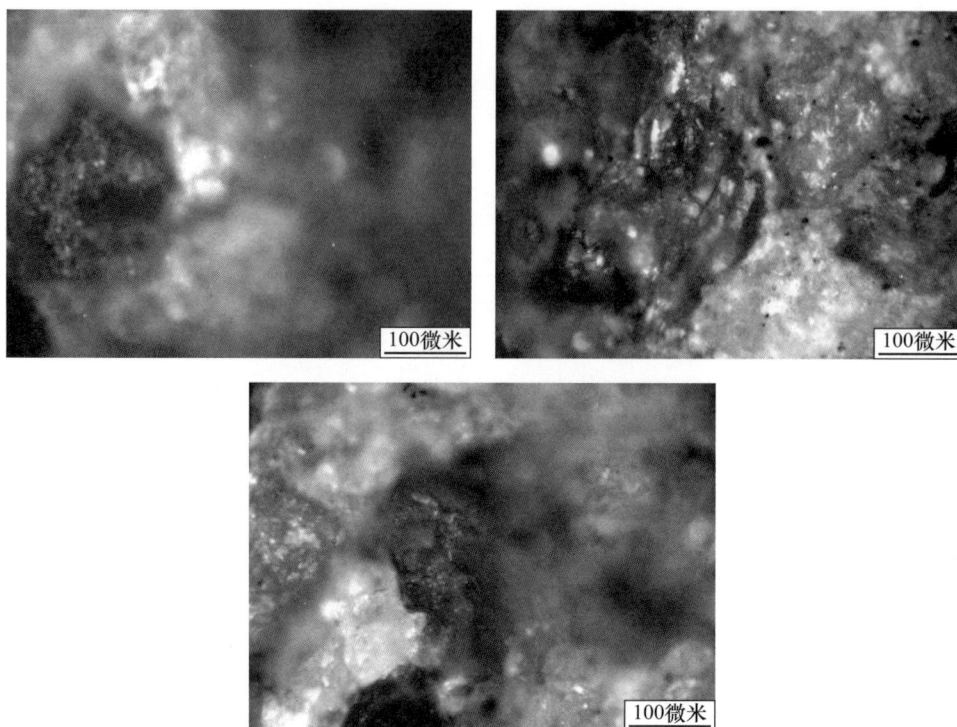

图 7.102　王因 T249H1∶1 微痕（续）

8. T285③∶3（基本完整磨棒）

　　共在七处区域进行了微痕观察，其中下端右侧区域分别进行低倍及高倍观察，具体位置见图 7.103。微痕具体情况见表 7.35。

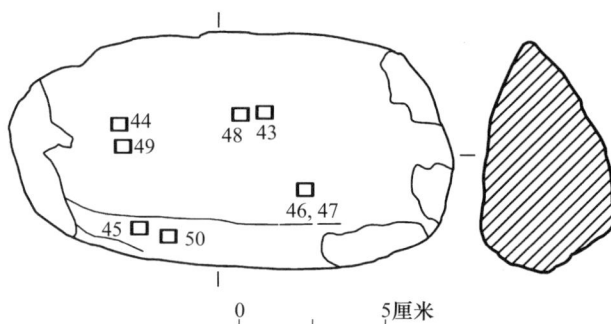

图 7.103　王因 T285③∶3 微痕观察区域

表 7.35　王因 T285③∶3 微痕情况统计表

观测点编号	放大倍率	整体形貌	微形态主要类型	光泽类型	有无条痕	是否谷物光泽	淀粉粒结果
43	45×	磨平		弱	无	否	未发现淀粉粒残留
44	45×	磨平		弱	无	否	

续表

观测点编号	放大倍率	整体形貌	微形态主要类型	光泽类型	有无条痕	是否谷物光泽	淀粉粒结果
45	45×	磨平		点状	无	否	
46	45×	磨平		弱	无	否	
47	220×		磨圆、均匀平面及磨平	弱	有	否	未发现淀粉粒残留
48	220×		磨圆、磨平及均匀弧突	B中弱	无	可能是	
49	220×		磨圆、均匀平面及磨平	弱	无	否	
50	220×		磨圆、均匀平面及磨平	弱	无	否	

除观测点 48 以外，整体形貌、微形态主要类型与光泽类型都指示此件器物曾经用来加工坚果类物质，与模拟实验四使用微痕十分类似。因而综合考虑，此件器物功能为加工坚果类物质。

9. 2669 克（磨盘断块）

共在三处区域进行了微痕观察，具体位置见图 7.104。微痕具体情况见表 7.36。

整体形貌与模拟实验四使用微痕类似，低倍下观察未见光泽。结合工艺观察，我们推断此件磨盘在即将完成打击维持时破裂，于是废弃不再使用，但由于没有更多的微痕证据，且也未发现淀粉粒残留，故其废弃之前的使用功能我们不得而知。观测点的微痕图片见图 7.105。

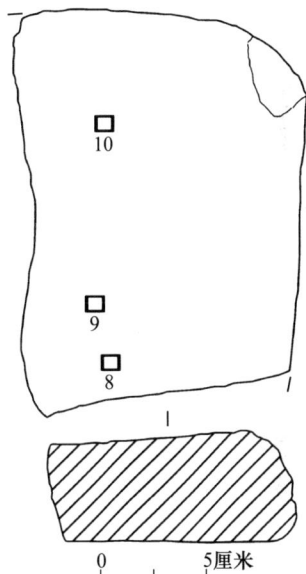

图 7.104　王因 2669 克微痕观察区域

表 7.36　王因 2669 克微痕情况统计表

观测点编号	放大倍率	整体形貌	光泽类型	有无条痕	是否谷物光泽	淀粉粒结果
8	45×	磨平	不见光泽	无	否	
9	45×	磨平	不见光泽	无	否	未发现淀粉粒残留
10	45×	磨平	不见光泽	无	否	

10. T415④下：8（磨盘断块）

共在四处区域进行了微痕观察，具体位置见图 7.106。微痕具体情况见表 7.37。

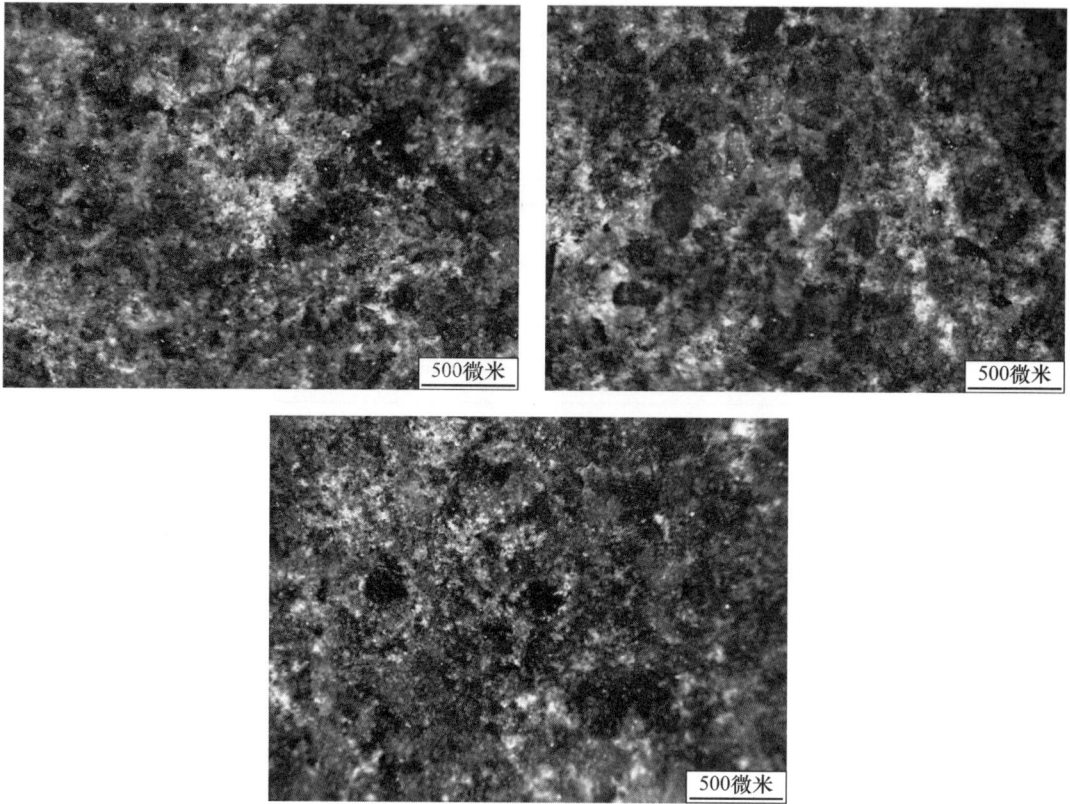

图 7.105　王因 2669 克微痕

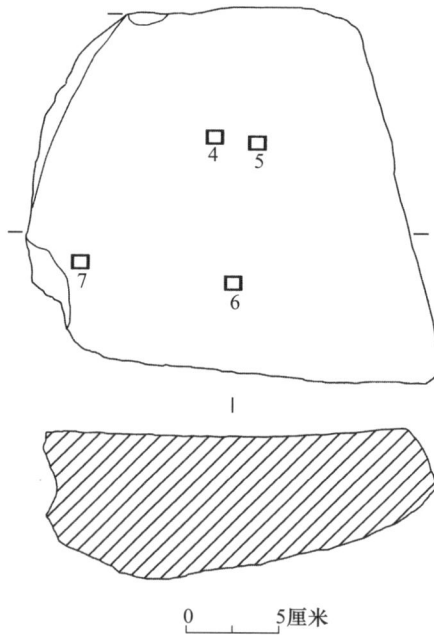

图 7.106　王因 T415 ④下∶8 微痕观察区域

表 7.37 王因 T415 ④ 下：8 微痕情况统计表

观测点编号	放大倍率	整体形貌	光泽类型	有无条痕	是否谷物光泽	淀粉粒结果
4	45×	磨平	点状	无	否	
5	45×	磨平	点状	无	否	未发现淀粉粒残留
6	45×	磨平	点状	无	否	
7	45×	磨平	点状	无	否	

肉眼可见其磨损轻微，未作高倍观察，但低倍下整体形貌与光泽类型都指示此件器物曾用来加工坚果类物质，与模拟实验四使用微痕十分类似。而其工艺学观察显示其正面密布维持所致的琢打痕，并可见磨面打破琢打痕，但琢打造成的凹痕仍清晰可见，表明琢打后又使用较短时间。综合考虑，我们倾向于认为此件磨盘短时间内加工过坚果类物质。

11. T4006 ④下：109（磨棒一端）

共在九处区域进行了微痕观察，其中左侧中部区域分别进行低倍及高倍观察，具体位置见图 7.107。微痕具体情况见表 7.38。

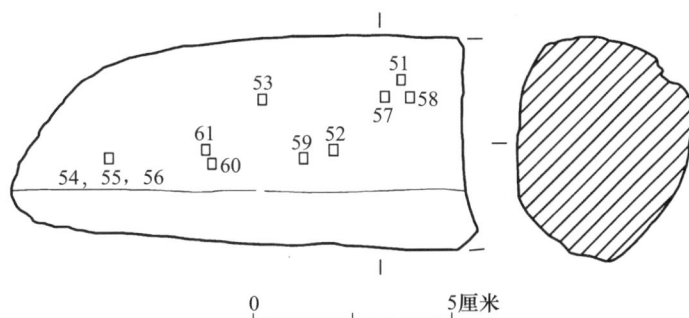

图 7.107 王因 T4006 ④ 下：109 微痕观察区域

表 7.38 王因 T4006 ④ 下：109 微痕情况统计表

观测点编号	放大倍率	整体形貌	微形态主要类型	光泽类型	有无条痕	是否谷物光泽	淀粉粒结果
51	45×	磨平		点状	无	否	
52	45×	磨平		点状	无	否	
53	45×	磨平		点状	无	否	
54	45×	磨圆		B 中弱	无	可能是	未发现淀粉粒残留
55	45×	磨圆		B 中弱	无	可能是	
56	220×		磨圆、均匀平面及磨平	B 中弱	无	可能是	
57	220×		磨圆、均匀平面及磨平	弱	无	否	
58	220×		磨圆、均匀平面及磨平	弱	无	否	

观测点编号	放大倍率	整体形貌	微形态主要类型	光泽类型	有无条痕	是否谷物光泽	淀粉粒结果
59	220×		磨圆、均匀平面及磨平	微弱	无	否	未发现淀粉粒残留
60	220×		磨圆、磨平及均匀弧突	B 中弱	无	可能是	
61	220×		磨圆、均匀平面及磨平	B 中弱	无	可能是	

　　整体形貌、微形态主要类型与光泽类型都指示此件器物曾经用来加工两种以上物质，即谷物类及坚果类，分别与模拟实验一及四使用微痕十分类似。观测点的微痕图片见图 7.108。

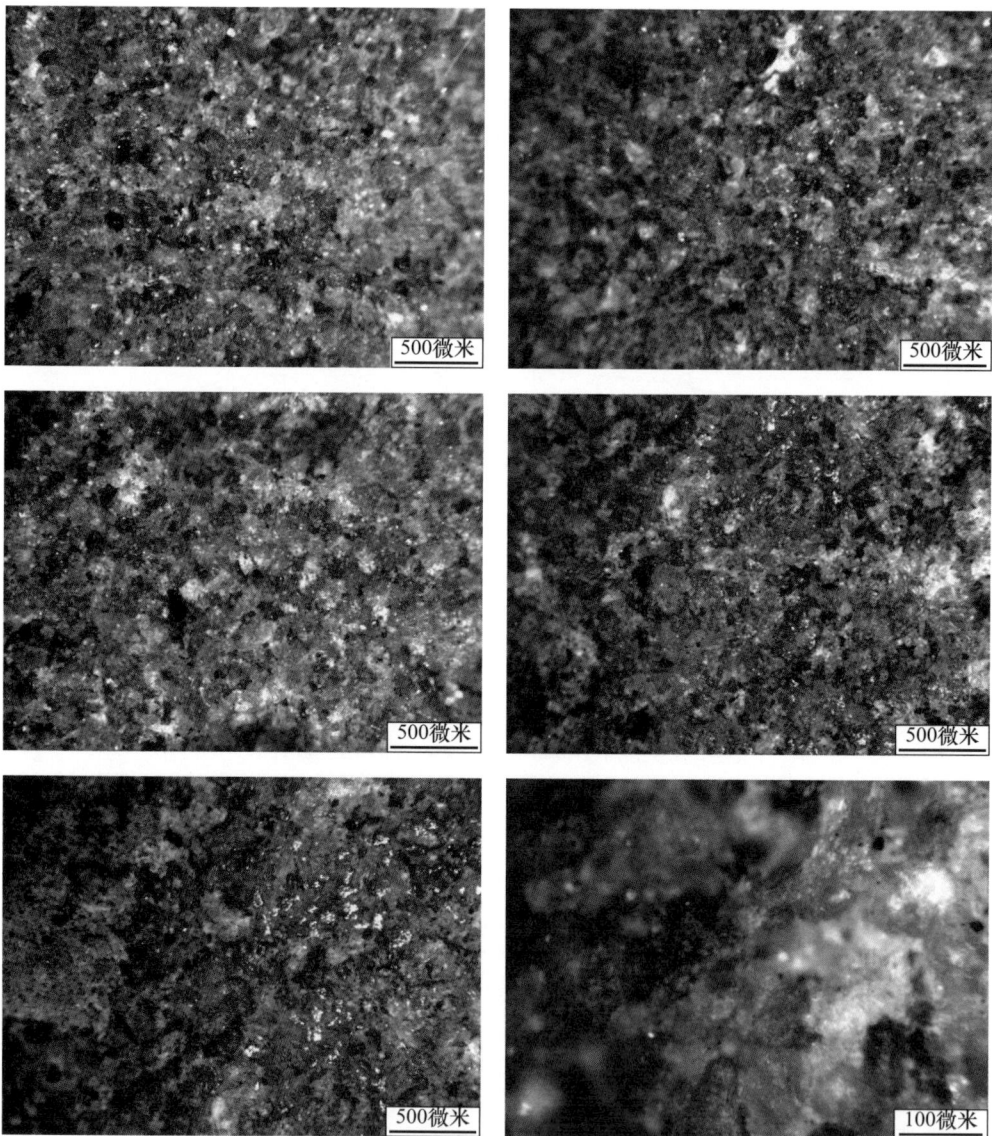

图 7.108　王因 T4006 ④下：109 微痕

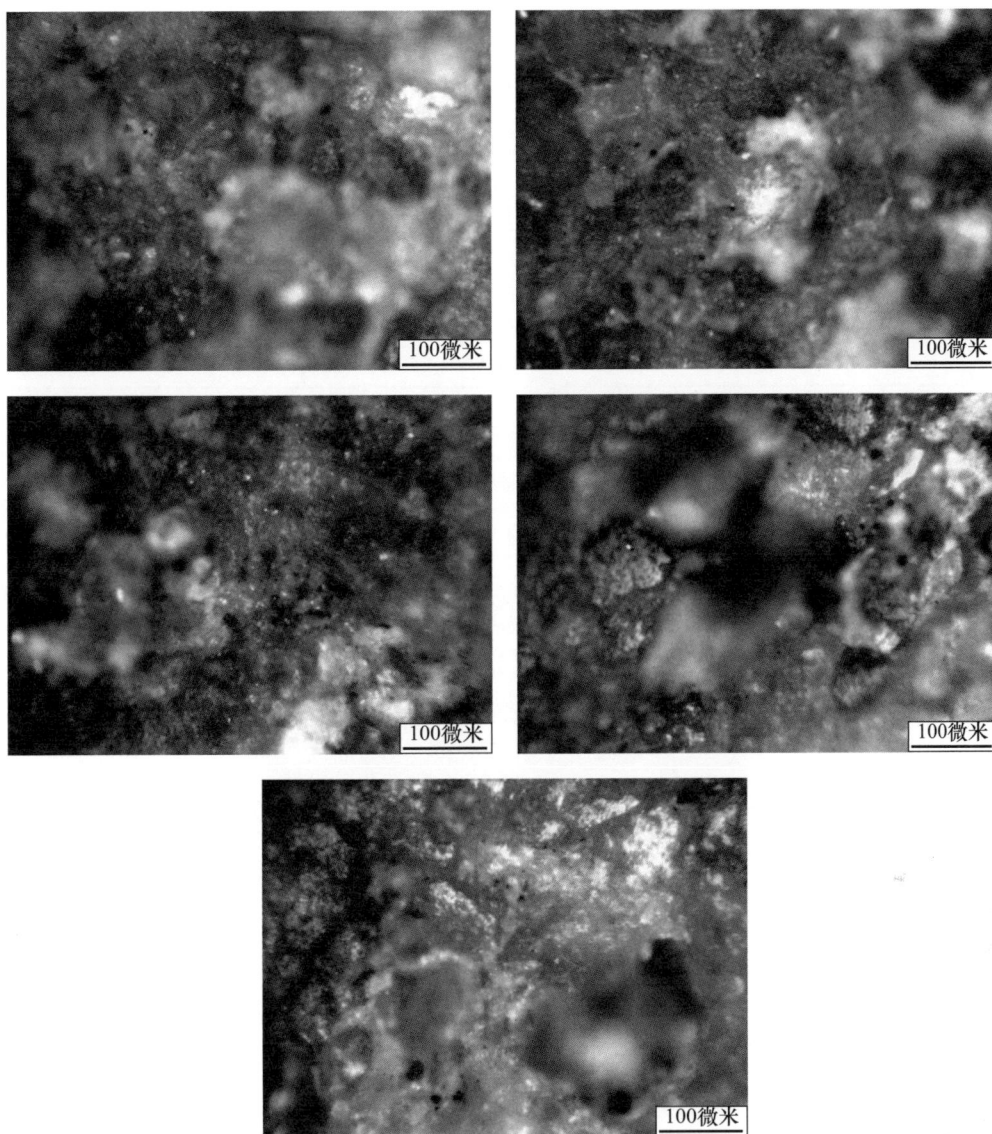

图 7.108 王因 T4006 ④下：109 微痕（续）

12. T4009H4005：12（磨棒一端）

共在六处区域进行了微痕观察，具体位置见图 7.109。微痕具体情况见表 7.39。

整体形貌有两种类型，但微形态主要类型与光泽类型都指示此件器物曾经用来加工坚果类物质，故综合考虑此件器物最大可能曾用来加工坚果类物质。

13. T4009H4009：2（磨棒一端）

共在四处区域进行了微痕观察，具体位置见图 7.110。微痕具体情况见表 7.40。

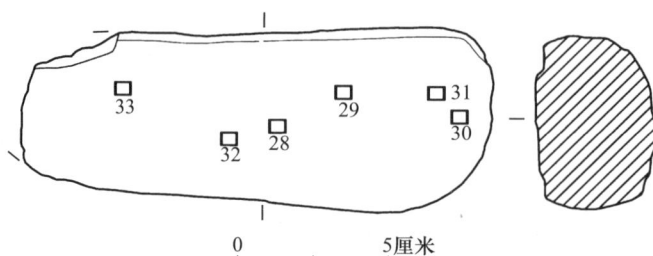

图 7.109　王因 T4009H4005∶12 微痕观察区域

表 7.39　王因 T4009H4005∶12 微痕情况统计表

观测点编号	放大倍率	整体形貌	微形态主要类型	光泽类型	有无条痕	是否谷物光泽	淀粉粒结果
28	45×	磨圆		不见光泽	无	否	
29	45×	磨圆		不见光泽	无	否	
30	45×	磨平		点状	无	否	未发现淀粉粒残留
31	220×		磨圆、均匀平面及磨平	弱	无	否	
32	220×		磨圆、均匀平面及磨平	微弱	无	否	
33	220×		磨圆、均匀平面及磨平	微弱	无	否	

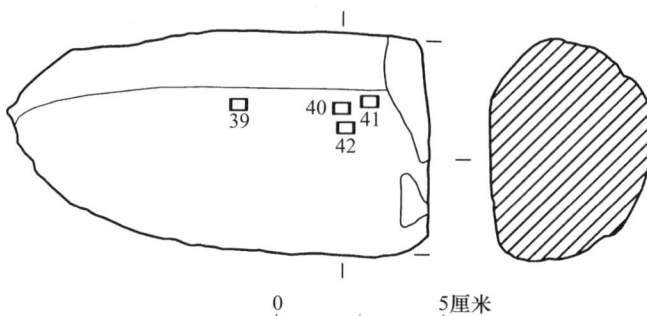

图 7.110　王因 T4009H4009∶2 微痕观察区域

表 7.40　王因 T4009H4009∶2 微痕情况统计表

观测点编号	放大倍率	整体形貌	微形态主要类型	光泽类型	有无条痕	是否谷物光泽	淀粉粒结果
39	45×	磨平		点状	无	否	
40	45×	磨平		B 中弱	无	可能是	未发现淀粉粒残留
41	220×		磨圆、均匀平面及磨平	B 中弱	无	可能是	
42	220×		磨圆、均匀平面及磨平	弱	有	否	

　　整体形貌、微形态主要类型与模拟实验四类似，而光泽类型中除发现非谷物类光泽，也发现有可能是加工谷物类的光泽类型，但未发现发达的 A 类光泽。故综合考虑我们认为此件器物最大可能是用来加工坚果类物质。观测点的微痕图片见图 7.111。

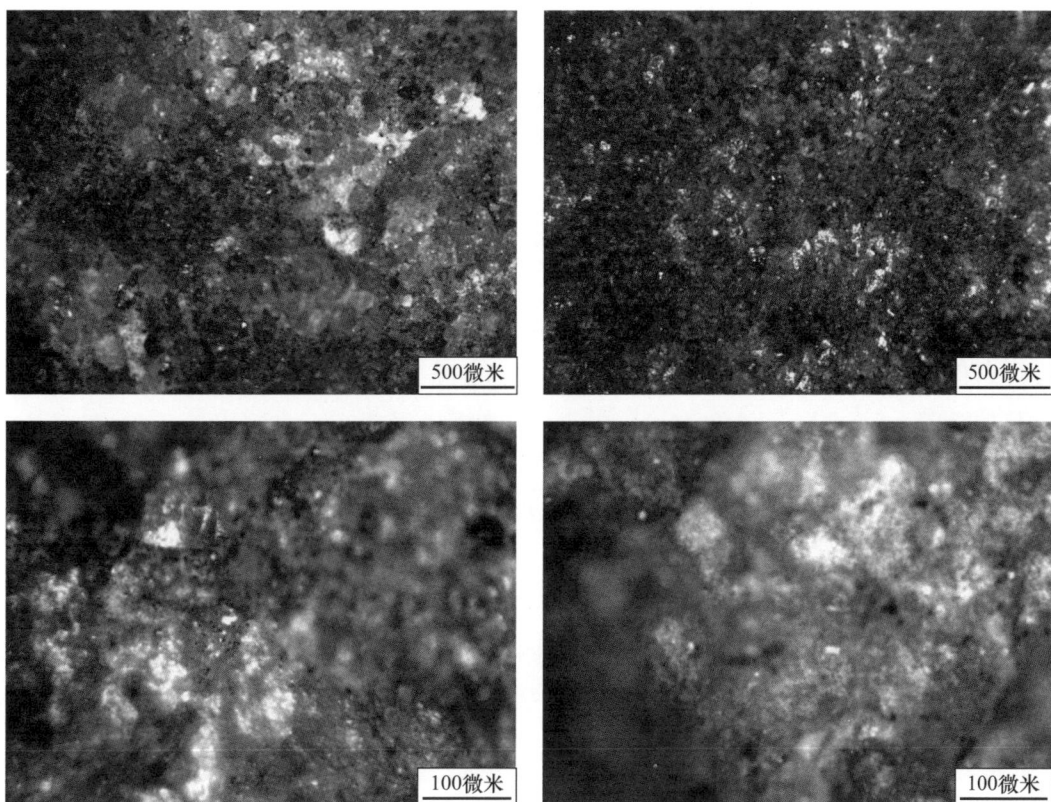

图 7.111　王因 T4009 H4009：2 微痕

14. T4011④下：1（磨盘一端）

共在三处区域进行了微痕观察，具体位置见图 7.112。微痕具体情况见表 7.41。

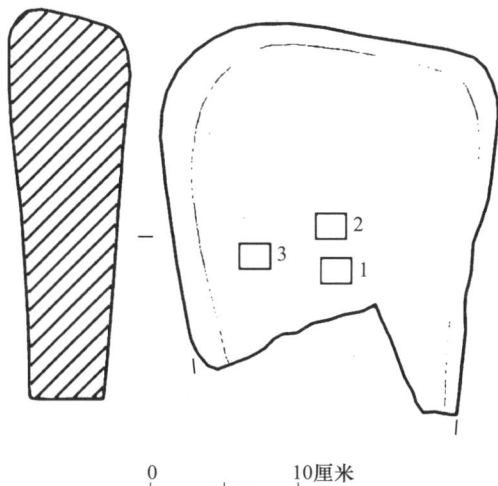

0　　　　　　　10厘米

图 7.112　王因 T4011④下：1 微痕观察区域

表 7.41   王因 T4011 ④下：1 微痕情况统计表

观测点编号	放大倍率	整体形貌	光泽类型	有无条痕	是否谷物光泽	淀粉粒结果
1	45×	磨平	不见光泽	无	否	
2	45×	磨平	不见光泽	无	否	未作淀粉粒采样
3	45×	磨平	不见光泽	无	否	

　　仅在低倍下观察，未发现使用光泽，故未作高倍观察。结合工艺学观察，其可能破裂后作为磨石使用，可能对以前的使用痕迹造成一定程度的磨蚀与破坏，故不能断定其功能。

七、东贾柏遗址

1. F6：1（拼接为完整磨盘）

　　共在八处区域进行了微痕观察，其中四处区域分别进行低倍及高倍观察，具体位置见图 7.113。微痕具体情况见表 7.42。

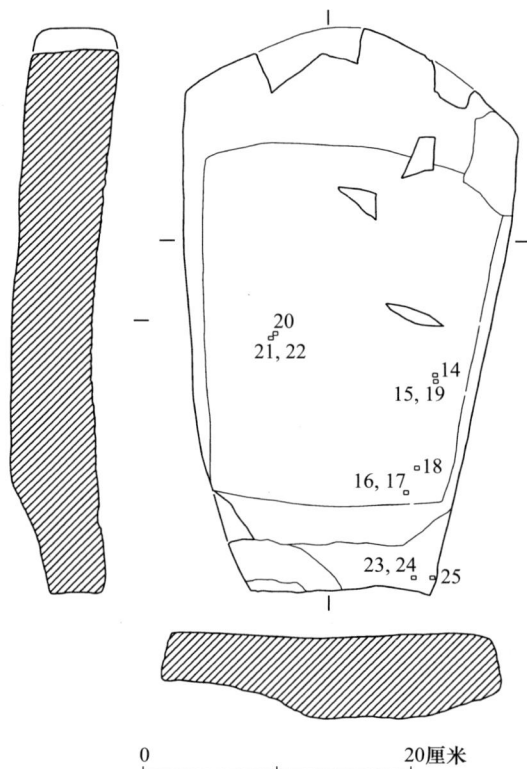

图 7.113   东贾柏 F6：1 微痕观察区域

表 7.42　东贾柏 F6：1 微痕情况统计表

观测点编号	放大倍率	整体形貌	微形态主要类型	光泽类型	有无条痕	是否谷物光泽	淀粉粒结果
14	45×	磨平		微弱	有	否	
15	45×	磨平		微弱	有	否	
16	45×	磨圆		不见光泽	无	否	
17	220×		磨圆、均匀平面及磨平	弱	无	否	
18	220×		磨圆、均匀平面及磨平	微弱	无	否	
19	220×		磨圆、均匀平面及磨平	弱	有	否	发现坚果类淀粉粒残留
20	220×		磨圆、均匀平面及磨平	弱	无	否	
21	220×		磨圆、均匀平面及磨平	微弱	有	否	
22	45×	磨平		微弱	无	否	
23	45×	磨平		点状	无	否	
24	220×		磨圆、均匀平面及磨平	微弱	无	否	
25	220×		磨圆、均匀平面及磨平	点状	无	否	

　　整体形貌、微形态主要类型与光泽类型都指示此件器物曾经用来加工坚果类物质，与模拟实验四使用微痕十分类似。观测点的微痕图片见图 7.114。

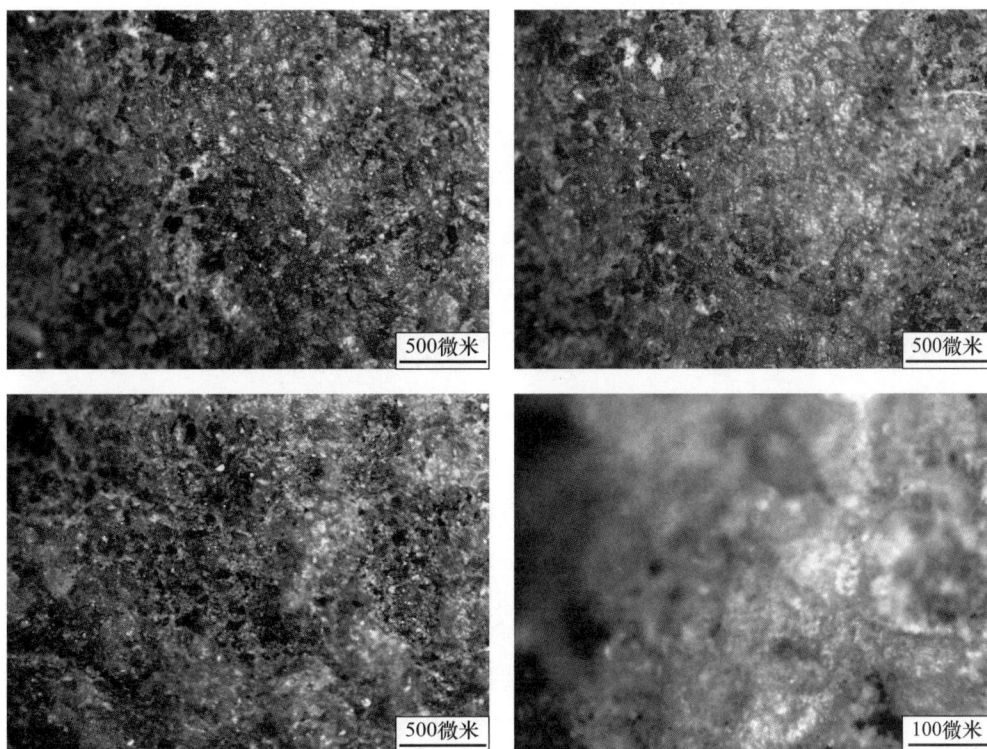

图 7.114　东贾柏 F6：1 微痕

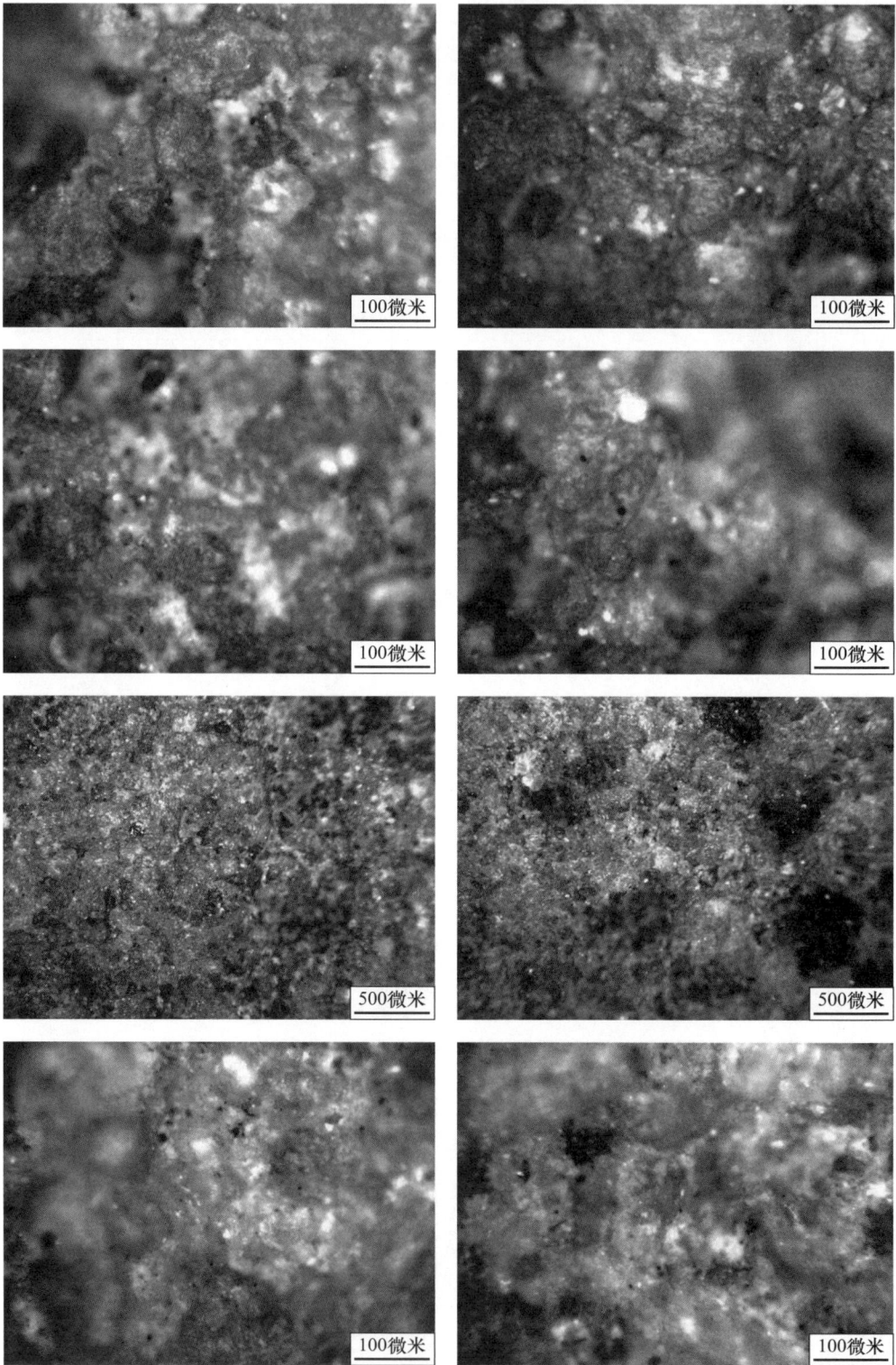

图 7.114　东贾柏 F6∶1 微痕（续）

2. F6：4（磨棒断块）

共在两处区域进行了微痕观察，其中上端中部分别进行低倍及高倍观察，具体位置见图 7.115。微痕具体情况见表 7.43。

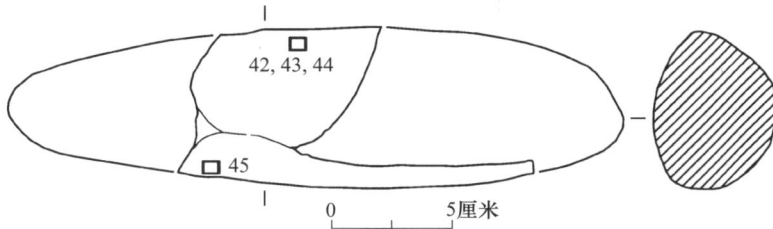

图 7.115　东贾柏 F6：4 微痕观察区域

表 7.43　东贾柏 F6：4 微痕情况统计表

观测点编号	放大倍率	整体形貌	微形态主要类型	光泽类型	有无条痕	是否谷物光泽	淀粉粒结果
42	45×	磨平		点状	无	否	发现坚果类淀粉粒残留
43	220×		磨圆、均匀平面及磨平	B 中弱	有	可能是	
44	220×		磨圆、均匀平面及磨平	A 弱	有	是	
45	220×		磨圆、均匀平面及磨平	点状	无	否	

整体形貌、微形态主要类型指示此件器物曾用来加工橡子类坚果，而光泽类型除包括非谷物光泽，还发现谷物光泽及疑似谷物光泽，而淀粉粒分析则发现坚果类物质，综合考虑此件器物功能可能是既加工坚果也加工谷物。观测点的微痕图片见图 7.116。

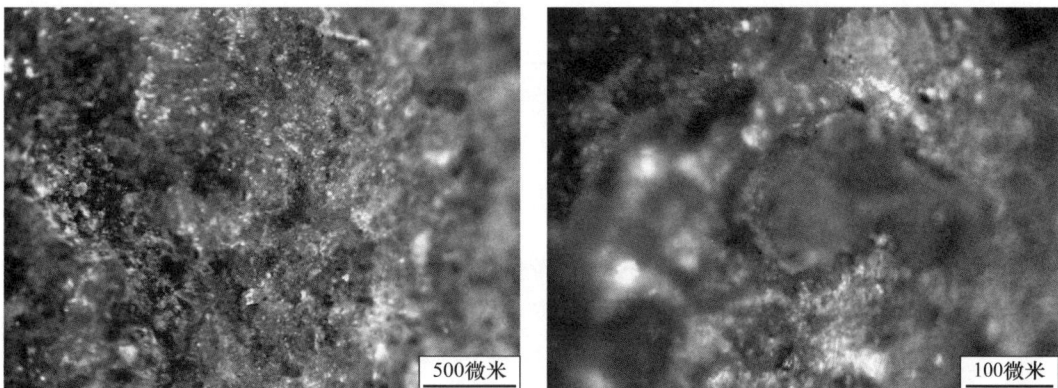

图 7.116　东贾柏 F6：4 微痕

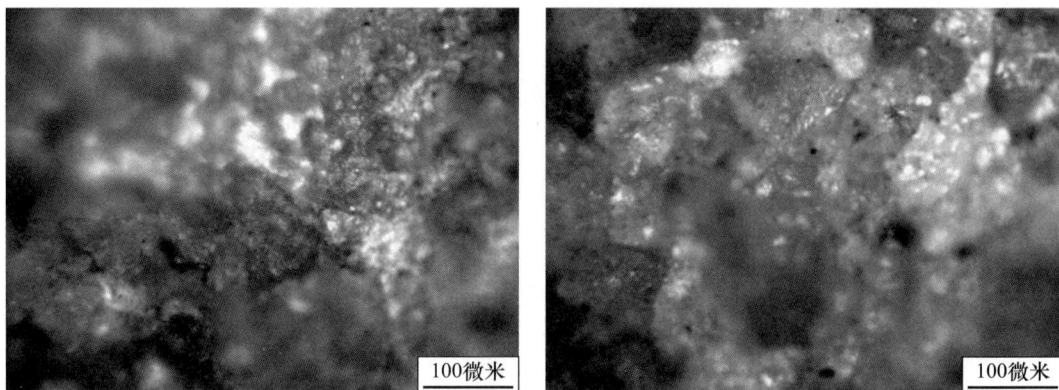

图 7.116　东贾柏 F6：4 微痕（续）

3. F7：3（磨棒断块）

共在五处区域进行了微痕观察，具体位置见图 7.117。微痕具体情况见表 7.44。

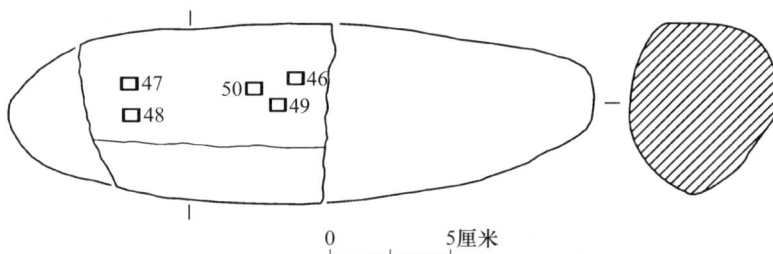

图 7.117　东贾柏 F7：3 微痕观察区域

表 7.44　东贾柏 F7：3 微痕情况统计表

观测点编号	放大倍率	整体形貌	微形态主要类型	光泽类型	有无条痕	是否谷物光泽	淀粉粒结果
46	45×	磨平		点状	无	否	未进行淀粉粒采样
47	45×	磨平		点状	无	否	
48	220×		磨圆、均匀平面及磨平	微弱	无	否	
49	220×		磨圆、均匀平面及磨平	点状	无	否	
50	220×		磨圆、均匀平面及磨平	微弱	无	否	

整体形貌、微形态主要类型与光泽类型都指示此件器物曾经用来加工坚果类物质，与模拟实验四使用微痕十分类似。

4. 359 克（磨盘断块）

共在六处区域进行了微痕观察，其中正面下部两处区域分别进行低倍及高倍观察，具体位置见图 7.118。微痕具体情况见表 7.45。

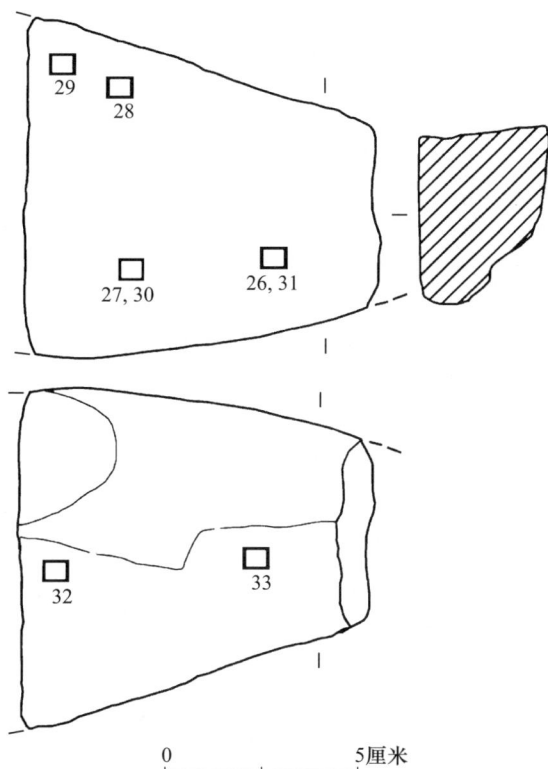

图 7.118 东贾柏 359 克微痕观察区域

表 7.45 东贾柏 359 克微痕情况统计表

观测点编号	放大倍率	整体形貌	微形态主要类型	光泽类型	有无条痕	是否谷物光泽	淀粉粒结果
26	45×	磨圆		A 中弱	无	是	
27	45×	磨平		微弱	无	否	
28	45×	磨平		微弱	无	否	
29	220×		磨圆、均匀平面及磨平	微弱	无	否	未发现淀粉粒残留
30	220×		磨圆、磨平及均匀弧突	A 弱	无	是	
31	220×		磨圆、磨平及均匀弧突	A 中强	有	是	
32	220×		磨圆、磨平及均匀弧突	B 中弱	有	可能是	
33	220×		不清楚	不清楚	无	否	

整体形貌、微形态主要类型与光泽类型都指示此件器物曾经用来加工两种以上物质，即谷物类及坚果类，分别与模拟实验一及四使用微痕十分类似。观测点的微痕图片见图 7.119。

图 7.119　东贾柏 359 克微痕

5. F9：7（拼接为较完整磨盘）

共在九处区域进行了微痕观察，其中四处区域分别进行低倍及高倍观察，具体位置见图 7.120。微痕具体情况见表 7.46。

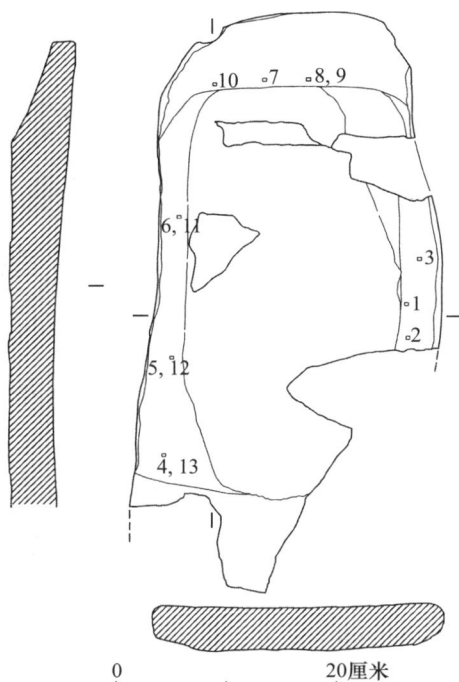

图 7.120 东贾柏 F9：7 微痕观察区域

表 7.46 东贾柏 F9：7 微痕情况统计表

观测点编号	放大倍率	整体形貌	微形态主要类型	光泽类型	有无条痕	是否谷物光泽	淀粉粒结果
1	45×	磨平		微弱	无	否	
2	45×	磨平		微弱	无	否	
3	220×		磨圆、均匀平面及磨平	弱	无	否	
4	220×		磨圆、均匀平面及磨平	微弱	无	否	
5	220×		磨圆、均匀平面及磨平	弱	无	否	
6	220×		磨圆、均匀平面及磨平	微弱	无	否	
7	220×		磨圆、均匀平面及磨平	微弱	无	否	发现坚果类淀粉粒残留
8	220×		磨圆、均匀平面及磨平	微弱	无	否	
9	45×	磨平		微弱	有	否	
10	45×	磨圆		点状	无	否	
11	45×	磨平		弱	无	否	
12	45×	磨平		弱	无	否	
13	45×	磨平		不清楚	无	否	

整体形貌、微形态主要类型与光泽类型都指示此件器物曾经用来加工坚果类物质，与模拟实验四使用微痕十分类似。观测点的微痕图片见图 7.121。

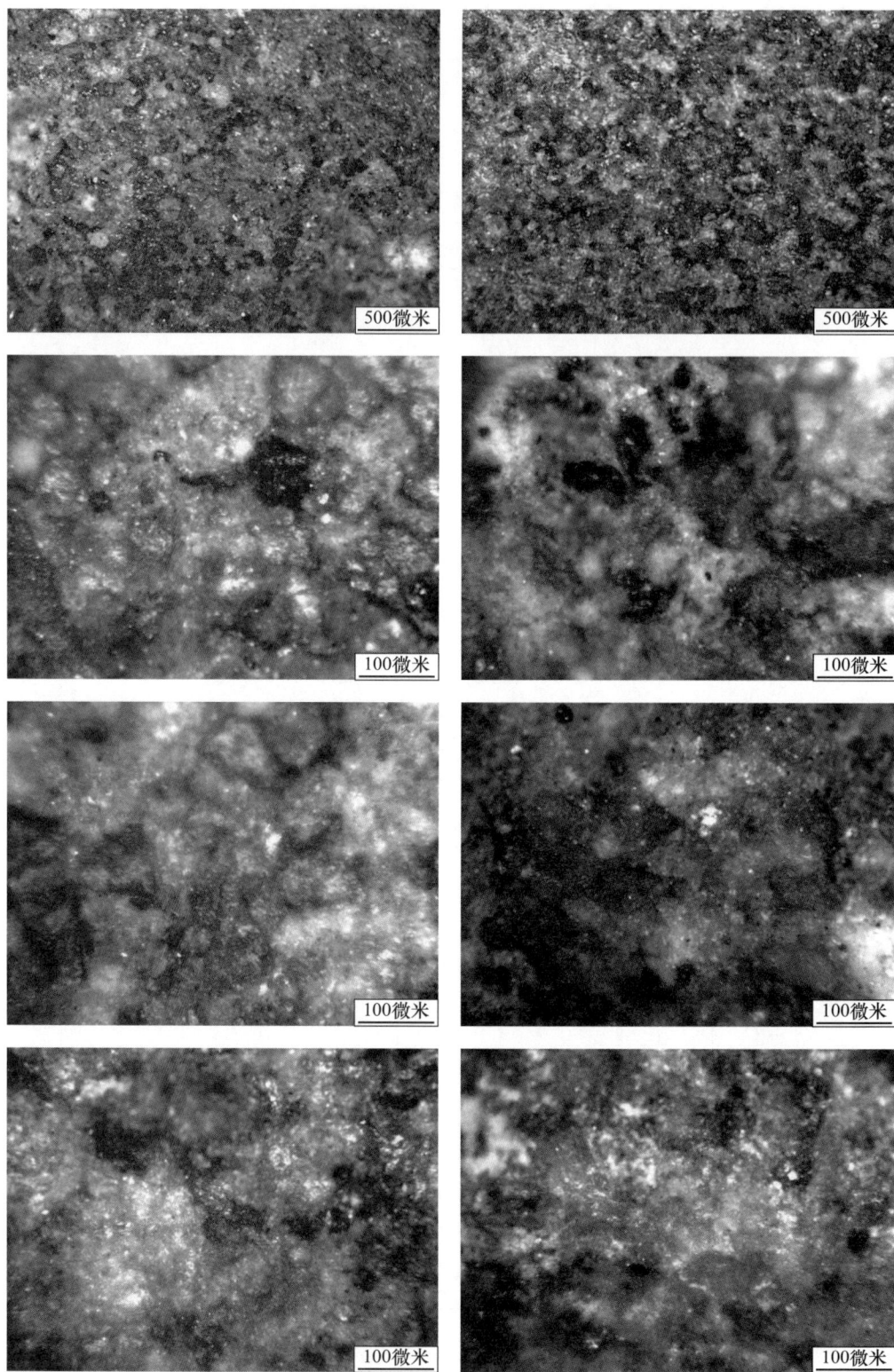

图 7.121　东贾柏 F9：7 微痕

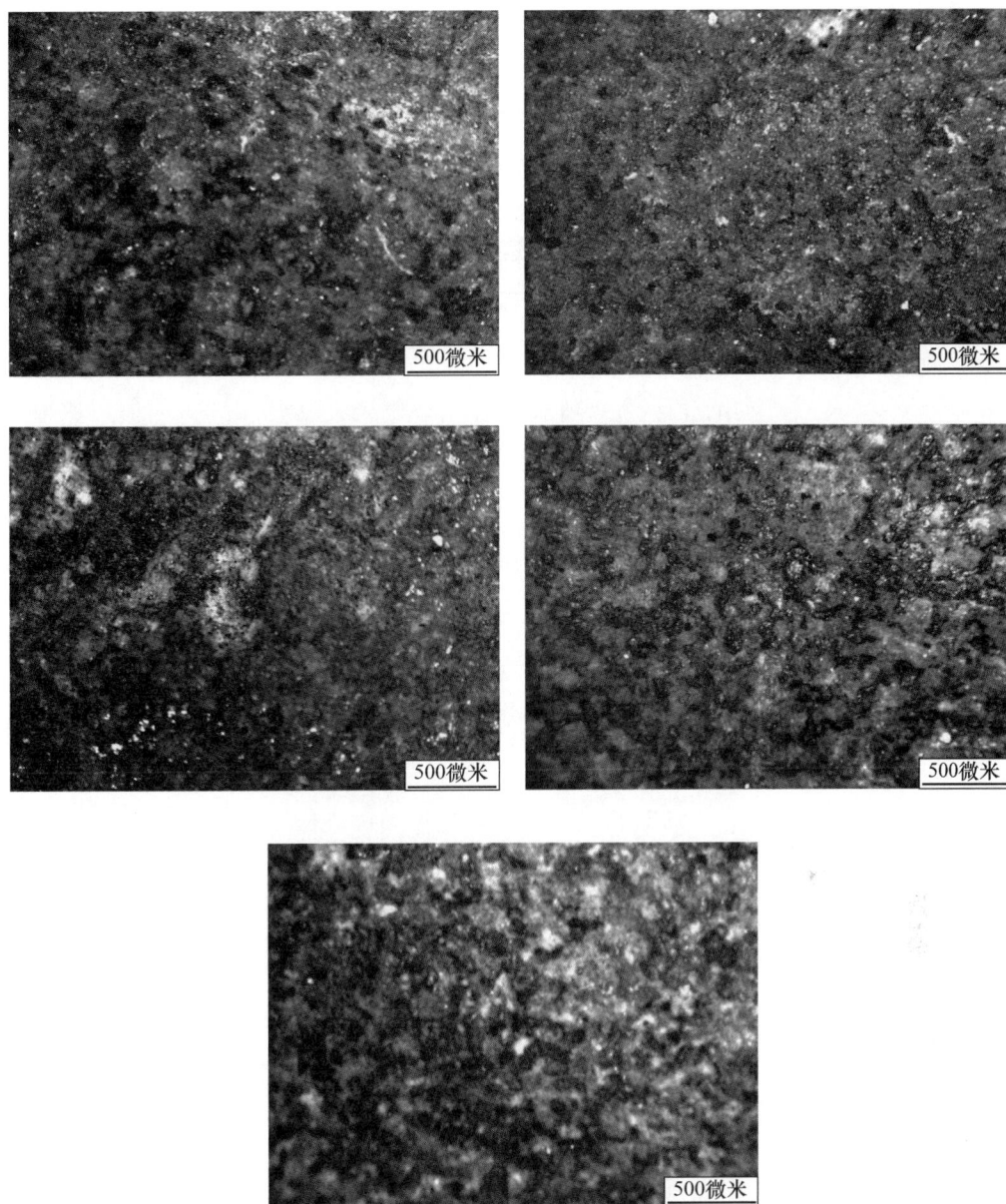

图 7.121 东贾柏 F9：7 微痕（续）

6. T602 ②：2（磨棒一端）

共在五处区域进行了微痕观察，其中三处区域分别进行低倍及高倍观察，具体位置见图 7.122。微痕具体情况见表 7.47。

整体形貌、微形态主要类型与光泽类型都指示此件器物曾经用来加工两种以上物质，即谷物类及坚果类。淀粉粒分析结果发现坚果类物质，但未见谷物类。观测点的微痕图片见图 7.123（图版 7）。

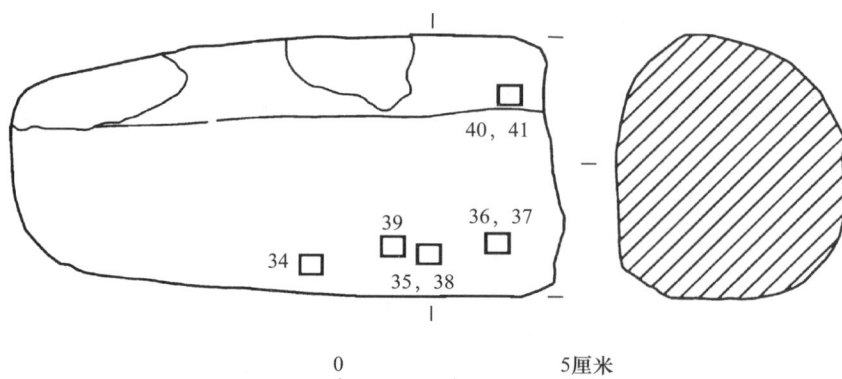

图 7.122　东贾柏 T602 ②：2 微痕观察区域

表 7.47　东贾柏 T602 ②：2 微痕情况统计表

观测点编号	放大倍率	整体形貌	微形态主要类型	光泽类型	有无条痕	是否谷物光泽	淀粉粒结果
34	45×	磨平		弱	无	否	
35	45×	磨圆		A 中弱	有	是	
36	45×	磨平		A 中弱	无	是	
37	220×		磨圆、磨平及均匀弧突	A 中弱	有	是	
38	220×		磨圆、均匀平面及磨平	A 中弱	有	是	发现坚果类淀粉粒残留
39	220×		磨圆、磨平及均匀弧突	A 中弱	无	是	
40	220×		磨圆、均匀平面及磨平	弱	无	否	
41	220×		磨圆、均匀平面及磨平	弱	无	否	

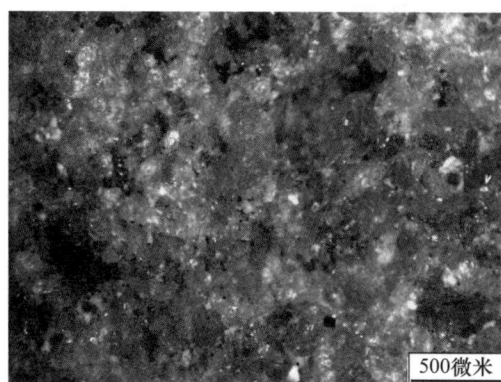

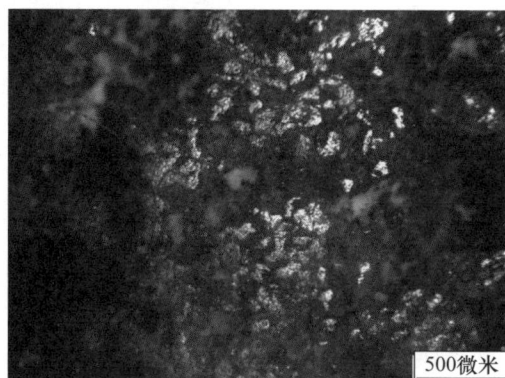

图 7.123　东贾柏 T602 ②：2 微痕

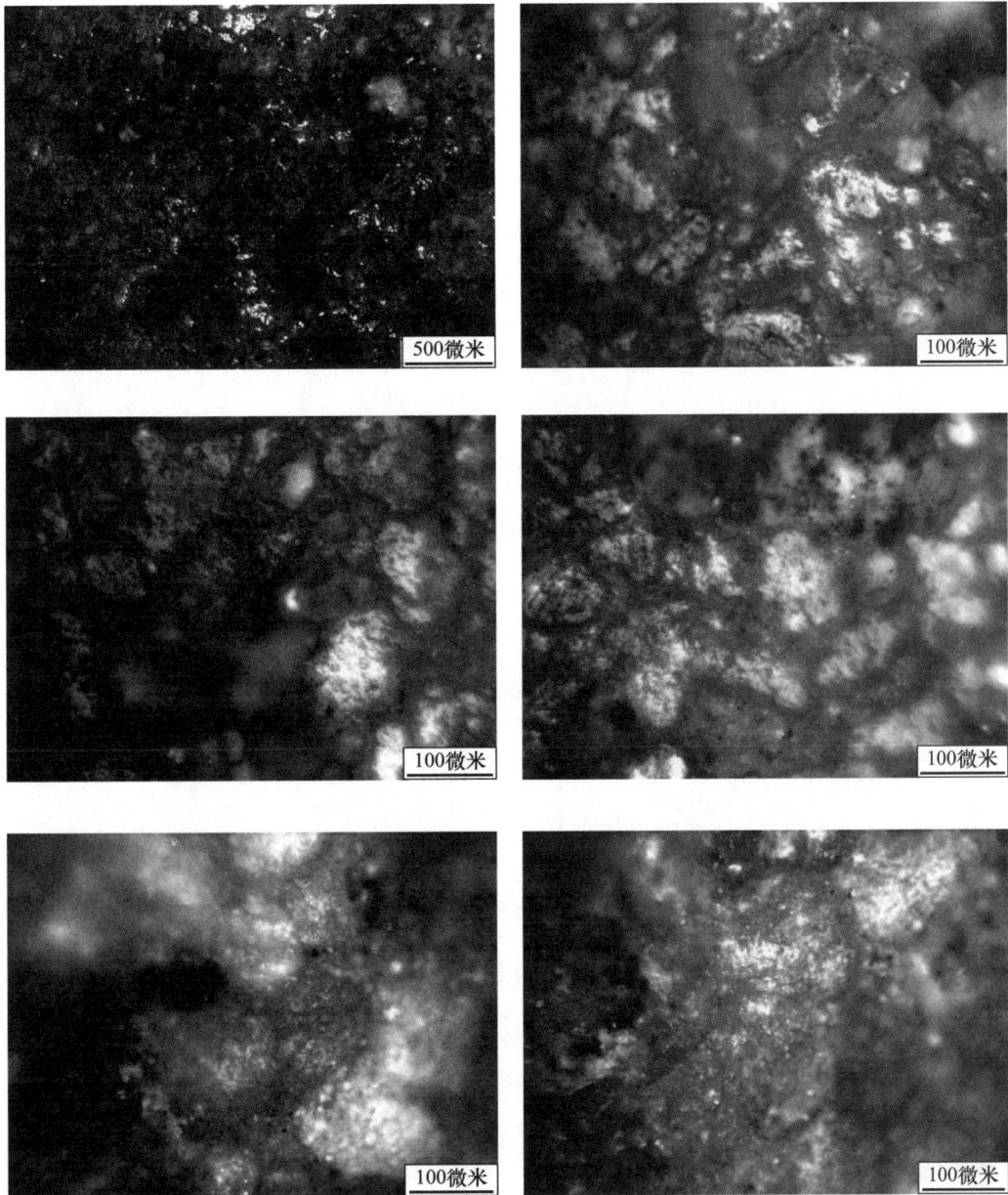

图 7.123　东贾柏 T602 ②：2 微痕（续）

7. 1909 克（磨盘断块）

共在六处区域进行了微痕观察，其中左侧下端区域分别进行低倍及高倍观察，具体位置见图 7.124。微痕具体情况见表 7.48。

整体形貌、微形态主要类型与光泽类型都指示此件器物曾经用来加工两种以上物质，即谷物类及坚果类。观测点的微痕图片见图 7.125。

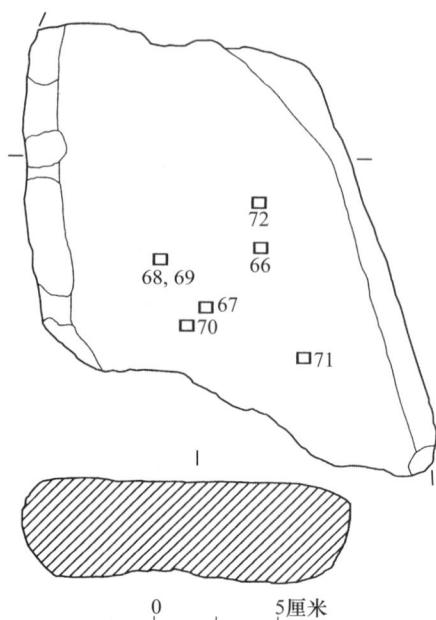

图 7.124　东贾柏 1909 克微痕观察区域

表 7.48　东贾柏 1909 克微痕情况统计表

观测点编号	放大倍率	整体形貌	微形态主要类型	光泽类型	有无条痕	是否谷物光泽	淀粉粒结果
66	45×	磨圆		B 中强	无	可能是否	
67	45×	磨平		弱	无	否	
68	45×	磨圆		B 中强	无	可能是	
69	220×		磨圆、均匀平面及磨平	弱	无	否	未发现淀粉粒残留
70	220×		磨圆、磨平及均匀弧突	B 中强（近 A）	无	可能是	
71	220×		磨圆、磨平及均匀弧突	B 中强	无	可能是	
72	220×		磨圆、磨平及均匀弧突	B 中弱	无	可能是	

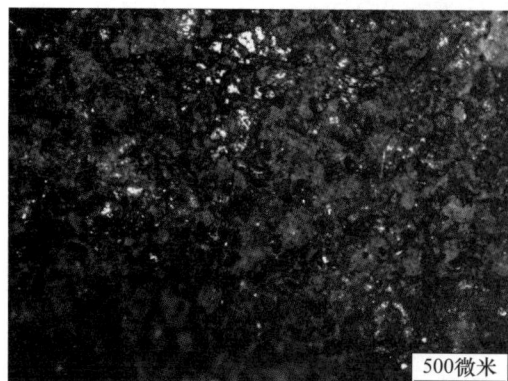

图 7.125　东贾柏 1909 克微痕

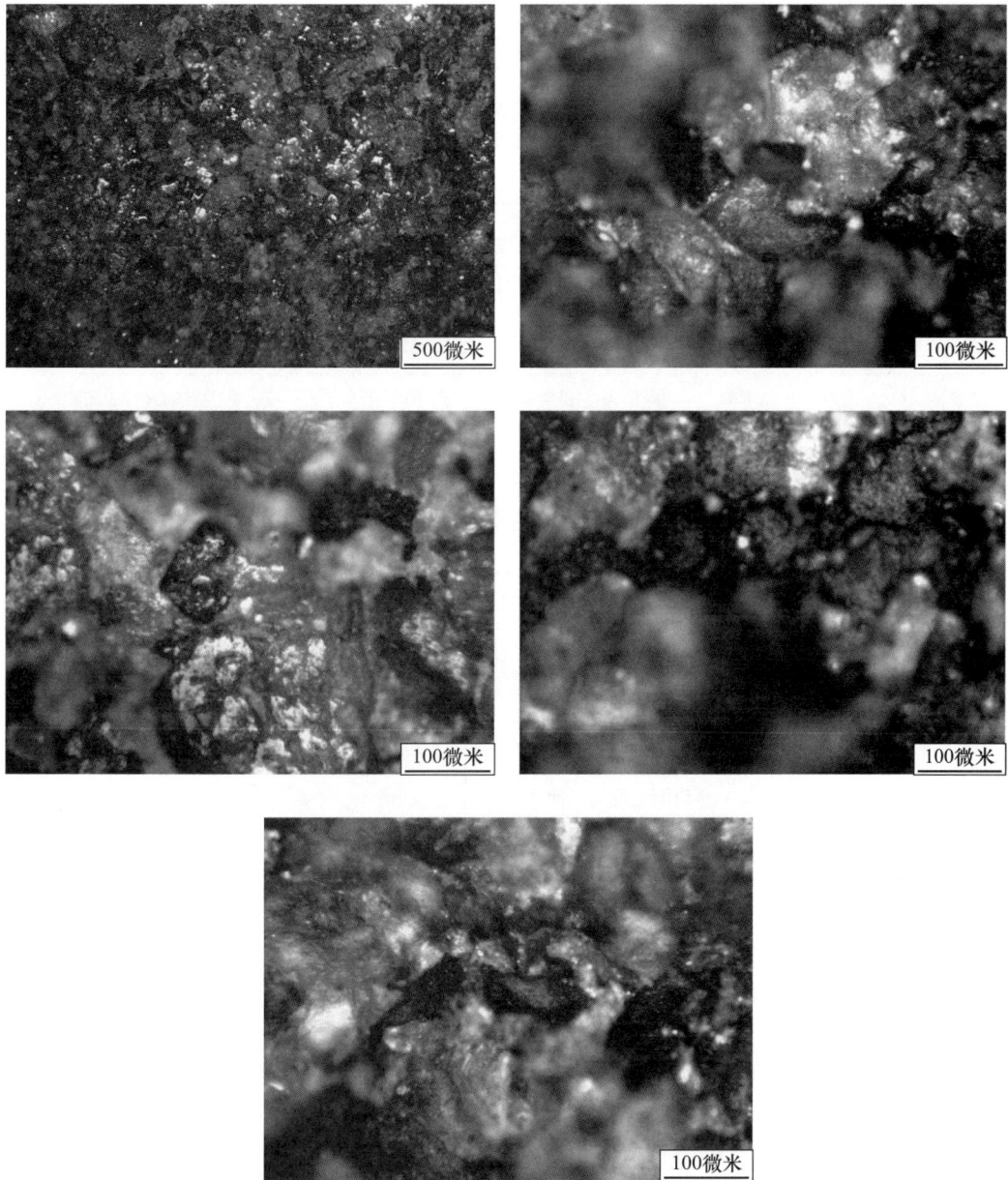

图 7.125　东贾柏 1909 克微痕（续）

8. F10：3（磨棒一端）

共在七处区域进行了微痕观察，其中上端中部区域分别进行低倍及高倍观察，具体位置见图 7.126。微痕具体情况见表 7.49。

整体形貌、微形态主要类型与光泽类型都指示此件器物曾经用来加工坚果类物质，与模拟实验四微痕结果十分类似。

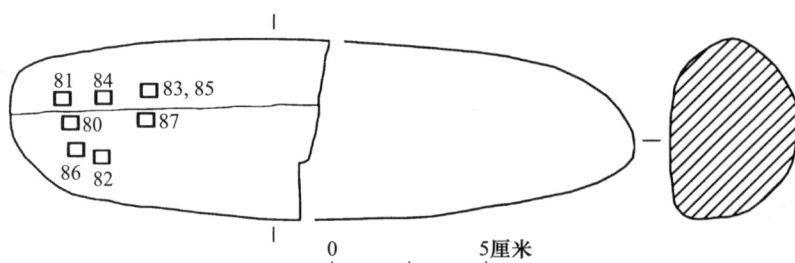

图 7.126　东贾柏 F10：3 微痕观察区域

表 7.49　东贾柏 F10：3 微痕情况统计表

观测点编号	放大倍率	整体形貌	微形态主要类型	光泽类型	有无条痕	是否谷物光泽	淀粉粒结果
80	45×	磨平		弱	有	否	
81	45×	磨平		微弱	无	否	
82	45×	磨平		微弱	无	否	
83	45×	磨平		微弱	无	否	未发现淀粉粒残留
84	45×	磨平		微弱	无	否	
85	220×		磨圆、均匀平面及磨平	弱	无	否	
86	220×		磨圆、均匀平面及磨平	弱		否	
87	220×		磨圆、均匀平面及磨平	微弱	无	否	

9. 618 克（磨棒一端）

共在六处区域进行了微痕观察，其中左侧中部区域分别进行低倍及高倍观察，具体位置见图 7.127。微痕具体情况见表 7.50。

整体形貌、微形态主要类型与光泽类型都指示此件器物曾经用来加工谷物类物质，与模拟实验一微痕结果类似。观测点的微痕图片见图 7.128。

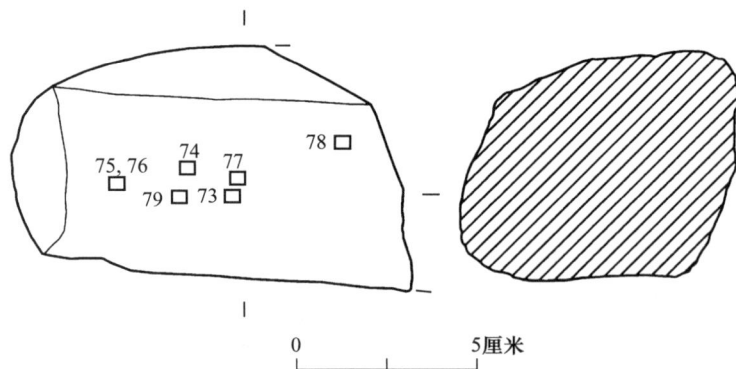

图 7.127　东贾柏 618 克微痕观察区域

表 7.50　东贾柏 618 克微痕情况统计表

观测点编号	放大倍率	整体形貌	微形态主要类型	光泽类型	有无条痕	是否谷物光泽	淀粉粒结果
73	45×	磨圆		B 中强	有	可能是	
74	45×	磨圆		B 中强	有	可能是	
75	45×	磨圆		B 中强	有	可能是	未发现淀粉粒残留
76	220×		磨圆、磨平及均匀弧突	B 中强	有	可能是	
77	220×		磨圆、磨平及均匀弧突	B 中强	有	可能是	
78	220×		磨圆、磨平及均匀弧突	B 中弱	有	可能是	
79	220×		磨圆、磨平及均匀弧突	B 中弱	有	可能是	

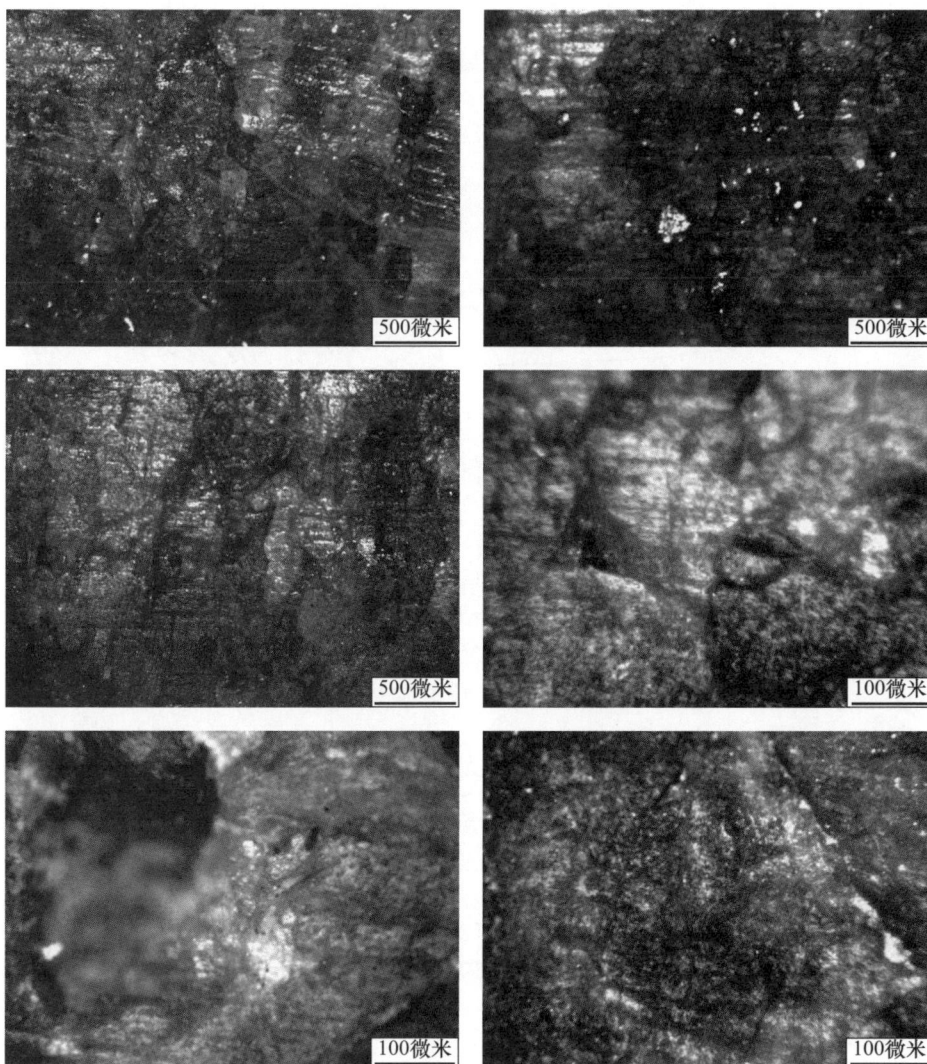

图 7.128　东贾柏 618 克微痕

图 7.128　东贾柏 618 克微痕（续）

10. 918 克（磨棒一端）

共在九处区域进行了微痕观察，具体位置见图 7.129。微痕具体情况见表 7.51。

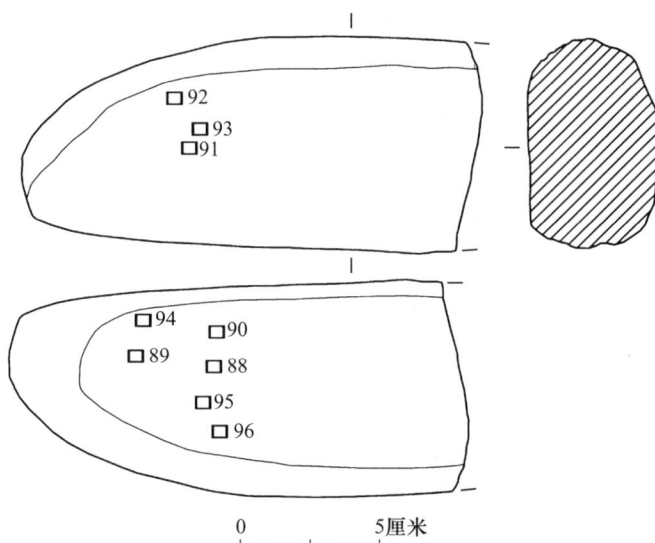

图 7.129　东贾柏 918 克微痕观察区域

表 7.51　东贾柏 918 克微痕情况统计表

观测点编号	放大倍率	整体形貌	微形态主要类型	光泽类型	有无条痕	是否谷物光泽	淀粉粒结果
88	45×	磨平		弱	无	否	发现坚果类淀粉粒残留
89	45×	磨平		弱	无	否	
90	45×	磨平		弱	无	否	
91	45×	磨圆		微弱	无	否	
92	45×	磨平		不见光泽	无	否	

观测点编号	放大倍率	整体形貌	微形态主要类型	光泽类型	有无条痕	是否谷物光泽	淀粉粒结果
93	220×		磨圆、磨平及均匀弧突	B中弱（近A）	有	可能是	发现坚果类淀粉粒残留
94	220×		磨圆、均匀平面及磨平	B中弱	无	可能是	
95	220×		磨圆、均匀平面及磨平	弱	无	否	
96	220×		磨圆、均匀平面及磨平	弱	无	否	

整体形貌、微形态主要类型与光泽类型都指示此件器物曾经用来加工两种以上物质，即谷物类及坚果类。淀粉粒分析结果发现坚果类物质，未见谷物类。但其中两处采集区域并不是使用面，因而使用面上淀粉粒应考虑污染可能，所以淀粉粒分析结果并不能作为此件功能分析的绝对证据。

八、白石村二期

1. 80YBⅠT2 ④：23（完整磨盘）

共在十一处区域进行了微痕观察，且在上端中间同一部位分别进行了低倍及高倍的观察，具体观察位置见图 7.130。微痕具体情况见表 7.52。

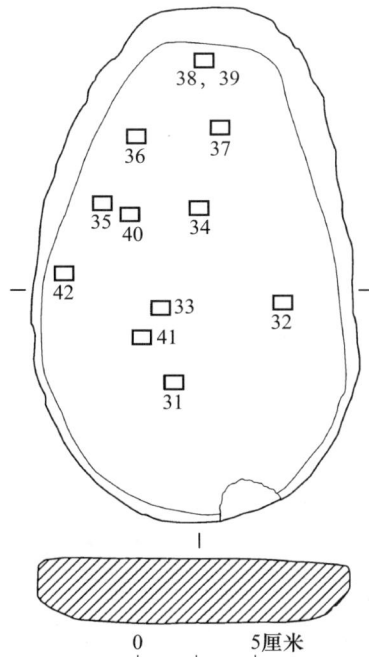

图 7.130　白石村 80YBⅠT2 ④：23 微痕观察区域

表 7.52　白石村 80YBⅠT2 ④：23 微痕情况统计表

观测点编号	放大倍率	整体形貌	微形态主要类型	光泽类型	有无条痕	是否谷物光泽	淀粉粒结果
31	45×	磨平		点状	无	否	
32	45×	磨平		点状	有	否	
33	45×	磨平		点状	有	否	
34	45×	磨平		微弱	无	否	
35	45×	磨平		点状	无	否	
36	45×	磨平		点状	无	否	
37	45×	磨平		微弱	无	否	发现坚果类淀粉粒
38	45×	磨平		弱	无	否	
39	220×		磨圆、均匀平面及磨平	弱	无	否	
40	220×		磨圆、均匀平面及磨平	微弱	无	否	
41	220×		磨圆、均匀平面及磨平	点状	无	否	
42	220×		磨圆、均匀平面及磨平	弱	无	否	

　　整体形貌、微形态主要类型及光泽类型都指示此件磨盘曾经加工坚果类植物使用，与实验四微痕形态最为接近，因而最大可能加工对象为橡子。而且磨盘的尺寸较小，据使用模拟实验结果来看，小型磨盘也十分适合加工坚果。另外淀粉粒分析结果也很好地证明了这一推断。观测点的微痕图片见图 7.131（图版 8）。

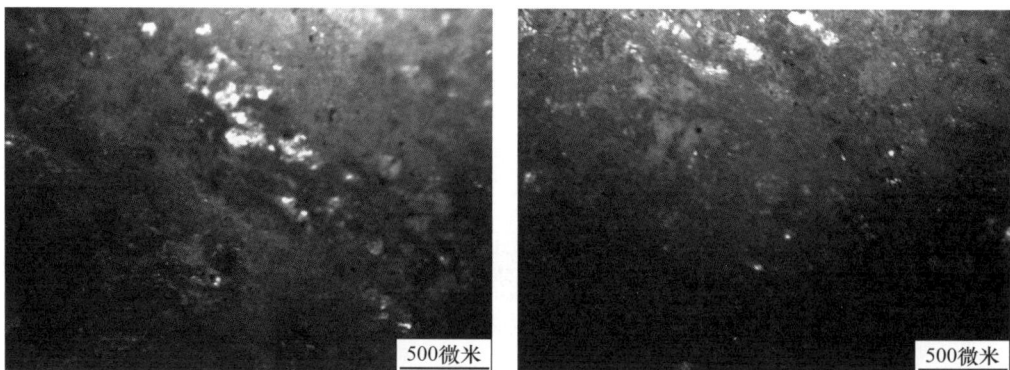

图 7.131　白石村 80YBⅠT2 ④：23 微痕

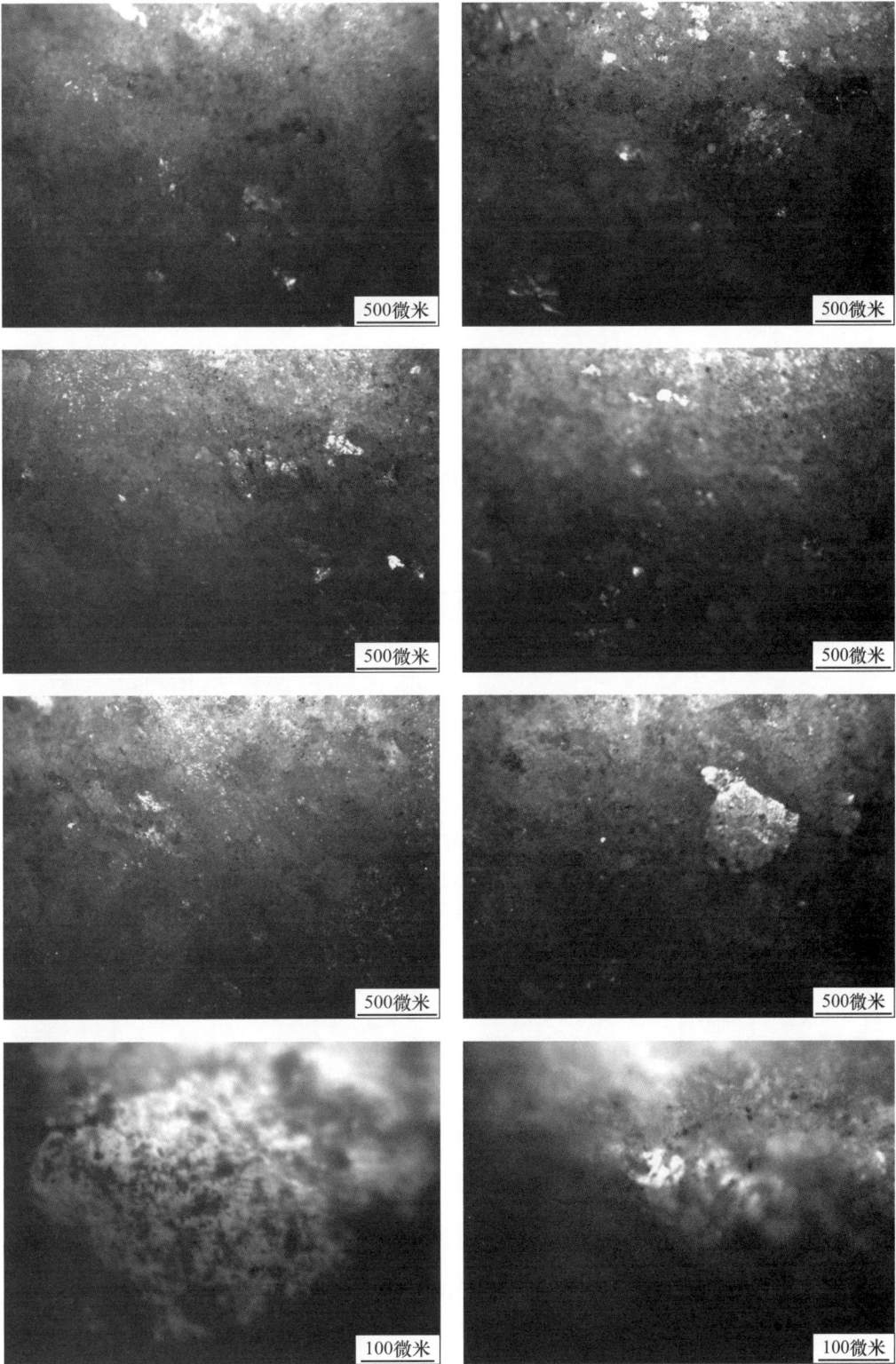

图 7.131　白石村 80YB I T2 ④ : 23 微痕（续）

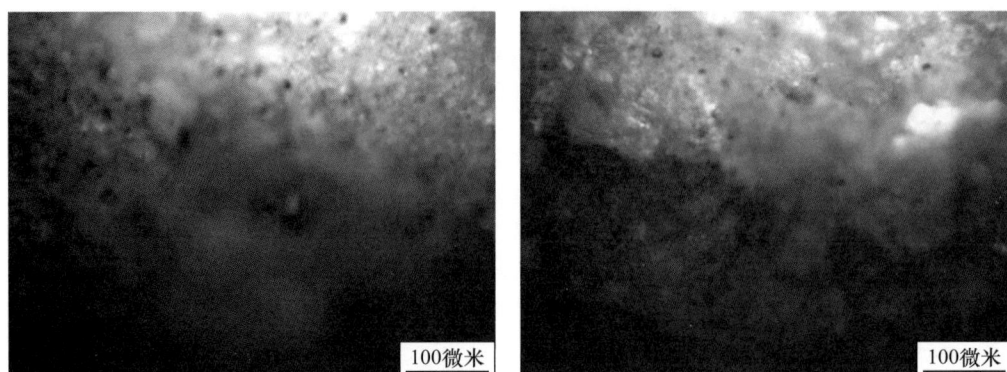

图 7.131　白石村 80YBⅠT2 ④：23 微痕（续）

2. 80YBⅠTG1 ③：98（完整磨棒）

共在十三处区域进行了微痕观察，且在左端中间同一部位分别进行了低倍及高倍的观察。具体观察位置见图 7.132。微痕具体情况见表 7.53。

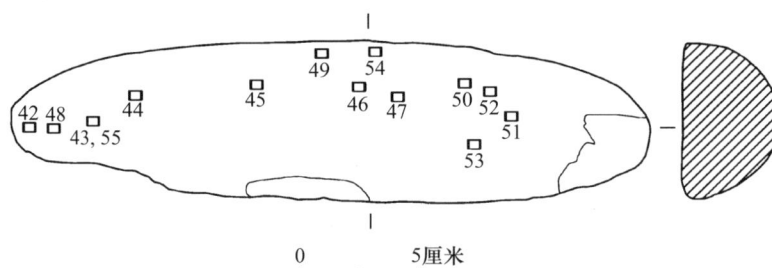

图 7.132　白石村 80YBⅠTG1 ③：98 微痕观察区域

表 7.53　白石村 80YBⅠTG1 ③：98 微痕情况统计表

观测点编号	放大倍率	整体形貌	微形态主要类型	光泽类型	有无条痕	是否谷物光泽	淀粉粒结果
43	45×	磨平		不见光泽	无	否	
44	45×	磨平		不见光泽	无	否	
45	45×	磨平		点状	无	否	
46	45×	磨平		点状	无	否	
47	45×	磨平		点状	无	否	
48	45×	磨平		点状	无	否	未发现淀粉粒残留
49	45×	磨平		不见光泽	无	否	
50	45×	磨平		点状	无	否	
51	45×	磨平		点状	无	否	
52	45×	磨平		点状	无	否	
53	220×		磨圆、均匀平面及磨平	不清楚	无	否	未发现淀粉粒残留
54	220×		磨圆、均匀平面及磨平	点状	无	否	

观测点编号	放大倍率	整体形貌	微形态主要类型	光泽类型	有无条痕	是否谷物光泽	淀粉粒结果
55	220×		磨圆、均匀平面及磨平	微弱	无	否	未发现淀粉粒残留
56	220×		磨圆、均匀平面及磨平	微弱	无	否	

　　整体形貌、微形态主要类型及光泽类型都指示此件磨盘曾经加工坚果类植物使用，与模拟实验四微痕形态最为接近，因而最大可能加工对象为橡子。观测点的微痕图片见图 7.133。

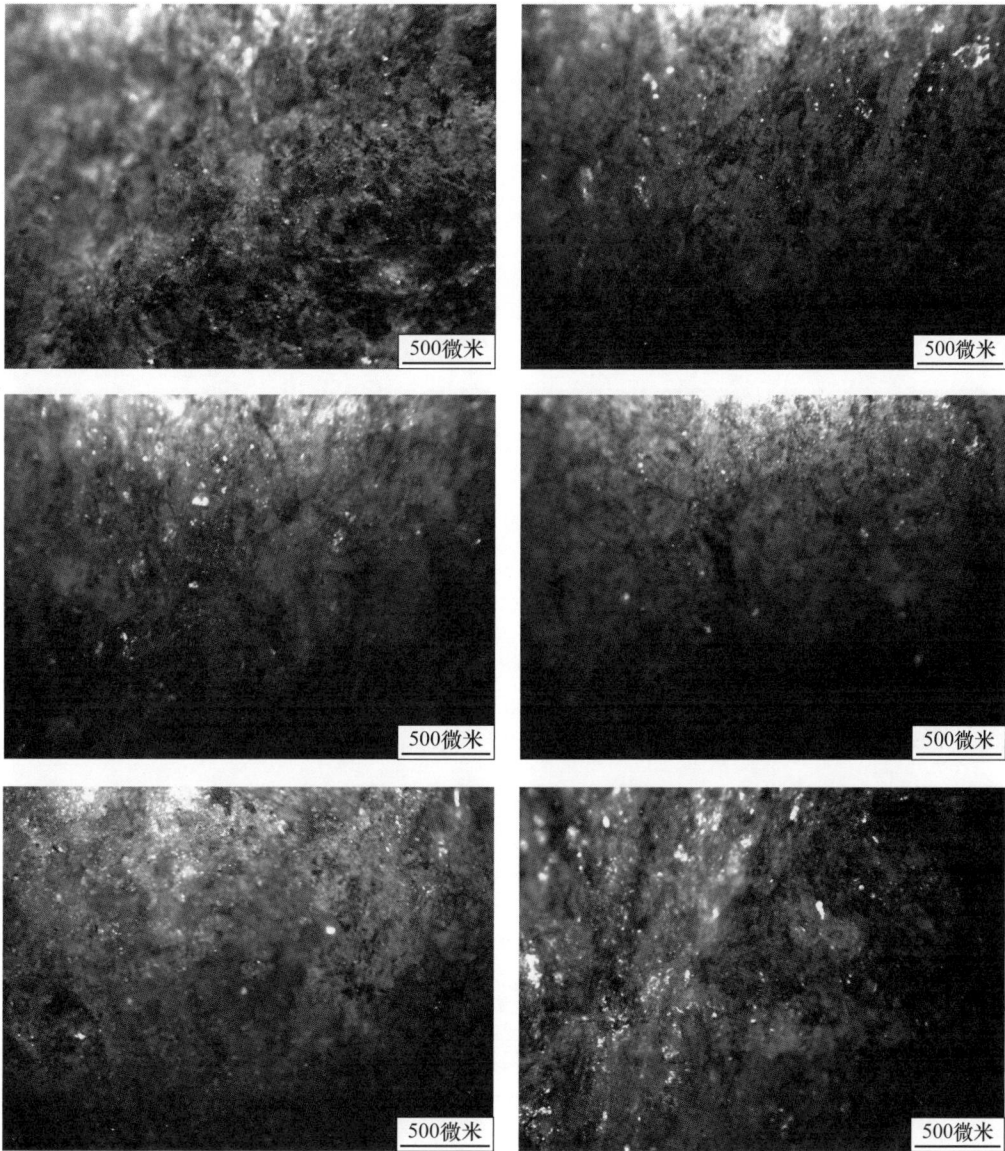

图 7.133　白石村 80YBⅠTG1 ③：98 微痕

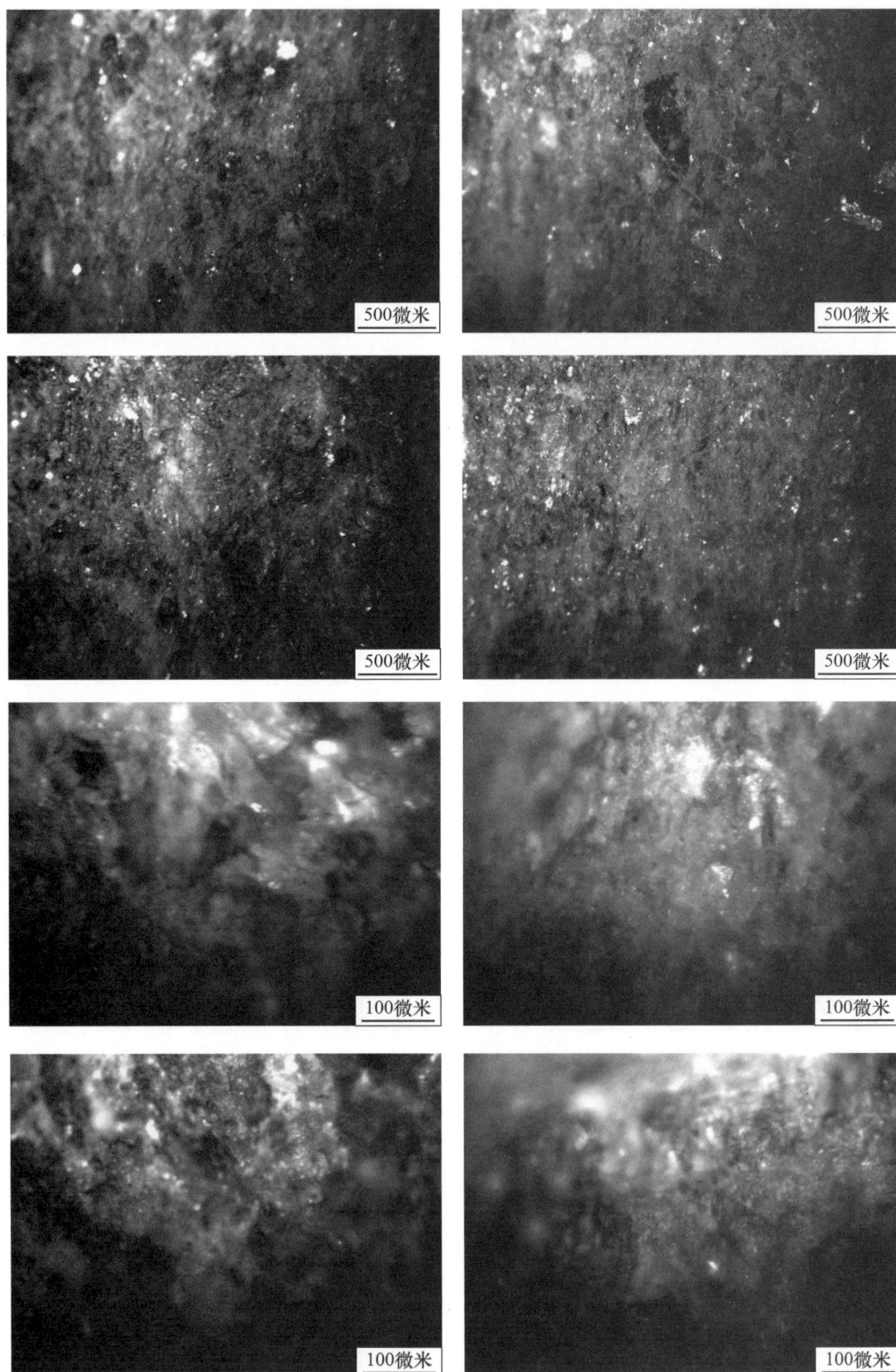

图 7.133　白石村 80YBⅠTG1 ③：98 微痕（续）

3. 馆藏号 P0308（完整磨棒）

共在十二处区域进行了微痕观察，且在中端下部及右端中部均分别进行了低倍及高倍的观察。具体观察位置见图 7.134。微痕具体情况见表 7.54。

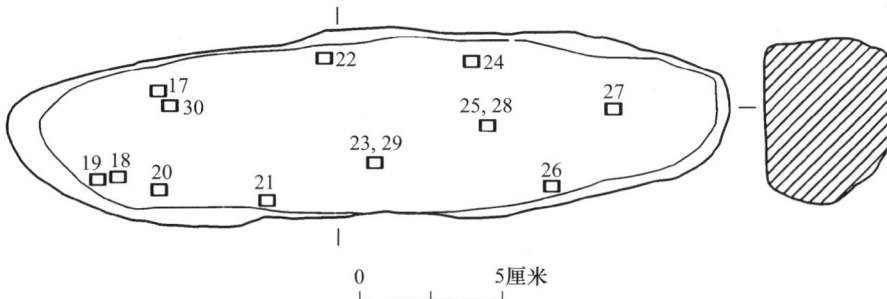

图 7.134　白石村馆藏号 P0308 微痕观察区域

表 7.54　白石村馆藏号 P0308 微痕情况统计表

观测点编号	放大倍率	整体形貌	微形态主要类型	光泽类型	有无条痕	是否谷物光泽	淀粉粒结果
17	45×	磨平		不见光泽	无	否	
18	45×	磨平		不见光泽	无	否	
19	45×	磨平		不见光泽	无	否	
20	45×	磨平		点状	无	否	
21	45×	磨平		点状	无	否	
22	45×	磨平		点状	无	否	
23	45×	磨平		点状	无	否	发现谷物类及坚果类淀粉粒残留
24	45×	磨平		点状	无	否	
25	45×	磨平		点状	无	否	
26	45×	磨平		点状	无	否	
27	45×	磨平		点状	无	否	
28	220×		磨圆、均匀平面及磨平	点状	无	否	
29	220×		磨圆、均匀平面及磨平	点状	无	否	
30	220×		磨圆、均匀平面及磨平	点状	无	否	

　　整体形貌、微形态主要类型及光泽类型都指示此件磨棒曾经用来加工坚果类植物，与模拟实验四微痕形态最为接近，因而最大可能加工对象为橡子。淀粉粒分析结果也确实发现坚果类淀粉粒，但同时还发现谷物类淀粉粒。而微痕分析却未发现加工谷物相应的形态及光泽。考虑到此磨棒正、背两面均经过维持琢打，推测此件磨棒应该是首先用来加工谷物，而后由于使用摩擦力减小，效率降低，经过琢打后又用来加工坚果。观测点的微痕图片见图 7.135。

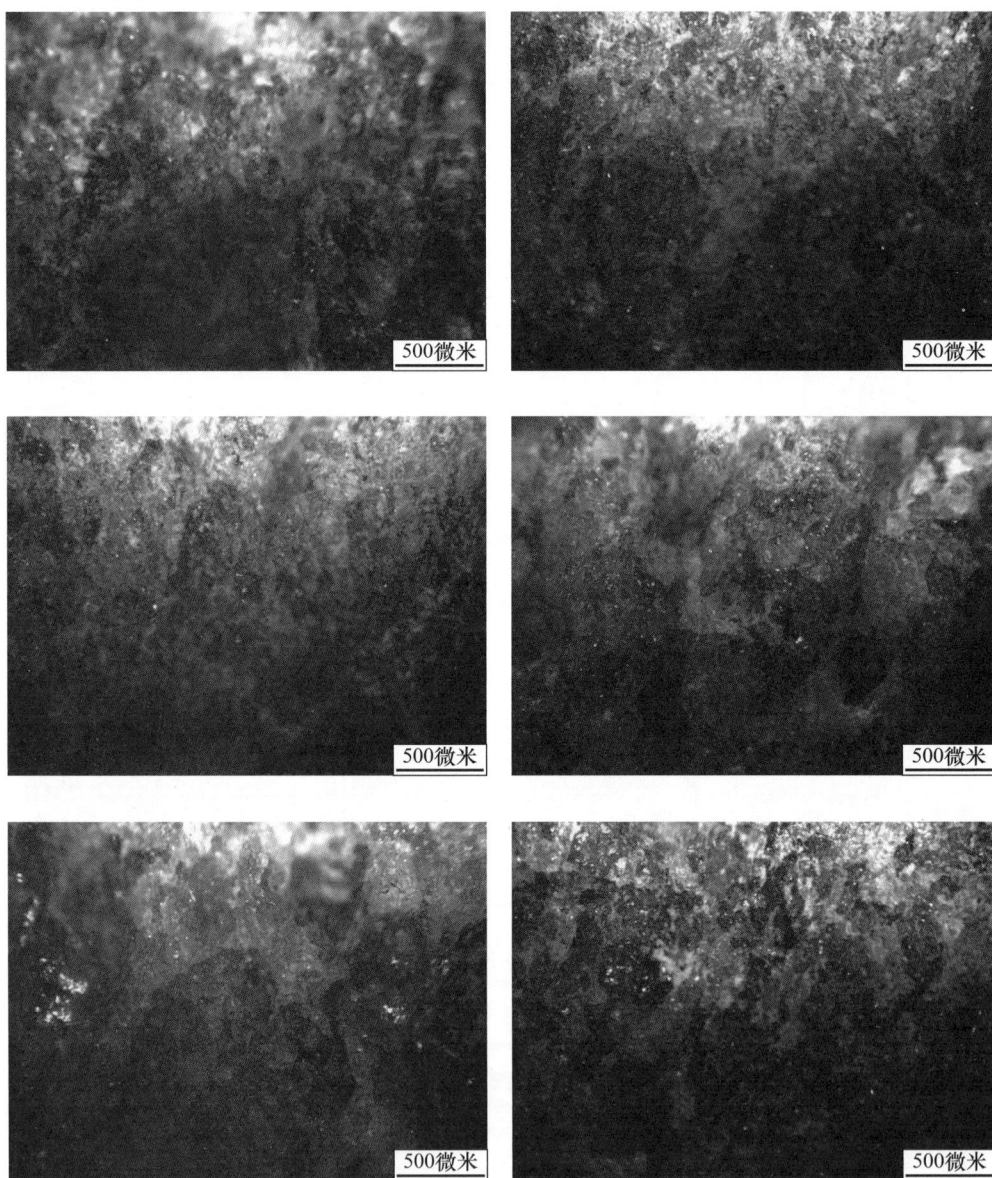

图 7.135　白石村馆藏号 P0308 微痕

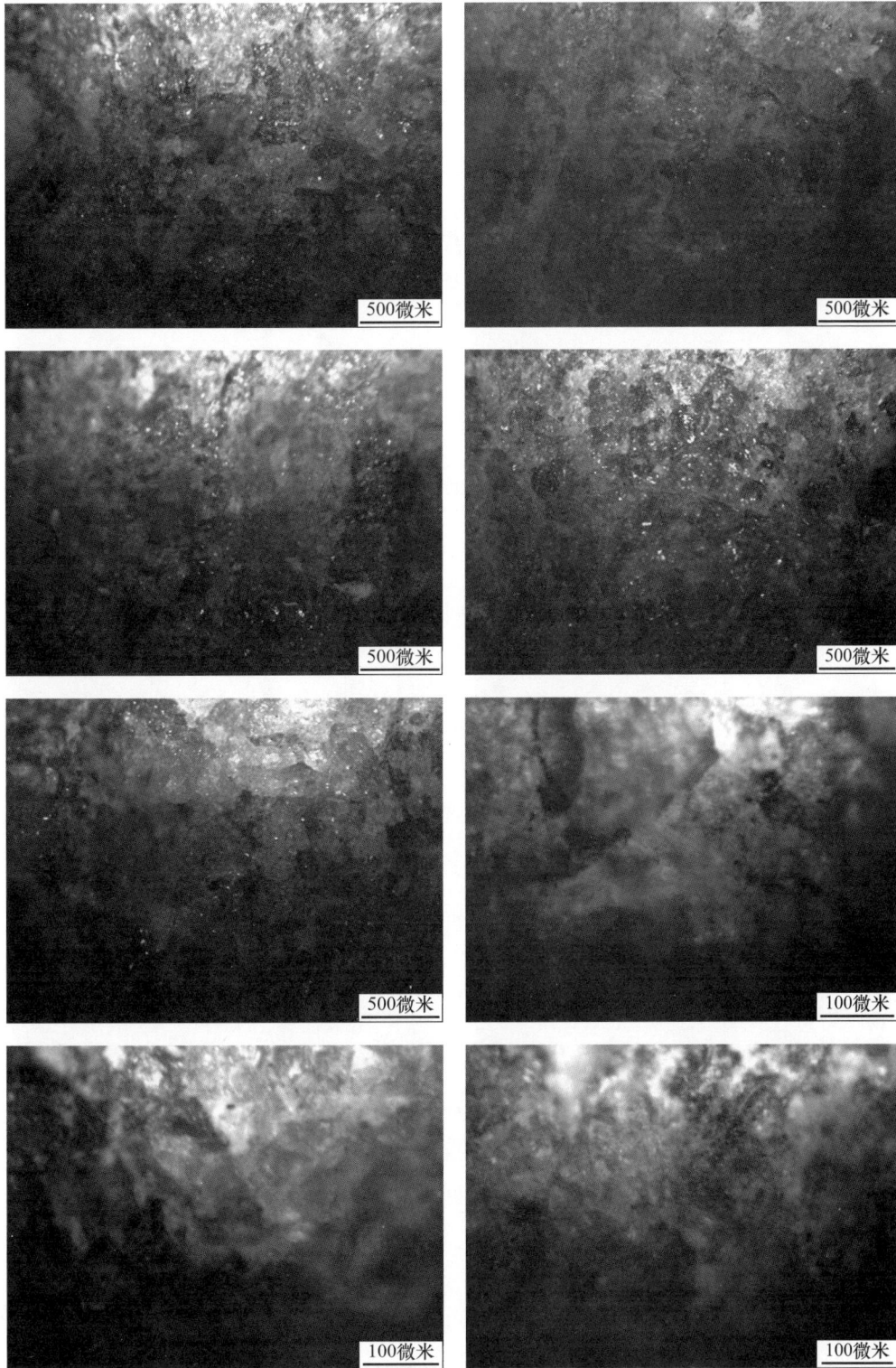

图 7.135　白石村馆藏号 P0308 微痕（续）

4. 81YBTG2 ③：23（完整磨棒）

共在十六处区域进行了微痕观察，具体观察位置见图 7.136。微痕具体情况见表 7.55。

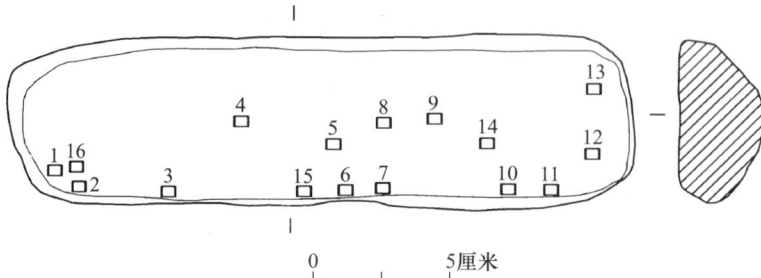

图 7.136　白石村 81YBTG2 ③：23 微痕观察区域

表 7.55　白石村 81YBTG2 ③：23 微痕情况统计表

观测点编号	放大倍率	整体形貌	微形态主要类型	光泽类型	有无条痕	是否谷物光泽	淀粉粒结果
1	45×	磨平		点状	有	否	
2	45×	磨平		点状	有	否	
3	45×	磨平		点状	有	否	
4	45×	磨平		点状	有	否	
5	45×	磨平		点状	无	否	
6	45×	磨平		点状	无	否	
7	45×	磨平		点状	无	否	
8	45×	磨平		点状	无	否	发现谷物类及坚果类淀粉粒残留
9	45×	磨平		点状	无	否	
10	45×	磨平		点状	无	否	
11	45×	磨平		不见光泽	无	否	
12	45×	磨平		点状	无	否	
13	45×	磨平		微弱	无	否	
14	220×		磨圆、均匀平面及磨平	不清楚	有	否	
15	220×		磨圆、均匀平面及磨平	不见光泽	有	否	
16	220×		磨圆、均匀平面及磨平	不见光泽	无	否	

此件标本的微痕情况及使用程序与上一件十分类似。整体形貌、微形态主要类型及光泽类型都指示此件磨棒曾经加工坚果类植物使用，与模拟实验四微痕形态最为接近，因而最大可能加工对象为橡子。淀粉粒分析结果也确实发现坚果类淀粉粒，但同时还发现谷物类淀粉粒，而微痕分析却未发现加工谷物相应的形态及光泽。考虑到此

磨棒正面经过维持琢打，推测此件磨棒应该是首先用来加工谷物，而后经过琢打，又用来加工坚果。

5. 81YBTG3 ② b：115（完整磨棒）

在正面及侧面共二十五处区域进行了微痕观察，具体观察位置见图 7.137。微痕具体情况见表 7.56。

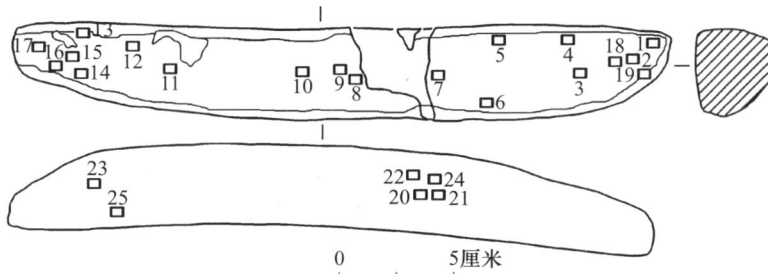

图 7.137　白石村 81YBTG3 ② b：115 微痕观察区域

表 7.56　白石村 81YBTG3 ② b：115 微痕情况统计表

观测点编号	放大倍率	整体形貌	微形态主要类型	光泽类型	有无条痕	是否谷物光泽	淀粉粒结果
1	45×	磨平		点状	有	否	
2	45×	磨平		微弱	无	否	
3	45×	磨平		弱	有	否	
4	45×	磨平		弱	有	否	
5	45×	磨平		微弱	有	否	
6	45×	磨平		点状	有	否	
7	45×	磨平		弱	有	否	
8	45×	磨平		点状	有	否	
9	45×	磨平		不清楚	无	否	未发现淀粉粒残留
10	45×	磨平		点状	无	否	
11	45×	磨平		点状	无	否	
12	45×	磨平		点状	有	否	
13	45×	磨平		点状	有	否	
14	45×	磨平		点状	有	否	
15	45×	磨平		微弱	有	否	
16	220×		磨圆、均匀平面及磨平	微弱	无	否	
17	220×		磨圆、均匀平面及磨平	弱	有	否	

观测点编号	放大倍率	整体形貌	微形态主要类型	光泽类型	有无条痕	是否谷物光泽	淀粉粒结果
18	220×		磨圆、均匀平面及磨平	不见光泽	无	否	
19	220×		磨圆、均匀平面及磨平	不见光泽	有	否	
20	220×		磨圆、均匀平面及磨平	弱	有	否	
21	220×		磨圆、均匀平面及磨平	微弱	无	否	未发现淀粉粒残留
22	220×		磨圆、均匀平面及磨平	点状	无	否	
23	220×		磨圆、均匀平面及磨平	微弱	有	否	
24	45×		磨圆、均匀平面及磨平	点状	有	否	
25	45×		磨圆、均匀平面及磨平	点状	有	否	

整体形貌、微形态主要类型及光泽类型都指示此件磨棒曾经加工坚果类植物使用，与模拟实验四微痕形态最为接近，因而最大可能加工对象为橡子。观测点的微痕图片见图 7.138。

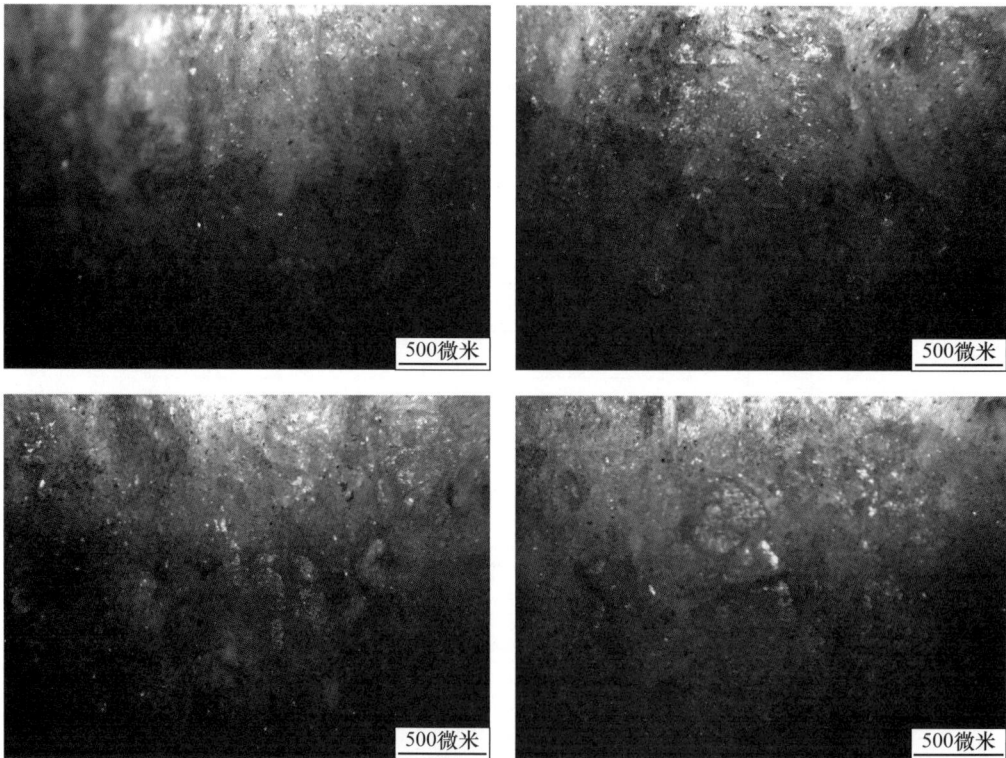

图 7.138　白石村 81YBTG3 ② b：115 微痕

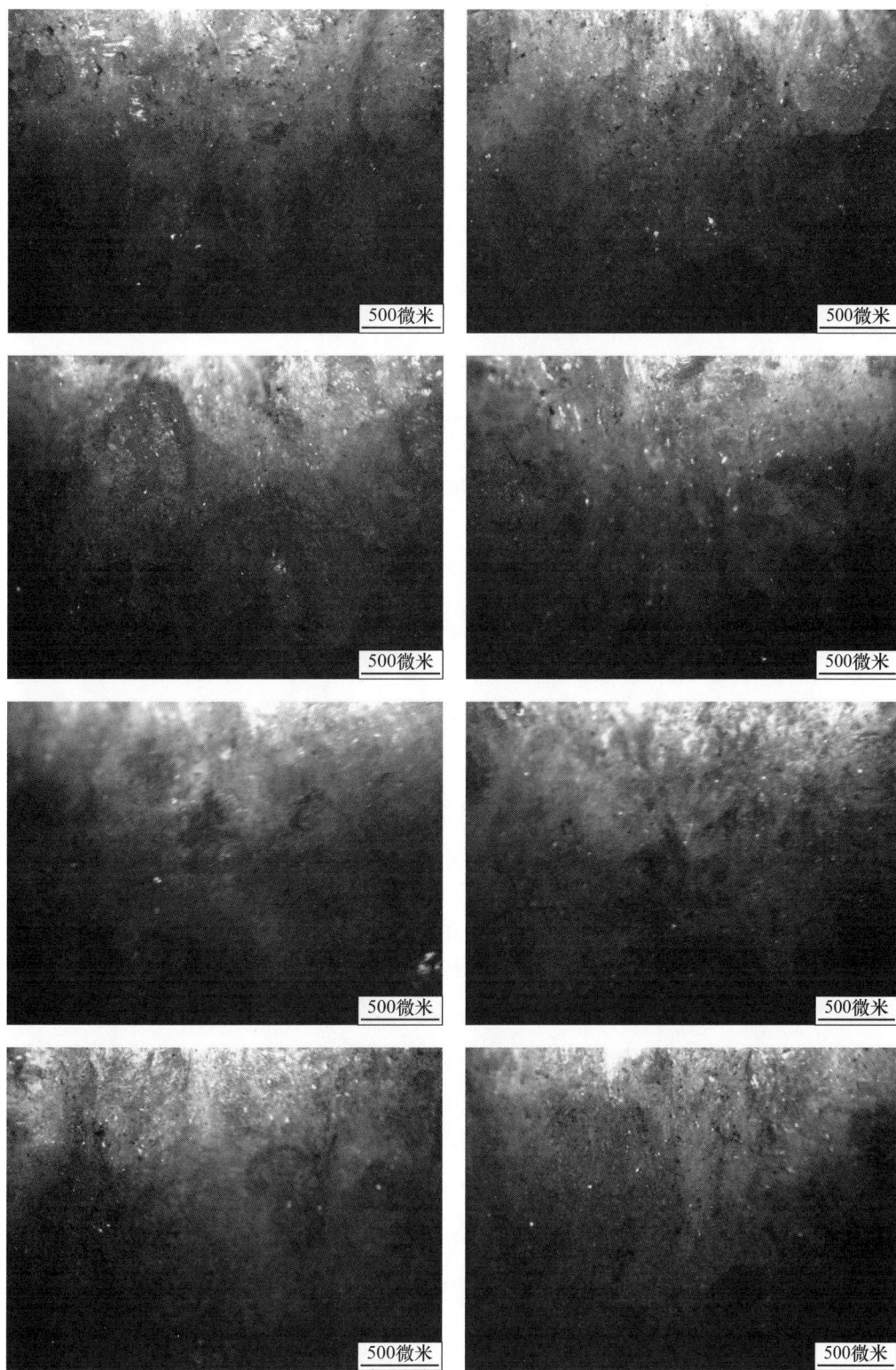

图 7.138　白石村 81YBTG3 ② b：115 微痕（续）

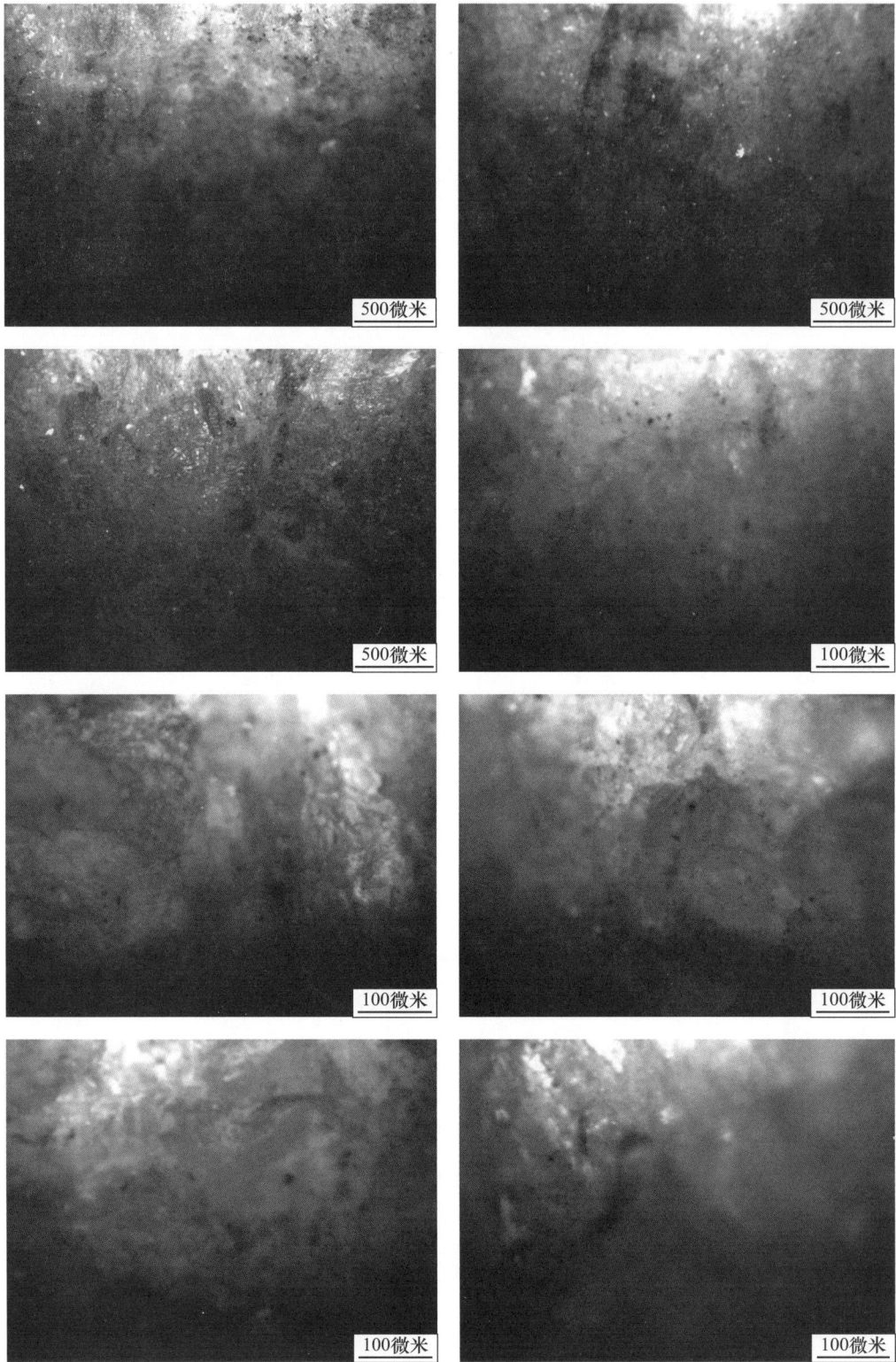

图 7.138　白石村 81YBTG3 ② b：115 微痕（续）

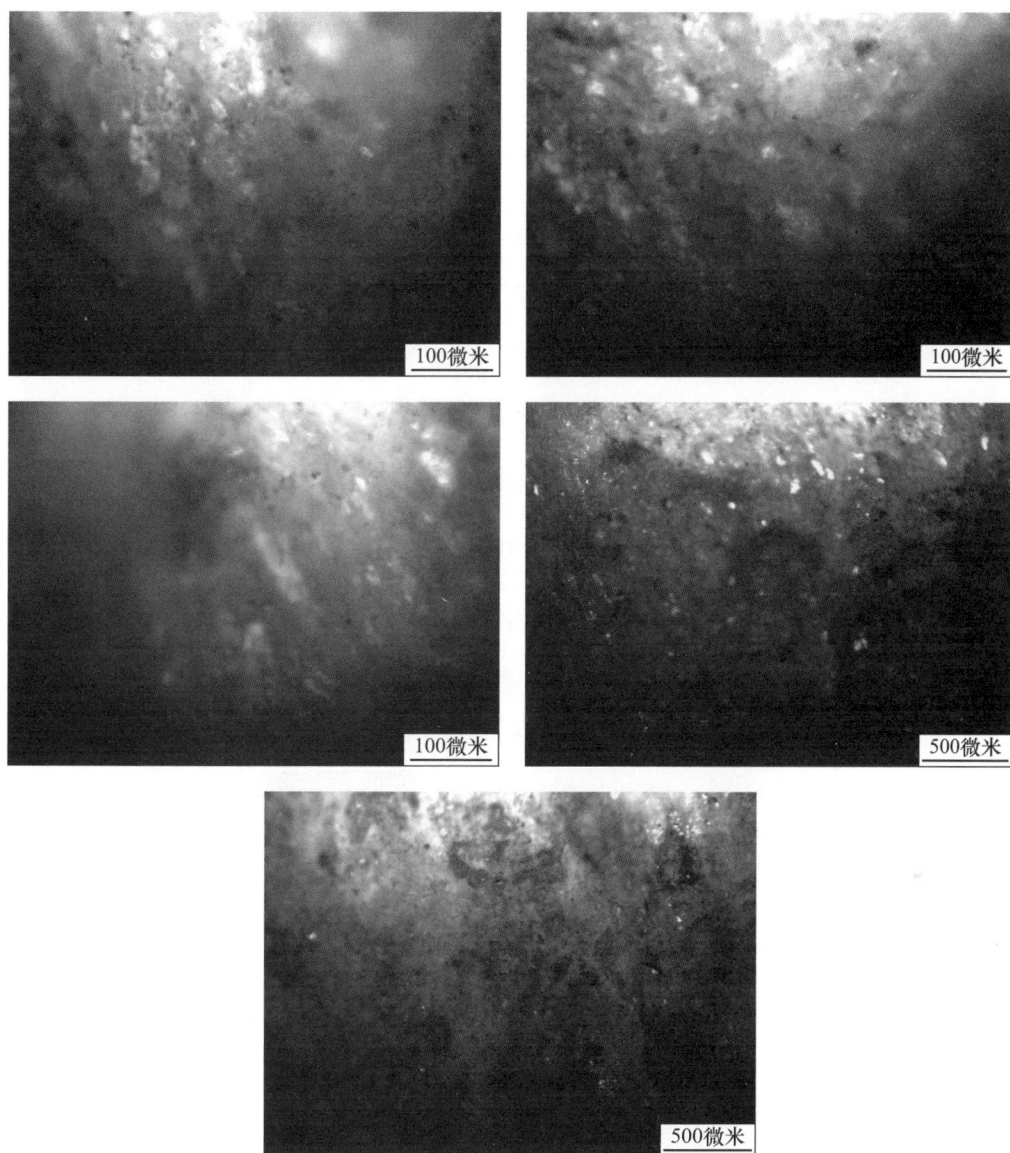

图 7.138　白石村 81YBTG3 ② b：115 微痕（续）

6. 80YBⅠT2 ③ B：12（完整磨盘）

在正面十四处区域进行了微痕观察，具体观察位置见图 7.139。微痕具体情况见表 7.57。

整体形貌、微形态主要类型都指示此件磨盘曾经加工坚果类植物使用，与实验四微痕形态最为接近，因而最大可能加工对象为橡子。而光泽类型中在观测点 69 可见 B 中型类别，即有可能是加工谷物的光泽，但其他所有观测点均未见明确的谷物光泽。综合考虑，我们认为此件磨盘最后的功能极有可能主要是加工坚果类。观测点的微痕图片见图 7.140（图版 9）。

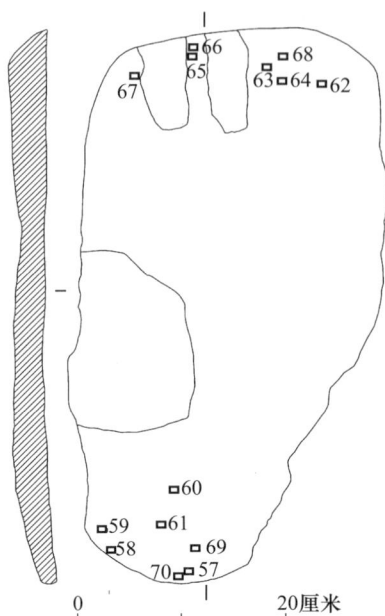

图 7.139　白石村 80YBⅠT2 ③ B：12 微痕观察区域

表 7.57　白石村 80YBⅠT2 ③ B：12 微痕情况统计表

观测点编号	放大倍率	整体形貌	微形态主要类型	光泽类型	有无条痕	是否谷物光泽	淀粉粒结果
57	45×	磨平		点状	无	否	
58	45×	磨平		弱	无	否	
59	45×	磨平		微弱	无	否	
60	45×	磨平		微弱	无	否	
61	45×	磨平		不清楚	无	否	
62	45×	磨平		点状	无	否	由于有后期拼对，并且明显有现代植物污染，所以未进行淀粉粒采样
63	45×	磨平		点状	无	否	
64	45×	磨平		点状	无	否	
65	45×	磨平		微弱	无	否	
66	45×	磨平		微弱	无	否	
67	220×		磨圆、均匀平面及磨平	点状	无	否	
68	220×		磨圆、均匀平面及磨平	弱	无	否	
69	220×		磨圆、均匀平面及磨平	B 中	有	可能是	
70	220×		磨圆、均匀平面及磨平	弱	无	否	

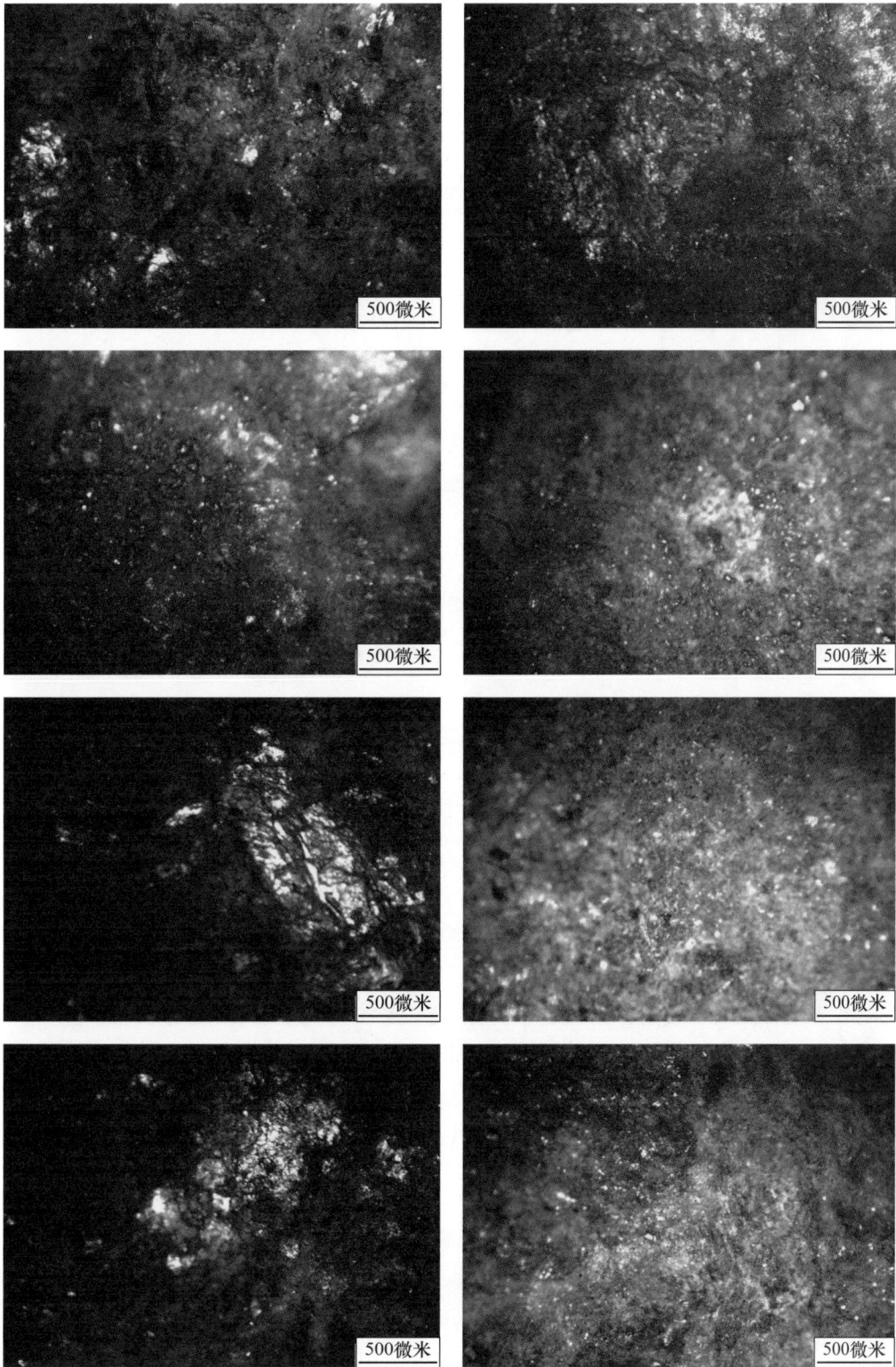

图 7.140　白石村 80YBⅠT2 ③B：12 微痕

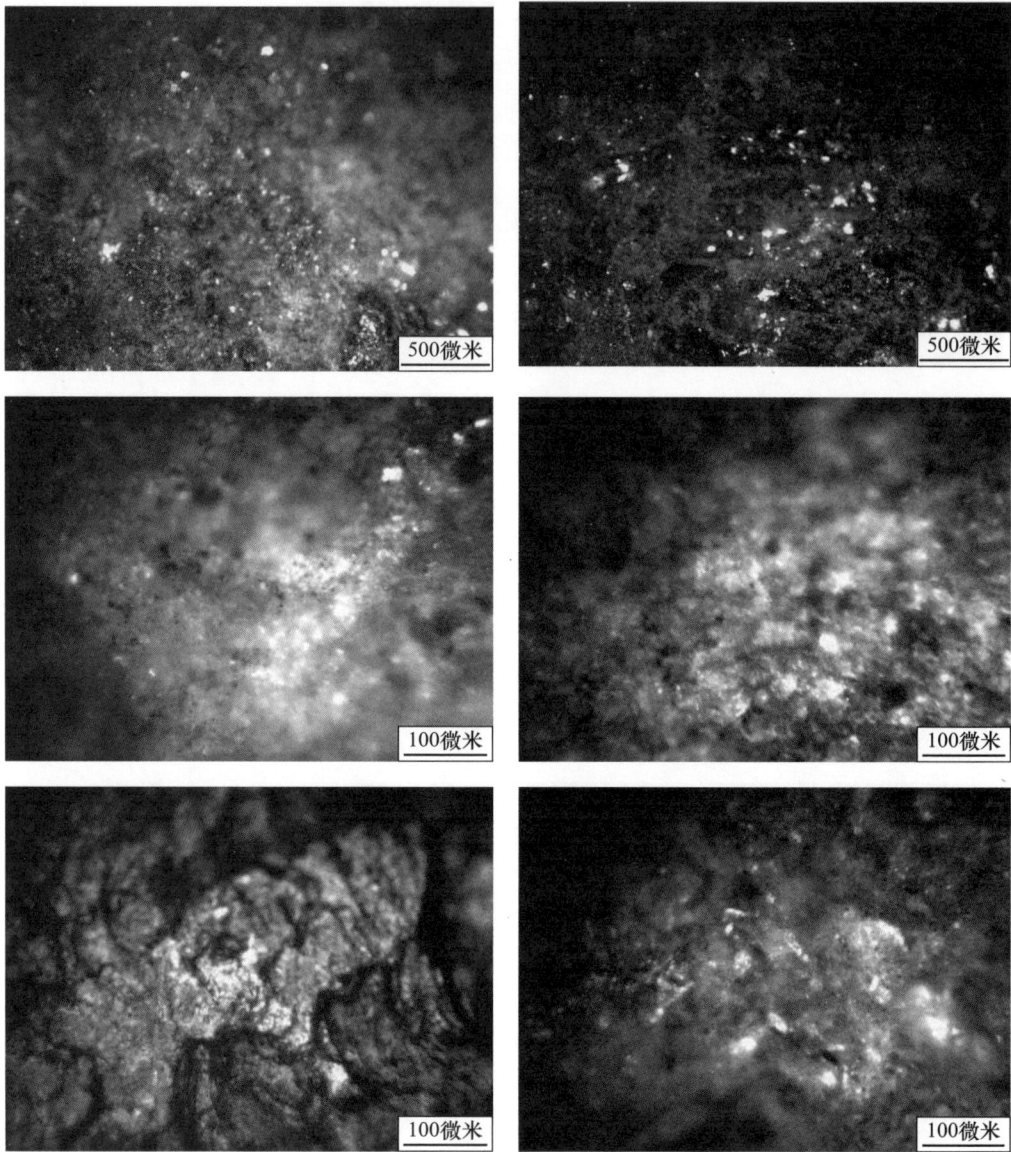

图 7.140　白石村 80YBⅠT2 ③B∶12 微痕（续）

九、北阡遗址

1. T1511H105∶15（磨棒一端）

　　共在两处区域进行了微痕观察，在下部中间及下部右侧分别进行低倍及高倍观察。具体位置见图 7.141。微痕具体情况见表 7.58。

　　整体形貌、微形态主要类型及光泽类型都指示此件器物曾经加工过坚果类物质，与模拟实验四使用微痕十分类似。

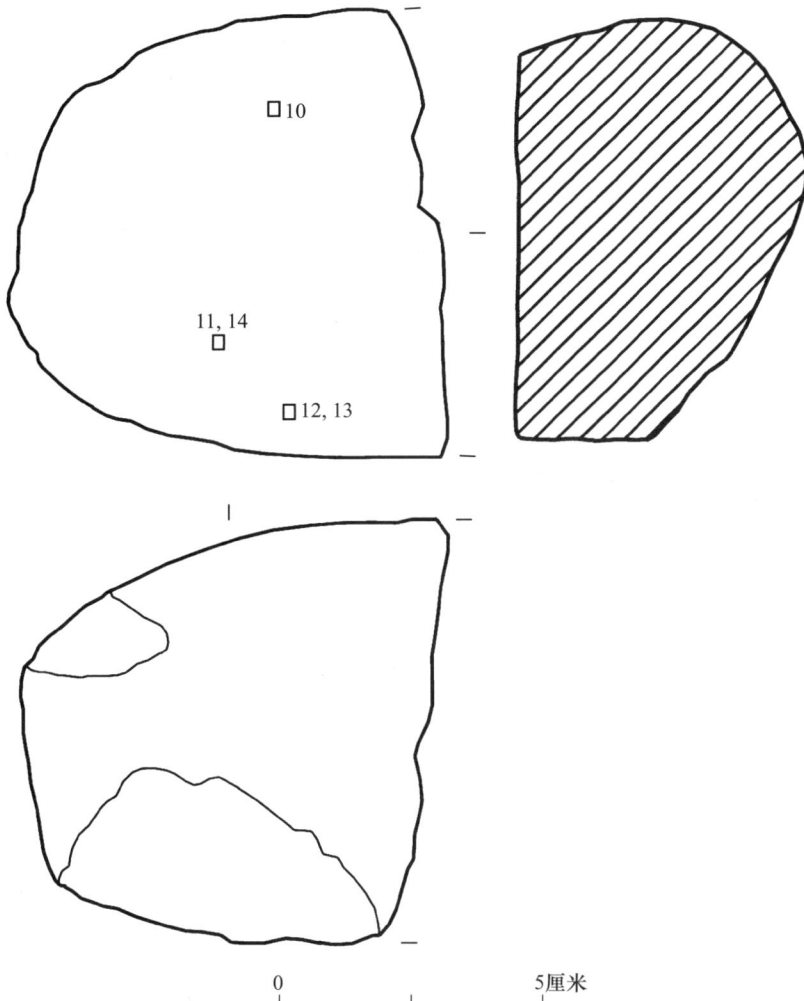

0　　　　　　　　　　　　5厘米

图 7.141　北阡 T1511H105：15 微痕观察区域

表 7.58　北阡 T1511H105：15 微痕情况统计表

观测点编号	放大倍率	整体形貌	微形态主要类型	光泽类型	有无条痕	是否谷物光泽	淀粉粒结果
11	45×	磨平		无	无	否	未发现淀粉粒残留
12	45×	磨平		点状	无	否	
13	220×		磨圆、均匀平面及磨平	无	无	否	
14	220×		磨圆、均匀平面及磨平	点状	无	否	

2. T1511H168：1（磨盘断块）

共在四处区域进行了微痕观察，在右侧上部分别进行低倍及高倍观察。具体位置见图 7.142。微痕具体情况见表 7.59。

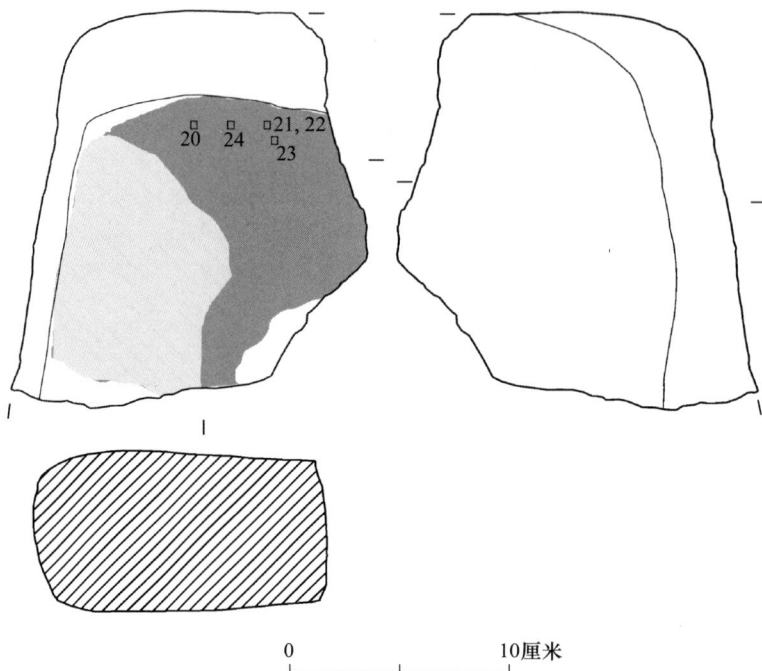

0　　　　　　　10厘米

图 7.142　北阡 T1511H168：1 微痕观察区域

表 7.59　北阡 T1511H168：1 微痕情况统计表

观测点编号	放大倍率	整体形貌	微形态主要类型	光泽类型	有无条痕	是否谷物光泽	淀粉粒结果
20	220×		磨圆、均匀平面及磨平	点状	无	否	未发现淀粉粒残留
21	220×		磨圆、均匀平面及磨平	点状	无	否	
22	45×	磨平		弱	有	否	
23	45×	磨平		B 中弱	可能是	否	
24	45×	磨平		B 中弱	可能是	否	

　　整体形貌、微形态主要类型与模拟实验四十分类似，而光泽类型中既有非谷物类光泽，也有可能是谷物类光泽，综合考虑，我们认为其最大可能是加工坚果类物质。

3. T1511 ④ C：7（磨棒一端）

　　共在四处区域进行了微痕观察，在中部上端及右侧中部分别进行低倍及高倍观察。具体位置见图 7.143。微痕具体情况见表 7.60。

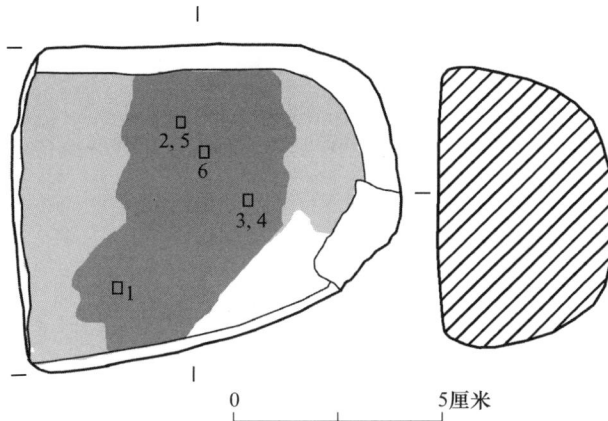

图 7.143　北阡 T1511 ④ C：7 微痕观察区域

表 7.60　北阡 T1511 ④ C：7 微痕情况统计表

观测点编号	放大倍率	整体形貌	微形态主要类型	光泽类型	有无条痕	是否谷物光泽	淀粉粒结果
1	45×	磨平		点状	无	否	
2	45×	磨平		点状	无	否	
3	45×	磨平		弱	无	否	未发现淀粉粒残留
4	220×		磨圆、均匀平面及磨平	弱	无	否	
5	220×		磨圆、均匀平面及磨平	B 中弱	可能是	否	
6	220×		磨圆、均匀平面及磨平	弱	无	否	

　　与上一件情况类似，整体形貌、微形态主要类型与模拟实验四非常类似，而光泽类型中既有非谷物类光泽，也有可能是谷物类光泽，未发现发达的 A 类光泽，综合考虑，我们认为其最大可能是加工坚果类物质。观测点的微痕图片见图 7.144。

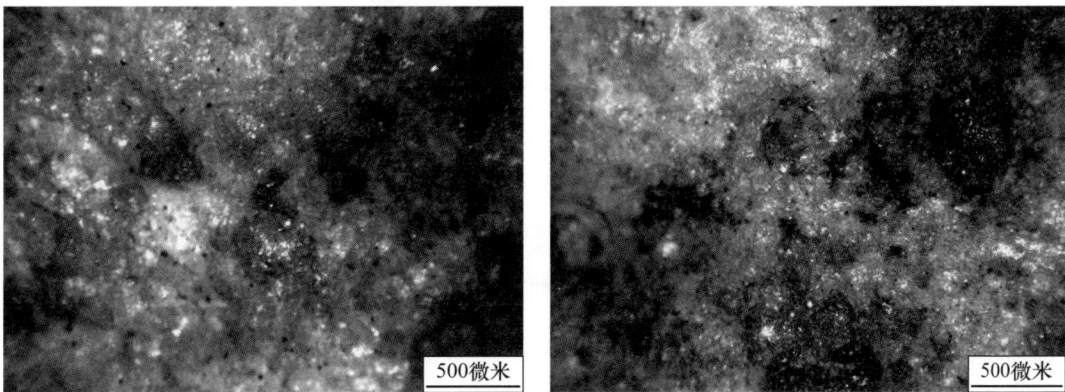

图 7.144　北阡 T1511 ④ C：7 微痕

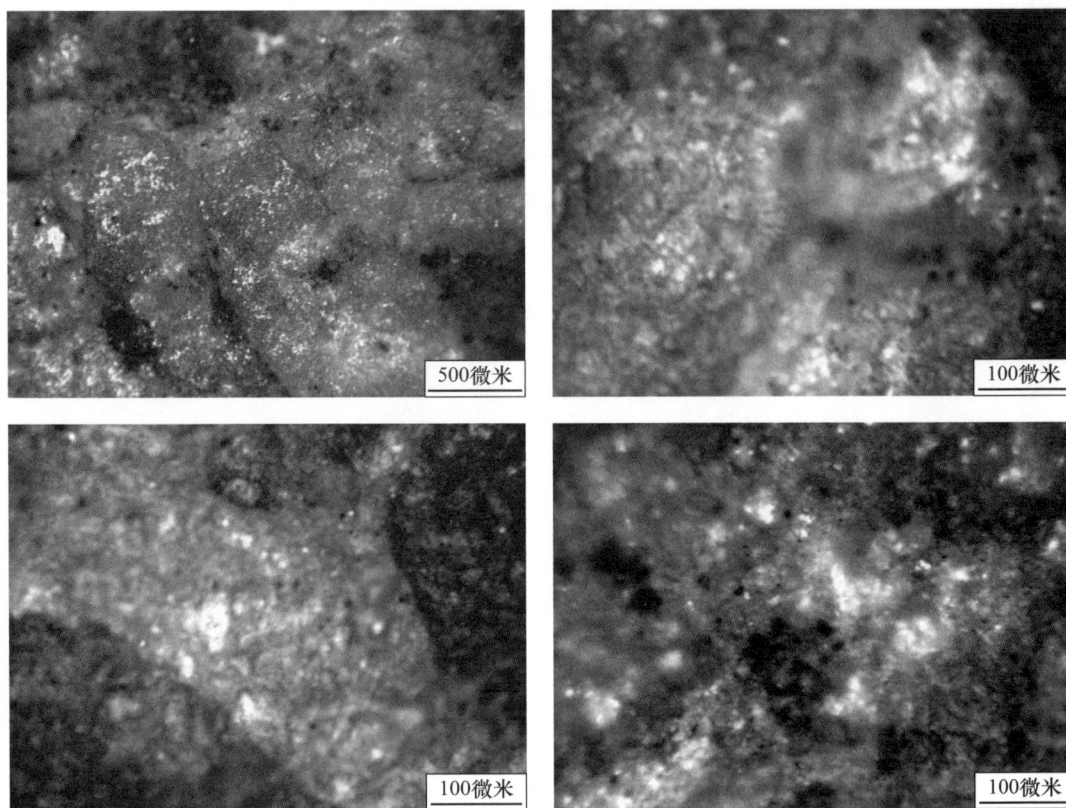

图 7.144　北阡 T1511 ④ C：7 微痕（续）

4. T1512G2 ㉒：27（磨棒断块）

共在六处区域进行了微痕观察，具体位置见图 7.145。微痕具体情况见表 7.61。

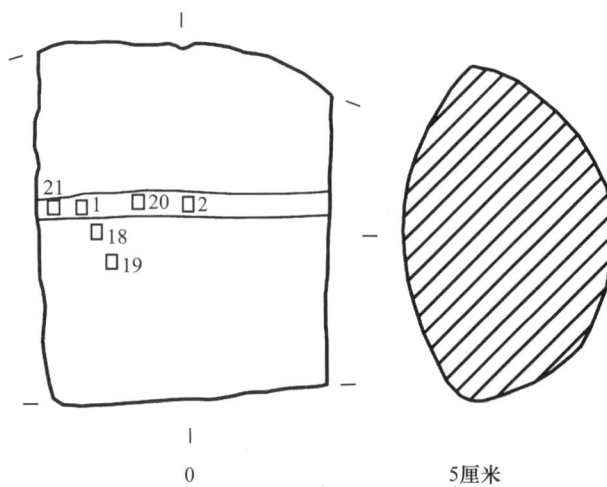

图 7.145　北阡 T1512G2 ㉒：27 微痕观察区域

表 7.61 北阡 T1512G2 ㉒：27 微痕情况统计表

观测点编号	放大倍率	整体形貌	微形态主要类型	光泽类型	有无条痕	是否谷物光泽	淀粉粒结果
18	220×		磨圆、均匀平面及磨平	微弱	无	否	
19	220×		磨圆、均匀平面及磨平	弱	无	否	
20	45×	磨平		弱	无	否	未发现淀粉粒残留
21	45×	磨平		点状	无	否	
1	45×	磨平		点状	无	否	
2	45×	磨平		点状	无	否	

整体形貌、微形态主要类型与光泽类型都指示此件器物曾经用来加工坚果类物质，与模拟实验四使用微痕十分类似。

5. T1513G1：38（磨棒一端）

共在六处区域进行了微痕观察，在中部及下部分别进行低倍及高倍微痕观察，具体位置见图 7.146。微痕具体情况见表 7.62。

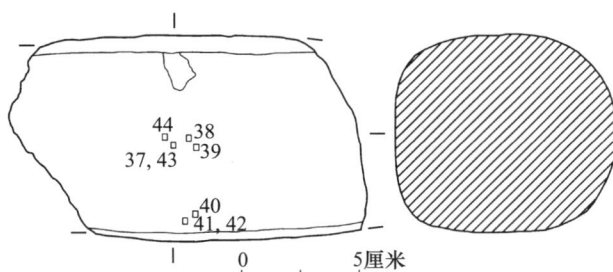

图 7.146 北阡 T1513G1：38 微痕观察区域

表 7.62 北阡 T1513G1：38 微痕情况统计表

观测点编号	放大倍率	整体形貌	微形态主要类型	光泽类型	有无条痕	是否谷物光泽	淀粉粒结果
37	45×	磨平		弱	无	否	
38	45×	磨平		弱	无	否	
39	45×	磨平		弱	无	否	
40	45×	磨平		点状	无	否	
41	45×	磨平		点状	无	否	未发现淀粉粒残留
42	220×		磨圆、均匀平面及磨平	弱	无	否	
43	220×		不清楚	不清楚	无	否	
44	220×		磨圆、均匀平面及磨平	弱	有	否	

整体形貌、微形态主要类型与光泽类型都指示此件器物曾经用来加工坚果类物质，与模拟实验四使用微痕十分类似。观测点的微痕图片见图 7.147（图版 10）。

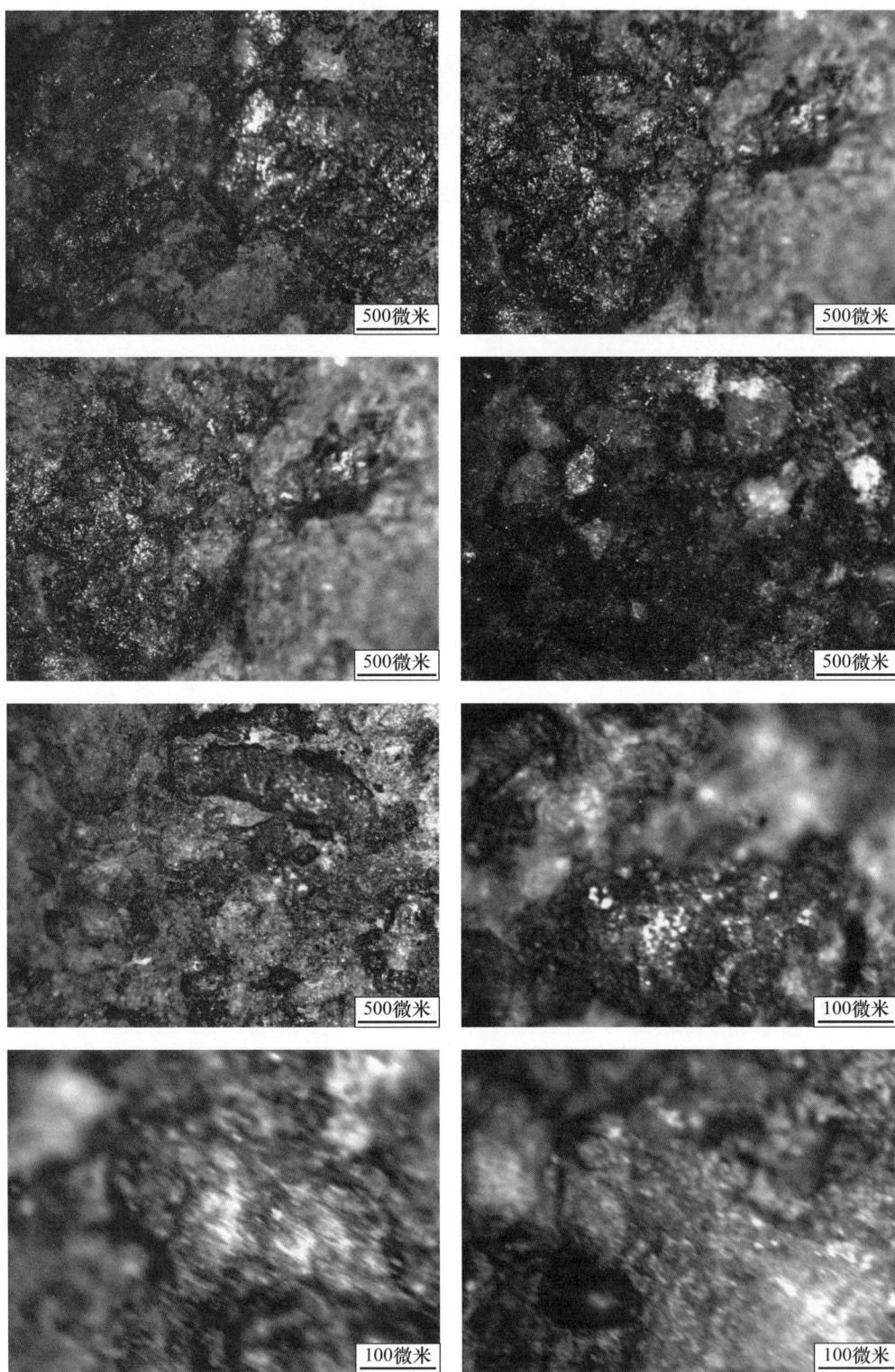

图 7.147　北阡 T1513 G1：38 微痕

6. T1515M13：1（磨棒一端）

共在七处区域进行了微痕观察，具体位置见图 7.148。微痕具体情况见表 7.63。

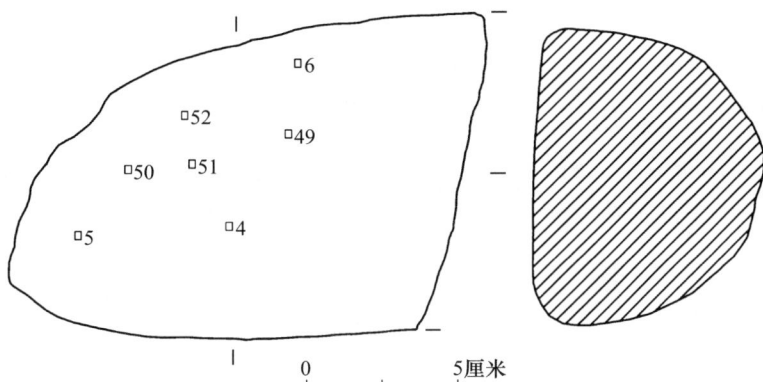

图 7.148　北阡 T1515M13：1 微痕观察区域

表 7.63　北阡 T1515M13：1 微痕情况统计表

观测点编号	放大倍率	整体形貌	微形态主要类型	光泽类型	有无条痕	是否谷物光泽	淀粉粒结果
4	45×	磨平		不见光泽	无	否	
5	45×	磨平		不见光泽	无	否	
6	45×	磨平		不见光泽	无	否	
49	220×		破损面及颗粒剥离	不见光泽	无	否	发现谷物类及可能豆类淀粉粒残留
50	220×		破损面及颗粒剥离	不见光泽	无	否	
51	220×		破损面及颗粒剥离	不见光泽	无	否	
52	220×		不清楚	不清楚	无	否	

整体形貌、微形态主要类型与模拟实验五使用微痕十分类似，表明此件器物可能曾经加工过大豆类物质，但未观察到光泽。而淀粉粒结果虽显示既有豆类还有谷物类物质，但发现淀粉粒残留的是磨棒断面的区域，而磨棒使用面两处区域未发现任何淀粉粒。因而综合考虑，此件器物可能曾经加工过大豆类物质，而淀粉粒分析由于采集区域关系，不能作为此件器物功能分析的依据。观测点的微痕图片见图 7.149。

7. T1515M20：3（基本完整磨棒）

共在七处区域进行了微痕观察，具体位置见图 7.150。微痕具体情况见表 7.64。

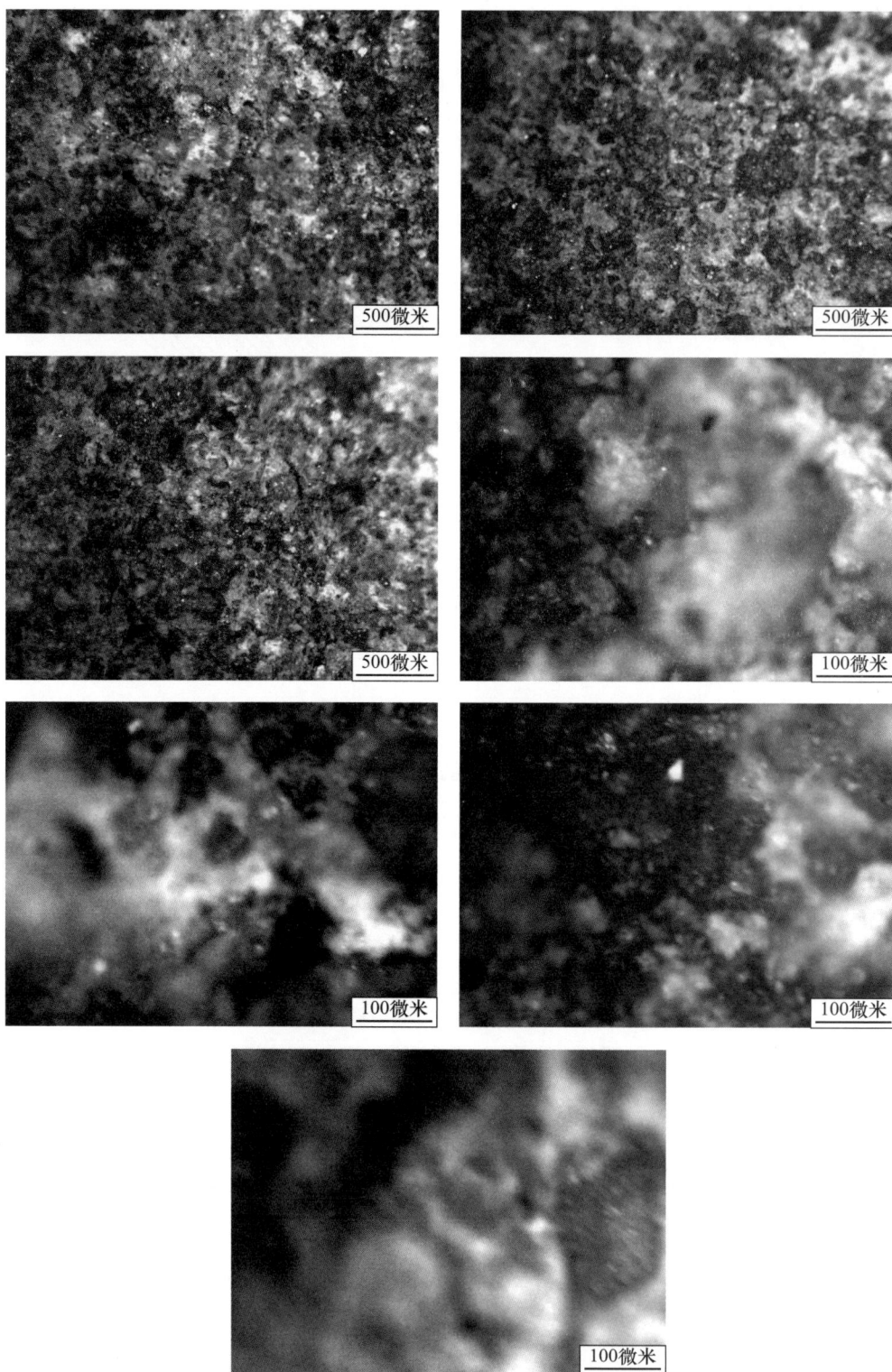

图 7.149　北阡 T1515 M13∶1 微痕

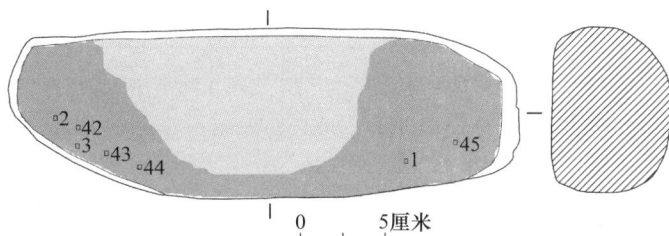

图 7.150　北阡 T1515M20∶3 微痕观察区域

表 7.64　北阡 T1515M20∶3 微痕情况统计表

观测点编号	放大倍率	整体形貌	微形态主要类型	光泽类型	有无条痕	是否谷物光泽	淀粉粒结果
1	45×	磨平		不见光泽	有	否	
2	45×	磨平		不见光泽	有	否	
3	45×	磨平		不见光泽	有	否	
42	220×		磨圆、均匀平面及磨平	点状	无	否	未发现淀粉粒残留
43	220×		磨圆、均匀平面及磨平	点状	无	否	
44	220×		磨圆、均匀平面及磨平	不见光泽	无	否	
45	220×		磨圆、均匀平面及磨平	点状	无	否	

　　整体形貌、微形态主要类型与光泽类型都指示此件器物曾经用来加工坚果类物质，与模拟实验四使用微痕十分类似。

8. T1516 ⑦ b∶9（磨棒一端）

　　共在七处区域进行了微痕观察，具体位置见图 7.151。微痕具体情况见表 7.65。

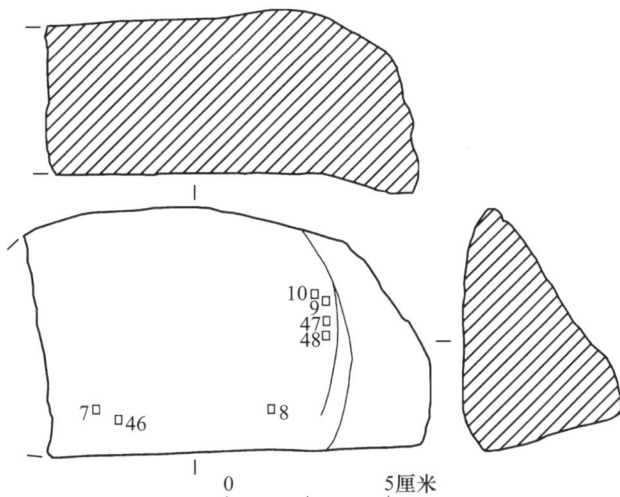

图 7.151　北阡 T1516 ⑦ b∶9 微痕观察区域

表 7.65　北阡 T1516⑦b：9 微痕情况统计表

观测点编号	放大倍率	整体形貌	微形态主要类型	光泽类型	有无条痕	是否谷物光泽	淀粉粒结果
7	45×	磨平		不见光泽	有	否	
8	45×	磨平		不见光泽	有	否	
9	45×	磨平		不见光泽	有	否	未发现淀粉粒残留
10	220×		磨圆、均匀平面及磨平	不见光泽	无	否	
46	220×		磨圆、均匀平面及磨平	不见光泽	无	否	
47	220×		不清楚	不清楚	无	否	
48	220×		磨圆、均匀平面及磨平	点状	无	否	

　　整体形貌、微形态主要类型与光泽类型都指示此件器物曾经用来加工坚果类物质，与模拟实验四使用微痕十分类似。

9. T1517D37：1（磨盘断块）

　　共在四处区域进行了微痕观察，其中中部两处区域分别进行了低倍及高倍的微痕观察，具体位置见图 7.152。微痕具体情况见表 7.66。

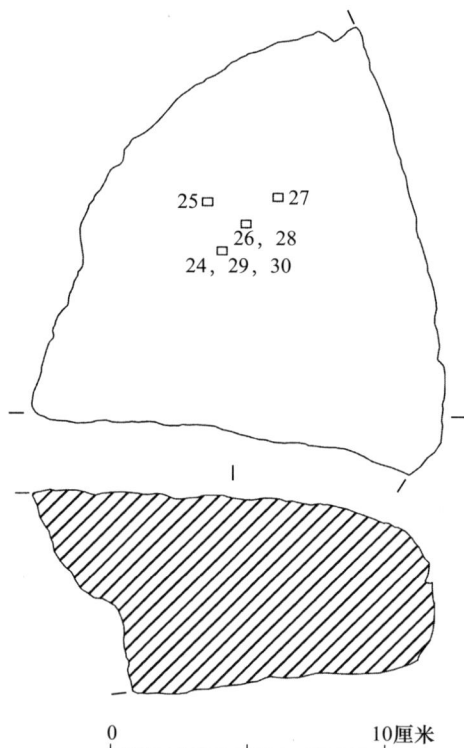

图 7.152　北阡 T1517D37：1 微痕观察区域

表 7.66 北阡 T1517D37：1 微痕情况统计表

观测点编号	放大倍率	整体形貌	微形态主要类型	光泽类型	有无条痕	是否谷物光泽	淀粉粒结果
24	45×	磨平		点状	无	否	
25	45×	磨平		微弱	无	否	
26	45×	磨平		微弱	无	否	
27	220×		磨圆、均匀平面及磨平	微弱	无	否	未发现淀粉粒残留
28	220×		磨圆、均匀平面及磨平	微弱	无	否	
29	220×		磨圆、均匀平面及磨平	弱	无	否	
30	220×		磨圆、均匀平面及磨平	弱	无	否	

整体形貌、微形态主要类型与光泽类型都指示此件器物曾经用来加工坚果类物质，与模拟实验四使用微痕十分类似。

10. T1517H1 ④：22（磨棒一端）

共在十三处区域进行了微痕观察，具体位置见图 7.153。微痕具体情况见表 7.67。

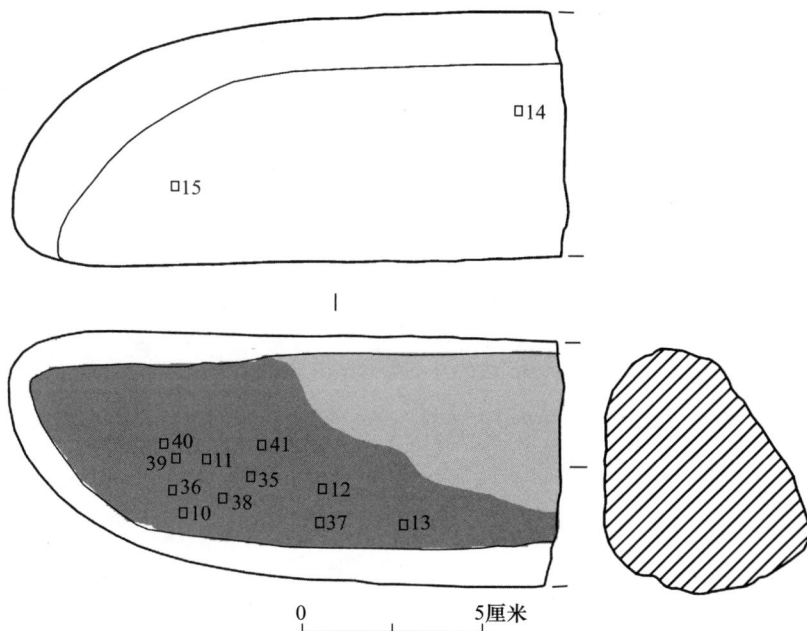

图 7.153 北阡 T1517H1 ④：22 微痕观察区域

除观测点 40 外，整体形貌、微形态主要类型与光泽类型都指示此件器物曾经用来加工坚果类物质，与模拟实验四使用微痕十分类似。观测点的微痕图片见图 7.154。

表 7.67　北阡 T1517H1 ④∶22 微痕情况统计表

观测点编号	放大倍率	整体形貌	微形态主要类型	光泽类型	有无条痕	是否谷物光泽	淀粉粒结果
10	45×	磨平		点状	无	否	未发现淀粉粒残留
11	45×	磨平		点状	无	否	
12	45×	磨平		点状	无	否	
13	45×	磨平		点状	无	否	未发现淀粉粒残留
14	45×	磨平		点状	无	否	
15	45×	磨平		不见光泽	无	否	
35	220×		磨圆、均匀平面及磨平	微弱	无	否	
36	220×		磨圆、均匀平面及磨平	点状	无	否	
37	220×		磨圆、均匀平面及磨平	点状	无	否	
38	220×		磨圆、均匀平面及磨平	点状	无	否	
39	220×		磨圆、均匀平面及磨平	不见光泽	无	否	
40	220×		磨圆、磨平及均匀弧突	点状	无	否	
41	220×		磨圆、均匀平面及磨平	点状	无	否	

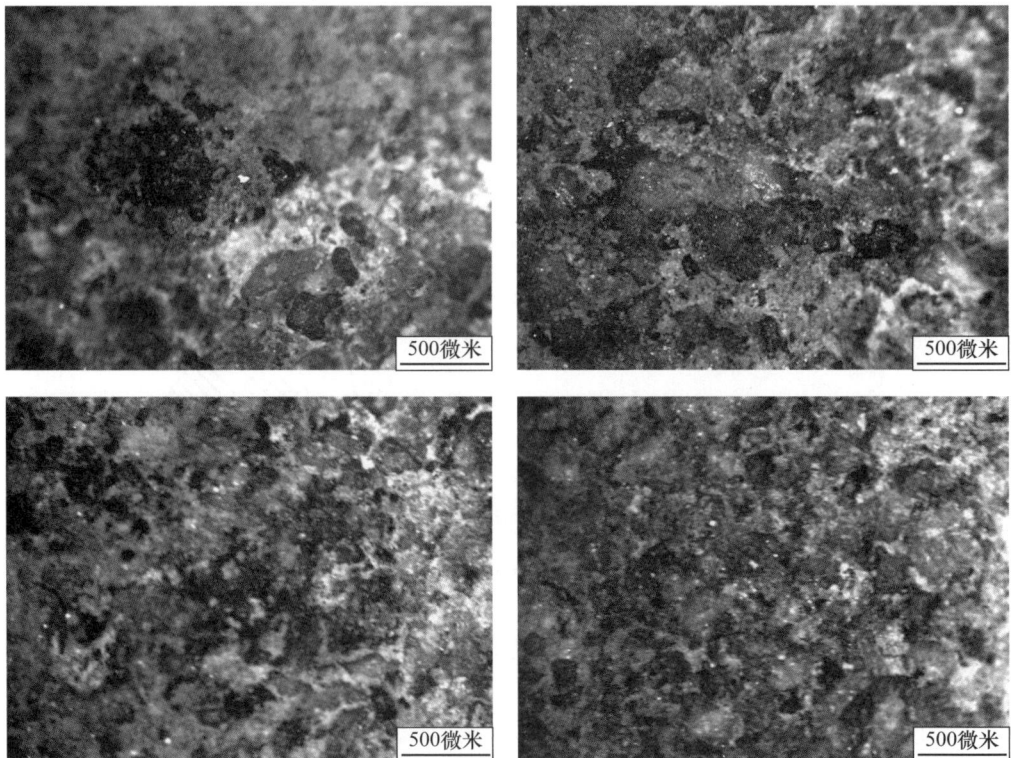

图 7.154　北阡 T1517H1 ④∶22 微痕

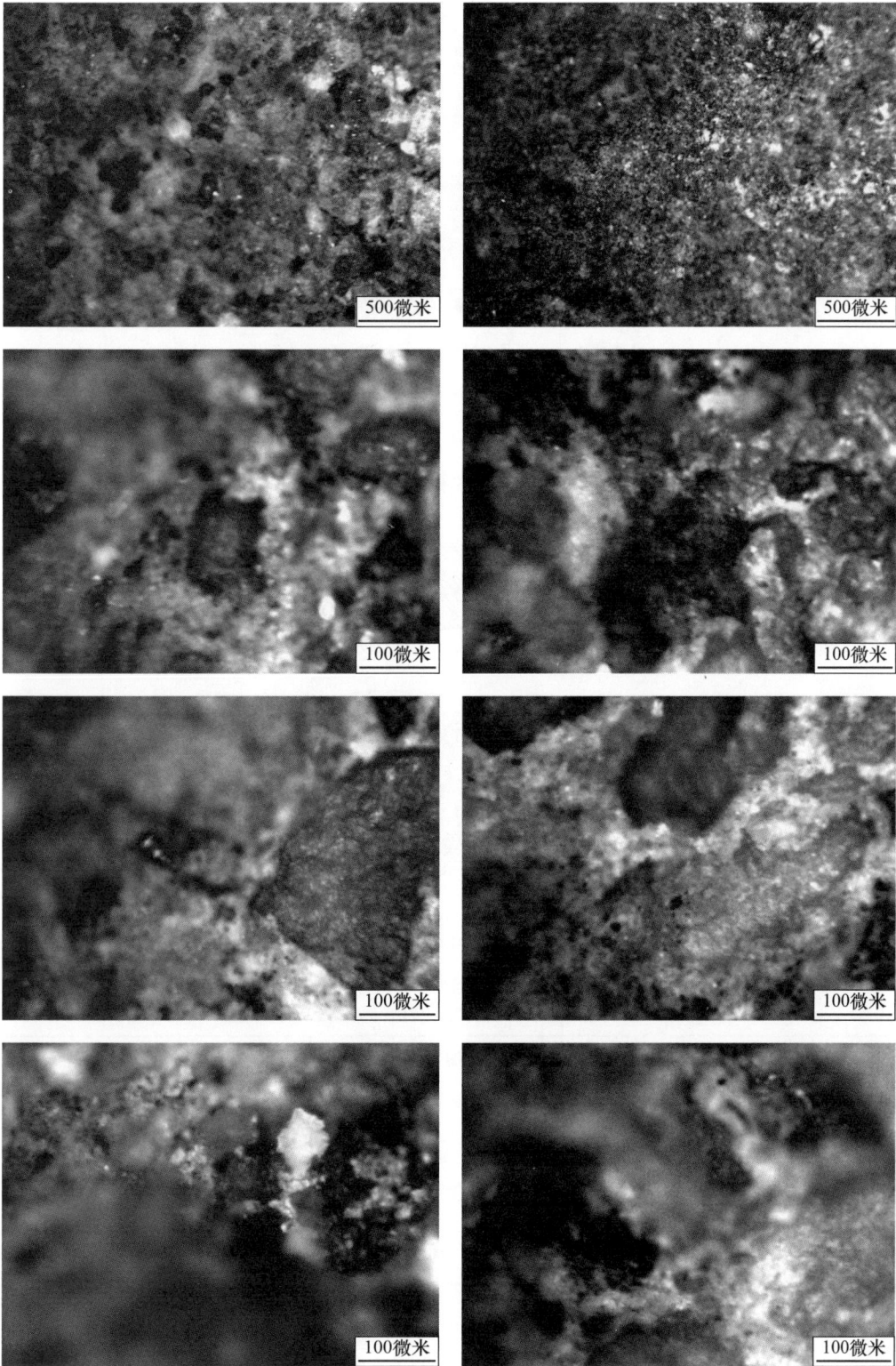

图 7.154　北阡 T1517H1 ④：22 微痕（续）

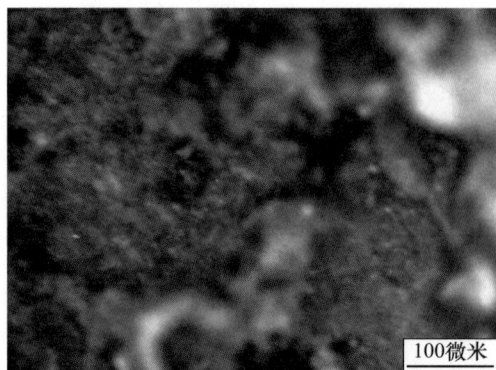

图 7.154　北阡 T1517H1 ④：22 微痕（续）

11. T1517H75 ②：8（磨棒一端）

共在十一处区域进行了微痕观察，具体位置见图 7.155。微痕具体情况见表 7.68。

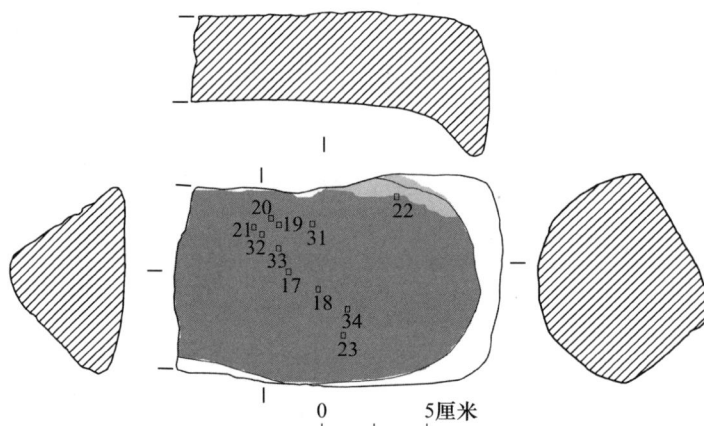

图 7.155　北阡 T1517H75 ②：8 微痕观察区域

表 7.68　北阡 T1517H75 ②：8 微痕情况统计表

观测点编号	放大倍率	整体形貌	微形态主要类型	光泽类型	有无条痕	是否谷物光泽	淀粉粒结果
17	45×	磨平		点状	无	否	发现谷物类及坚果类淀粉粒
18	45×	磨平		点状	无	否	
19	45×	磨平		微弱	无	否	
20	45×	磨平		点状	无	否	
21	45×	磨平		点状	无	否	
22	45×	磨平		不见光泽	无	否	
23	45×	磨平		微弱	无	否	
31	220×		磨圆、均匀平面及磨平	微弱	无	否	

观测点编号	放大倍率	整体形貌	微形态主要类型	光泽类型	有无条痕	是否谷物光泽	淀粉粒结果
32	220×		磨圆、均匀平面及磨平	微弱	无	否	发现谷物类及坚果类淀粉粒
33	220×		磨圆、均匀平面及磨平	微弱	无	否	
34	220×		磨圆、均匀平面及磨平	微弱	无	否	

　　整体形貌、微形态主要类型与光泽类型都指示此件器物曾经用来加工坚果类物质，与模拟实验四使用微痕十分类似。使用面两处采样均发现淀粉粒，而断面采样未发现任何淀粉粒，因而在很大程度上排除了周围土壤污染的可能。但使用微痕却未发现谷物类微痕及光泽，可能表明谷物类的加工早于坚果类的加工，而后者由于加工时间较长，完全磨蚀和掩盖了原来使用的微痕。

12. T1611H12：2（磨棒一端）

　　共在七处区域进行了微痕观察，下端左侧分别进行低倍及高倍微痕观察，具体位置见图7.156。微痕具体情况见表7.69。

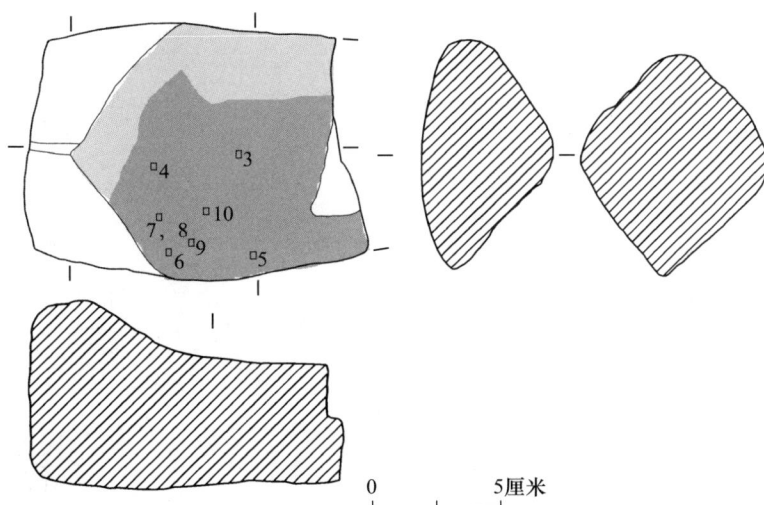

图7.156　北阡 T1611H12：2 微痕观察区域

表7.69　北阡 T1611H12：2 微痕情况统计表

观测点编号	放大倍率	整体形貌	微形态主要类型	光泽类型	有无条痕	是否谷物光泽	淀粉粒结果
3	45×	磨平		弱	有	否	未发现淀粉粒残留
4	45×	磨平		弱	无	否	
5	45×	磨圆		B中弱	无	可能是	
6	45×	磨圆		B中弱	无	可能是	

观测点编号	放大倍率	整体形貌	微形态主要类型	光泽类型	有无条痕	是否谷物光泽	淀粉粒结果
7	45×	磨平		弱	无	否	
8	220×		磨圆、均匀平面及磨平	弱	无	否	
9	220×		磨圆、均匀平面、磨平及均匀弧突	B中弱	无	可能是	未发现淀粉粒残留
10	220×		磨圆、均匀平面、磨平及均匀弧突	B中弱	无	可能是	

整体形貌、微形态主要类型与光泽类型都指示此件器物曾经用来加工两种以上物质，即谷物类及坚果类，分别与模拟实验三及四使用微痕十分类似。观测点的微痕图片见图7.157。

13. T1611H103：3（磨棒断块）

共在五处区域进行了微痕观察，具体位置见图7.158。微痕具体情况见表7.70。

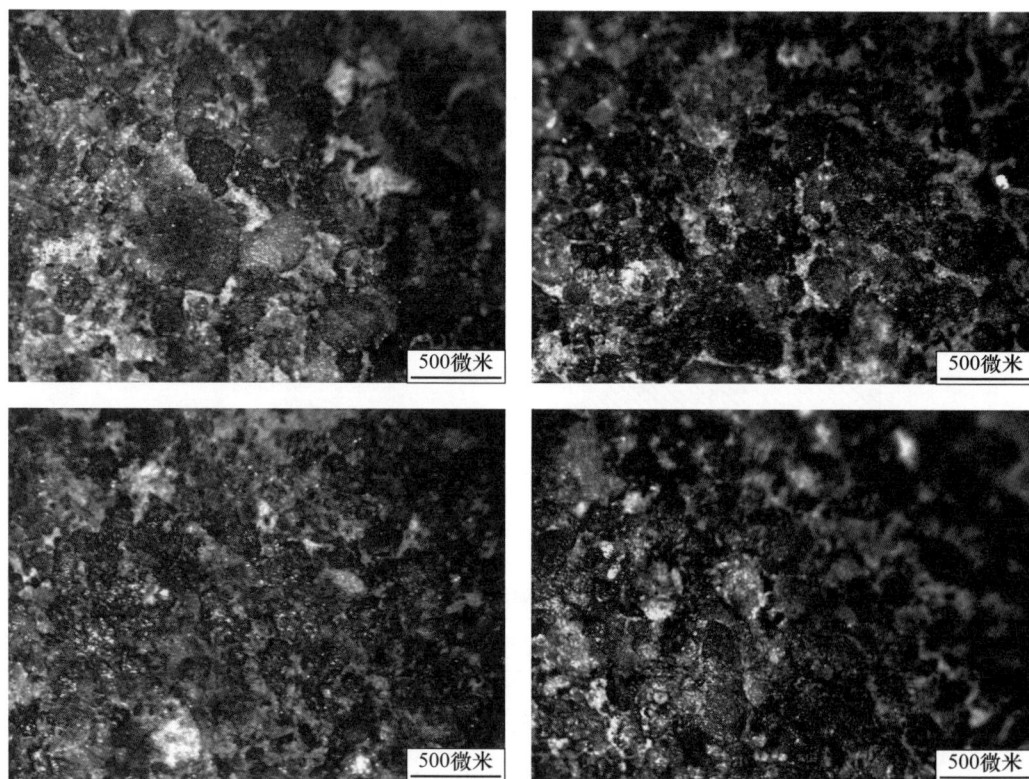

图7.157　北阡T1611H12：2微痕

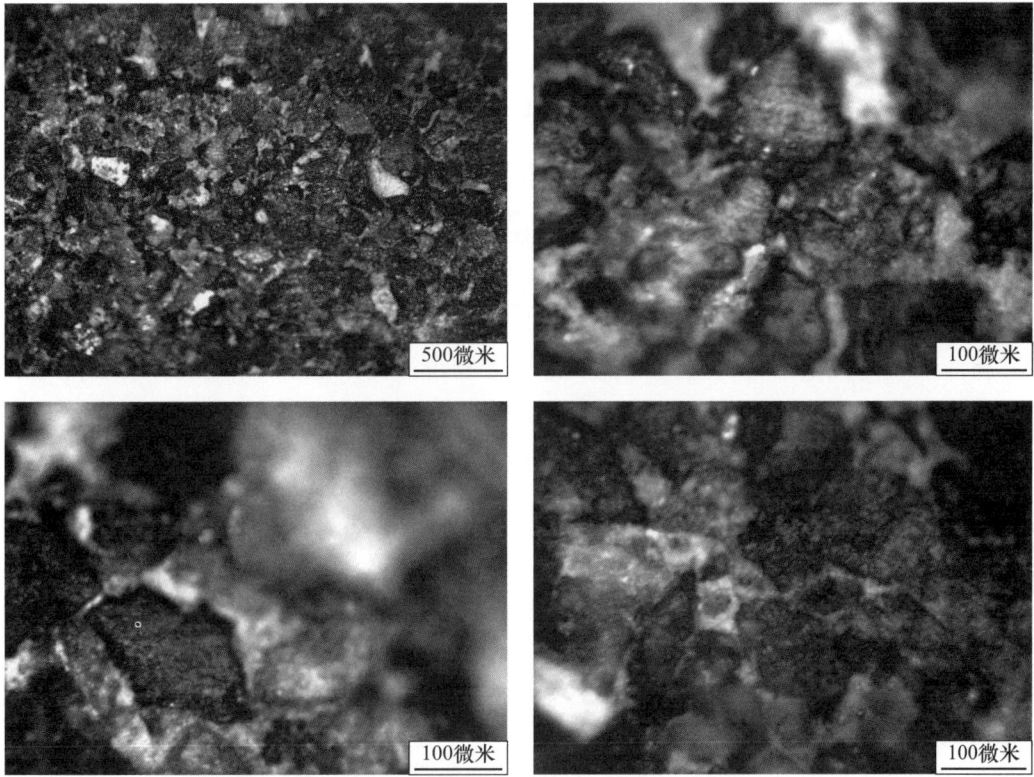

图 7.157　北阡 T1611H12：2 微痕（续）

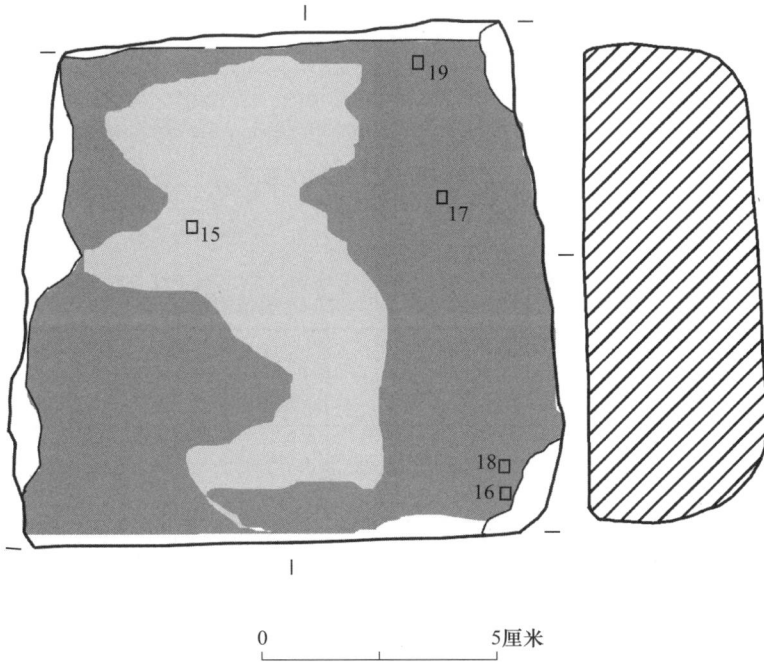

0　　　　　　　　　5厘米

图 7.158　北阡 T1611H103：3 微痕观察区域

表 7.70　北阡 T1611H103∶3 微痕情况统计表

观测点编号	放大倍率	整体形貌	微形态主要类型	光泽类型	有无条痕	是否谷物光泽	淀粉粒结果
15	45×	磨平		点状	无	否	
16	45×	磨平		点状	无	否	发现坚果类淀粉粒残留
17	45×	磨平		弱	无	否	
18	220×		不清楚	不清楚	无	否	
19	220×		不清楚	不清楚	无	否	

　　整体形貌与低倍下光泽类型都指示此件器物可能用来加工坚果类物质，与模拟实验四使用微痕十分类似，但由于高倍下微痕图片看得不清晰，故微形态主要类型及高倍下光泽类型不能确定，综合考虑，此件标本功能存疑。

14. T1613G1 ⑥∶20（磨棒一端）

　　共在六处区域进行了微痕观察，左侧下端分别进行低倍及高倍微痕观察，具体位置见图 7.159。微痕具体情况见表 7.71。

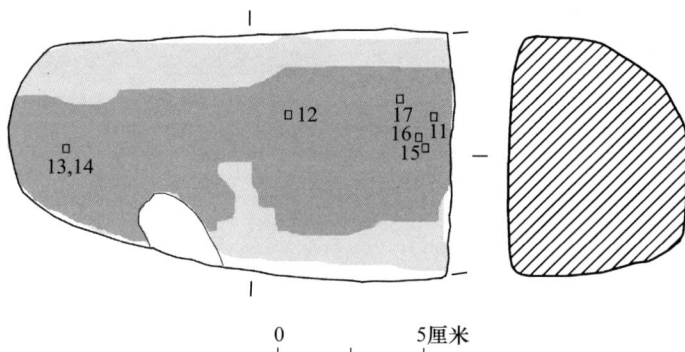

图 7.159　北阡 T1613G1 ⑥∶20 微痕观察区域

表 7.71　北阡 T1613G1 ⑥∶20 微痕情况统计表

观测点编号	放大倍率	整体形貌	微形态主要类型	光泽类型	有无条痕	是否谷物光泽	淀粉粒结果
11	45×	磨平		微弱	无	否	
12	45×	磨平		微弱	无	否	
13	45×	磨平		微弱	无	否	
14	220×		磨圆、均匀平面及磨平	微弱	无	否	未发现淀粉粒残留
15	220×		磨圆、均匀平面及磨平	微弱	无	否	
16	220×		磨圆、均匀平面及磨平	微弱	无	否	
17	220×		磨圆、均匀平面及磨平	微弱	无	否	

整体形貌、微形态主要类型与光泽类型都指示此件器物曾经用来加工坚果类物质，与模拟实验四使用微痕十分类似。

15. T1614M2：2（磨棒断块）

共在四处区域进行了微痕观察，其中三处均分别进行低倍及高倍微痕观察，具体位置见图 7.160。微痕具体情况见表 7.72。

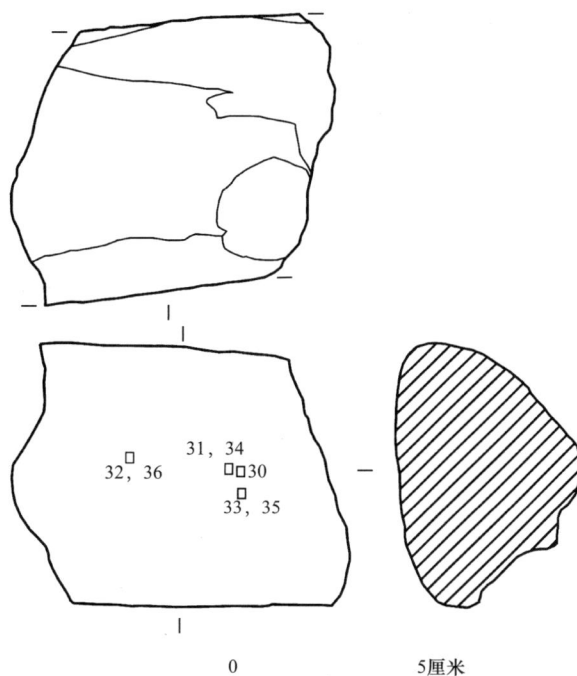

图 7.160 北阡 T1614M2：2 微痕观察区域

表 7.72 北阡 T1614M2：2 微痕情况统计表

观测点编号	放大倍率	整体形貌	微形态主要类型	光泽类型	有无条痕	是否谷物光泽	淀粉粒结果
30	220×		磨圆、均匀平面及磨平	弱	无	否	
31	220×		磨圆、均匀平面及磨平	弱	有	否	
32	220×		磨圆、均匀平面及磨平	弱	无	否	
33	220×		磨圆、均匀平面及磨平	弱	无	否	未发现淀粉粒残留
34	45×	磨平		微弱	无	否	
35	45×	磨平		弱	无	否	
36	45×	磨平		弱	无	否	

整体形貌、微形态主要类型与光泽类型都指示此件器物曾经用来加工坚果类物质，与模拟实验四使用微痕十分类似。观测点的微痕图片见图 7.161。

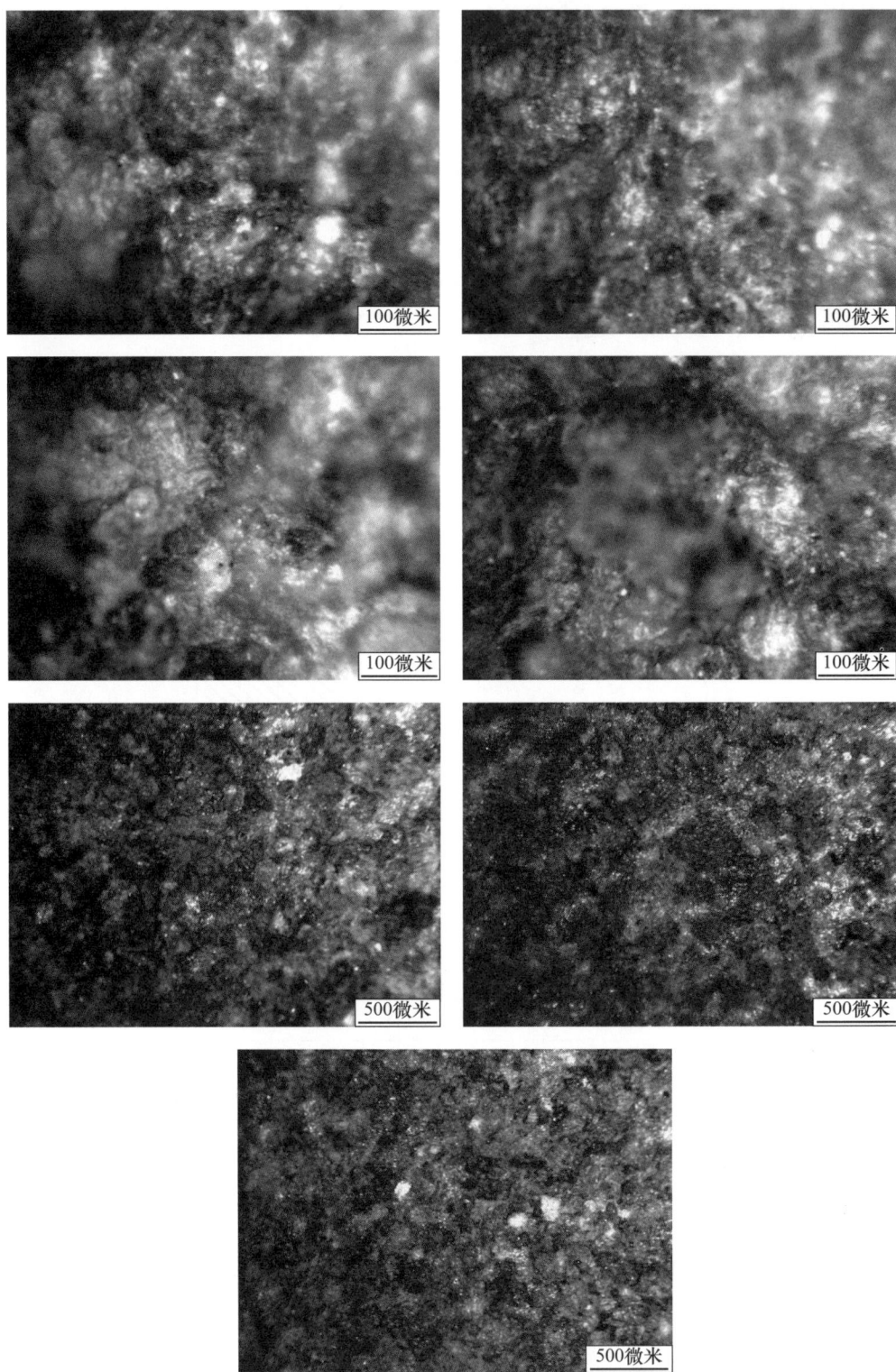

图 7.161　北阡 T1614M2：2 微痕

16. T1614M24∶4（磨盘断块）

共在六处区域进行了微痕观察，其中下端中部分别进行低倍及高倍微痕观察，具体位置见图 7.162。微痕具体情况见表 7.73。

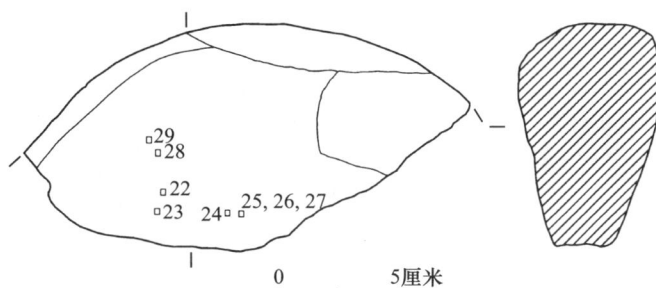

图 7.162　北阡 T1614M24∶4 微痕观察区域

表 7.73　北阡 T1614M24∶4 微痕情况统计表

观测点编号	放大倍率	整体形貌	微形态主要类型	光泽类型	有无条痕	是否谷物光泽	淀粉粒结果
22	45×	磨平		弱	有	否	
23	45×	磨平		微弱	无	否	
24	45×	磨平		微弱	无	否	
25	45×	磨平		微弱	无	否	未发现淀粉粒残留
26	220×		磨圆、均匀平面及磨平	点状	无	否	
27	220×		磨圆、均匀平面及磨平	点状	无	否	
28	220×		磨圆、均匀平面及磨平	微弱	有	否	
29	220×		不清楚	不清楚	无	否	

整体形貌、微形态主要类型与光泽类型都指示此件器物曾经用来加工坚果类物质，与模拟实验四使用微痕十分类似。观测点的微痕图片见图 7.163（图版 11）。

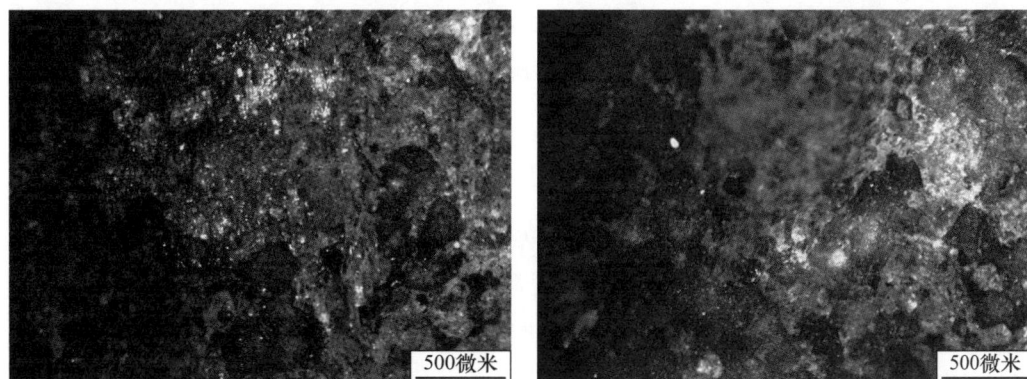

图 7.163　北阡 T1614M24∶4 微痕

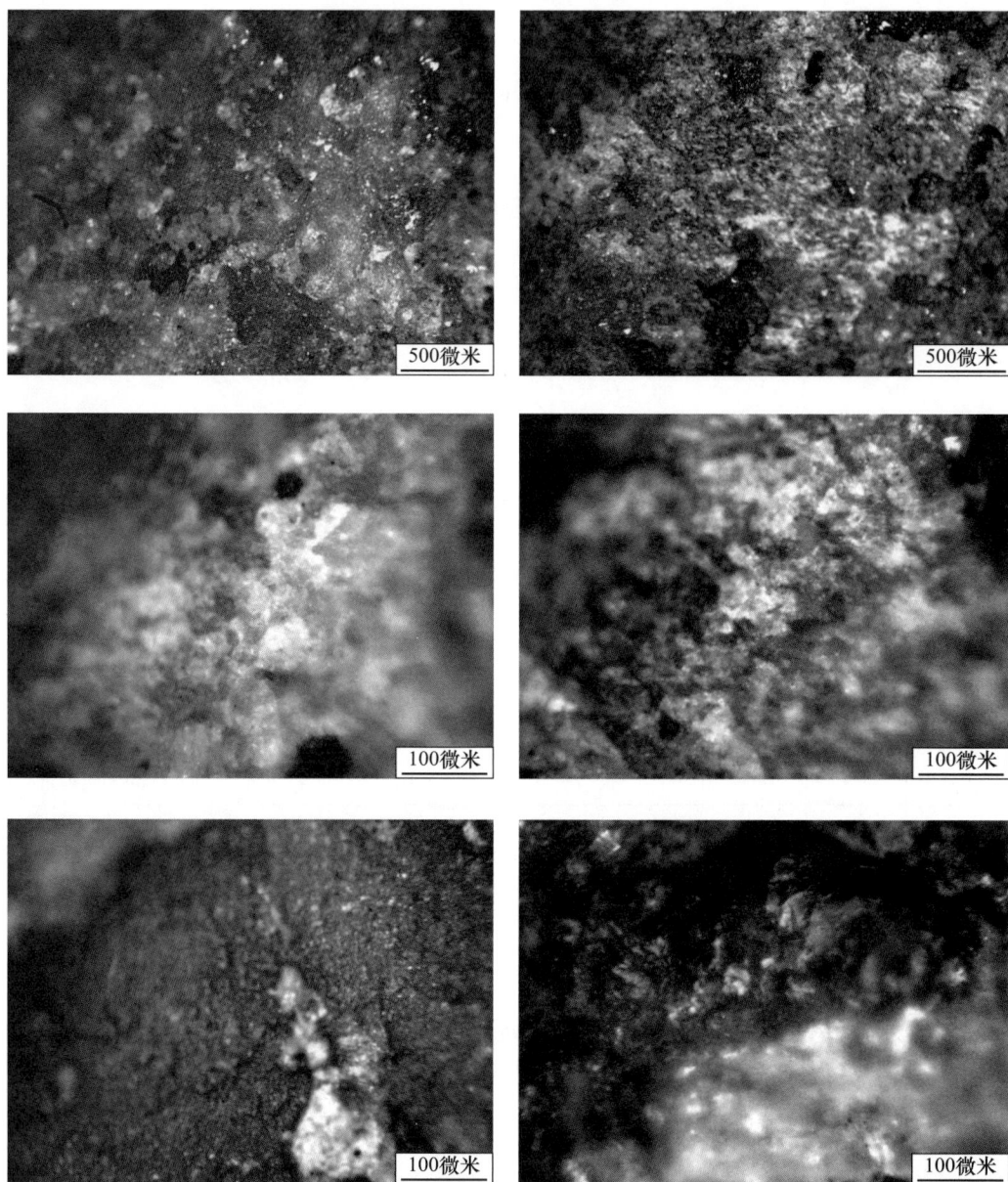

图 7.163　北阡 T1614M24：4 微痕（续）

17. T1614 柱 4：1（磨棒一端）

　　共在四处区域进行了微痕观察，其中左端中部分别进行低倍及高倍微痕观察，具体位置见图 7.164。微痕具体情况见表 7.74。

　　整体形貌、微形态主要类型与光泽类型都指示此件器物曾经用来加工坚果类物质，与模拟实验四使用微痕十分类似。

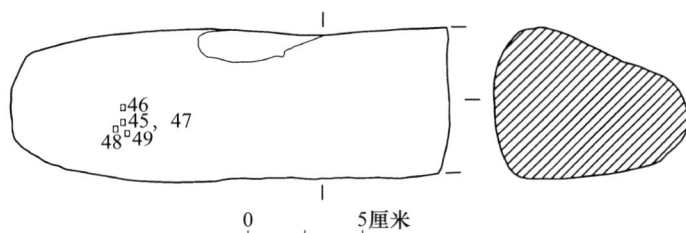

图 7.164　北阡 T1614 柱 4∶1 微痕观察区域

表 7.74　北阡 T1614 柱 4∶1 微痕情况统计表

观测点编号	放大倍率	整体形貌	微形态主要类型	光泽类型	有无条痕	是否谷物光泽	淀粉粒结果
45	45×	磨平		弱	有	否	
46	45×	磨平		弱	无	否	
47	220×		磨圆、均匀平面及磨平	弱	无	否	未发现淀粉粒残留
48	220×		不清楚	不清楚	无	否	
49	220×		不清楚	不清楚	无	否	

18. T1511H128∶1（残石臼）

共在两处区域进行了微痕观察，在下部中间及下部右侧分别进行低倍及高倍观察。具体位置见图 7.165。微痕具体情况见表 7.75。

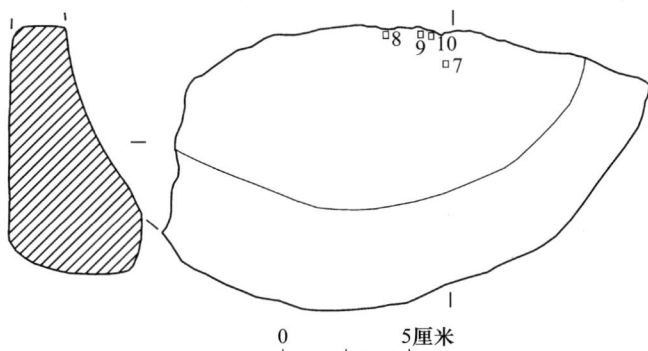

图 7.165　北阡 T1511H128∶1 微痕观察区域

表 7.75　北阡 T1511H128∶1 微痕情况统计表

观测点编号	放大倍率	整体形貌	微形态主要类型	光泽类型	有无条痕	是否谷物光泽	淀粉粒结果
7	45×	磨平		无	无	否	在器表两处区域进行淀粉粒采样，均未发现淀粉粒残留。但在石臼臼窝土样中发现谷物类淀粉粒
8	45×	磨平		无	无	否	
9	220×		不清楚	不清楚	无	否	
10	220×		剥离及破损面	无	无	否	

整体形貌、微形态主要类型与我们六组模拟实验均相差较大，同时也未观察到光泽及条痕，排除了旋转研磨磨盘的可能，结合器物形态，此件器物应为石臼。观测点的微痕图片见图 7.166。

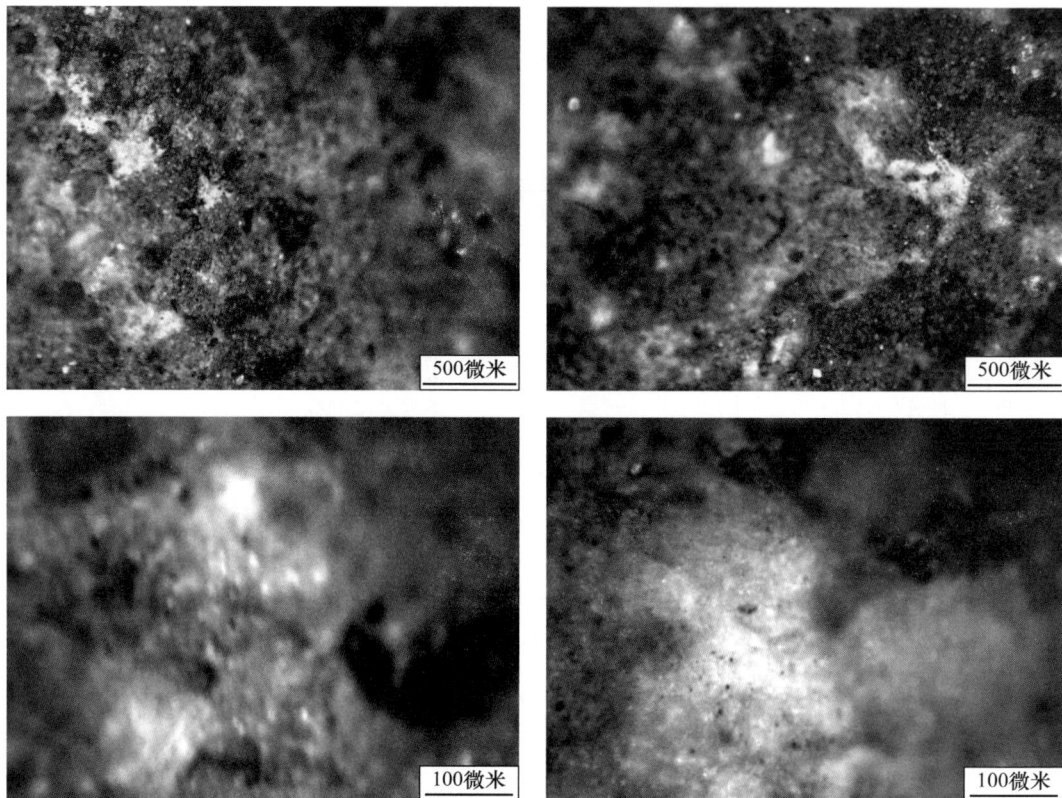

图 7.166　北阡 T1511H128：1 微痕

第四节　小　　结

通过以上分析，我们基本能够理清海岱地区史前不同阶段磨盘类工具的功用。具体情况如下：

早于后李时期仅发现扁扁洞一处遗址，并仅对一采集磨盘断块进行微痕分析，显示其可能用来加工坚果类物质。

后李文化时期，我们共对三个遗址进行微痕分析，即西河、小荆山及月庄。其中西河遗址共分析 9 件标本，包括 6 件磨盘，3 件磨棒。磨盘微痕分析显示其中 3 件曾加工坚果，另 3 件既加工坚果，同时也曾加工谷物类物质。3 件磨棒中，1 件用途不能确定，1 件加工谷物类，另 1 件既加工坚果，同时也曾加工谷物类物质。小荆山遗址分析 5 件标本，均为磨盘。有 2 件不能确定功能。1 件中间有孔磨盘（也称为犁形器），经分析平面上可能未作为研磨使用，因而不能称之为磨盘，边缘可能使用过，但具体用途不明。另外2件曾用来加工坚果。月庄遗址分析4件标本，3件有足磨盘，1件磨棒。1件磨盘加工谷物，另外2件加工坚果，同时也曾加工谷物类物质，淀粉粒分析表明还可能加工过豆类，但微痕未能观察到。磨棒用来加工坚果。

北辛文化时期对三个遗址进行了分析，即北辛、王因、东贾柏。北辛遗址包括4件磨盘（1件有足），3件磨棒，1件磨饼。4件磨盘微痕分析均显示既加工坚果，同时也曾加工谷物类物质，其中1件磨盘微痕结果与淀粉粒分析完全一致，使得结论十分可靠。3件磨棒中，1件曾加工坚果，另外2件既加工坚果，同时也曾加工谷物类物质。磨饼则可能用来加工赭石类颜料。王因遗址属北辛文化的有5件，2件磨盘，3件磨棒。1件磨盘用来加工坚果，另1件不能确定其功用。磨棒中，2件既加工坚果，同时也曾加工谷物类物质，另1件为加工坚果类物质。东贾柏遗址包括10件标本，4件磨盘，6件磨棒。磨盘中2件加工坚果，其中1件可得到淀粉粒分析作为佐证；另2件既加工坚果，同时也曾加工谷物类物质。磨棒中3件既加工坚果，同时也曾加工谷物类物质，2件仅加工坚果，另1件仅加工谷物类物质。

大汶口文化时期对三个遗址进行了分析，即白石村、北阡、王因。白石村遗址标本均为白石村二期，共6件标本，2件磨盘，4件磨棒。磨盘均为加工坚果类物质，1件可以得到淀粉粒证明。磨棒微痕分析显示均为加工坚果类物质，但其中2件除发现坚果外，还发现谷物类物质。北阡遗址共包括18件标本，3件磨盘，14件磨棒，1件石臼。磨盘均为加工坚果类物质。磨棒中1件既加工坚果，同时也曾加工谷物类物质，1件为加工豆类物质，1件不能确定功能，另外11件均为加工坚果，但其中1件淀粉粒分析除发现坚果外，还发现谷物类物质。石臼功能不能确定。王因遗址属于大汶口文化时期的标本有9件，1件磨盘，8件磨棒。磨盘用途不能确定。磨棒中2件既加工坚果，同时也曾加工谷物类物质，另外6件仅加工坚果，其中1件与淀粉粒分析结果一致。

由此可见，从后李文化时期开始磨盘及磨棒属于多功能工具，一般既加工谷物，也加工坚果类物质。至大汶口文化时期，其功能变化不大，仍然为多用途工具，只是一件磨棒发现可能曾加工过豆类物质。通过分析结果来看，大多情况微痕分析可以和淀粉粒分析互相印证，其中很大比例可以部分验证，很少一部分可以完全验证，基本不存在完全矛盾的情况。因而，为了使结论更为可靠，两种研究手段共同使用是最好的办法。

通过上述的微痕分析尝试，我们取得了一些初步认识，并且通过我们的研究也证明了使用此方法对磨盘类工具进行分析的可行性。但这并不意味着微痕分析方法已经十分完美，相反此种方法中还有很多环节需要进一步的研究来完善。具体来说，在今后的微痕分析实践中我们需要注意以下几点：

1. 使用微痕与其他微痕的识别问题

这是在微痕研究中首先要面对的问题，许多学者在论述中也都提到过。但是，在实际操作中仍有不少人忽视了这一点，因而往往得出错误的结论。如果这一点能够得到足够重视，那么微痕分析法就会更加成熟和完善，并且对推动微痕分析的普及也至关重要。这个问题说来简单，实际上是一个十分复杂的问题。这里我们不妨先从理论层面作一系统的分析。我们可以把非使用微痕分成两大类，即自然作用产生的非使用微痕和人为作用产生的非使用微痕。自然作用包括流水冲刷、风力作用、土壤摩擦、风化作用、埋藏作用、氧化锈蚀等。这类作用产生的微痕的频率最高，它们的分布通常是无规律的[①]。正如中程理论描述的那样，一件考古标本从制造到使用，再到废弃、埋藏，最后到被我们发掘出来，这中间要经过一系列复杂的变化。在这个过程中，大多数遗物已并非它最初的原貌[②]，其中自然作用发挥了很重要的作用。此外还有人为作用形成的非使用微痕，这种微痕又可以细分为有意识形成的与无意识形成的两种。有意识行为包括装柄行为、第二步加工行为、修理台面行为、修复行为、手握行为等，这些行为相对来说都是人类有意识进行的，因而这些行为所形成的微痕在分布上也较有规律，比较易于识别。无意识行为包括踩踏行为、丢弃行为（主要指在丢弃过程中石制品与其他物品发生的碰撞或磨擦），这些行为大多是在不经意的情况下发生的，因而其产生的微痕与自然作用产生的微痕较类似，在分布上基本上是无规律的。我们在分析考古标本时一定要首先考虑到微痕种类的多样性，并结合遗址总体情况以及待观察的标本所出土的环境作有针对性的实验，比如遗物出自房址的地面上，就要考虑到它有可能被踩踏过，并有可能在被丢弃的过程中也产生微痕。当然，有意识行为所产生的非使用微痕也要考虑进去，这就要根据此标本的形态以及它的石材做出实验品，然后分别对其进行踩踏、丢弃、二次加工等尽可能多的人工模仿行为，并且要分别记录行为实施前后的各项非使用微痕（包括文字及显微摄影等），以此作为今后进行考古标本观察时的对比数据。如此经过多次的模拟实验就会留下大量的可供参照的数据，这样不仅对单纯地研究非使用微痕十分有用，并且也能很容易识别出使用微痕与非使用微痕，使得出的结论更科学。

2. 微痕研究要与其他研究结合使用

尽管经过上述大量的模拟实验，得出的微痕结果会比较可靠，但是单纯的微痕分析得出的结果还是略显单薄，有条件的话必须与其他方面的研究成果相结合，如动物考古学、植物考古学、体质人类学等，许多国内学者在这方面有所欠缺。实际上这种结合不仅使微痕分析的结论更可靠，对于其他学科得出的结论同样也是一种检验。通过多学科的交叉和综合，我们在对古代社会的生计活动以及生存方式进行复原时才会

① Lawrence H. Keeley. *Experimental Determination of Stone Tool Uses*. The University of Chicago Press, 1980: 4.

② Michael B. Sehiffer. *Formation Processes of the Archaeological Record*. University of New Mexico Press, 1988. 转引自杨建华：《外国考古学史》，吉林大学出版社，1999 年，212 页。

更接近于史实。比如我们对一个遗址中的考古标本进行微痕分析之后发现大多数石制品是与切割动物脂肪及钻刮皮骨有关的，那么就要查看遗址中是否存在较多的动物骨骼遗存，假如这类遗存确实较为丰富，那么微痕分析的结论就显得更为可靠。如果整个遗址没有发现此类遗存，那么我们得出的结论就显得比较缺乏说服力。再如通过对遗址中的考古标本进行微痕分析，我们推断出大多数石制品与锯割禾本科软性植物（包括农作物与杂草）有关，那么就要考虑遗址中是否存在这些软性植物的痕迹。如若遗址中发现许多稻或粟的种子，那么我们就可以把这两种现象结合起来进行考虑，并可以做出当时的社会很可能已经产生农业的合理推断，而这些石制品可能就是当时的农人进行播种或收获所使用的工具。通过上述两个例子，我们不难发现微痕分析与其他研究相结合的重要性。因而，在今后的微痕研究中我们要尽可能地进行这方面的努力，以期得出更为可信的结论。

3. 一器多用现象分析

在古代社会中（尤其是在旧石器时代早期），一器多用现象十分普遍。这就给微痕分析带来了更为严峻的挑战。我们通常的微痕研究普遍存在着对微痕现象作简单化判断的倾向，很少有学者做过一器多用的微痕分析，这样得出的结论就难免失之偏颇。因而，在以后的研究中我们必须加强这方面的工作。首先是应做大量的模拟实验研究，我们可以先做一些易于观察的、质地细密的石器（如燧石石器），用易于区别的运动方式来加工差异较大的材料，然后再逐步深入。比如我们可以用燧石做成一件石器，先用它切割动物脂肪（纵向运动），再用它刮削干质的木材（横向运动）。由于运动方式的明显不同以及被加工材料软硬度的较大差异，所产生的微痕也较易于区别。这样从这些易于识别的微痕实验到不太易于识别的实验，如此循序渐进，在总结出大量有规律的数据之后，我们就可以来观察考古标本并逐渐可以识别出一器多用现象，这对于完善微痕分析是十分重要的，并且对于全面复原古代的经济活动也是十分有效的。

4. 关于拓展微痕分析范围的问题

经过上述努力，微痕分析法就会比较完善。这时我们就可以考虑拓展微痕分析研究的范围，包括拓展其研究的时代及研究的质地两个方面。既可以把主要用于旧石器时代的这种方法拓展到新石器时代以及历史时期，还可以从仅仅研究石制品拓展到其他质料的考古遗物，如骨角器、蚌器、木器等。这样，虽然会受到很大挑战，原来的一些方法可能也需要改进，但基本方法不会有很大差异。新石器时代及历史时期的石制品大多经过磨制，这与旧石器时代以打制为主是有很大差异的。由于磨制本身也会使石制品表面产生许多光泽与擦痕，这些痕迹与使用微痕很容易混淆。但这种微痕通常是石制品之间摩擦产生的，这与石制品加工其他质地材料所产生的微痕还是有所差异的，如若经过大量的模拟实验还是可以区别开的。关于对其他质地的工具做微痕分析的问题，相比较而言木制工具更难于观察，好在考古遗址中这类遗物鲜有出土。另外，骨、角质地的工具主要由有机质构成，因而其上留下的微痕较易于观察。如果能把微痕分析的范围从这两个层次进行拓展的话，微痕分析就不仅仅是单纯判断某一件石制品的功用了。而我们全方位复原古代社会经济活动的梦想可能也就会更现实一些。

　　以上只是在微痕分析中比较突出的几个问题，当然微痕分析中还存在其他一些问题，如关于器物的清洗问题、全方位复原古人工作环境的问题、高倍法与低倍法的结合问题等。总之，微痕分析法现在还不十分完善，需要学界同行在各方面进行努力，使其真正成为一种不可或缺的研究方法。而在我国，这种方法还仅仅处于起步阶段，还没有被大多数人所接受，进行研究的学者还十分有限。因而我们有责任结合我国考古的实际情况大力发展这种方法，在实践中对其不断补充和完善，使其在我国考古学研究中发挥应有的作用。

第八章　残留物分析

残留物分析（residue analysis）是通过提取遗留在遗物表面的微量残留物，然后进行相关的检测，以确定遗物的功能和用途。残留物分析具体包括脂肪酸分析、血分子分析、硅酸体分析、淀粉粒分析等很多分析法。其中脂肪酸分析，一度十分流行，特别是 20 世纪 90 年代以来在日本十分活跃。但是随着日本旧石器造假事件的曝光，脂肪酸分析的可靠性也逐渐为学界所怀疑，原因是在很多假石器上所做的脂肪酸分析往往会显示有远古动物的脂肪酸残留。对于血分子分析的方法，争议也较大，有学者在伊拉克西北部的 Barda Balka 和加拿大的 Toad River Canyon 遗址进行的血分子分析都取得了很大的成功[①]。但也有学者通过实验证明，这种方法具有很大的不确定性，还不十分成熟[②]。因而此次对于海岱地区史前磨盘类工具功能的研究，我们采用了相对比较成熟和可靠的硅酸体分析及淀粉粒分析。

第一节　植物硅酸体分析

植物硅酸体又称植硅石（phytolith）或植物蛋白石（plant opal），是指充填于高等植物细胞组织中的非晶质蛋白石矿物颗粒（$SiO_2 \cdot nH_2O$），而不包括海绵类、硅藻类、放射虫类及类似物种中的硅[③]。根据已有的研究成果来看，植物硅酸体分析在古代农业研究中具有明显的优势。因为植物硅酸体的形状依赖于原来植物细胞的形状和细胞之间的空隙，不同植物种属的硅酸体形态不同，这是我们进行古植物复原的基础，同时硅酸体抗腐蚀能力强，当植物死亡、腐烂后，有机质部分消失，而硅酸体则可以在多种沉积环境中保留下来，并且保存量也比较大。此外，由于它多形成于植物的茎叶中，分散程度低，在一定程度上，它更能代表当地的植被[④]。由于植物硅酸体研究具有的优

---

① 星灿：《遗留物分析能告诉我们什么》，《大考古》，济南出版社，2004 年，60～61 页。
② 据 Odell 2004 年微痕班讲义。
③ 陈报章等：《植物硅酸体及其在环境考古学中的应用》，《徐州师范学院学报（自然科学版）》1994 年 12 卷 3 期，48～53 页。
④ 靳桂云：《中国北方史前遗址稻作遗存的植物硅酸体判别标准》，《文物保护与考古科学》2002 年 14 卷 1 期，1～9 页。

越性，其在考古学研究中被广泛应用，取得了很多成功的研究个案，随着越来越多的实践，现在方法已经较为成熟。但以往研究主要是在土壤中提取硅酸体颗粒，而利用其对石器功能进行研究则较少，因而此次我们打算利用此种方法对海岱地区史前时期的磨盘、磨棒功能进行尝试研究。

我们对月庄遗址出土磨盘及磨棒进行了尝试分析，但结果并不理想，在我们取样的标本上面基本都不见硅酸体残留。我们的采集方法如下：

由于石制品出土于两个发掘区域，所以选取标本时注意兼顾两个区域的标本。在具体器物方面，我们选择了磨盘、磨棒和砺石，分别是编号为 T6150 ⑨：3 的有足磨盘、T6152 ⑧：2 的无足磨盘、T6053H90：1 的无足磨盘、T5934H138：4 的砺石、H183：1 及 T1086G3 ①：3 的磨棒、T6033H183：1 的磨棒及 T6033H173：2 的磨棒。选取砺石主要是因为，大家在认定石制品是磨盘还是砺石时，在不同程度上存在着主观成分。我们想通过实验来验证种类划分的准确性。由于这些石制品都进行了初步的清洗，所以首先要确认哪些标本较适宜做残留物分析。我们先使用手持放大镜对这些石制品进行初步的挑选，主要是选取器物孔隙中残留物较丰富的。挑选出待检测标本后，接下来就是残留物的提取问题。由于这次主要是进行硅酸体检测，所以利用硅酸体不溶于水，且密度大于水这一特性，对这些标本进行洗刷和用水浸泡的方法，这样既能更好地获取残留物，又不损伤器物。根据我们的实践，浸泡的时间在十小时以上效果较理想。浸泡后把器物取出，让包含残留物的水进行沉淀。然后把多余的水取出，最后把含少量水的残留物放入试管，对试管进行编号和登记并送往实验室进行检测。需要注意的是在整个操作过程中，一定要注意不要让现代的植物类物质污染残留物，以免影响检测结果。

但遗憾的是，在检测的样品中，均未发现硅酸体残留，是由于我们的采集方法有误，还是这几件标本确实不包含硅酸体，抑或在后期埋藏环境中被破坏，目前还不能确定，但我们倾向于后两种原因。后来由于种种客观的原因，未对其他遗址进行硅酸体残留物分析，期望以后有机会进行研究。

通过试验，我们认识到如果计划做这方面的检测，在发掘时就要有针对性地进行采样，要在拟检测标本的周围单独进行土壤采样，以作为今后标本残留物分析结果的比对资料。在对拟检测标本进行清洗时，一定要单独进行，尽量避免其他器物和现代物质的污染。然后把初次清洗所得的沉淀物进行单独收取。最后再进行二次清洗和浸泡，所得的沉淀物也单独收取。这样我们就有三类标本可以检测，然后再比对检测结果，进行最后的结论判定。经过这样的操作，残留物分析的结果就比较准确和可信。

第二节　淀粉粒分析

淀粉是葡萄糖分子聚合而成的长链化合物，以淀粉粒的形式贮藏在植物的根、茎及种子等器官的薄壁细胞的细胞质中。不同的植物淀粉在形态、类型、大小、层纹和脐点等方面各有特征。因此可以将淀粉粒的形态特征作为鉴定植物种类的依据之一。研究表明，淀粉可以在考古遗物（如石器、陶器）和地层中长时间保存[1]，并且与孢粉、植硅体分析相比，淀粉粒分析还有很多优势，比如很多植物的淀粉粒可以达到种一级的分辨率、产量非常高等，可以很好地弥补其他研究方法的不足[2]。因此，淀粉粒分析在考古学研究中大有可为。

一、研 究 概 况

淀粉粒分析近二十年来在国际上较为流行，尤其在澳大利亚、中南美洲以及日本考古学研究中更为突出。主要被应用于石器功能分析和农业考古研究中，并且多与微痕分析或周围沉积物的淀粉粒分析相结合[3]。近年来一部系统介绍淀粉粒分析理论与方法的著作的出版，引起了更多学者对此种方法的关注，同时也标志着这种分析方法在考古学中的应用基本成熟。

而我国淀粉粒分析在考古学中的应用尚处于初级阶段，就笔者目前所收集的资料来看，最早见到的是吕烈丹在 2002 年发表的一篇文章中提及这种分析方法，并做了简要介绍[4]。而后在甑皮岩报告中又对考古标本进行过淀粉粒分析。这是近年来对考古出土器物进行淀粉粒分析的重要成果。此外，杨晓燕也对此种方法进行过介绍和探讨，并使用这种方法对现生植物中粟、黍和狗尾草的淀粉粒进行了比较和分析，介绍了采样及分析方法，但尚无对考古标本的研究成果报道。

二、分 析 方 法

鉴于淀粉粒分析方法在考古学研究中的可行性及在判定器物功能方面的有效性，且国内明显缺少对大批量考古标本进行淀粉粒分析的研究，笔者与日本九州大学上条信彦博士合作对海岱地区史前出土的磨盘、磨棒进行了采样与分析，标本涵盖了从后李文化至大汶口文化出土此类工具的主要遗址。期望通过淀粉粒分析，并结合微痕分析，能够对此类工具的用途及在海岱地区史前时期不同阶段生计模式中所扮演的角色进行深入的研究，进而对农业在海岱地区新石器时代的发生及发展做出评估。

此次我们采样的所有标本均为发掘品，而没有对采集品进行采样分析，目的是尽量排除现代植物对标本的污染，因为以前曾有学者对月庄遗址的采集品做过淀粉粒分

---

① 杨晓燕等：《粟、黍和狗尾草的淀粉粒形态比较及其在植物考古研究中的潜在意义》，《第四纪研究》2005年 25 卷 2 期，224～227 页。

② 杨晓燕等：《植物淀粉粒分析在考古学中的应用》，《考古与文物》2006 年 3 期，87～91 页。

③ 杨晓燕等：《植物淀粉粒分析在考古学中的应用》，《考古与文物》2006 年 3 期，87～91 页。

④ 吕烈丹：《考古器物的残余物分析》，《文物》2002 年 5 期，83～91 页。

析，结果发现了小麦淀粉，据目前研究成果来看，龙山文化之前的海岱地区尚无小麦遗存发现，因而研究者认为应该是现代植物污染的结果，而遗址周围广布麦田的事实也恰恰证实了这一推论。而我们此次对所有标本进行的分析却未发现小麦的淀粉粒，并且水稻的淀粉粒也未发现。从这个结果来看，只要是严格按照采样的要求去操作，在对发掘品进行淀粉粒分析时，基本可以排除后期污染的问题，并且为了确定采样所用蒸馏水是否有现代植物淀粉粒污染的问题，我们特意制作了仅有蒸馏水的载玻片，结果未发现任何植物淀粉颗粒。由此看来，对于发掘品使用淀粉粒分析的方法还是比较可靠及准确的。

此次我们同时还对进行淀粉粒分析的所有标本进行了微痕分析，通过这两种研究方法的结合，使得所得结论更加客观、准确。

下面首先按照实验操作的先后顺序介绍一下我们的分析方法。

（一）采样

采样包括直接从石器表面提取及从土样中提取两种形式。

1. 使用移液器从石器表面直接提取

移液器为一种精密连续可调式液态物质计量仪器。本次实验采用的是德国爱本德（Eppendorf）公司生产的 Eppendorf Reference 系列的微量可调量程的移液器，容量范围为 2～20 微升，并采用原装一次性移液器尖。操作方法如下：首先给移液器装上一次性器尖，然后吸入 5 微升的蒸馏水，选取磨盘或磨棒孔隙较大且包含物丰富的区域，把蒸馏水注入，并且连续按压移液器上端活塞，多次反复吸入及喷出蒸馏水，直到蒸馏水颜色变深为止（图 8.1），一般需要按压 30～40 次，然后吸入移液器，注入带盖的

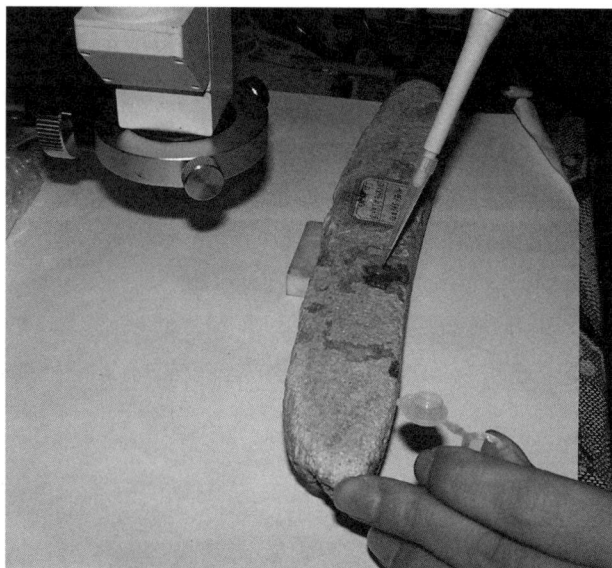

图 8.1　从石器上采样

小试管内，然后再换器尖，再吸入蒸馏水，重复上述动作，一般 4 次这样的操作，共消耗 20 微升的蒸馏水，但由于器物上有水渍残留，所以真正存放入试管内待检验的样品要低于 20 微升，重为 0.1～0.2 克。

2. 从土样中提取淀粉粒

（1）首先把土样放在研磨碗中磨成粉末状，为了保证土样的纯净，每次研磨完成后都会对研磨器具进行清洁。然后取 2 克 ±0.005 克粉末状土样放入编号的试管中。

（2）向试管中加入 30% 的过氧化氢溶液至完全淹没土样，溶液多少取决于土样的重量及体积，一般 2 克左右土样中需加溶液至 4 毫升左右。然后使用搅拌棒进行搅拌，使溶液与土样充分融合，然后沉淀至少半小时。

（3）把试管放入离心机中，离心 4 次，每次 4 分钟，转速为每分钟 2000 转。每次离心后倒出试管上部的溶液，然后加蒸馏水至 10 毫升处，进行搅拌。

（4）4 次离心后，倒干试管中水分，然后试管竖直放置 2 小时以上，再向试管中放入 10% 盐酸溶液至 4 毫升处并搅拌，然后放入离心机，离心 4 分钟，转速为每分钟 2000 转。

（5）配制重液，使用氯化锌与蒸馏水按照 1.7027:1 的重量比进行配制，配制好以后的重液中氯化锌的重量比为 63%，此时重液比重为 1.8 千克/升。配制时首先把氯化锌放入称好重量的蒸馏水中，然后使用搅拌棒进行搅拌促使其溶解，溶化半小时后即可使用。由于淀粉粒比重一般为 1.4～1.6 千克/升，所以 1.8 千克/升左右的重液足以使淀粉粒上浮。

（6）放置重液，离心完成后把试管上端的液体（主要为盐酸及蒸馏水）倒掉，加入重液至 5 毫升处并搅拌，然后放入离心机，离心 30 分钟，转速为每分钟 2000 转，离心后取出试管把上部溶液倒入另一试管 A 内，各滴入一滴 10% 盐酸溶液。然后盛放土样试管中再加入重液至 4 毫升处，再离心 30 分钟，转速不变。

（7）离心完成后取出试管，把上部溶液与 B 试管中溶液混合后，再次放入离心机离心 4 次，每次 4 分钟，转速依然为每分钟 2000 转。第一次离心后把试管上端的溶液倒入另一试管 B 内（上部与下部颜色区别明显），然后原试管中再加入蒸馏水再次离心。第二次离心后倒掉试管内上部溶液，下部溶液与 B 溶液融合再次离心。第三次离心后依旧把试管上部的溶液倒掉，再加入蒸馏水再次离心。第四次离心后，把试管上部溶液倒掉，下部溶液即成为包含有淀粉粒的待检测样品。

（二）制片

仍使用移液器吸取 5 微升的甘油胶状物（采用甘油、酚酞、明胶及碘按照一定比例配置而成）滴于载玻片上，如温度较低，甘油胶状物会发生凝固，此时可用热水浸泡盛装此物的容器，至甘油胶状物呈液态为止。然后更换器尖，把移液器深入试管底部（由于淀粉粒比重为 1.7 千克 / 升左右，远大于水的比重，所以会沉于水底），从试管内吸取上述由器物上采集的样品约二分之一滴入甘油胶状物中，涂抹均匀，用盖玻片盖好，平放于试验台上，如天气较冷，可在玻璃片下垫铺毛巾类保暖物质，防止甘油胶状物在未完成涂抹前凝固。然后使用无色指甲油对盖玻片四周进行涂抹封闭，防止微生物入侵破坏淀粉粒。然后等待 30 分钟以上，方可移动玻璃片。

（三）观察

采用偏光显微镜及不带偏光的生物显微镜两种方法。首先使用偏光显微镜，根据淀粉粒具有十字消光的特性找到其在载玻片中的位置，并确认十字消光在淀粉粒中的位置。然后使用不带偏光的生物显微镜详细观察其形态及大小。

本次实验在山东大学胶体与界面化学教育部重点实验室进行，使用的显微镜为德国卡尔蔡司（Carl Zeiss）公司制造的 Axioskop 40 Pol 研究型材料偏光显微镜，偏光镜可随时装卸，配备多种倍率的目镜及物镜，并具有显微摄像系统，可随时抓拍不同倍率的图像。

观察时，把标本平放于载物台上，首先在 400 倍率下从左至右逐一观察，如果发现淀粉粒，测量淀粉粒在载玻片中的位置，并分别在偏光镜下及不带偏光的环境下拍摄显微照片，然后在 1000 倍率下进行偏光及不带偏光照片的拍摄。平均每个标本需 20～30 分钟。为了验证观察效果及排除现代物污染问题，专门制作仅有蒸馏水及甘油胶状物的载玻片进行观察，结果除呈树枝状的水藻类物质外，未发现任何植物的淀粉粒。

（四）鉴定

根据不同环境下拍摄的显微照片对植物种属进行鉴定，主要依据十字消光在淀粉粒上的位置、淀粉粒大小和形状、脐点位置及形态等进行鉴定[①]。

三、考古标本分析实例

（一）扁扁洞遗址

可能为目前海岱地区所发现的时代最早的遗址，相对年代可能早于后李文化时期。共在 3 件器物上进行采样，其中 1 件为磨盘，2 件为磨棒。共采样 10 处区域。结果仅在 1 件磨棒上发现 1 颗淀粉粒残留，分析结果显示，可能为坚果类植物的淀粉粒。此外还在一陶片上进行采样，未发现淀粉粒残留。具体情况见表 8.1。

---

① 川上いつる：《デンプンの形態》，医歯薬出版株式会社，1975 年；藤本滋生：《澱粉と植物》，葦書房，1994 年。

表 8.1 扁扁洞遗址淀粉粒分析情况统计表

石器种类及保存状况	石器编号	载玻片编号	淀粉粒数量	植物种类
磨棒一端	扁扁洞 N13 ③ H3 磨棒	扁扁洞 N13 ③ H3 磨棒 No.1	1	坚果类
磨棒一端	扁扁洞 N13 ③ H3 磨棒	扁扁洞 N13 ③ H3 磨棒 No.2	0	
磨棒一端	扁扁洞 N13 ③ H3 磨棒	扁扁洞 N13 ③ H3 磨棒 No.3	0	
完整磨盘	扁扁洞 N12 ③ 磨盘	扁扁洞 N12 ③磨盘 No.1	0	
完整磨盘	扁扁洞 N12 ③ 磨盘	扁扁洞 N12 ③磨盘 No.2	0	
完整磨盘	扁扁洞 N12 ③ 磨盘	扁扁洞 N12 ③磨盘 No.3	0	
完整磨棒	扁扁洞 N12 ③ 磨棒	扁扁洞 N12 ③磨棒 No.1	0	
完整磨棒	扁扁洞 N12 ③ 磨棒	扁扁洞 N12 ③磨棒 No.2	0	
完整磨棒	扁扁洞 N12 ③ 磨棒	扁扁洞 N12 ③磨棒 No.3	0	
完整磨棒	扁扁洞 N12 ③ 磨棒	扁扁洞 N12 ③磨棒 No.4	0	

由于该遗址资料尚未发表，未获取其器物图片，所以具体位置暂不能标出。

扁扁洞 N13 ③ H3 磨棒 No.1

经偏光显微镜观察，共发现 1 颗淀粉粒。淀粉粒形状为圆形，尺寸为大型，直径为 24 微米，在偏光显微镜下十字消光的位置位于中间，推测为坚果类植物。淀粉粒十字消光位置及具体形态见图 8.2。

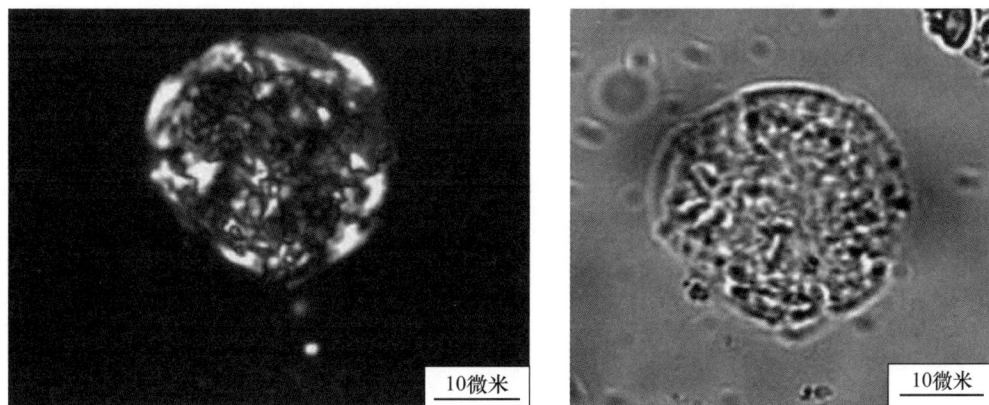

400倍偏光　　　　　　　　　400倍无偏光

图 8.2 扁扁洞载玻片 N13 ③ H3 磨棒 No.1 中淀粉粒

（二）西河遗址

时代为后李文化早期。共在 7 件器物上进行采样，其中 6 件为磨盘，1 件为磨棒。共采样 15 处区域。结果仅在 3 件磨盘上发现淀粉粒残留。分析结果显示，均为坚果类及发育未成熟坚果类植物的淀粉粒，具体情况见表 8.2。

表 8.2　西河遗址淀粉粒分析情况统计表

石器种类及保存状况	石器编号	载玻片编号	淀粉粒数量	植物种类
磨盘一端	F1③：6	F1③：6 No.1	至少 7	坚果类及未成熟坚果类
磨盘一端	F1③：6	F1③：6 No.2	0	坚果类及未成熟坚果类
完整磨盘	F62：24	F62：24 No.1	0	
完整磨盘	F62：24	F62：24 No.2	6	坚果类
完整磨盘	F66：17	F66：17 No.1	至少 4	坚果类
完整磨盘	F66：17	F66：17 No.2	2	坚果类
磨盘断块	F2③：10	F2③：10 No.1	0	
磨盘断块	F2③：10	F2③：10 No.2	0	
磨盘断块	F53：27	F53：27 No.1	0	
磨盘断块	F53：27	F53：27 No.2	0	
磨盘断块	F53：27	F53：27 No.3	0	
磨盘一端	F61：19	F61：19 No.1	0	
磨盘一端	F61：19	F61：19 No.2	0	
磨棒一端	F66：021	F66：021 No.1	0	
磨棒一端	F66：021	F66：021 No.2	0	

1. 磨盘 F1③：6

从两处区域进行样品采集，发现 1 号区域包含淀粉粒残留，具体采集位置如图 8.3 所示。

载玻片编号 F1③：6 No.1

即图 8.3 中 1 号采集分析样品，经偏光显微镜观察，载玻片上分别在两处区域发现至少 7 颗淀粉粒。其中第 1 处发现 3 颗淀粉粒，形状均为近圆形，尺寸均为中型，分别为长径 14、短径 12 微米，长径 10、短径 7 微米，长径 7、短径 6 微米。在偏光显微镜下十字消光的位置位于中间，推测前两个为坚果类植物，最后一个为未成熟坚果类植物。淀粉料十字消光位置及具体形态见图 8.4。

第 2 处发现至少 4 颗淀粉粒，形状均为椭圆形，尺寸基本相同，均为中型，平均长径 11、平均短径 7 微米。在偏光显微镜下十字消光的位置位于中间。推测均为坚果类植物。淀粉粒十字消光位置及具体形态见图 8.5。

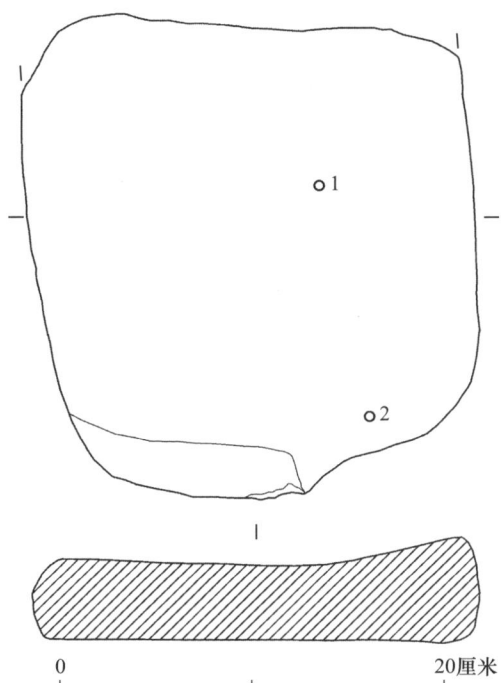

图 8.3 西河 F1 ③：6 淀粉粒采集区域

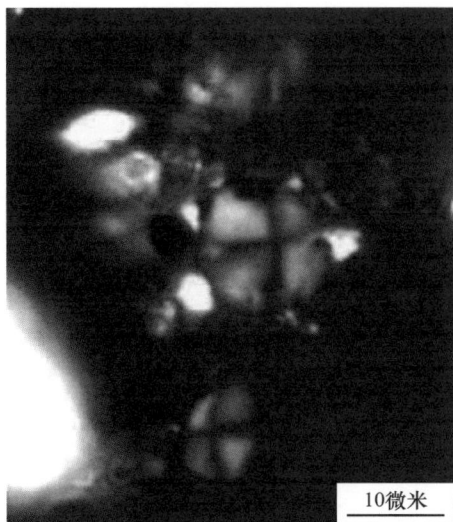

400倍偏光

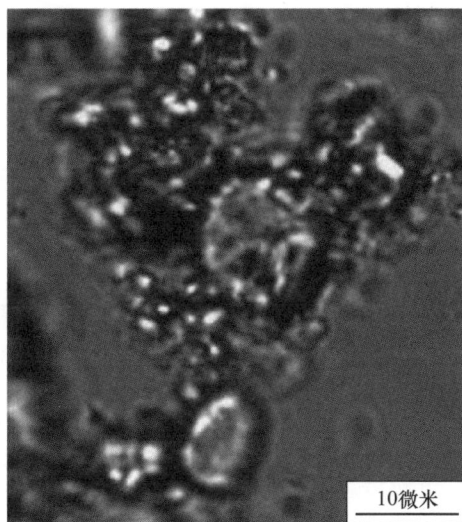

400倍无偏光

图 8.4 西河载玻片 F1 ③：6 No.1 中第 1 处淀粉粒

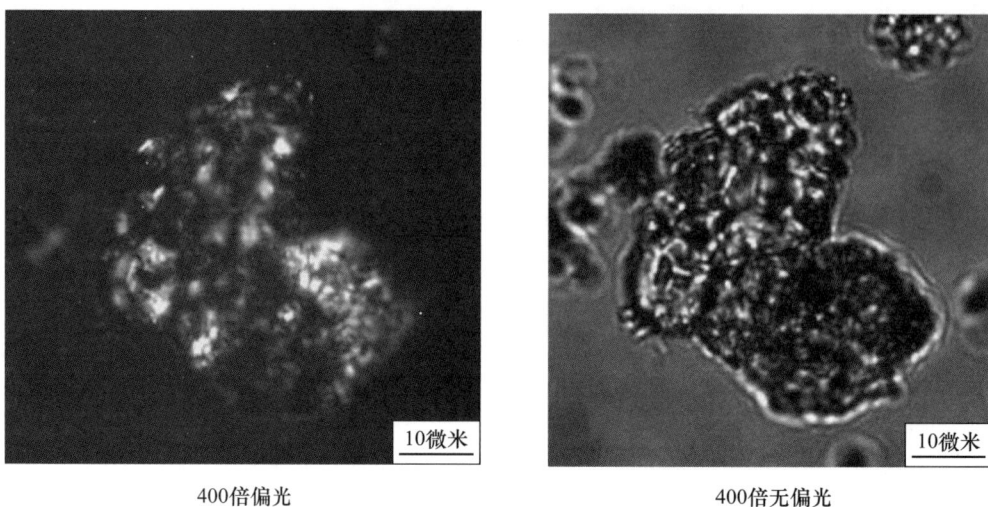

400倍偏光	400倍无偏光

图 8.5　西河载玻片 F1 ③：6 No.1 中第 2 处淀粉粒

2. 磨盘 F62：24

　　从两处区域进行样品采集，发现 2 号区域包含淀粉粒残留，具体采集位置如图 8.6 所示。

　　载玻片编号 F62：24 No.2

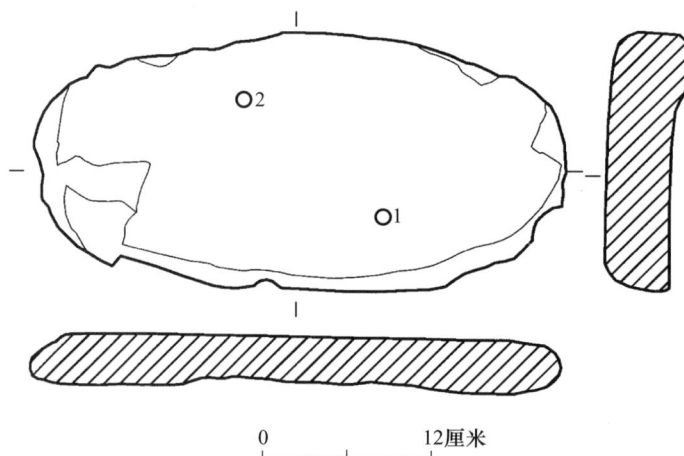

图 8.6　西河 F62：24 淀粉粒采集区域

　　即图 8.6 的 2 号采集分析样品，经偏光显微镜观察，在载玻片上分别在 3 处区域发现 6 颗淀粉粒。其中第 1 处发现 4 颗淀粉粒，形状均为圆形，尺寸基本相同，均为大型，平均直径 19 微米。在偏光显微镜下十字消光的位置均位于中间，推测均为坚果类植物。淀粉粒十字消光位置及具体形态见图 8.7。

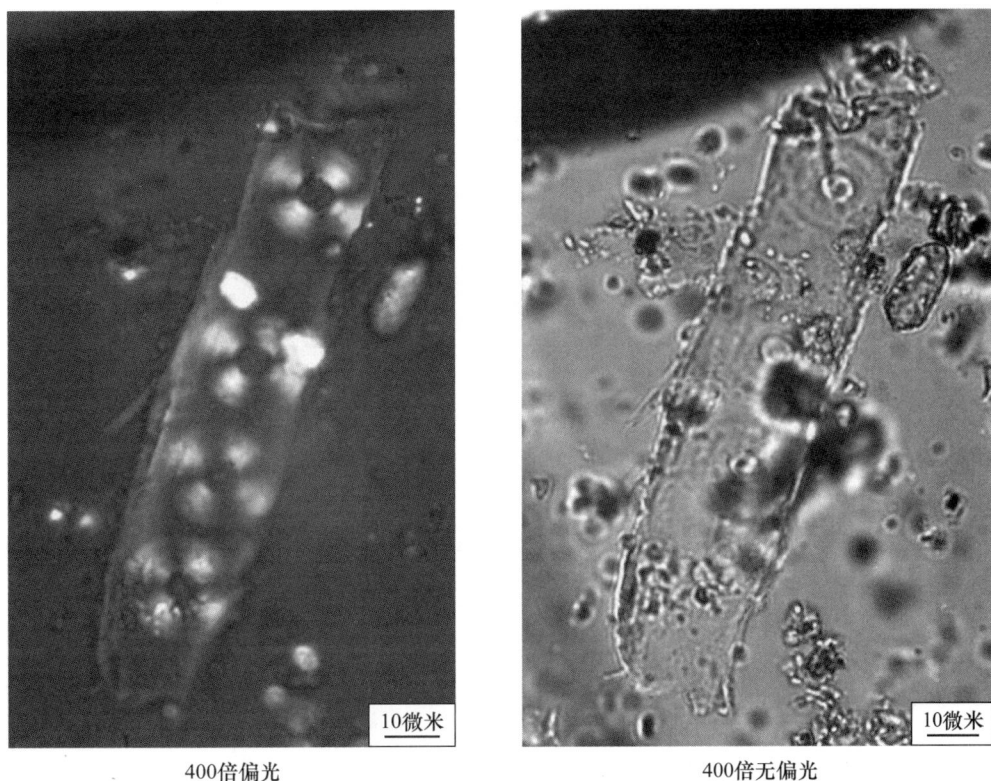

400倍偏光　　　　　　　　　　　　　　400倍无偏光

图 8.7　西河载玻片 F62：24 No.2 中第 1 处淀粉粒

　　第 2 处发现 1 颗淀粉粒，形状为角圆形，尺寸为中型，长径 14、短径 12 微米。在偏光显微镜下十字消光的位置位于中间。推测为坚果类植物。淀粉粒十字消光位置及具体形态见图 8.8。

　　第 3 处发现 1 颗淀粉粒，形状为近圆形，尺寸为大型，长径 16、短径 14 微米。在偏光显微镜下十字消光的位置位于中间。推测为坚果类植物。淀粉粒十字消光位置及具体形态见图 8.9。

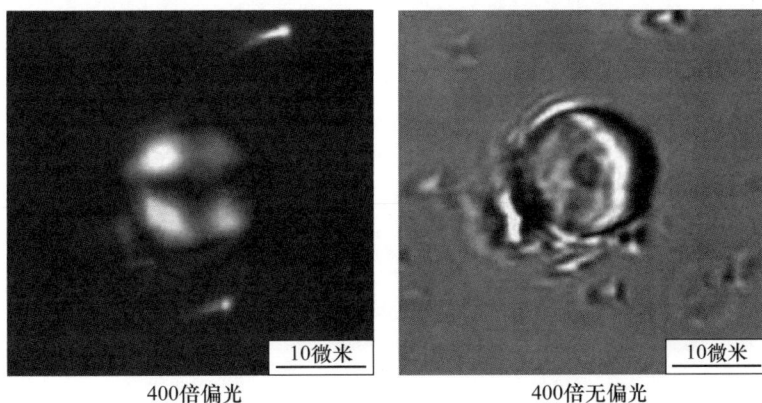

400倍偏光　　　　　　　　　　　400倍无偏光

图 8.8　西河载玻片 F62：24 No.2 中第 2 处淀粉粒

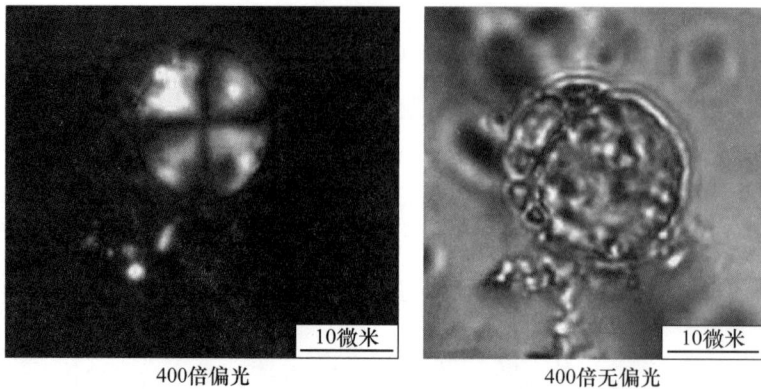

400倍偏光　　　　　　　　　　　　　400倍无偏光

图 8.9　西河载玻片 F62：24 No.2 中第 3 处淀粉粒

3. 磨盘 F66：17

从两处区域进行样品采集，均包含淀粉粒残留，具体采集位置如图 8.10 所示。

1）载玻片编号 F66：17 No.1

即图 8.10 中 1 号采集分析样品，经偏光显微镜观察，在载玻片上一处区域发现至少 4 颗淀粉粒。淀粉粒形状均为角椭圆形，尺寸基本相同，均为中型，平均长径 11、平均短径 8 微米。在偏光显微镜下十字消光的位置均位于中间，推测均为坚果类植物。淀粉粒十字消光位置及具体形态见图 8.11。

2）载玻片编号 F66：17 No.2

即图 8.10 中 2 号采集分析样品，经偏光显微镜观察，载玻片上分别在两处区域共发现 2 颗淀粉粒。其中第 1 处发现

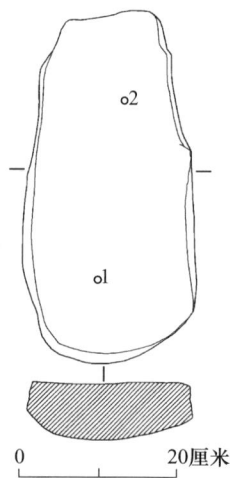

图 8.10　西河 F66：17
淀粉粒采集区域

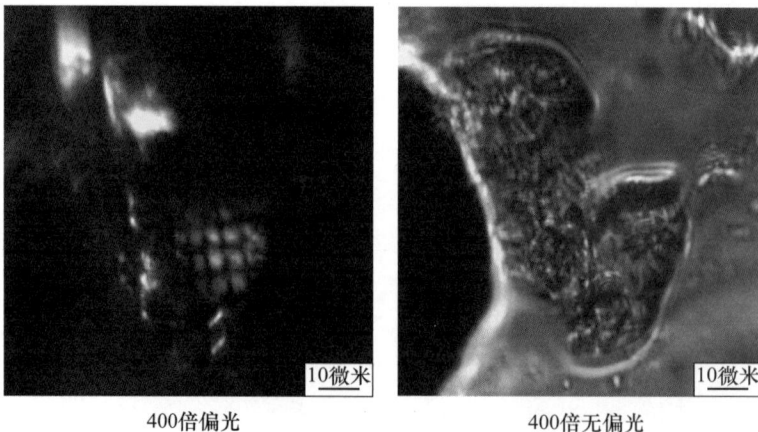

400倍偏光　　　　　　　　　　　　　400倍无偏光

图 8.11　西河载玻片 F66：17 No.1 中淀粉粒

1颗淀粉粒，形状为角圆形，尺寸为中型，长径13、短径11微米。在偏光显微镜下十字消光的位置位于中间，推测为坚果类植物。淀粉粒十字消光位置及具体形态见图8.12。

第2处发现1颗淀粉粒，形状为角圆形，尺寸为中型，长径13、短径12微米。在偏光显微镜下十字消光的位置位于中间。推测为坚果类植物。淀粉粒十字消光位置及具体形态见图8.13。

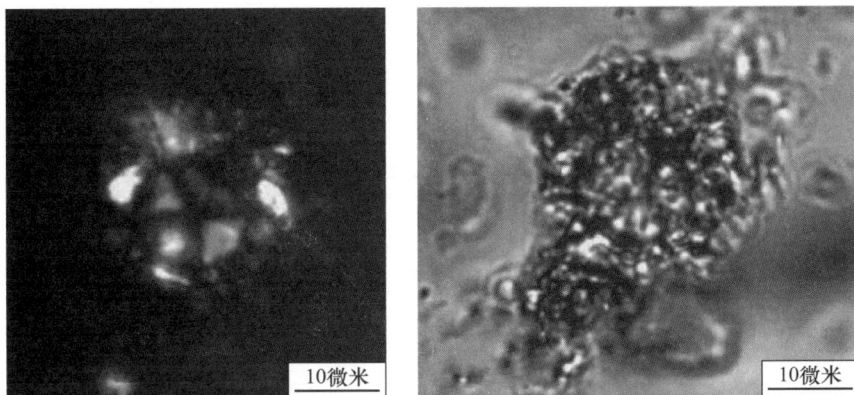

400倍偏光　　　　　　　　　　　　400倍无偏光

图8.12　西河载玻片 F66：17 No.2 中第1处淀粉粒

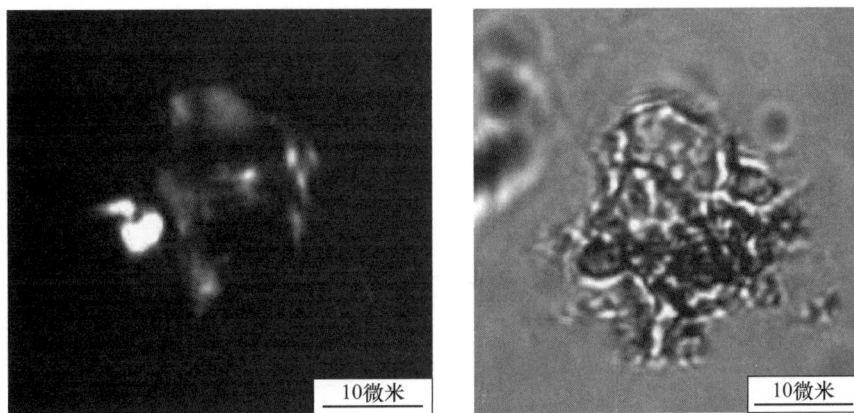

400倍偏光　　　　　　　　　　　　400倍无偏光

图8.13　西河载玻片 F66：17 No.2 中第2处淀粉粒

（三）小荆山遗址

时代为后李文化早期。共在3件器物上进行采样，均为磨盘。共采样10处区域。结果仅在"有孔磨盘"上发现淀粉粒残留。分析结果显示为坚果类植物的淀粉粒，具体情况见表8.3。

表 8.3　小荆山遗址淀粉粒分析情况统计表

石器种类及保存状况	石器编号	载玻片编号	淀粉粒数量	植物种类
完整有孔磨盘	F1：19	F1：19 No.1	0	
完整有孔磨盘	F1：19	F1：19 No.2	0	
完整有孔磨盘	F1：19	F1：19 No.3	0	
完整有孔磨盘	F1：19	F1：19 No.4	至少 28	坚果类
基本完整磨盘	F2：26	F2：26 No.1	0	
基本完整磨盘	F2：26	F2：26 No.2	0	
基本完整磨盘	F2：26	F2：26 No.3	0	
磨盘一侧	F2：49	F2：49 No.1	0	
磨盘一侧	F2：49	F2：49 No.2	0	
磨盘一侧	F2：49	F2：49 No.3	0	

磨盘 F1：19

从 4 处区域进行样品采集，发现 4 号区域包含淀粉粒残留，具体采集位置如图 8.14 所示。

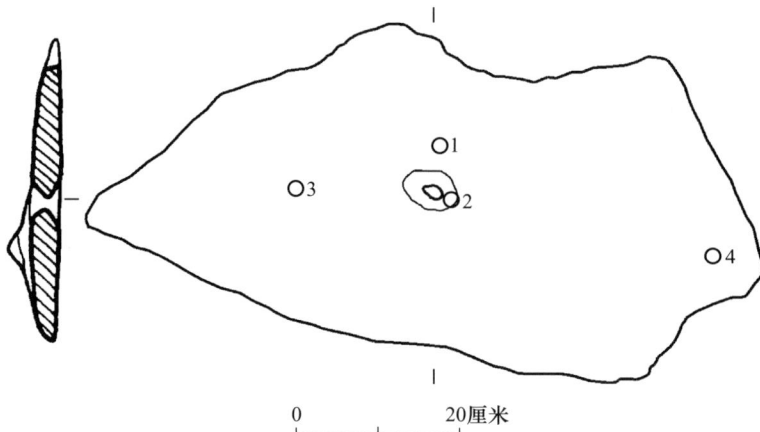

图 8.14　小荆山 F1：19 淀粉粒采集区域

载玻片编号 F1：19 No.4

即图 8.14 中 4 号采集分析样品，经偏光显微镜观察，在载玻片上一处共发现至少 28 颗淀粉粒。淀粉粒形状均为圆形，尺寸基本相同，均为中型，平均直径 11 微米。在偏光显微镜下十字消光的位置均位于中间，推测均为坚果类植物。淀粉粒十字消光位置及具体形态见图 8.15。

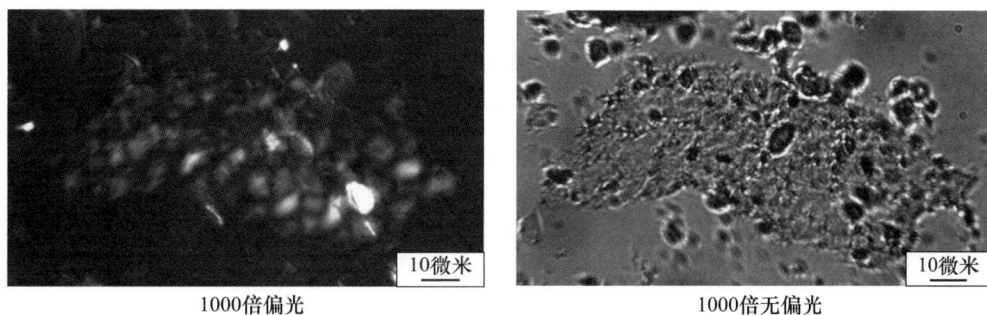

1000倍偏光　　　　　　　　　　　　　1000倍无偏光

图 8.15　小荆山载玻片 F1：19 No.4 中淀粉粒

（四）月庄遗址

时代为后李文化晚期。共在 12 件器物上进行采样，其中 4 件为有足磨盘，其余 5 件均为磨棒。共采样 28 处区域。结果仅在 3 件器物上发现淀粉粒残留，包括 1 件有足磨盘，2 件磨棒。分析结果显示，发现有谷物、坚果类及可能为豆类等植物的淀粉粒，但磨棒 T6052H61：3 上发现淀粉粒的位置位于侧面，受周围埋藏环境污染的可能性很大，不能作为判定其用途的直接依据。具体情况见表 8.4。

表 8.4　月庄遗址淀粉粒分析情况统计表

石器种类及保存状况	石器编号	载玻片编号	淀粉粒数量	植物种类
磨棒断块	T5933 ⑨：6	T5933 ⑨：6 No.1	1	坚果类
磨棒断块	T5933 ⑨：6	T5933 ⑨：6 No.2	至少 10	谷物类，粟或黍
磨棒断块	T5933 ⑨：6	T5933 ⑨：6 No.3	至少 10	谷物类，粟或黍
磨棒一侧	T6052 H61：3	T6052 H61：3 No.1	0	
磨棒一侧	T6052H61：3	T6052H61：3 No.2	1	坚果类
有足磨盘断块	T6053 ⑩：5	T6053 ⑩：5 No.1	至少 50	谷物、坚果类
有足磨盘断块	T6053 ⑩：5	T6053 ⑩：5 No.2	0	
有足磨盘断块	T6053 ⑩：5	T6053 ⑩：5 No.3	0	
有足磨盘断块	T6053 ⑩：5	T6053 ⑩：5 No.4	0	
有足磨盘断块	T5934H167：3	T5934H167：3 No.1	0	
有足磨盘断块	T5934H167：3	T5934H167：3 No.2	0	
磨棒一端	T5934H178：1	T5934H178：1 No.1	0	
磨棒一端	T5934H178：1	T5934H178：1 No.2	0	
有足磨盘断块	T5345H192：1	T5345H192：1 No.1	0	
有足磨盘断块	T5345H192：1	T5345H192：1 No.2	0	
有足磨盘断块	T5444H138：1	T5444H138：1 No.1	0	
有足磨盘断块	T5444H138：1	T5444H138：1 No.2	0	
有足磨盘断块	T6153H72：2	T6153H72：2 No.1	0	

石器种类及保存状况	石器编号	载玻片编号	淀粉粒数量	植物种类
有足磨盘断块	T6153H72：2	T6153H72：2 No.2	0	
有足磨盘断块	T6033H202：4	T6033H202：4 No.1	0	
有足磨盘断块	T6033H202：4	T6033H202：4 No.2	0	
磨棒一端	T6153H72：1	T6153H72：1 No.1	0	
磨棒一端	T6153H72：1	T6153H72：1 No.2	0	
磨棒一端	T6034H195：3	T6034H195：3 No.1	0	
磨棒一端	T6034H195：3	T6034H195：3 No.2	0	
磨棒一端	T6034H195：3	T6034H195：3 No.3	0	
磨棒一端	T5934H182：4	T5934H182：4 No.1	0	
磨棒一端	T5934H182：4	T5934H182：4 No.1	0	

1. 磨棒 T5933 ⑨ ：6

从 3 处区域进行样品采集，发现均包含淀粉粒残留，具体采集位置如图 8.16 所示。

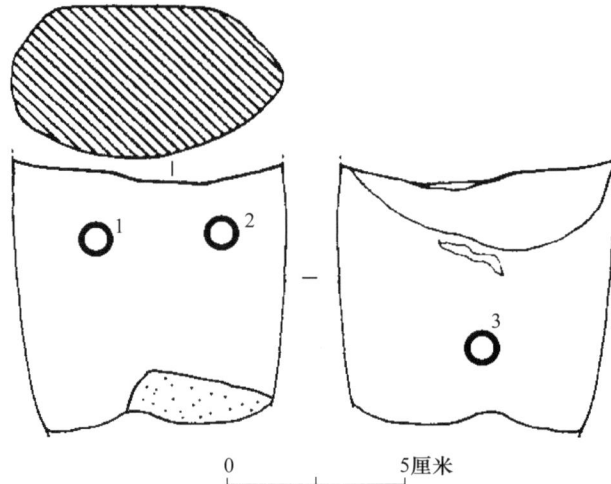

图 8.16　月庄 T5933 ⑨ ：6 淀粉粒采集区域

1）载玻片编号 T5933 ⑨ ：6 No.1

即图 8.16 中 1 号采集分析样品，经偏光显微镜观察，共发现 1 颗淀粉粒。淀粉粒形状为角圆形，尺寸为中型，长径 7、短径 6 微米。在偏光显微镜下十字消光的位置位于中间，推测为坚果类植物。淀粉粒十字消光位置及具体形态见图 8.17。

2）载玻片编号 T5933 ⑨ ：6 No.2

即图 8.16 中 2 号采集分析样品，经偏光显微镜观察，载玻片上共发现一处区域包含至少 10 颗淀粉粒。淀粉粒形状均为圆形，尺寸为小型，平均直径 3 微米。在偏光显微镜下十字消光的位置均位于中间，推测为谷物类植物。淀粉粒十字消光位置及具体形态见图 8.18。

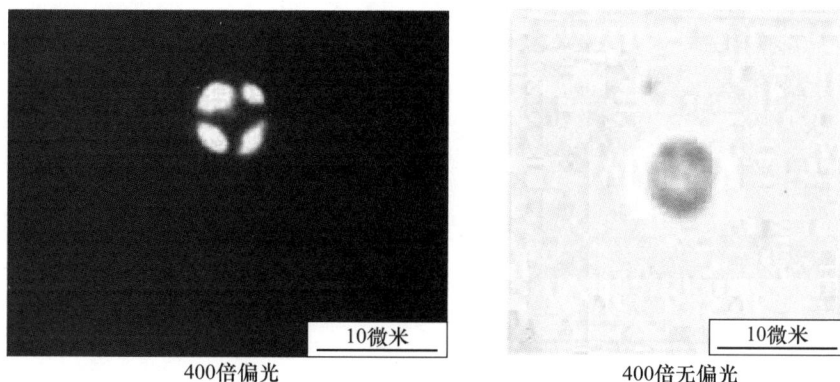

400倍偏光   400倍无偏光

图 8.17 月庄载玻片 T5933 ⑨：6 No.1 中淀粉粒

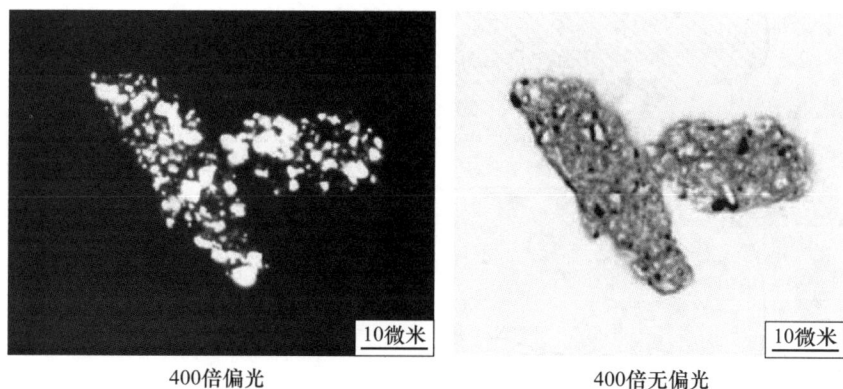

400倍偏光   400倍无偏光

图 8.18 月庄载玻片 T5933 ⑨：6 No.2 中淀粉粒

3）载玻片编号 T5933 ⑨：6 No.3

即图 8.16 中 3 号采集分析样品，经偏光显微镜观察，载玻片上共发现一处区域包含至少 10 颗淀粉粒。淀粉粒形状包括圆形及角椭圆形，尺寸均为小型，平均直径 3 微米。在偏光显微镜下十字消光的位置均位于中间，推测为谷物类植物。淀粉粒十字消光位置及具体形态见图 8.19。

2. 磨棒 T6052H61：3

从两处区域进行样品采集，发现 2 号（位于侧面）包含淀粉粒残留，具体采集位置如图 8.20 所示。

载玻片编号 T6052 H61：3 No.2

即图 8.20 中 2 号采集分析样品，经偏光显微镜观察，载玻片上共发现 1 颗淀粉粒。淀粉粒形状为角圆形，尺寸为中型，直径为 7 微米。在偏光显微镜下十字消光的位置位于中间，推测为坚果类植物。淀粉粒十字消光位置及具体形态见图 8.21。

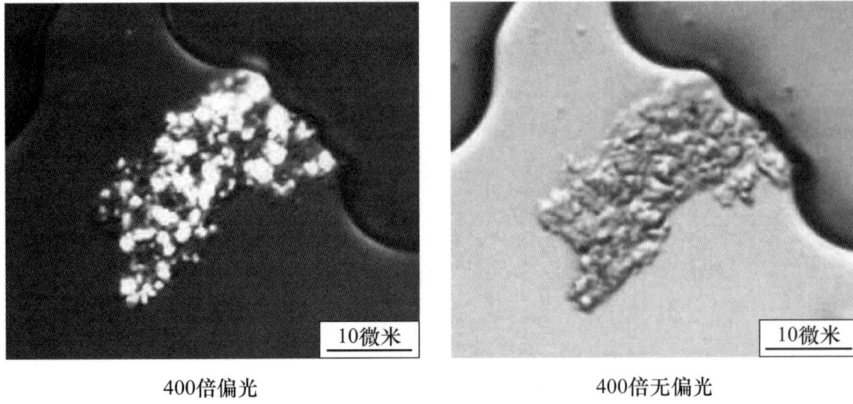

400倍偏光　　　　　　　　　　　　　　400倍无偏光

图 8.19　月庄载玻片 T5933 ⑨：6 No.3 中淀粉粒

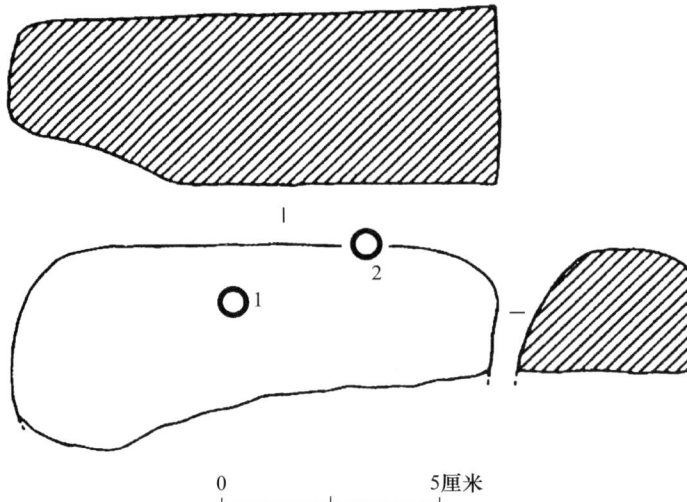

图 8.20　月庄 T6052H61：3 淀粉粒采集区域

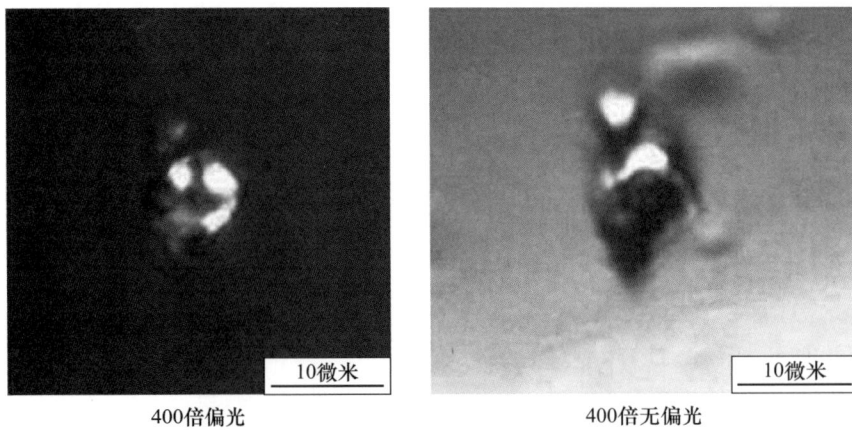

400倍偏光　　　　　　　　　　　　　　400倍无偏光

图 8.21　月庄载玻片 T6052H61：3 No.2 中淀粉粒

3. 磨盘 T6053 ⑩：5

从 4 处区域进行样品采集，仅发现 1 号包含淀粉粒残留，具体采集位置如图 8.22 所示。

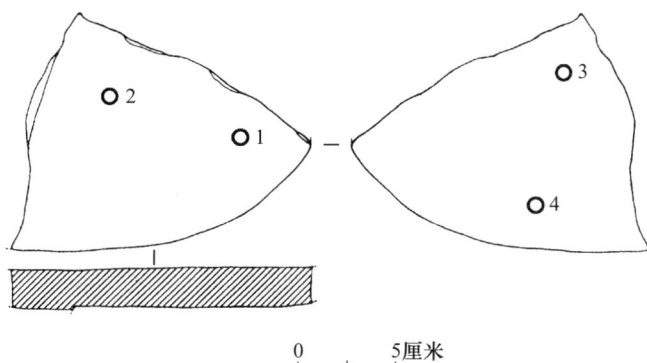

图 8.22　月庄 T6053 ⑩：5 淀粉粒采集区域

载玻片编号 T6053 ⑩：5 No.1

即图 8.22 中 1 号采集分析样品，经偏光显微镜观察，载玻片上分别在 5 处区域发现至少 50 颗淀粉粒。具体情况如表 8.5。5 处淀粉粒十字消光位置及具体形态分别见图 8.23～图 8.27（图版 12：1～3）。

表 8.5　月庄 T6053 ⑩：5 淀粉粒分析情况统计表

载玻片中的位置	载玻片中编号	淀粉粒数量	形状	尺寸	长径、短径（微米）	十字消光位置	植物种类
左上	1	7	1 大为角椭圆形，6 小包括圆形及角椭圆形	大小两类	大：15、12 小平均：6、5	中间	大的为坚果类，小的为未发育成熟坚果类
左上	2	至少 15	圆形及角椭圆形	小	平均：6、5	中间	谷物类，应为稻属
左下	3	至少 4	角圆形	中	平均：7、6	中间	应为黍
左下	4	至少 10	角圆形	中	平均：7、7	中间	坚果类
左下	5	至少 14	细椭圆形及圆形	大小两类	细椭圆形大：15、9 角椭圆形大：15、12 小平均：6、5	中间	坚果类，应为栎属

（五）北辛遗址

共在 5 件器物上进行采样，其中包括 1 件磨饼，2 件磨盘，2 件磨棒。时代均为北辛文化时期。共采样 11 处区域。结果仅在 2 件磨盘及 1 件磨棒上发现淀粉粒残留，分析结果显示，发现有谷物、坚果类、未成熟坚果类及不能断定的淀粉粒，具体情况见表 8.6。

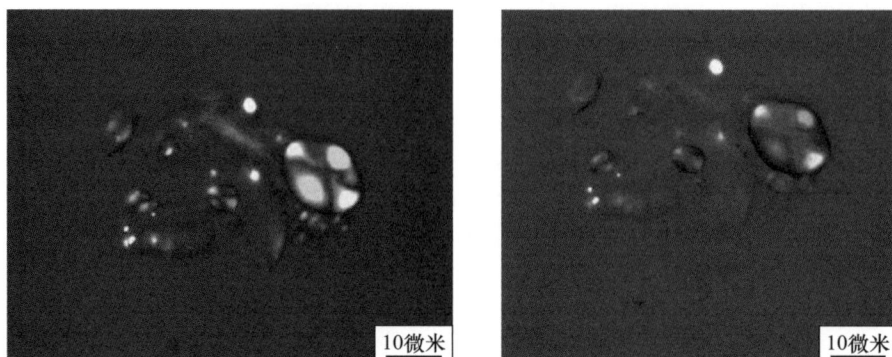

　　　　400倍偏光　　　　　　　　　　　　　400倍无偏光

图 8.23　月庄载玻片 T6053 ⑩：5 No.1 中第 1 处淀粉粒

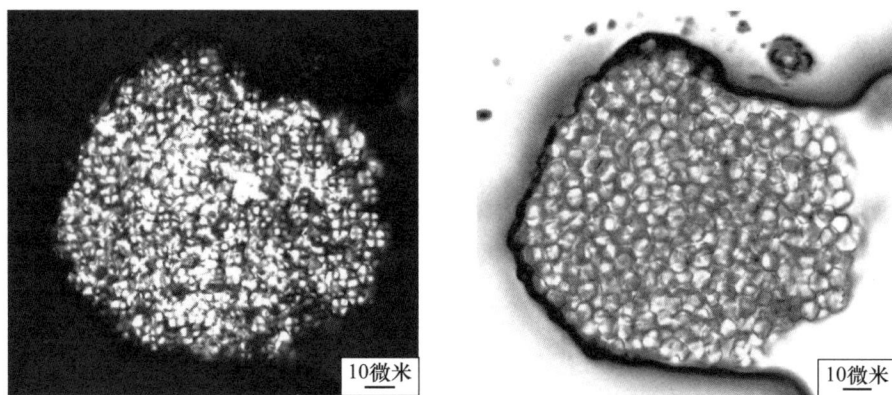

　　　　400倍偏光　　　　　　　　　　　　　400倍无偏光

图 8.24　月庄载玻片 T6053 ⑩：5 No.1 中第 2 处淀粉粒

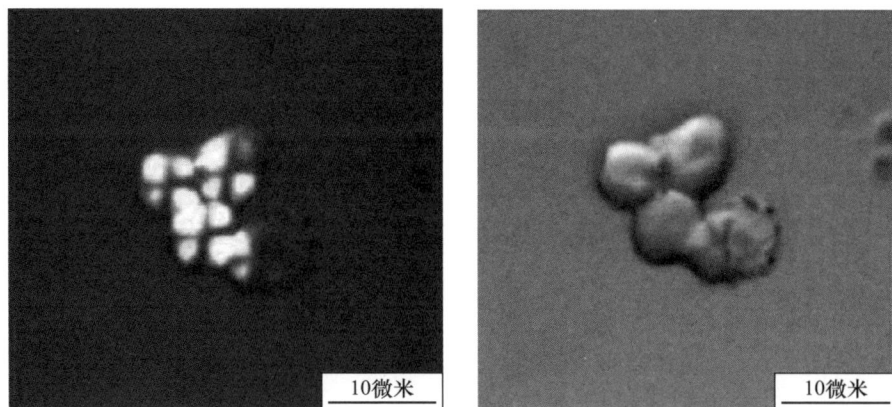

　　　　400倍偏光　　　　　　　　　　　　　400倍无偏光

图 8.25　月庄载玻片 T6053 ⑩：5 No.1 中第 3 处淀粉粒

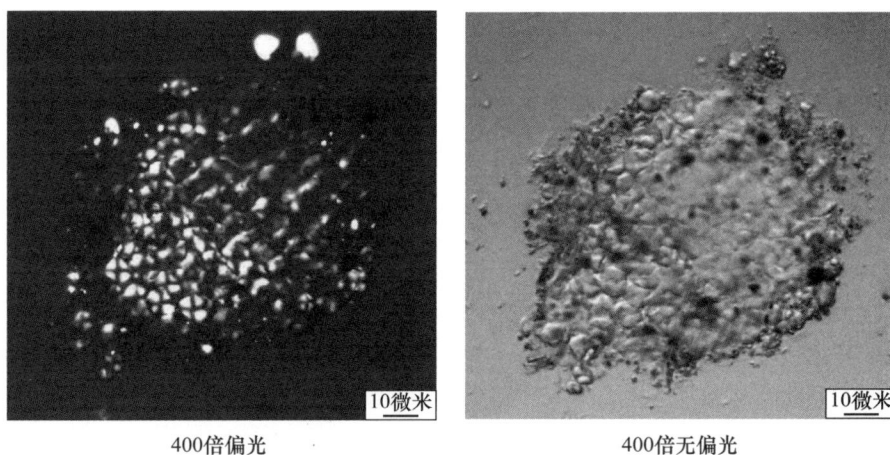

400倍偏光　　　　　　　　　　　　　　400倍无偏光

图 8.26　月庄载玻片 T6053 ⑩：5 No.1 中第 4 处淀粉粒

1000倍偏光　　　　　　　　　　　　　1000倍无偏光

图 8.27　月庄载玻片 T6053 ⑩：5 No.1 中第 5 处淀粉粒

表 8.6　北辛遗址淀粉粒分析情况统计表

石器种类及保存状况	石器编号	载玻片编号	淀粉粒数量	植物种类
磨棒一端	馆藏号 07447	馆藏号 07447 No.1	1 处至少 10 颗	均为谷物类
磨棒一端	馆藏号 07447	馆藏号 07447 No.2	0	
磨盘一端	馆藏号 07506	馆藏号 07506 No.1	1 处 1 颗	坚果类
磨盘一端	馆藏号 07506	馆藏号 07506 No.2	3 处至少 13 颗	坚果、未发育成熟坚果、谷物类及不能断定的种类
磨盘一端	馆藏号 07506	馆藏号 07506 No.3	0	
磨盘一端	馆藏号 07504	馆藏号 07504 No.1	1 处 1 颗	坚果类
磨盘一端	馆藏号 07504	馆藏号 07504 No.2	0	
磨棒一端	T1H14：54	T1H14：54 No.1	0	
磨棒一端	T1H14：54	T1H14：54 No.2	0	
完整磨饼	馆藏号 07433	馆藏号 07433 No.1	0	
完整磨饼	馆藏号 07433	馆藏号 07433 No.2	0	

1. 磨棒馆藏号 07447

从两处区域进行样品采集，发现 1 号包含淀粉粒残留，具体采集位置如图 8.28 所示。

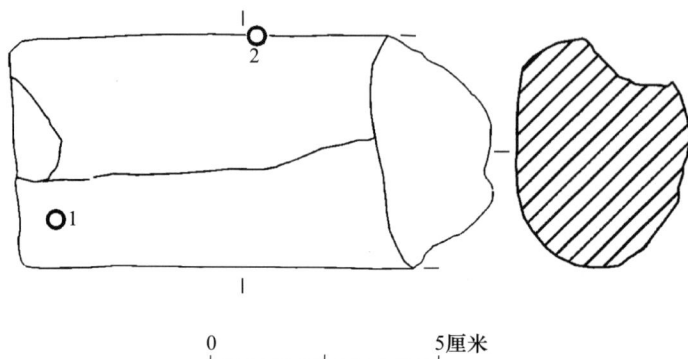

图 8.28　北辛馆藏号 07447 淀粉粒采集区域

载玻片编号馆藏号 07447No.1

即图 8.28 中 1 号采集分析样品，经偏光显微镜观察，载玻片上共发现一处有至少 10 颗淀粉粒。淀粉粒形状包括圆形及角圆形，尺寸基本相同，均为小型，平均直径 4 微米。在偏光显微镜下十字消光的位置位于中间，推测为谷物类植物。

2. 磨盘馆藏号 07506

从 3 处区域进行样品采集，发现 1、2 号有淀粉粒残留，具体采集位置如图 8.29 所示。

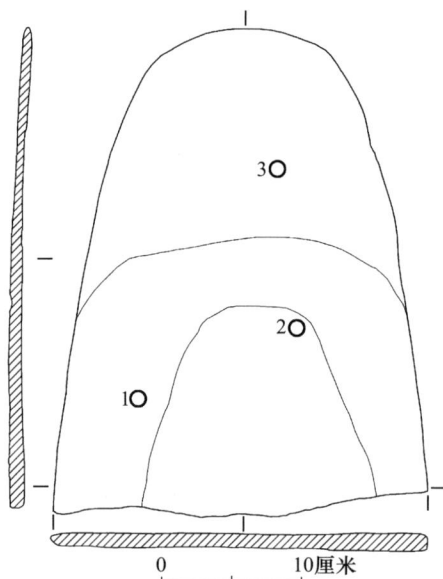

图 8.29　北辛馆藏号 07506 淀粉粒采集区域

1）载玻片编号馆藏号 07506 No.1

即图 8.29 中 1 号采集分析样品，经偏光显微镜观察，载玻片上共发现 1 颗淀粉粒。淀粉粒形状为角圆形，尺寸为大型，长径 20、短径 19 微米。在偏光显微镜下十字消光的位置位于中间，推测为坚果类植物。淀粉粒十字消光位置及具体形态见图 8.30。

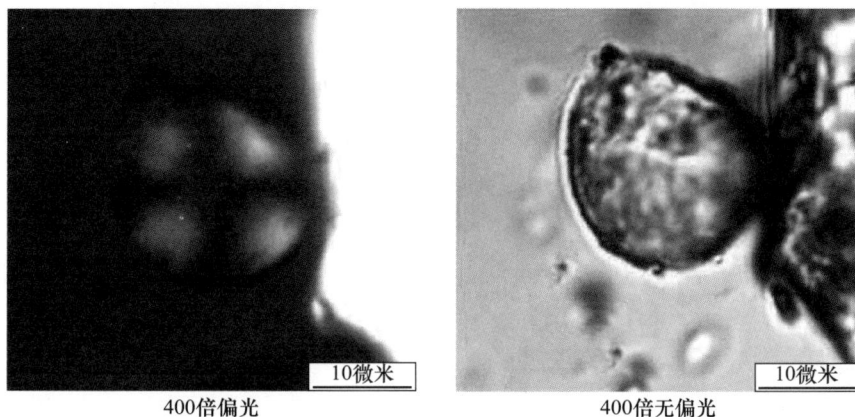

400倍偏光   400倍无偏光

图 8.30　北辛载玻片馆藏号 07506 No.1 中淀粉粒

2）载玻片编号馆藏号 07506 No.2

即图 8.29 中 2 号采集分析样品，经偏光显微镜观察，载玻片上分别在 3 处发现有淀粉粒。第 1 处发现淀粉粒至少 10 颗以上，形状包括圆形及角圆形，尺寸基本相同，均为小型，平均直径 4 微米。在偏光显微镜下十字消光的位置位于中间，推测为谷物类植物。第 2 处发现淀粉粒 1 颗，形状为五边形，尺寸为中型，长径 14、短径 13 微米。在偏光显微镜下十字消光的位置位于中间，不能断定其种类。第 3 处发现淀粉粒 2 颗，其中一颗形状为角长圆形，尺寸为中型，长径 8、短径 6 微米。在偏光显微镜下十字消光的位置位于中间，推测为坚果类植物。另一颗形状为圆形，尺寸为小型，直径为 4 微米。在偏光显微镜下十字消光的位置位于中间，推测为未发育成熟的坚果类植物。三处淀粉粒十字消光位置及具体形态分别见图 8.31～图 8.33。

3. 磨盘馆藏号 07504

从两处区域进行样品采集，发现 1 号有淀粉粒残留，具体采集位置如图 8.34 所示。

载玻片编号馆藏号 07504 No.1

即图 8.34 中 1 号采集分析样品，经偏光显微镜观察，载玻片上共发现 1 颗淀粉粒。形状为角椭圆形，尺寸为大型，长径 17、短径 15 微米。在偏光显微镜下十字消光的位置位于中间，推测为坚果类植物。淀粉粒十字消光位置及具体形态见图 8.35。

400倍偏光

图 8.31　北辛载玻片馆藏号 07506 No.2 中第 1 处淀粉粒

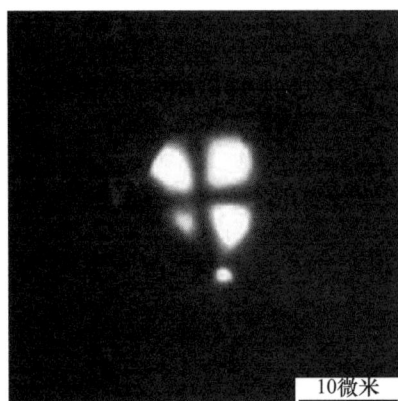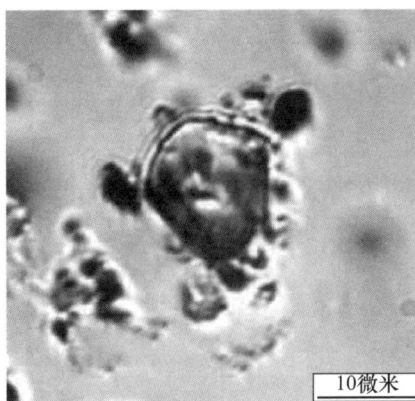

400倍偏光　　　　　　　　　　　　　400倍无偏光

图 8.32　北辛载玻片馆藏号 07506 No.2 中第 2 处淀粉粒

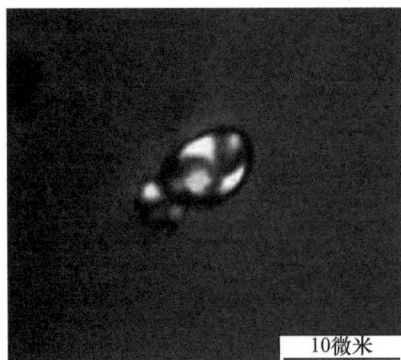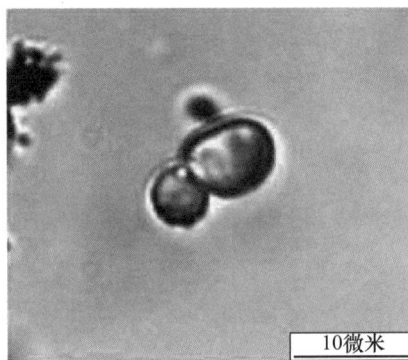

400倍偏光　　　　　　　　　　　　　400倍无偏光

图 8.33　北辛载玻片馆藏号 07506 No.2 中第 3 处淀粉粒

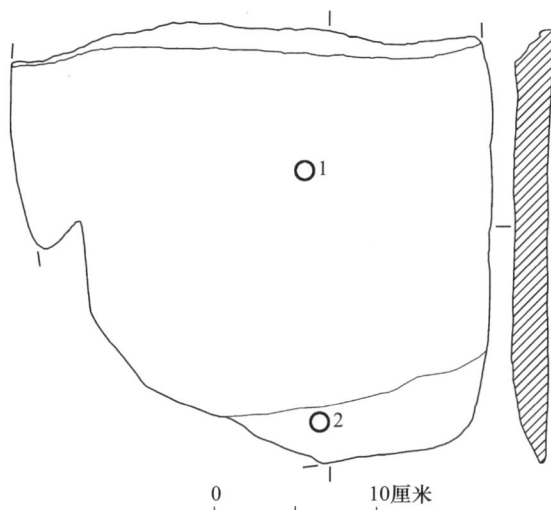

图 8.34　北辛馆藏号 07504 淀粉粒采集区域

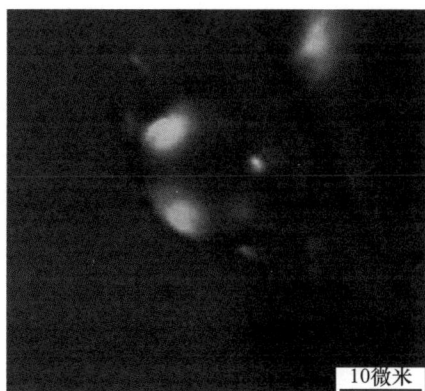

400 倍偏光

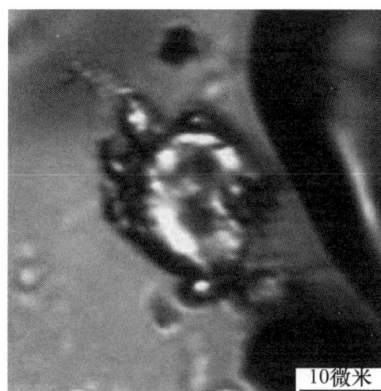

400 倍无偏光

图 8.35　北辛载玻片馆藏号 07504 No.1 中淀粉粒

（六）王因遗址

共在 13 件器物上进行采样，其中 2 件为磨盘断块，其余均为磨棒。共采样 27 处区域。结果仅在 4 件磨棒上发现淀粉粒残留。其中磨棒 T4009H4005：12 为北辛文化时期，另外 3 件属于大汶口文化时期。分析结果显示，没有发现谷物、块根及豆类等植物的淀粉粒，主要为坚果类植物、未成熟坚果类以及不能断定的种类，具体情况见表 8.7。

表 8.7　王因遗址淀粉粒分析情况统计表

石器种类及保存状况	石器编号	载玻片编号	淀粉粒数量	植物种类
磨棒一端	236 克	236 克 No.1	1	坚果类
磨棒一端	236 克	236 克 No.2	0	坚果类

续表

石器种类及保存状况	石器编号	载玻片编号	淀粉粒数量	植物种类
磨棒一端	396 克	396 克 No.1	0	
磨棒一端	396 克	396 克 No.2	0	
磨棒一端	396 克	396 克 No.3	2	坚果类及不能断定的种类
磨棒一端	396 克	396 克 No.4	3	不能断定
磨棒一端	577 克	577 克 No.1	4	坚果类及未成熟坚果
磨棒一端	T4009H4005：12	T4009H4005：12 No.1	2	均为坚果类
磨棒一端	248 克	248 克 No.1	0	
磨棒一端	248 克	248 克 No.2	0	
磨棒一端	T249H1：1	T249H1：1 No.1	0	
磨棒一端	T249H1：1	T249H1：1 No.2	0	
基本完整磨棒	T285③：3	T285③：3 No.1	0	
基本完整磨棒	T285③：3	T285③：3 No.2	0	
基本完整磨棒	T285③：3	T285③：3 No.3	0	
磨棒一端	T238③：11	T238③：11 No.1	0	
磨棒一端	T238③：11	T238③：11 No.2	0	
磨棒断块	331 克	331 克 No.1	0	
磨棒断块	331 克	331 克 No.2	0	
磨盘断块	2669 克	2669 克 No.1	0	
磨盘断块	2669 克	2669 克 No.2	0	
磨盘断块	T415④下：8	T415④下：8 No.1	0	
磨盘断块	T415④下：8	T415④下：8 No.2	0	
磨棒一端	T4006④下：109	T4006④下：109 No.1	0	
磨棒一端	T4006④下：109	T4006④下：109 No.2	0	
磨棒一端	T4009H4009：2	T4009H4009：2 No.1	0	
磨棒一端	T4009H4009：2	T4009H4009：2 No.2	0	

1. 磨棒 236 克

共从两处区域进行样品采集，发现 1 处区域包含淀粉粒残留，具体采集位置如图 8.36 所示。

载玻片编号 236 克 No.1

即图 8.36 中 1 处采集分析样品，经偏光显微镜观察，载玻片上共发现 1 颗淀粉粒。此淀粉粒为角圆形，尺寸为中型，直径 10 微米。在偏光显微镜下十字消光的位置位于中间，右下端被土壤覆盖，推测为坚果类植物。淀粉粒十字消光位置及具体形态见图 8.37。

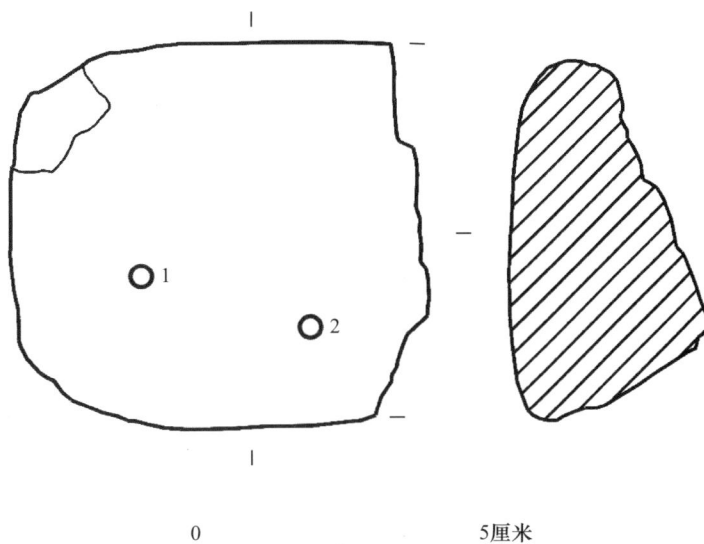

图 8.36　王因 236 克淀粉粒采集区域

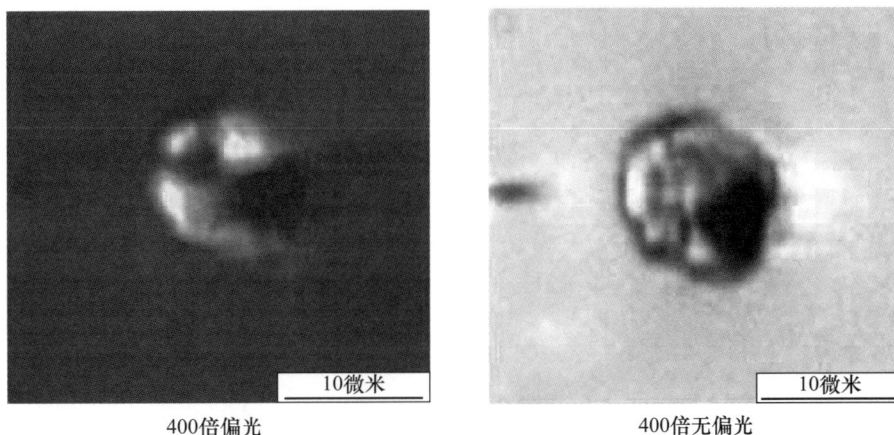

400倍偏光　　　　　　　　　　　　400倍无偏光

图 8.37　王因载玻片 236 克 No.1 中淀粉粒

2. 磨棒 396 克

　　共从 4 处区域进行样品采集，发现 3、4 号区域包含淀粉粒残留，具体采集位置如图 8.38 所示。

　　1）载玻片编号 396 克 No.3

　　即图 8.38 中 3 号采集分析样品，经偏光显微镜观察，载玻片上分别在两处区域共发现 2 颗淀粉粒。第 1 处淀粉粒形状为五边形，尺寸为中型，长径 10、短径 8 微米，第 2 处淀粉粒形状为角圆形，尺寸为中型，长径 9、短径 7 微米。在偏光显微镜下十字消光的位置均位于中间。第 1 处淀粉粒不能断定，第 2 处淀粉粒推测为坚果类植物。两处淀粉粒十字消光位置及具体形态分别见图 8.39、图 8.40。

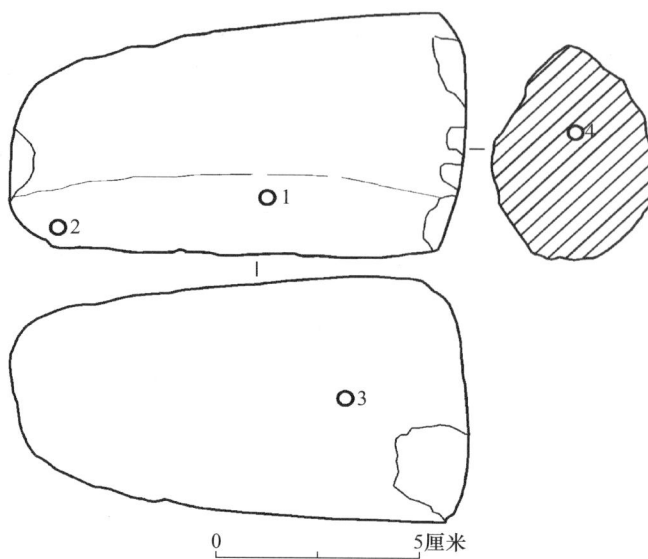

图 8.38　王因 396 克淀粉粒采集区域

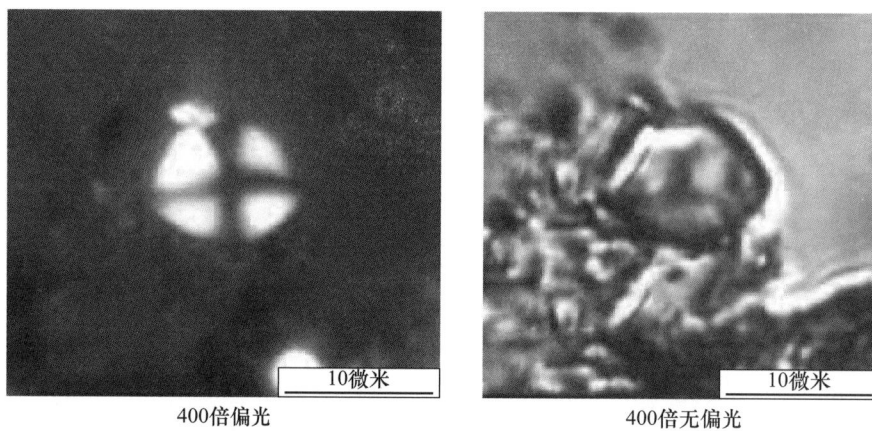

400倍偏光　　　　　　　　　　　　　　400倍无偏光

图 8.39　王因载玻片 396 克 No.3 中第 1 处淀粉粒

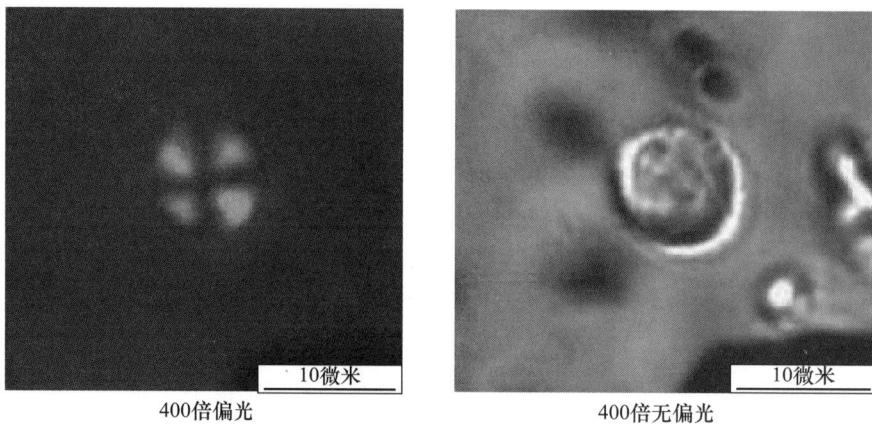

400倍偏光　　　　　　　　　　　　　　400倍无偏光

图 8.40　王因载玻片 396 克 No.3 中第 2 处淀粉粒

2）载玻片编号 396 克 No.4

即图 8.38 中 4 号磨棒断裂面处采集分析样品，经偏光显微镜观察，载玻片上共发现 3 颗淀粉粒。3 颗淀粉粒紧贴在一起，且左下端被土壤覆盖，故不能进行鉴定。

3. 磨棒 577 克

从一处区域进行样品采集，发现其包含淀粉粒残留，具体采集位置如图 8.41 所示。

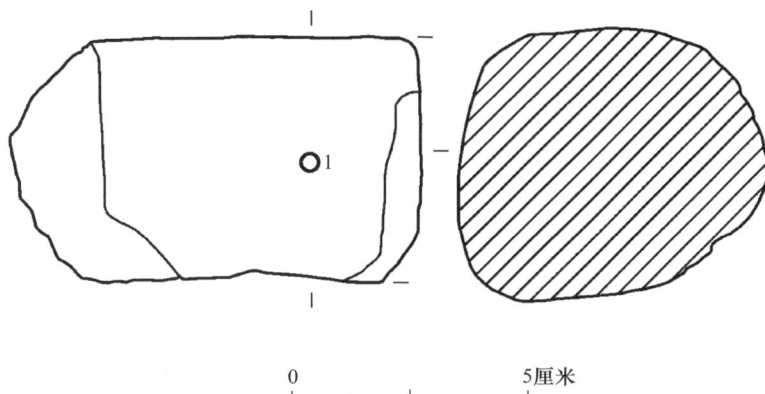

图 8.41　王因 577 克淀粉粒采集区域

载玻片编号 577 克 No.1

即图 8.41 中 1 号采集分析样品，经偏光显微镜观察，载玻片上共发现一大三小共 4 颗淀粉粒。上端被土壤覆盖，其中个体较大的淀粉粒形状为角圆形，尺寸均为中型，长径 13、短径 11 微米。在偏光显微镜下十字消光的位置位于中间，推测为坚果类植物。3 颗较小淀粉粒形状包括圆形及角圆形两类，尺寸均为小型，平均直径约 5 微米。在偏光显微镜下十字消光的位置位于中间，且与上述较大坚果类淀粉粒紧贴一起，推测为未成熟坚果类植物。淀粉粒十字消光位置及具体形态见图 8.42。

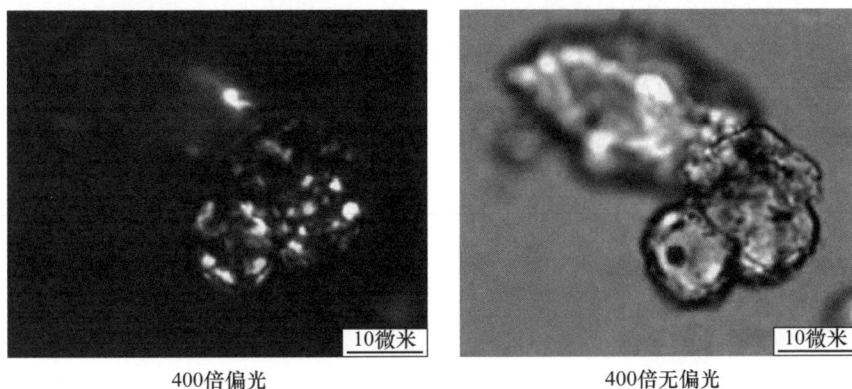

400 倍偏光　　　　　　　　　400 倍无偏光

图 8.42　王因载玻片 577 克 No.1 中淀粉粒

4. 磨棒 T4009H4005：12

从一处区域进行样品采集，发现包含淀粉粒残留，具体采集位置如图 8.43 所示。

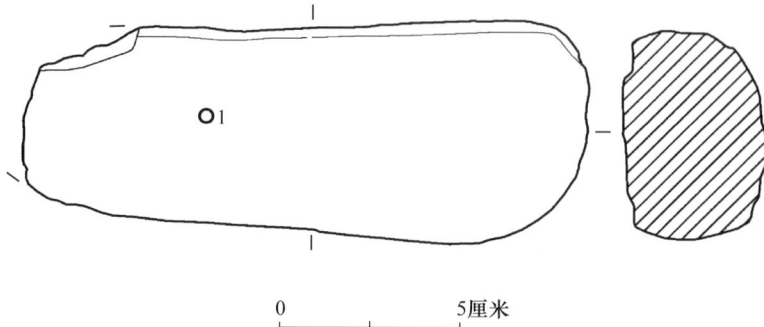

0   5厘米

图 8.43　王因 T4009H4005：12 淀粉粒采集区域

载玻片编号 T4009H4005：12 No.1

即图 8.43 中 1 号采集分析样品，经偏光显微镜观察，载玻片上分别在两处区域共发现 2 颗淀粉粒。1 颗淀粉粒形状为角椭圆形，尺寸为中型，长径 14、短径 10 微米。第 2 颗淀粉粒形状为角椭圆形，尺寸为大型，长径 18、短径 14 微米。在偏光显微镜下十字消光的位置均位于中间，为同一类植物所有，推测为坚果类植物。两处淀粉粒十字消光位置及具体形态分别见图 8.44、图 8.45。

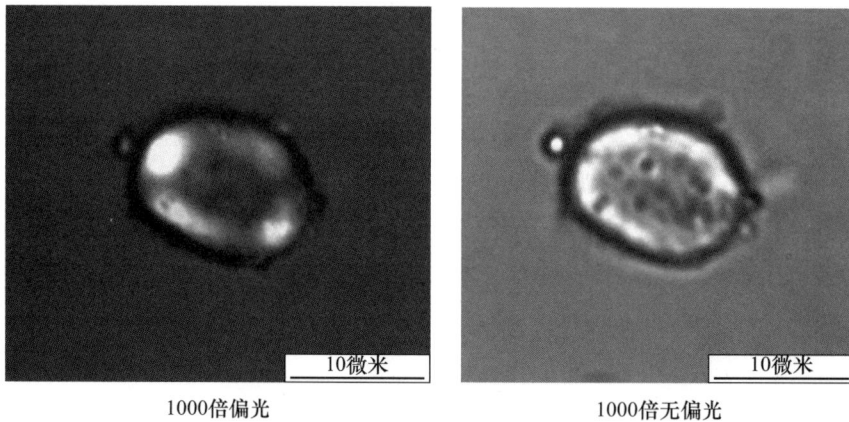

1000倍偏光　　　　　　　　　　　　　1000倍无偏光

图 8.44　王因载玻片 T4009H4005：12 No.1 中第 1 处淀粉粒

（七）东贾柏遗址

共在 9 件器物上进行采样，其中 4 件为磨盘，其余 5 件均为磨棒。时代均为北辛文化时期。共采样 19 处区域。结果在 5 件器物上发现淀粉粒残留，包括 2 件磨盘，3 件磨棒。分析结果显示，没有发现谷物、块根类等植物的淀粉粒，主要为坚果类植物，可能包括少量豆类以及不能断定的淀粉粒。但其中磨棒 918 克 2 处淀粉粒的采集区域

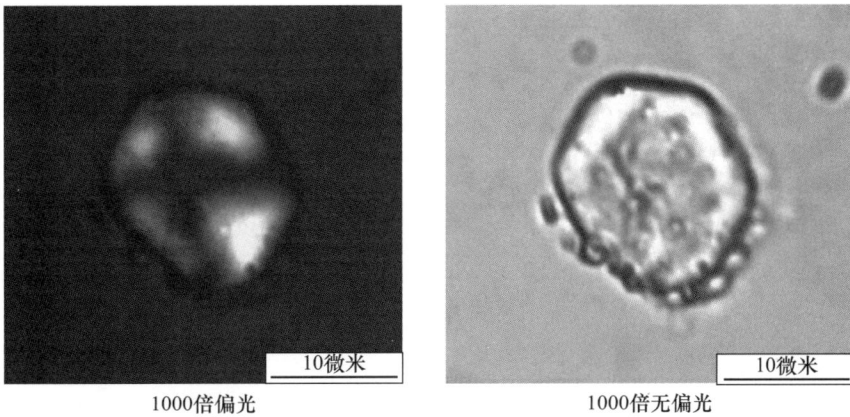

1000倍偏光	1000倍无偏光

图 8.45　王因载玻片 T4009H4005：12 No.1 中第 2 处淀粉粒

位于侧缘上，很有可能是受到了周围埋藏环境的污染，故不能作为判定其用途的直接依据。具体情况见表 8.8。

表 8.8　东贾柏遗址淀粉粒分析情况统计表

石器种类及保存状况	石器编号	载玻片编号	淀粉粒数量	植物种类
拼对为较完整磨盘	F9：7	F9：7 No.1	0	
拼对为较完整磨盘	F9：7	F9：7 No.2	0	
拼对为较完整磨盘	F9：7	F9：7 No.3	3	坚果类及不能断定的种类
磨棒一端	918 克	918 克 No.1	1	不能断定
磨棒一端	918 克	918 克 No.2	1	坚果类
磨棒一端	918 克	918 克 No.3	0	
拼对为较完整磨盘	F6：1	F6：1 No.1	6	均为坚果类
拼对为较完整磨盘	F6：1	F6：1 No.2	1	坚果类
拼对为较完整磨盘	F6：1	F6：1 No.3	1	可能豆类
磨棒断块	F6：4	F6：4 No.1	1	可能豆类
磨棒一端	T602②：2	T602②：2 No.1	1	坚果类
磨棒一端	T602②：2	T602②：2 No.2	0	
磨盘断块	1909 克	1909 克 No.1	0	
磨盘断块	1909 克	1909 克 No.2	0	
磨盘断块	359 克	359 克 No.1	0	
磨盘断块	359 克	359 克 No.2	0	
磨棒一端	F10：3	F10：3 No.1	0	
磨棒一端	F10：3	F10：3 No.2	0	
磨棒一端	618 克	618 克 No.1	0	

1. 磨盘 F9 ∶ 7

从 3 处区域进行样品采集，发现 3 号包含淀粉粒残留，具体采集位置如图 8.46 所示。

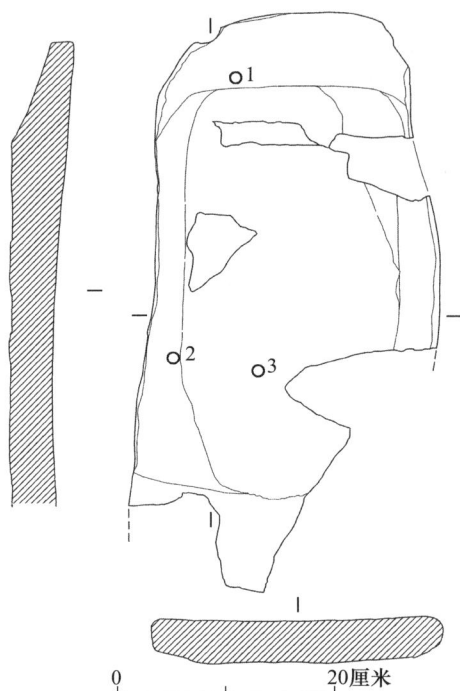

图 8.46　东贾柏 F9 ∶ 7 淀粉粒采集区域

载玻片编号 F9 ∶ 7 No.3

即图 8.46 中 3 号采集分析样品，经偏光显微镜观察，载玻片上分别在三处区域共发现 3 颗淀粉粒。其中第 1 处的淀粉粒形状近圆形，尺寸为大型，长径 16、短径 14 微米。在偏光显微镜下十字消光的位置位于中间，推测为坚果类植物。第 2 处的淀粉粒形状均为角圆形，尺寸为中型，直径 12 微米。在偏光显微镜下十字消光的位置位于中间，推测为坚果类植物。第 3 处的淀粉粒外边有皲裂，形状为四边形，尺寸为大型，直径 16 微米。在偏光显微镜下十字消光的位置位于中间，不能断定。3 处淀粉粒十字消光位置及具体形态分别见图 8.47～图 8.49。

2. 磨棒 918 克

从 3 处区域进行样品采集，发现 1、2 号均包含淀粉粒残留，具体采集位置如图 8.50 所示。

1）载玻片编号 918 克 No.1

即图 8.50 中 1 号采集分析样品，经偏光显微镜观察，载玻片上共发现 1 颗淀粉

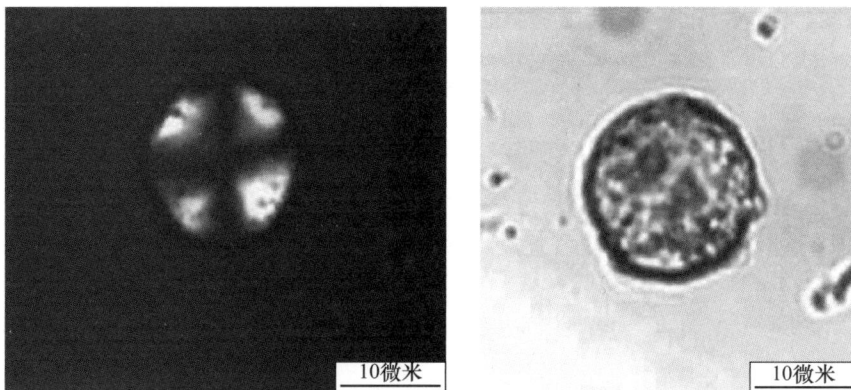

400倍偏光   400倍无偏光

图 8.47 东贾柏载玻片 F9：7 No.3 中第 1 处淀粉粒

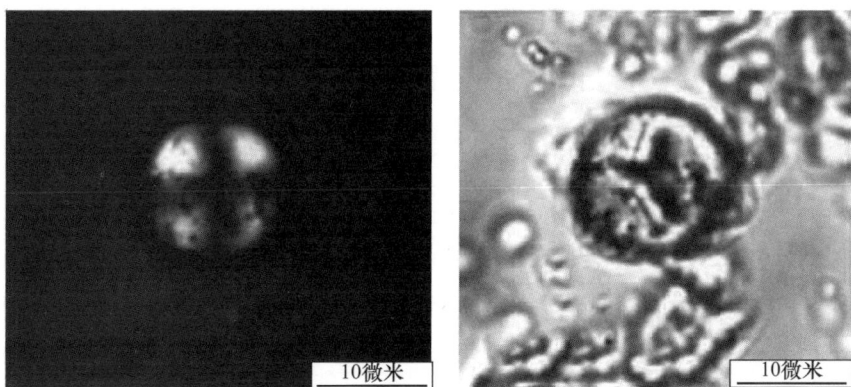

400倍偏光   400倍无偏光

图 8.48 东贾柏载玻片 F9：7 No.3 中第 2 处淀粉粒

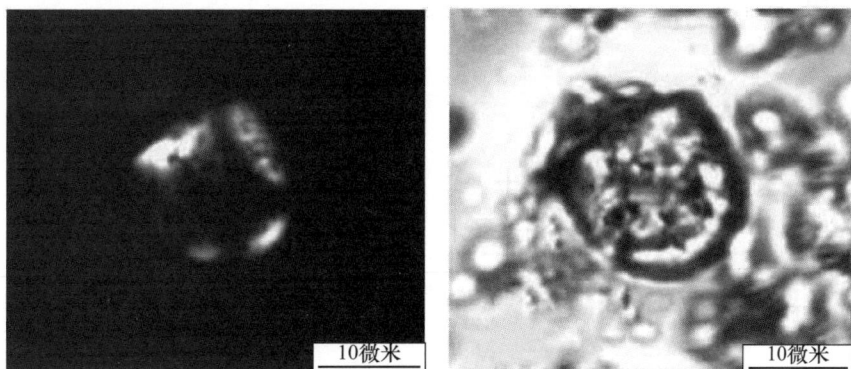

400倍偏光   400倍无偏光

图 8.49 东贾柏载玻片 F9：7 No.3 中第 3 处淀粉粒

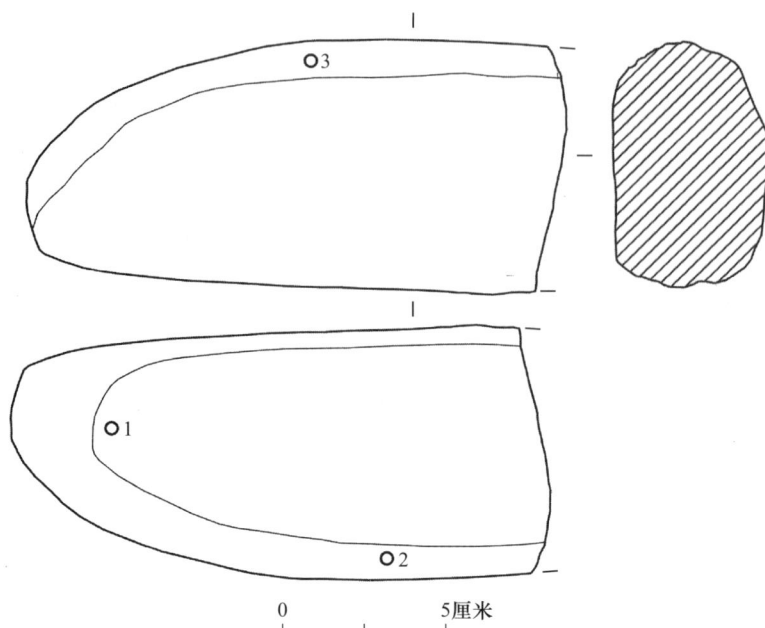

图 8.50　东贾柏 918 克淀粉粒采集区域

粒。淀粉粒形状均为四边形，尺寸为中型，长径 9、短径 6 微米。在偏光显微镜下十字消光的位置位于中间，不能断定种类。淀粉粒十字消光位置及具体形态见图 8.51。

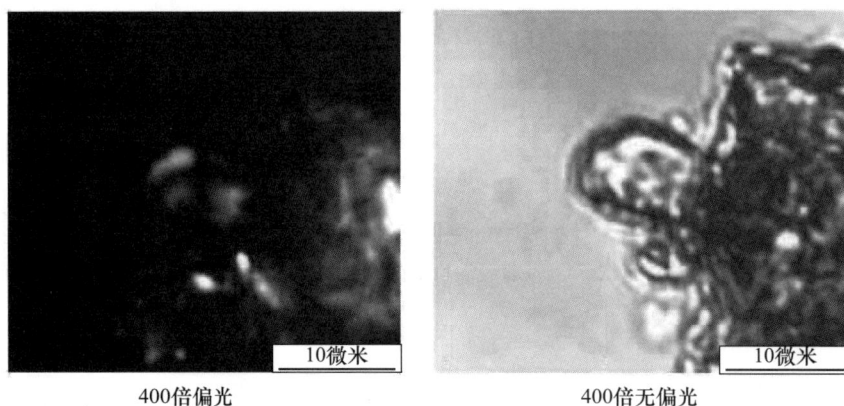

图 8.51　东贾柏载玻片 918 克 No.1 中淀粉粒

2）载玻片编号 918 克 No.2

即图 8.50 中 2 号采集分析样品，经偏光显微镜观察，载玻片上共发现 1 颗淀粉粒。淀粉粒形状近圆形，尺寸为大型，长径 21、短径 19 微米。在偏光显微镜下十字消光的位置位于中间，推测为坚果类植物。

3. 磨盘 F6：1

从 3 处区域进行样品采集，发现均包含淀粉粒残留，具体采集位置如图 8.52 所示。

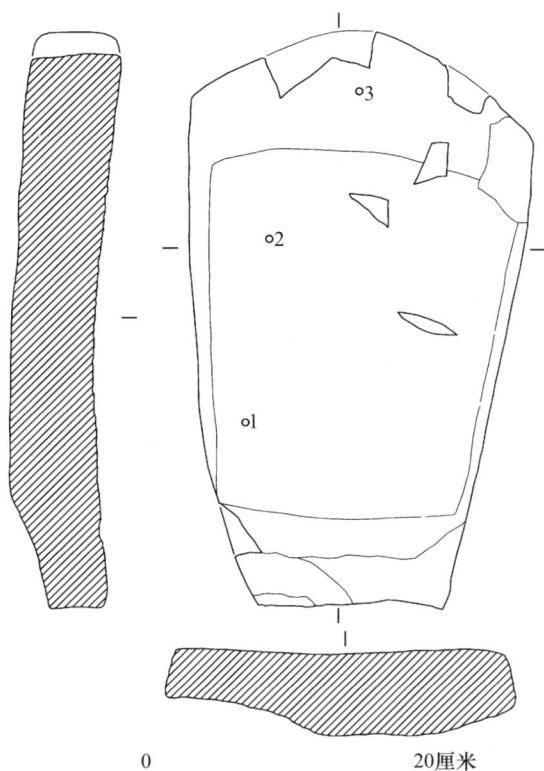

图 8.52 东贾柏 F6∶1 淀粉粒采集区域

1）载玻片编号 F6∶1 No.1

即图 8.52 中 1 号采集分析样品，经偏光显微镜观察，载玻片上分别在 3 处区域共发现 6 颗淀粉粒。其中第 1 处淀粉粒形状为角圆形，尺寸为大型，长径 17、短径 16 微米。在偏光显微镜下十字消光的位置位于中间，推测为坚果类植物。第 2 处淀粉粒形状为角椭圆形，尺寸为大型，长径 19、短径 14 微米。外缘破裂，在偏光显微镜下十字消光的位置位于中间，推测为坚果类植物。第 3 处为 4 颗淀粉粒聚集在一起，外缘均有破裂，其中 1 颗形状为圆形，尺寸为大型，直径 21 微米。其余 3 颗形状均为椭圆形，尺寸均为中型，平均长径约 12、平均短径 8 微米。在偏光显微镜下十字消光的位置均位于中间，推测均为坚果类植物。3 处淀粉粒十字消光位置及具体形态分别见图 8.53～图 8.55。

2）载玻片编号 F6∶1 No.2

即图 8.52 中 2 号采集分析样品，经偏光显微镜观察，载玻片上共发现 1 颗淀粉粒。淀粉粒形状为角圆形，尺寸为大型，直径 15 微米。在偏光显微镜下十字消光的位置位于中间，推测为坚果类植物。淀粉粒十字消光位置及具体形态见图 8.56。

3）载玻片编号 F6∶1 No.3

即图 8.52 中 3 处号采集分析样品，经偏光显微镜观察，载玻片上共发现 1 颗淀粉粒。

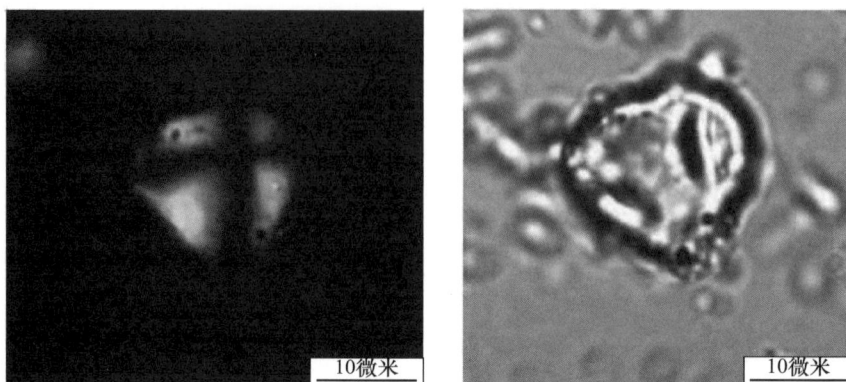

400倍偏光 　　　　　　　　　　 400倍无偏光

图 8.53　东贾柏载玻片 F6：1 No.1 中第 1 处淀粉粒

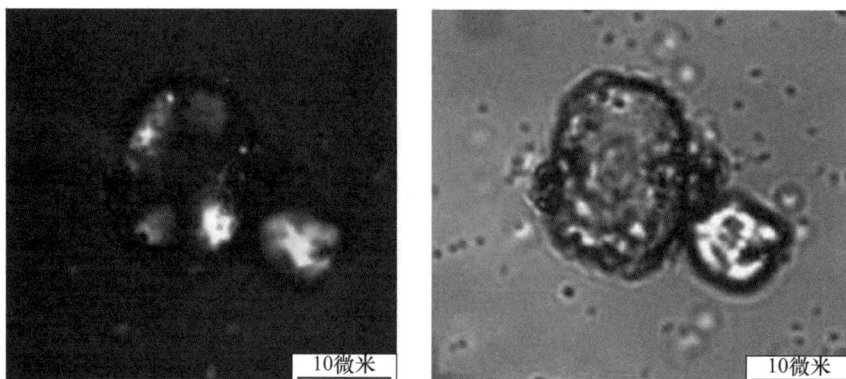

400倍偏光 　　　　　　　　　　 400倍无偏光

图 8.54　东贾柏载玻片 F6：1 No.1 中第 2 处淀粉粒

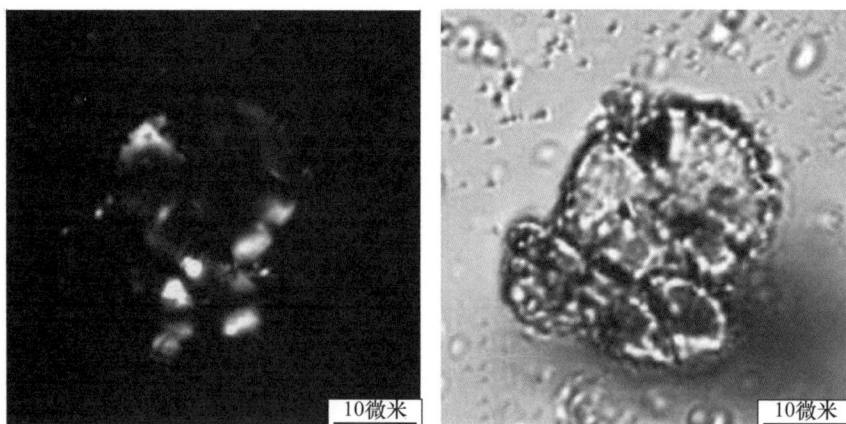

400倍偏光 　　　　　　　　　　 400倍无偏光

图 8.55　东贾柏载玻片 F6：1 No.1 中第 3 处淀粉粒

淀粉粒形状为细椭圆形，尺寸为大型，长径 16、短径 11 微米。在偏光显微镜下十字消光的位置位于中间，可能为豆类植物。淀粉粒十字消光位置及具体形态见图 8.57。

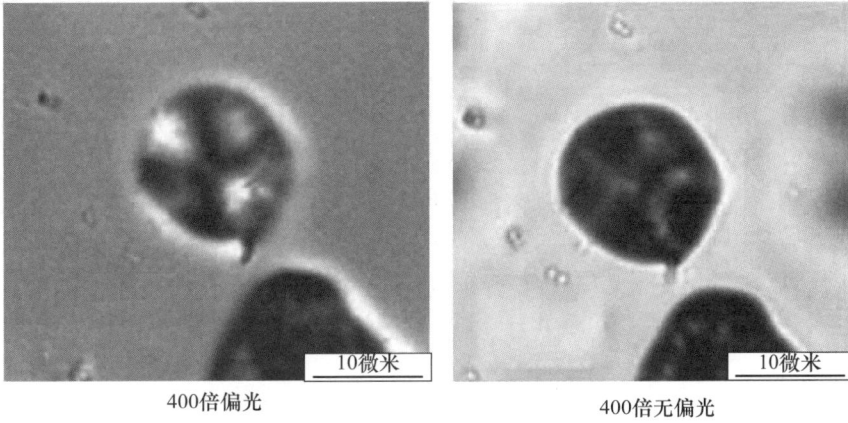

<table>
<tr><td>400倍偏光</td><td>400倍无偏光</td></tr>
</table>

图 8.56　东贾柏载玻片 F6：1 No.2 中淀粉粒

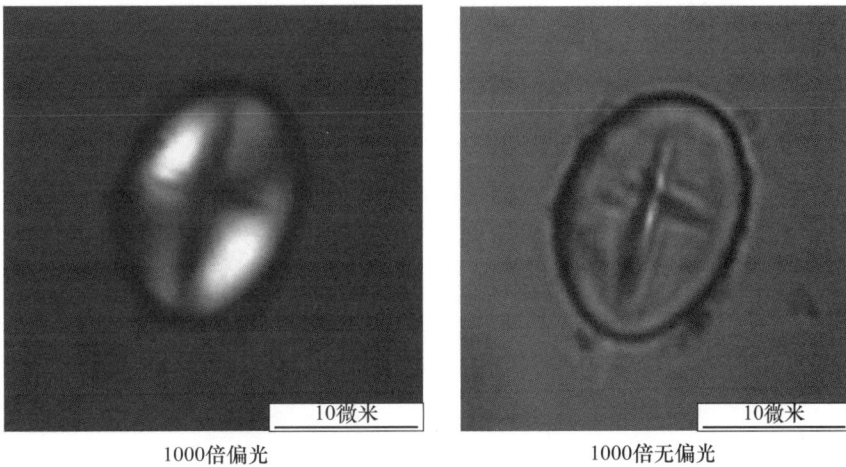

<table>
<tr><td>1000倍偏光</td><td>1000倍无偏光</td></tr>
</table>

图 8.57　东贾柏载玻片 F6：1 No.3 中淀粉粒

4. 磨棒 F6：4

从一处区域进行样品采集，发现包含淀粉粒残留，具体采集位置如图 8.58 所示。

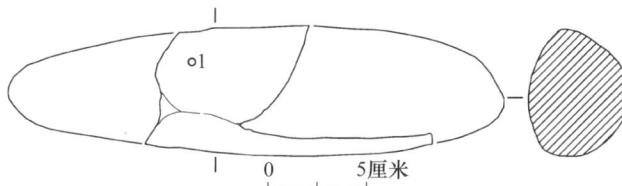

图 8.58　东贾柏 F6：4 淀粉粒采集区域

载玻片编号 F6：4 No.1

即图 8.58 中 1 号采集分析样品，经偏光显微镜观察，载玻片上共发现 1 颗淀粉粒。淀粉粒形状为细椭圆形，尺寸为大型，长径 55、短径 20 微米。在偏光显微镜下十字消光的位置位于中间，可能为豆类植物。淀粉粒十字消光位置及具体形态见图 8.59。

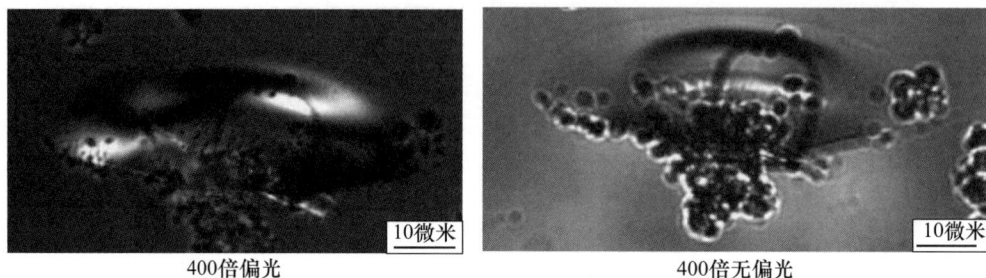

400倍偏光　　　　　　　　　　　　　400倍无偏光

图 8.59　东贾柏载玻片 F6：4 No.1 中淀粉粒

5. 磨棒 T602 ② : 2

从两处区域进行样品采集，发现 1 号包含淀粉粒残留，具体采集位置如图 8.60 所示。

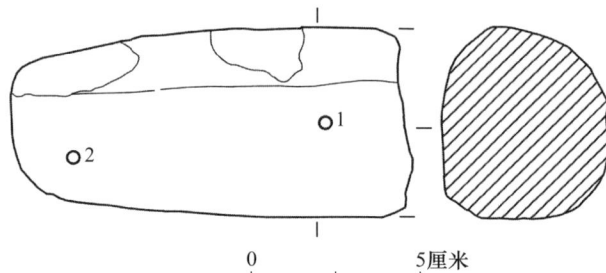

0　　　　　5厘米

图 8.60　东贾柏 T602 ② : 2 淀粉粒采集区域

载玻片编号 T602 ② : 2 No.1

即图 8.60 中 1 号采集分析样品，经偏光显微镜观察，载玻片上共发现 1 颗淀粉粒。淀粉粒形状为角椭圆形，尺寸为大型，长径 17、短径 14 微米。在偏光显微镜下十字消光的位置位于中间，推测为坚果类植物。淀粉粒十字消光位置及具体形态见图 8.61。

（八）白石村二期

共在 5 件器物上进行采样，其中包括 1 件完整磨盘，4 件完整磨棒。时代为大汶口文化时期。共采样 16 处区域。结果在磨盘上及 2 件磨棒上发现淀粉粒残留。分析结果显示，未发现块根及豆类等植物的淀粉粒，主要为坚果类、谷物类及不能断定种类的植物。具体情况见表8.9。

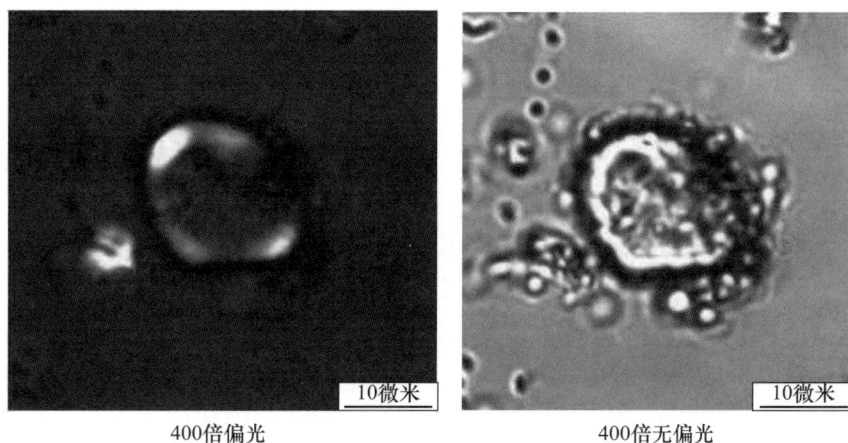

400倍偏光　　　　　　　　　　400倍无偏光

图 8.61　东贾柏 T602 ②：2 No.1 中淀粉粒

表 8.9　白石村二期淀粉粒分析情况统计表

石器种类及保存状况	石器编号	载玻片编号	淀粉粒数量	植物种类
完整磨盘	80YBⅠT2④：23	80YBⅠT2④：23 No.1	7	坚果类及不能断定的种类
完整磨盘	80YBⅠT2④：23	80YBⅠT2④：23 No.2	1	坚果类
完整磨棒	81YBTG2③：23	81YBTG2③：23 No.1	1	坚果类
完整磨棒	81YBTG2③：23	81YBTG2③：23 No.2	2	谷物类及坚果类
完整磨棒	81YBTG2③：23	81YBTG2③：23 No.3	0	
完整磨棒	馆藏号 P0308	馆藏号 P0308 No.1	1	谷物类
完整磨棒	馆藏号 P0308	馆藏号 P0308 No.2	4	谷物类及坚果类
完整磨棒	馆藏号 P0308	馆藏号 P0308 No.3	0	
完整磨棒	80YBⅠTG1③：98	80YBⅠTG1③：98 No.1	0	
完整磨棒	80YBⅠTG1③：98	80YBⅠTG1③：98 No.2	0	
完整磨棒	80YBⅠTG1③：98	80YBⅠTG1③：98 No.3	0	
完整磨棒	80YBⅠTG1③：98	80YBⅠTG1③：98 No.4	0	
完整磨棒	81YBTG3②b：115	81YBTG3②b：115 No.1	0	
完整磨棒	81YBTG3②b：115	81YBTG3②b：115 No.2	0	
完整磨棒	81YBTG3②b：115	81YBTG3②b：115 No.3	0	
完整磨棒	81YBTG3②b：115	81YBTG3②b：115 No.4	0	

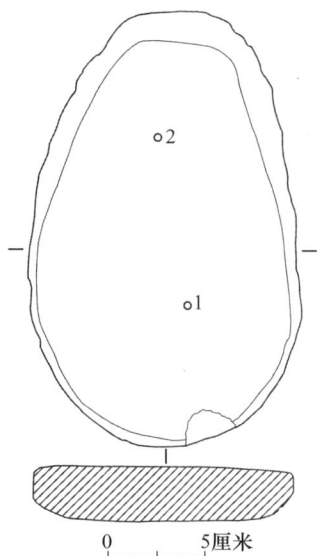

图 8.62 白石村 80YB Ⅰ T2 ④：23
淀粉粒采集区域

1. 磨盘 80YB Ⅰ T2 ④：23

在两处区域进行样品采集，在偏光显微镜下观察，发现均包含淀粉粒残留，具体采集位置如图 8.62 所示。

1）载玻片编号 80YB Ⅰ T2 ④：23 No.1

即图 8.62 中 1 号采集分析样品，经偏光显微镜观察，载玻片上分别在七处区域共发现 7 颗淀粉粒。具体情况见表 8.10。淀粉粒十字消光位置及具体形态见图 8.63。

2）载玻片编号 80YB Ⅰ T2 ④：23 No.2

即图 8.62 中 2 号采集分析样品，经偏光显微镜观察，载玻片上共发现 1 颗淀粉粒。此淀粉粒为圆形，尺寸为中型，直径 12 微米。在偏光显微镜下十字消光的位置位于中间，推测为坚果类植物。淀粉粒

十字消光位置及具体形态见图 8.64。

表 8.10 白石村 80YB Ⅰ T2 ④：23 淀粉粒分析情况统计表

载玻片中的位置	载玻片中编号	形状	尺寸	长径、短径（微米）	十字消光位置	植物种类	备注
左下	1	角椭圆形	中	7、6	中间	坚果类	
右下	2	近圆形	大	16、15	中间	坚果类	外缘破裂
左下	3	角圆形	中	10、10	中间	坚果类	被土壤覆盖
左下	4	角椭圆形	中	11、10	中间	坚果类	
右下	5	角椭圆形	中	7、5	中间	坚果类	
左下	6	近圆形	中	10、10	中间	坚果类	周围有 3 个小粒，不能断定
右上	7	四边形	大	19、19	中间	不能断定	

2. 磨棒 81YBTG2 ③：23

在 3 处区域进行样品采集，在偏光显微镜下观察，发现 1、2 号区域均包含淀粉粒残留，具体采集位置如图 8.65 所示。

1）载玻片编号 81YBTG2 ③：23 No.1

即图 8.65 中 1 号采集分析样品，经偏光显微镜观察，载玻片上共发现 1 颗淀粉粒。此淀粉粒为圆形，尺寸为中型，直径 14 微米。在偏光显微镜下十字消光的位置位于中间，推测为坚果类植物。淀粉粒十字消光位置及具体形态见图 8.66。

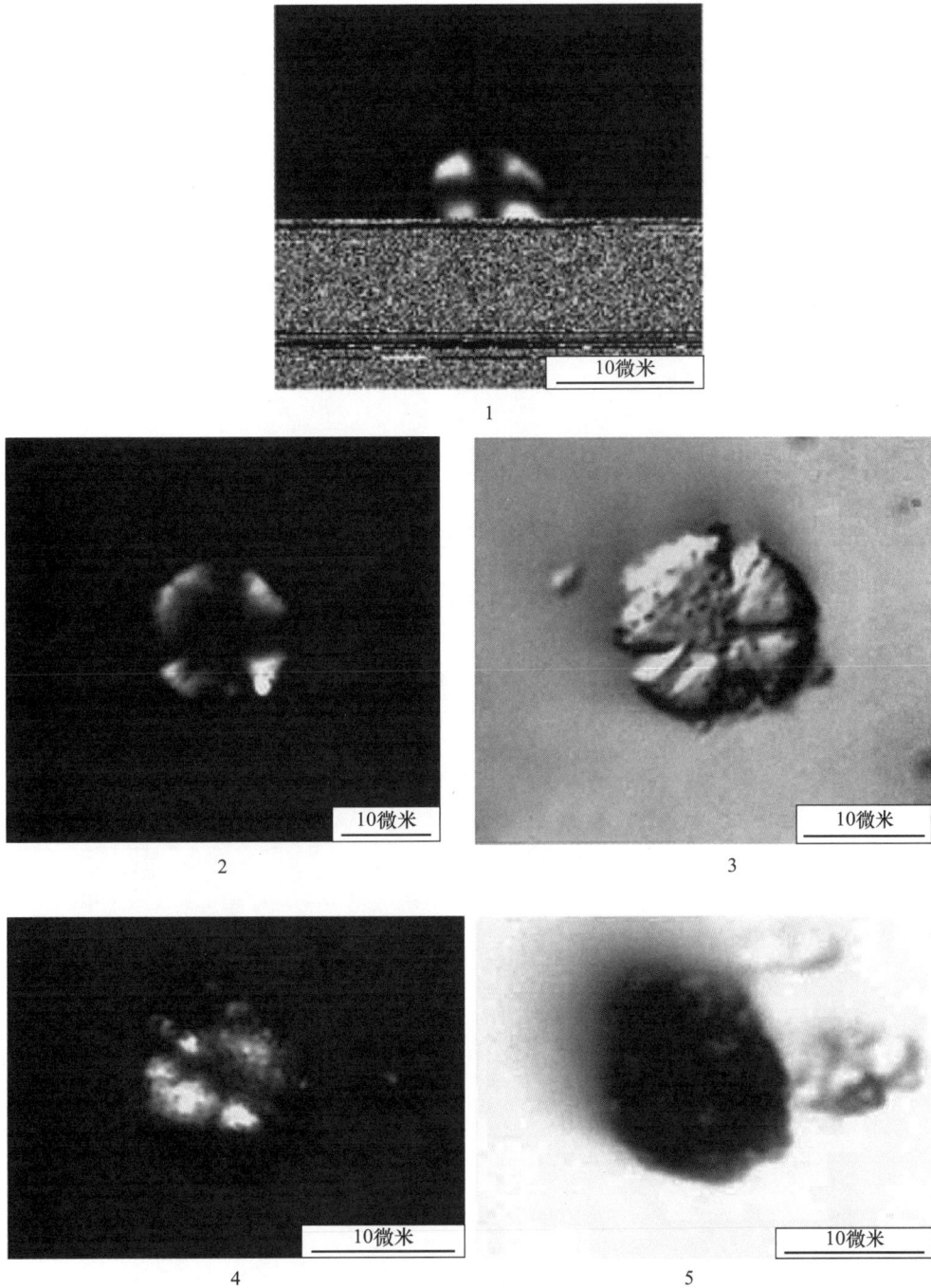

图 8.63　白石村载玻片编号 80YBⅠT2 ④：23 No.1 中淀粉粒
1. 1 处 400 倍偏光　2. 2 处 400 倍偏光　3. 2 处 1000 倍无偏光　4. 3 处 1000 倍偏光
5. 3 处 1000 倍无偏光

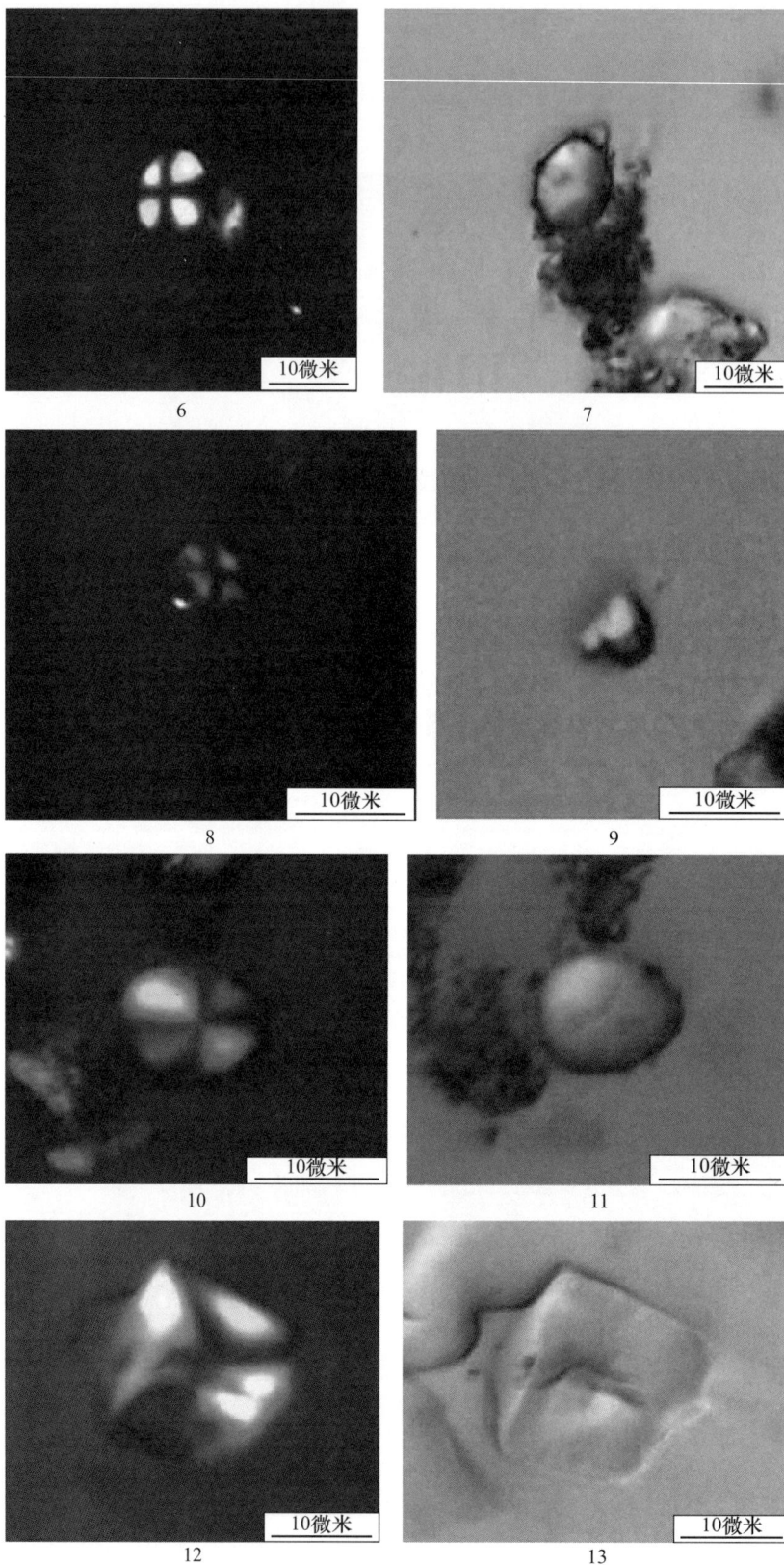

图8.63　白石村载玻片编号 80YBⅠT2④：23 No.1 中淀粉粒（续）

6. 4处400倍偏光　7. 4处400倍无偏光　8. 5处400倍偏光　9. 5处400倍无偏光　10. 6处1000倍偏光
11. 6处1000倍无偏光　12. 7处1000倍偏光　13. 7处1000倍无偏光

400倍偏光   400倍无偏光

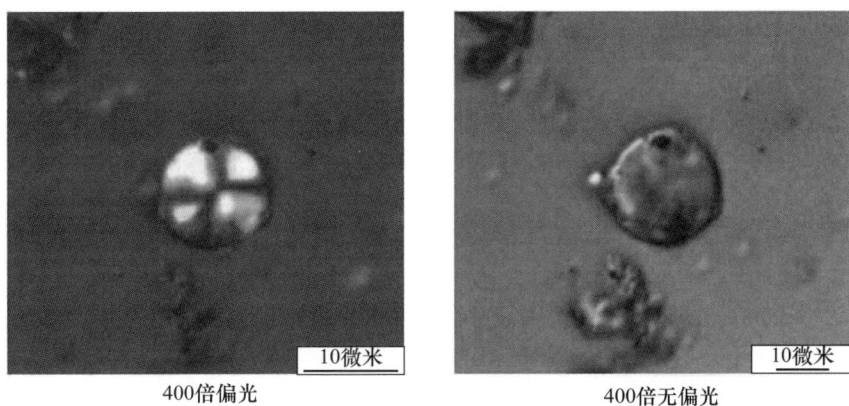

图 8.64 白石村载玻片 80YBⅠT2 ④：23 No.2 中淀粉粒

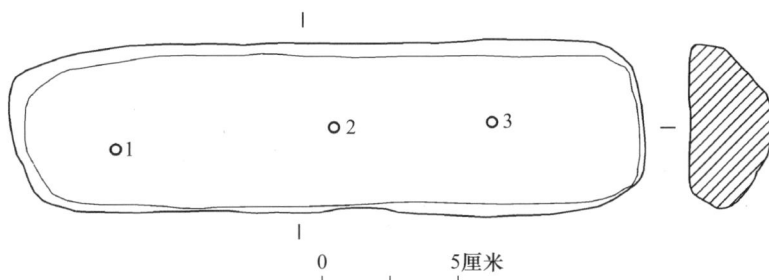

图 8.65 白石村 81YBTG2 ③：23 淀粉粒采集区域

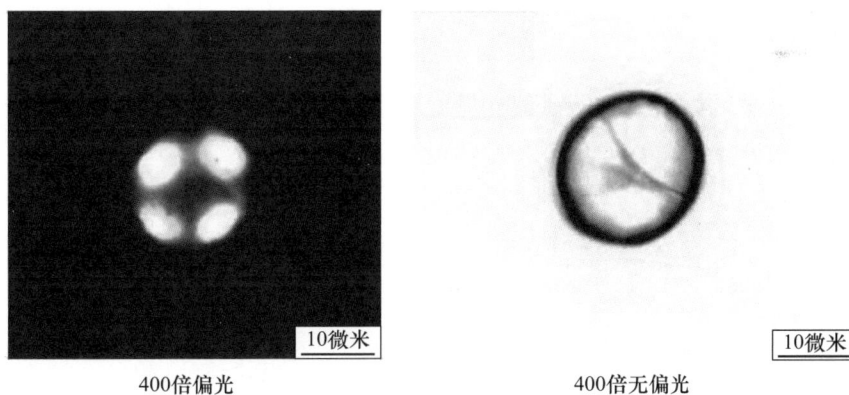

400倍偏光   400倍无偏光

图 8.66 白石村载玻片 81YBTG2 ③：23 No.1 中淀粉粒

2）载玻片编号 81YBTG2 ③：23 No.2

即图 8.65 中 2 号采集分析样品，经偏光显微镜观察，载玻片上分别在两处区域共发现 2 颗淀粉粒。第 1 处淀粉粒为圆形，尺寸为小型，直径 5 微米。在偏光显微镜下十字消光的位置位于中间，推测为谷物类植物。淀粉粒十字消光位置及具体形态见图 8.67。

第 2 处淀粉粒为圆形，尺寸为中型，直径 9 微米。在偏光显微镜下十字消光的位置位于中间，推测为坚果类植物。淀粉粒十字消光位置及具体形态见图 8.68。

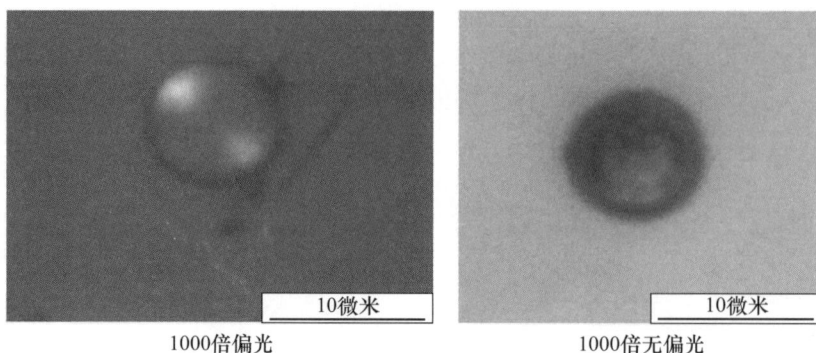

1000倍偏光　　　　　　　　　　　　1000倍无偏光

图 8.67　白石村载玻片 81YBTG2 ③：23 No.2 中第 1 处淀粉粒

400倍偏光　　　　　　　　　　　　1000倍无偏光

图 8.68　白石村载玻片 81YBTG2 ③：23 No.2 中第 2 处淀粉粒

3. 磨棒馆藏号 P0308

在 3 处区域进行样品采集，在偏光显微镜下观察，发现 1、2 号区域均包含淀粉粒残留，具体采集位置如图 8.69 所示。

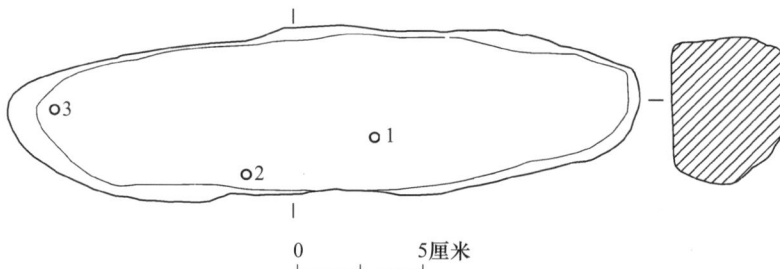

图 8.69　白石村馆藏号 P0308 淀粉粒采集区域

1) 载玻片编号馆藏号 P0308 No.1

即图 8.69 中 1 号采集分析样品，经偏光显微镜观察，载玻片上共发现 1 颗淀粉粒。此淀粉粒为圆形，尺寸为小型，直径 5 微米。在偏光显微镜下十字消光的位置位于中间，推测为谷物类植物。淀粉粒十字消光位置及具体形态见图 8.70。

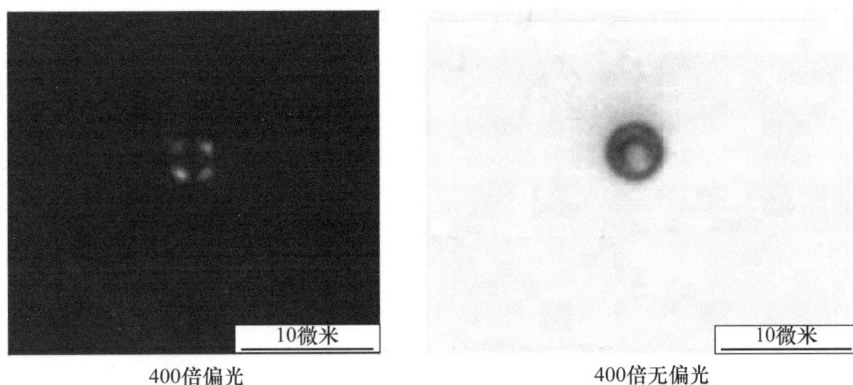

400倍偏光　　　　　　　　　　　400倍无偏光

图 8.70　白石村载玻片馆藏号 P0308 No.1 中淀粉粒

2）载玻片编号馆藏号 P0308 No.2

即图 8.69 中 2 号采集分析样品，经偏光显微镜观察，载玻片上分别在 4 处区域共发现 4 颗淀粉粒。具体情况见表 8.11。4 处淀粉粒十字消光位置及具体形态分别见图 8.71～图 8.74。

表 8.11　白石村馆藏号 P0308 淀粉粒分析情况统计表

载玻片中的位置	载玻片中编号	形状	尺寸	长径、短径（微米）	十字消光位置	植物种类	备注
左上	1	角圆形	小	6、6	中间	谷物类	
左上	2	角圆形	中	10、9	中间	坚果类	部分被土壤覆盖
左上	3	角圆形	中	14、12	中间	坚果类	
右下	4	近圆形	大	15、14	中间	坚果类	

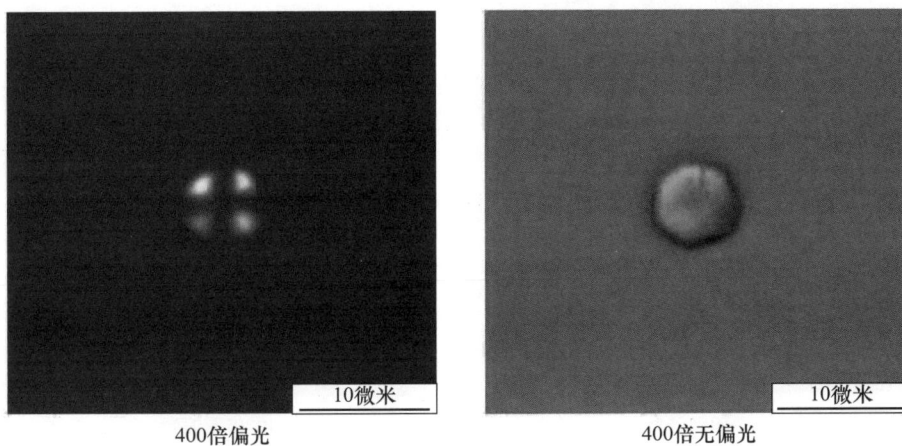

400倍偏光　　　　　　　　　　　400倍无偏光

图 8.71　白石村载玻片馆藏号 P0308 No.2 中第 1 处淀粉粒

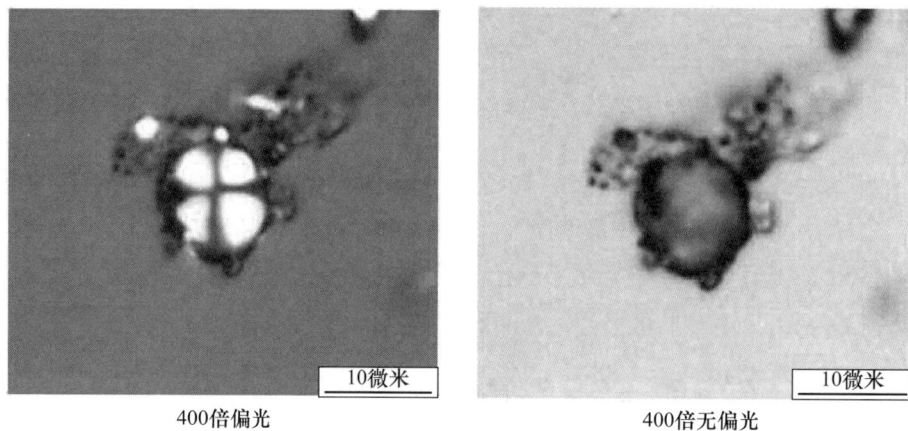

400倍偏光　　　　　　　　　　　　　　　400倍无偏光

图 8.72　白石村载玻片馆藏号 P0308 No.2 中第 2 处淀粉粒

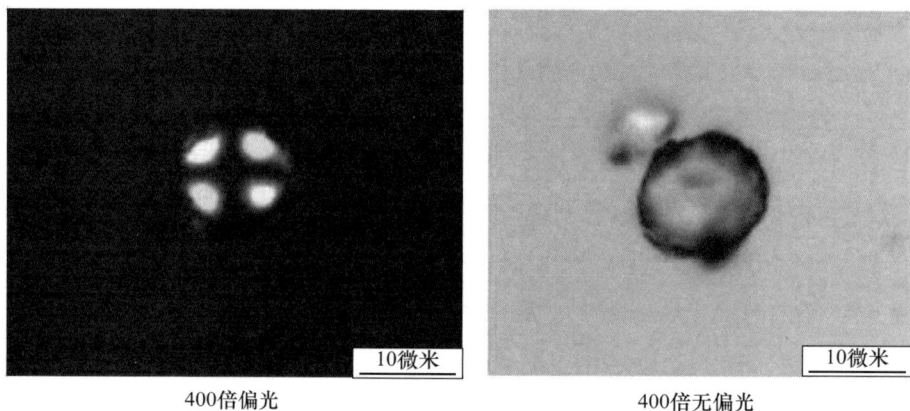

400倍偏光　　　　　　　　　　　　　　　400倍无偏光

图 8.73　白石村载玻片馆藏号 P0308 No.2 中第 3 处淀粉粒

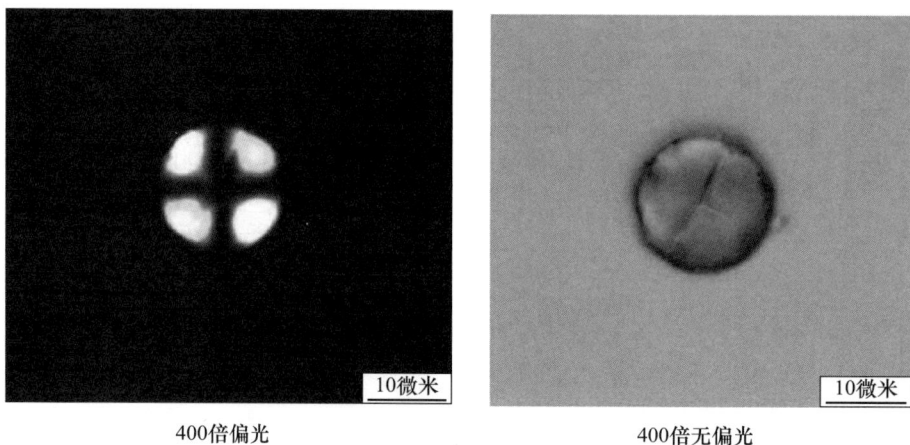

400倍偏光　　　　　　　　　　　　　　　400倍无偏光

图 8.74　白石村载玻片馆藏号 P0308 No.2 中第 4 处淀粉粒

（九）北阡遗址

共在 19 件器物上进行采样，其中包括 1 件石臼，3 件磨盘，其余均为磨棒。时代均为大汶口文化时期。共采样 46 处区域。结果仅在 3 件磨棒上发现淀粉粒残留，分析结果显示，发现有谷物、坚果类、豆类以及不能断定的淀粉粒。但其中 T1515M13：1 发现淀粉粒的区域位于磨棒断裂面上，尽管对其周围土壤所作淀粉粒分析未发现任何淀粉粒，但考虑到概率问题，我们依然觉得断裂面上发现的这些淀粉粒受埋藏环境污染的可能性较大，因此不能作为判定其用途的直接证据。

为了与石器表面上提取的样品进行比较，在发掘过程中还分别在其中的石臼、1 件磨盘以及 4 件磨棒使用面及其周围分别采集了土样，分析结果显示，仅在石臼臼窝的土样中发现淀粉粒残留，经鉴定为谷物或其他未知种类。而在石器表面通过移液器采样发现有淀粉粒残留的 3 件磨棒表面及周围土样均未发现淀粉粒残留，说明此 3 件磨棒表面的淀粉粒不是其周围土壤中淀粉粒污染的结果，从而更加客观地证明了其用途。具体情况见表 8.12、表 8.13。

表 8.12　北阡遗址石器淀粉粒分析情况统计表

石器种类及保存状况	石器编号	载玻片编号	淀粉粒数量	植物种类
磨棒断块	T1611H103：3	T1611H103：3 No.1	0	
磨棒断块	T1611H103：3	T1611H103：3 No.2	0	
磨棒断块	T1611H103：3	T1611H103：3 No.3	1	不能断定
磨棒一端	T1515M13：1	T1515M13：1 No.1	0	
磨棒一端	T1515M13：1	T1515M13：1 No.2	0	
磨棒一端	T1515M13：1	T1515M13：1 No.3	3 处至少 19 颗	谷物类及豆类
磨棒一端	T1517H75②：8	T1517H75②：8 No.1	1	谷物类
磨棒一端	T1517H75②：8	T1517H75②：8 No.2	1	坚果类
磨棒一端	T1517H75②：8	T1517H75②：8 No.3	0	
磨棒一端	T1511H105：15	T1511H105：15 No.1	0	
磨棒一端	T1511H105：15	T1511H105：15 No.2	0	
残石臼	T1511H128：1	T1511H128：1 No.1	0	
残石臼	T1511H128：1	T1511H128：1 No.2	0	
磨棒一端	T1511④C：7	T1511④C：7 No.1	0	
磨棒一端	T1511④C：7	T1511④C：7 No.2	0	
磨盘断块	T1511H168：1	T1511H168：1 No.1	0	
磨盘断块	T1511H168：1	T1511H168：1 No.2	0	
磨棒断块	T1512G2㉒：27	T1512G2㉒：27 No.1	0	
磨棒断块	T1512G2㉒：27	T1512G2㉒：27 No.2	0	

续表

石器种类及保存状况	石器编号	载玻片编号	淀粉粒数量	植物种类
磨棒一端	T1611H12：2	T1611H12：2 No.1	0	
磨棒一端	T1611H12：2	T1611H12：2 No.2	0	
磨棒一端	T1613G1⑥：20	T1613G1⑥：20 No.1	0	
磨棒一端	T1613G1⑥：20	T1613G1⑥：20 No.2	0	
磨棒一端	T1513G1：38	T1513G1：38 No.1	0	
磨棒一端	T1513G1：38	T1513G1：38 No.2	0	
磨棒一端	T1513G1：38	T1513G1：38 No.3	0	
磨盘断块	T1614M24：4	T1614M24：4 No.1	0	
磨盘断块	T1614M24：4	T1614M24：4 No.2	0	
基本完整磨棒	T1515M20：3	T1515M20：3 No.1	0	
基本完整磨棒	T1515M20：3	T1515M20：3 No.2	0	
基本完整磨棒	T1515M20：3	T1515M20：3 No.3	0	
磨棒一端	T1516⑦b：9	T1516⑦b：9 No.1	0	
磨棒一端	T1516⑦b：9	T1516⑦b：9 No.2	0	
磨棒一端	T1517H1④：22	T1517H1④：22 No.1	0	
磨棒一端	T1517H1④：22	T1517H1④：22 No.2	0	
磨棒一端	T1517H1④：22	T1517H1④：22 No.3	0	
磨盘断块	T1517D37：1	T1517D37：1 No.1	0	
磨盘断块	T1517D37：1	T1517D37：1 No.2	0	
磨棒断块	T1614M2：2	T1614M2：2 No.1	0	
磨棒断块	T1614M2：2	T1614M2：2 No.2	0	
磨棒一端	T1614柱4：1	T1614柱4：1 No.1	0	
磨棒一端	T1614柱4：1	T1614柱4：1 No.2	0	
磨棒一端	T1614柱4：1	T1614柱4：1 No.3	0	
完整磨棒	T1616⑥b：12	T1616⑥b：12 No.1	0	
完整磨棒	T1616⑥b：12	T1616⑥b：12 No.2	0	
完整磨棒	T1616⑥b：12	T1616⑥b：12 No.3	0	

表8.13　北阡遗址土样淀粉粒分析情况统计表

土样来源	土样编号	淀粉粒数量	植物种类
残石臼臼窝	T1511H128：1 No.1	1处至少10颗	谷物或其他未知种类
残石臼周围	T1511H128：1 No.2	0	
基本完整磨棒表面	T1515M20：3 No.1	0	
基本完整磨棒周围	T1515M20：3 No.2	0	

土样来源	土样编号	淀粉粒数量	植物种类
磨棒一端表面	T1611H12：2 No.1	0	
磨棒一端周围	T1611H12：2 No.2	0	
磨棒一端表面	T1516 ⑦ b：9 No.1	0	
磨棒一端周围	T1516 ⑦ b：9 No.1	0	
磨盘断块表面	T1517D37：1 No.1	0	
磨盘断块周围	T1517D37：1 No.1	0	
磨棒一端表面	T1515M13：1 No.1	0	
磨棒一端周围	T1515M13：1 No.1	0	

1. 磨棒 T1611H103：3

从 3 处区域进行样品采集，发现 3 号包含淀粉粒残留，具体采集位置如图 8.75 所示。

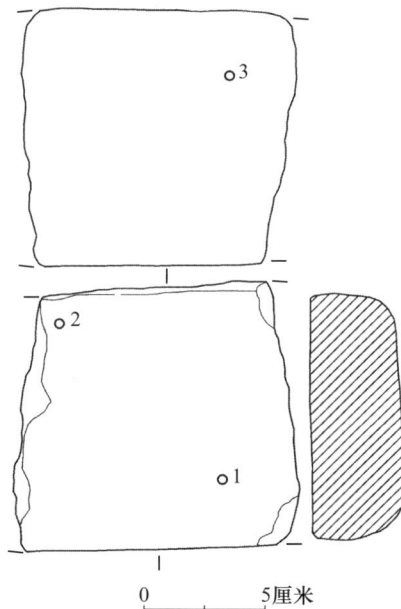

图 8.75　北阡 T1611H103：3 淀粉粒采集区域

载玻片编号 T1611H103：3 No.3

即图 8.75 中 3 号采集分析样品，经偏光显微镜观察，载玻片上共发现 1 颗淀粉粒。淀粉粒右半部分被土壤覆盖，但总体形状为四边形，尺寸为中型，长径 7、短径 6 微米。在偏光显微镜下十字消光的位置可能位于中间，此种类型较为少见，不能断定为何种植物。淀粉粒十字消光位置及具体形态见图 8.76。

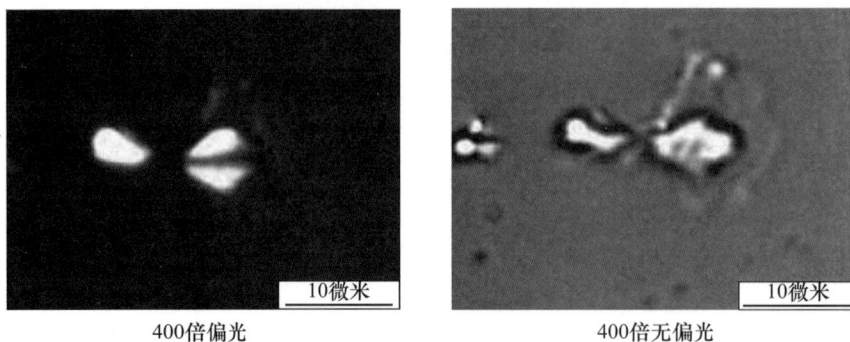

400倍偏光　　　　　　　　　400倍无偏光

图 8.76　北阡载玻片 T1611H103：3 No.3 中淀粉粒

2. 磨棒 T1515M13：1

从 3 处区域进行样品采集，发现 3 号包含淀粉粒残留，具体采集位置如图 8.77 所示。

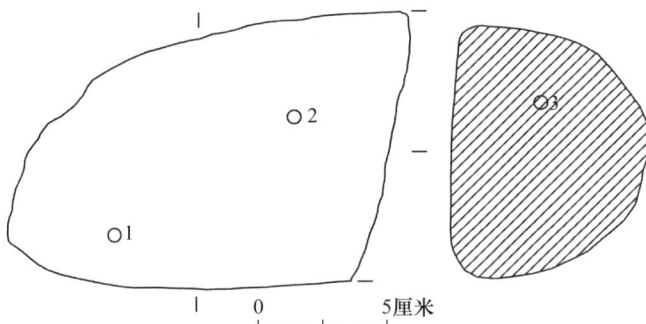

图 8.77　北阡 T1515M13：1 淀粉粒采集区域

载玻片编号 T1515M13：1 No.3

即图 8.77 中 3 号采集分析样品，经偏光显微镜观察，载玻片上分别在 3 处区域发现有淀粉粒。第 1 处包含至少 7 颗淀粉粒，形状均为细椭圆形，尺寸有小型及中型，平均长径 7、平均短径 4 微米。在偏光显微镜下十字消光的位置均位于中间，推测可能为豆类植物。第 2 处包含至少 5 颗淀粉粒，形状均为细椭圆形，尺寸有小型及中型，平均长径 6、平均短径 4 微米。在偏光显微镜下十字消光的位置均位于中间，推测可能为豆类植物。第 3 处包含至少 7 颗淀粉粒，形状包括圆形及椭圆形，尺寸均为小型，平均直径 4 微米。在偏光显微镜下十字消光的位置均位于中间，推测为谷物类植物。

三处淀粉粒十字消光位置及具体形态分别见图 8.78～图8.80。

3. 磨棒 T1517H75②：8

从 3 处区域进行样品采集，发现 1、2 号各包含 1 粒淀粉粒残留，具体采集位置如图 8.81 所示。

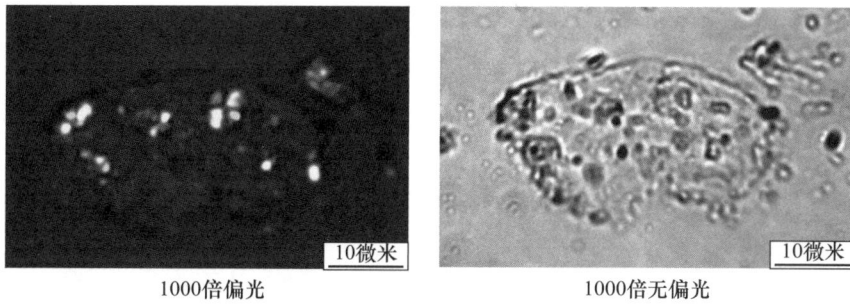

1000倍偏光　　　　　　　　　　1000倍无偏光

图 8.78　北阡载玻片 T1515M13：1 No.3 中第 1 处淀粉粒

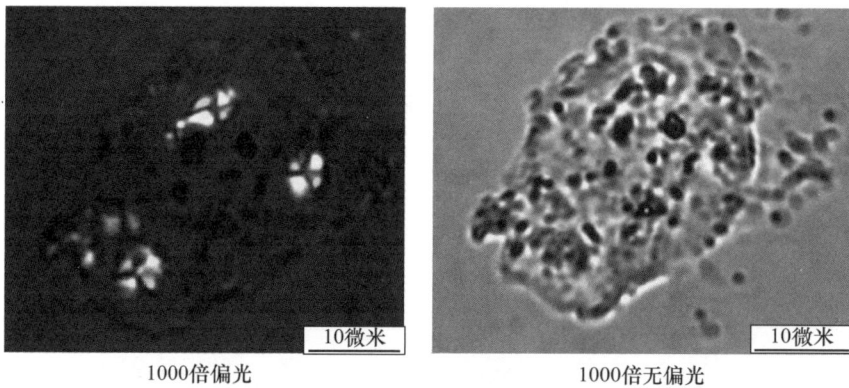

1000倍偏光　　　　　　　　　　1000倍无偏光

图 8.79　北阡载玻片 T1515M13：1 No.3 中第 2 处淀粉粒

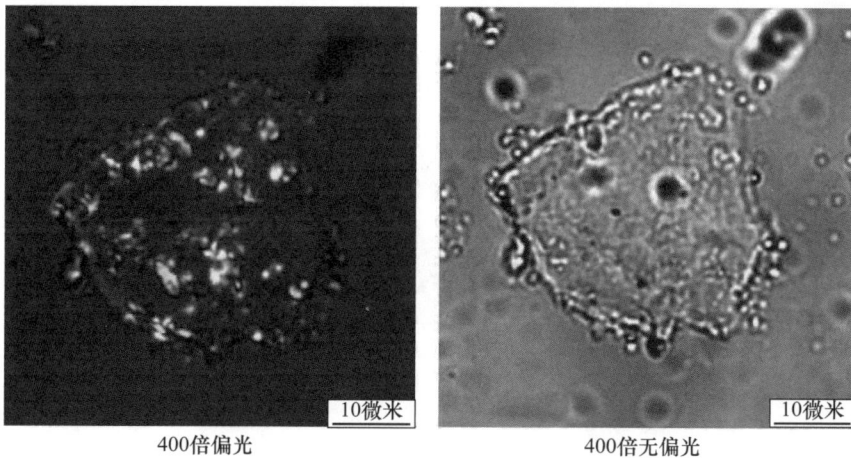

400倍偏光　　　　　　　　　　400倍无偏光

图 8.80　北阡载玻片 T1515M13：1 No.3 中第 3 处淀粉粒

1）载玻片编号 T1517H75 ②：8 No.1

即图 8.81 中 1 号采集分析样品，经偏光显微镜观察，载玻片上共发现 1 颗淀粉粒。淀粉粒形状为圆形，尺寸为小型，直径 4 微米。在偏光显微镜下十字消光的位置位于中间，推测为谷物类植物。淀粉粒十字消光位置及具体形态见图 8.82。

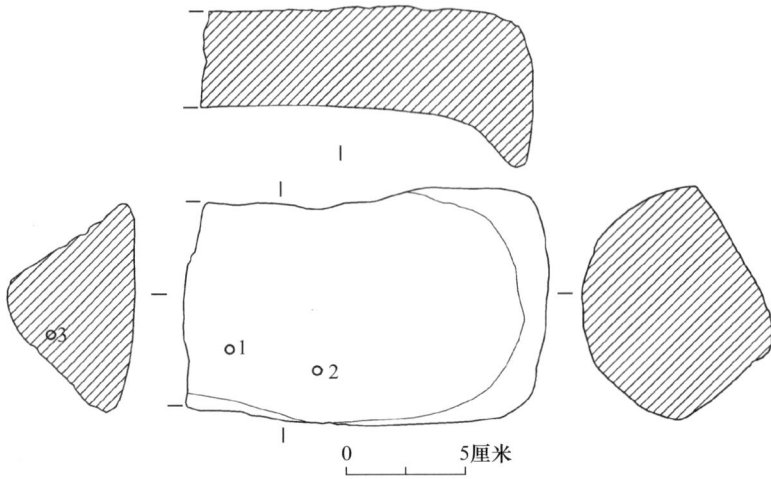

图 8.81　北阡 T1517H75 ②：8 淀粉粒采集区域

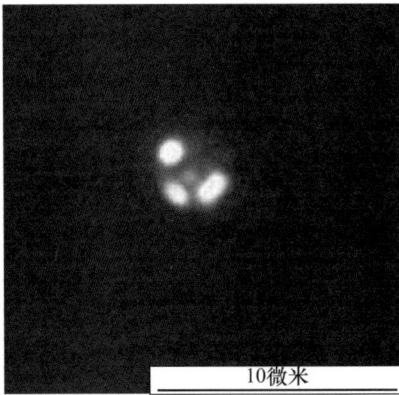

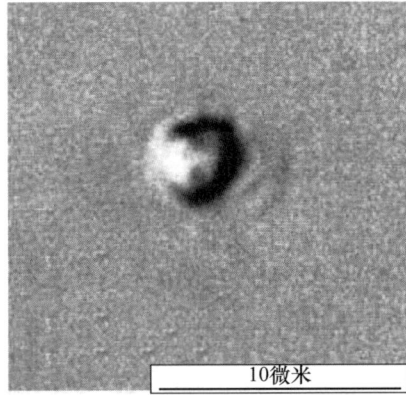

1000倍偏光　　　　　　　　　　1000倍无偏光

图 8.82　北阡载玻片 T1517H75 ②：8 No.1 中淀粉粒

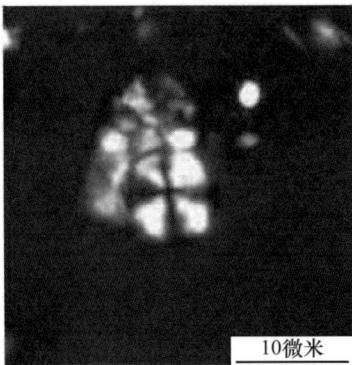

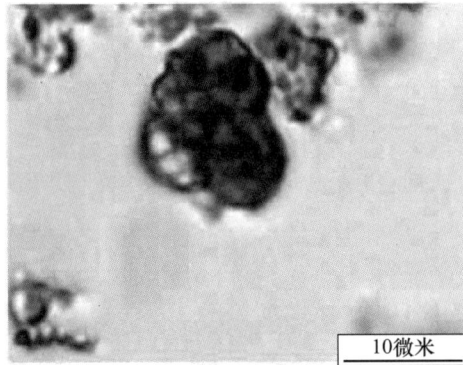

400倍偏光　　　　　　　　　　400倍无偏光

图 8.83　北阡载玻片 T1517H75 ②：8 No.2 中淀粉粒

2）载玻片编号 T1517H75 ② : 8 No.2

即图 8.81 中 2 号采集分析样品，经偏光显微镜观察，载玻片上共发现有 1 颗淀粉粒。淀粉粒形状为角椭圆形，尺寸为中型，长径 7、短径 6 微米。在偏光显微镜下十字消光的位置位于中间，推测为坚果类植物。淀粉粒十字消光位置及具体形态见图 8.83。

4. 土样淀粉粒

石臼 T1511H128 : 1，在臼窝，即图中暗色区域中采集土样（图 8.84）。

载玻片编号 T1511H128 : 1 No.1

经偏光显微镜观察，发现一号有众多淀粉粒，至少包含 10 颗以上。形状包括圆形及角圆形，尺寸包括小型及中型，平均直径 6 微米。在偏光显微镜下十字消光的位置均位于中间，推测为谷物类或未知种类植物。淀粉粒十字消光位置及具体形态见图 8.85。

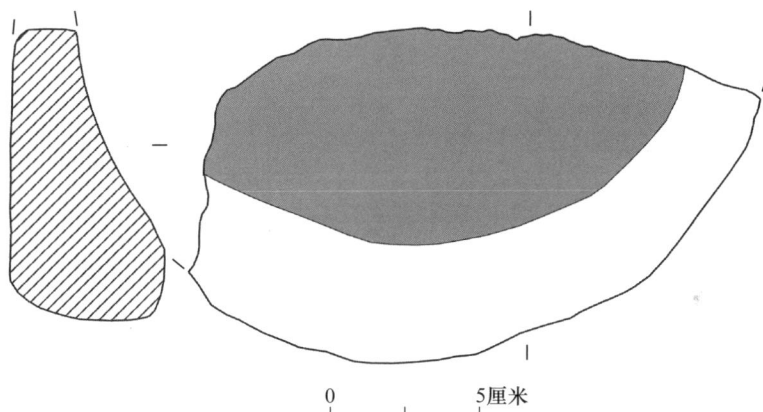

图 8.84　北阡 T1511H128 : 1 土样淀粉粒采集区域

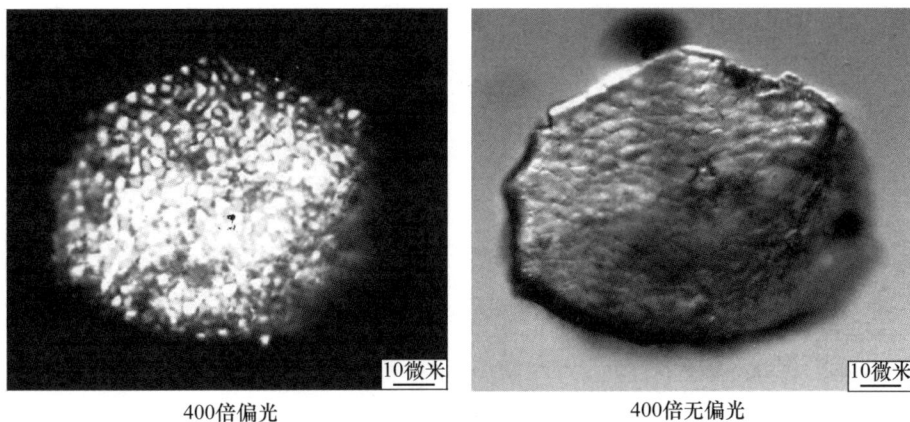

400倍偏光　　　　　　　　400倍无偏光

图 8.85　北阡载玻片 T1511H128 : 1 No.1 中淀粉粒

（十）黄崖遗址

我们对黄崖遗址出土的 1 件敲石及 2 件陶片进行了淀粉粒分析，均未发现淀粉粒残留。

第三节　小　　结

在月庄遗址磨盘及磨棒上进行的植物硅酸体分析，没有发现硅酸体残留。我们认为其原因并不是采样方法的问题，最大可能就是这几件标本确实没有硅酸体残留。其中还有一个很重要的因素我们不能忽略，即植物硅酸体绝大多数包含于植物茎叶之中，而果实及种子含量很低，所以在磨盘、磨棒上未发现植物硅酸体，可能提示此类工具并不是加工植物茎叶部分的，而主要加工对象应为植物果实及种子。淀粉粒分析结果恰恰证明了这一点。

通过淀粉粒分析，我们基本可以确定海岱地区大汶口文化时期之前出土的磨盘、磨棒确实与食物制备有关。具体而言，后李文化早期时，并没有发现谷物及豆类植物的淀粉粒，磨盘、磨棒的功能主要是研磨坚果类物质（图 8.86、图 8.87），微痕分析的结果也很好地证明了这一点。可以小荆山及西河遗址出土标本为代表。其前对于此时期生业模式的研究也反映了这样一种情况，比如后李时期常发现栎、胡桃等阔叶植物以及香蒲、水蕨等水生植物孢粉[①]，而栎属植物的果实（橡子）及胡桃等都是可食用的物质，而磨盘类工具恰恰是很有效的加工工具。后李文化后期，情况有明显变化，比如月庄遗址即发现了至少两类植物的淀粉粒，包括坚果类及谷物类遗存。如在编号为 T6053 ⑩：5 的有足磨盘上此两种物质均有发现，反映了此件磨盘是一件多用途工具。而此遗址浮选样品中包含水稻、粟、黍的炭化种子的分析结果也充分说明此时期确实存在谷物类遗存[②]。此外关于西河遗址的植物硅酸体分析也显示了同样的结果，如 H62 及 H78 中哑铃形植硅体含量很高，研究者推断其可能与粟类植物的遗存有关[③]。这与研究者对裴李岗时代生业模式的概括十分一致，即认为农业的形成是一个渐变的过程，在这个过程的早期阶段，人类社会经济的特点应该表现为以采集狩猎（或采集渔猎）为主、农耕生产为辅。可以将这个阶段称之为“似农非农”阶段，贾湖遗址正是这一社会经济发展阶段的代表。大约在距今 7000～5000 年间，旱作农业经济在中国北方地区至少在中原地区才真正建立，由采集狩猎向北方旱作农业的社会经济转化过程基本完成[④]。

---

①　何德亮等：《山东新石器时代的自然环境》，《南方文物》2003 年 4 期，38～46 页；何德亮：《山东史前时期自然环境的考古学观察》，《华夏考古》1996 年 3 期，80～87 页。

②　Gary W. Crawford 等：《山东济南长清月庄遗址发现后李文化时期的碳化稻》，《东方考古》第 3 集，科学出版社，2006 年，247～251 页。

③　靳桂云：《山东地区先秦考古遗址植硅体分析及相关问题》，《东方考古》第 3 集，科学出版社，2006 年，259～279 页。

④　赵志军：《有关农业起源和文明起源的植物考古学研究》，《社会科学管理与评论》2005 年 2 期，82～91 页；赵志军：《从兴隆沟遗址浮选结果谈中国北方旱作农业起源问题》，《东亚古物》A 卷，文物出版社，2004 年，188～199 页。

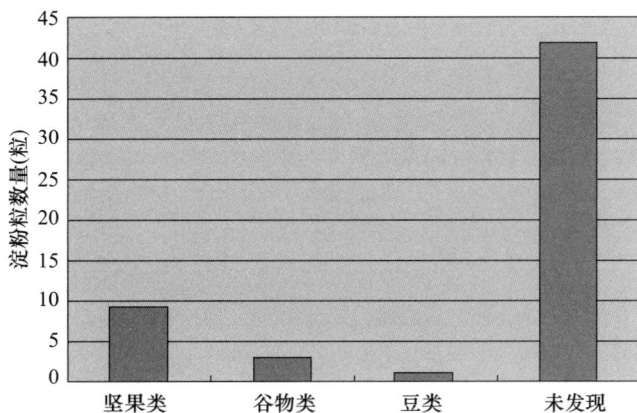

图 8.86 后李文化时期淀粉粒分析结果统计图

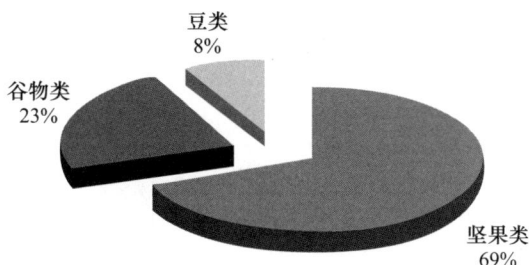

图 8.87 后李文化时期不同种类淀粉粒所占比例图

北辛文化时期，情况则不尽相同（图 8.88、图 8.89）。北辛遗址出土的两件磨盘上均发现淀粉粒残留，其中一件同时发现坚果、未发育成熟坚果及谷物类淀粉粒，说明此件磨盘同样是一件多用途研磨工具。东贾柏遗址出土的磨盘及磨棒上发现的淀粉粒主要是坚果类，其中有两件标本发现了可能是豆类植物的淀粉粒，考虑当时总体的生计模式，应为野生大豆。而王因遗址出土的磨盘及磨棒上除一颗不能断定外，仅发现坚果类淀粉粒残留，说明此遗址中所出磨盘及磨棒的主要功能比较单一，从而反映出其生计模式可能与上述两遗址存在差异。而对北辛遗址第四文化层（距今约 7000 年）所做的孢粉分析也显示出喜暖的栎属植物花粉含量较高[1]，从而保证了北辛先民们比较充足的坚果类食物的供应。而北辛、张山等遗址均发现有粟糠类物质，也表明旱作农业已经出现[2]。此外连云港二涧村还发现稻壳[3]，表明此时期海岱地区也已经有稻类的栽培。由此看来，北辛文化时期海岱地区的生计模式与后李晚期较为类似，仍旧是一种采集与农业并行的混合经济模式，区别可能仅在于所占比例有所不同。

[1] 中国社会科学院考古研究所山东队等：《山东滕县北辛遗址发掘报告》，《考古学报》1984 年 2 期，159～192 页。
[2] 何德亮等：《山东史前居民饮食生活的初步考察》，《东方博物》2006 年 2 期，50～61 页。
[3] 栾丰实：《海岱地区史前时期稻作农业的产生、发展和扩散》，《文史哲》2005 年 6 期，41～47 页。

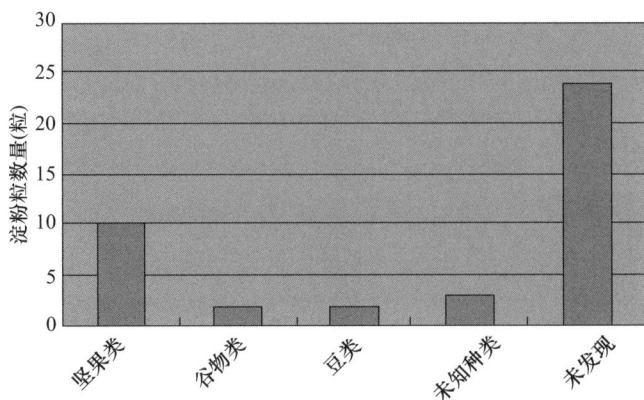

图 8.88　北辛文化时期淀粉粒分析结果统计图

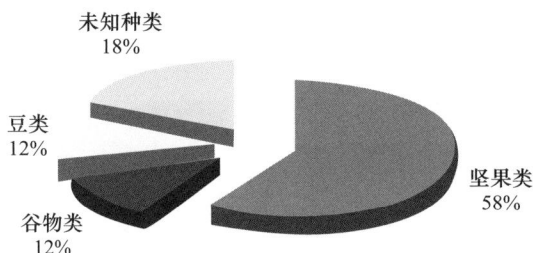

图 8.89　北辛文化时期不同种类淀粉粒所占比例图

　　大汶口文化时期时，坚果类所占比例明显降低（图 8.90、图 8.91），在某种程度上表明采集经济在当时所占比重显著下降。地处胶东半岛的白石村二期的淀粉粒分析结果表明，磨盘类工具的主要功能依旧是加工坚果类植物，但也有加工谷物的功能。有意思的是编号为 80YBⅠT2 ④∶23 的一件小型磨盘上发现的淀粉粒除 1 粒不能断定种类外，其余 6 粒均为坚果类遗存，从淀粉粒的形态及大小来看，很明显至少代表三类植物，可见即使是采集经济，采集的植物也比较多样。同处胶东半岛的北阡遗址虽然采样标本中包含淀粉粒的比例很低（可能与埋藏环境不利于淀粉粒保存有关），但依然发现了谷物类、坚果类及可能为豆类的淀粉粒残留，且其中两件磨棒分别包含两种植物的淀粉颗粒，也说明了其用途的多样性，并且此遗址我们还在采集淀粉粒标本的器物周围进行了采样分析，但发现淀粉颗粒的几件标本周围的土样中恰恰没有发现任何植物的淀粉粒，排除了周围土壤污染的可能性，从而使分析结果更加可信及准确。而地处鲁中南的王因遗址出土的磨棒上所发现的淀粉粒均为坚果类遗存。由此可见此时期磨盘类工具依旧是多用途工具，特别是坚果类物质的存在表明在当时的日常生活中，采集经济仍然是很好的补充。而白石村及北阡遗址发现谷物类淀粉粒的结果可能反映出胶东半岛史前时期的贝丘遗存并不是此前大多学者认为的那种低级的采集渔猎生计模式，至迟到大汶口文化时期可能已开始农作物的种植。另外一个有意思的问题就是，此时期海岱地区已经广泛种植水稻，据最新研究表明，这一时期的稻作遗存达到了 8 处，水稻遗存的分布地域

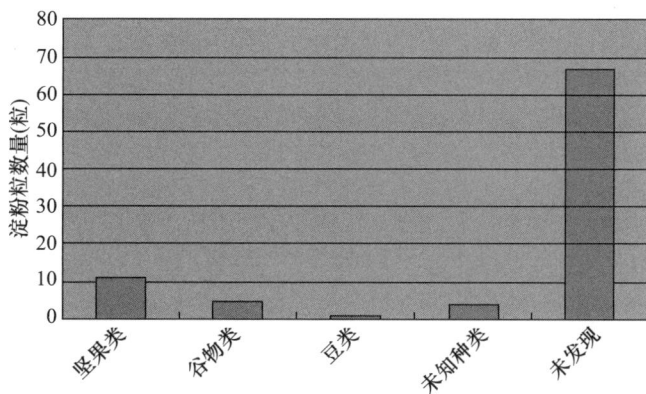

图 8.90　大汶口文化时期淀粉粒分析结果统计图

图 8.91　大汶口文化时期不同种类淀粉粒所占比例图

包括除鲁北以外的整个海岱地区[①]。说明稻作农业在当时的生计模式中已占有很重要的地位，但此次我们研究的标本上均未发现水稻类植物的淀粉颗粒，之前的后李及北辛时期同样也没有发现水稻淀粉粒，我们认为这种现象绝不是一种巧合，最为合理的解释应该是磨盘类工具并不用于水稻的加工，尽管我们的模拟使用实验表明其可以用来加工水稻，而从北辛时期即开始出现的杵臼类工具由于其更高的效率可能是水稻脱壳更为理想的工具。

　　龙山文化时期整个海岱地区出土磨盘类工具的地点明显减少，集中于辽东半岛南端很小的区域内，其他多为采集品，因而受客观条件限制，未能找到合适的可做淀粉粒分析的标本。

---

　　① 栾丰实：《海岱地区史前时期稻作农业的产生、发展和扩散》，《文史哲》2005 年 6 期，41～47 页。

第九章 结 语

  磨盘类工具在世界上大部分地区的史前时期或历史时期均有分布，对其研究属于世界性的课题。到目前为止，我们对于其起源、发展及分布已经有了大致的了解，但是对于特定区域的磨盘类工具尚缺乏从多角度进行的专题性质的研究，因而对于这类工具在特定时空范围内的具体用途及其在不同考古学文化中所扮演的角色知之甚少。本书正是在这一方面的一次初步尝试，期望能够对这一领域的研究做出一定贡献。

  本书通过类型学、模拟打制实验、模拟使用实验、微痕分析及淀粉粒分析等多种方法对海岱地区史前时期的磨盘类工具进行了分析，其中对磨盘类工具的模拟打制实验、模拟使用实验、系统的微痕分析及淀粉粒分析在国内均属首次，可以为今后其他时空范围内此类工具的研究提供借鉴。通过我们的研究，可以得出以下认识：

  通过类型学及工艺学分析，我们发现海岱地区整个史前时期均未见西亚、日本列岛、朝鲜半岛及中南美洲等磨盘分布区早期的小型浅盘形且一般未经加工的不规则近圆形磨盘，从开始时即表现为较为成熟及发达的形态。与此相应的是磨棒也均为大型的长条状双手抓握前后运动研磨型磨棒，几乎不见西亚、朝鲜半岛及中南美洲等地出土的单手抓握旋转研磨型磨石和日本列岛的砸压型短磨棒。由绝对数量来看，从后李文化至龙山文化时期，磨盘及磨棒未发现明显减少趋势。但应该明确的是，龙山文化时期，此类工具明显集中在海岱地区的周边，以胶东半岛和辽东半岛南端最为集中，而龙山文化的腹地则基本不见，反映了处于边缘区的文化发展的滞后性。因而总体而言，龙山时期确实是磨盘类工具的衰退期。杵臼类工具从北辛文化时期开始出现，而后李文化时期未曾发现，暗示着粮食加工种类有所改变，我们认为应该是与该时期稻作农业的真正确立有关。

  通过类型学分析，我们还发现，后李文化的晚期阶段，海岱地区在月庄遗址出现了真正意义上的有足磨盘，其制作工艺与裴李岗及磁山文化完全一致。后李文化的磨盘除月庄遗址出土有带足的以外，其他遗址均未见到，显示了月庄遗址的独特性。通过类型学、体质人类学、农作物种类及语言学等多种角度的研究，我们认为是由于贾湖类型的人群迁徙至海岱地区，磨盘类工具及水稻种植等随之一并传入，而不仅仅是技术及器物的简单交流。

　　经过磨盘及磨棒的打制实验，我们基本搞清了打制流程以及所花费劳动量的问题。对于加工磨盘，我们认为完全是一种打制或琢制过程，并不存在磨制程序，因而在石器类型学分析时，我们不主张将其划归磨制石器。关于磨盘的制作，相对于有足磨盘而言，无足磨盘更容易加工。如果能够找到厚度合适的石料，仅对周缘稍作打击即可使用，而对平面形态的打击远比给磨盘减薄容易。从这一角度而言，显然有足磨盘的加工难度要大得多。与磨盘相比，磨棒的加工成功率更低。这与选料时一般多选择长条状石料进行打制有关系，这种长条状形态与宽厚的大型石料相比，更容易由于受力不均匀而发生非意愿破裂。通过模拟打制实验，我们认为海岱地区在后李文化时期即出现了手工业专业化，有专门的匠人对这类石器进行加工，制作难度很大的有足磨盘的出现即是很好的证据。

　　通过使用实验我们发现，磨盘与磨棒配合并不像许多学者认为的那样，可以有效地对粟、黍进行脱壳，而恰恰是磨粉效果很好。与之相对应的是，杵臼可以很好地完成给粟、黍脱壳的任务，且完整率较高，使用一定粗度的木杵舂捣时效果更好。当然这只是我们依据所做实验得出的初步推论，石料性质及被加工物数量这些参数对实验结果是否构成很大影响还需今后进行验证。通过研磨橡子、黄豆、小麦等以磨粉为目的的实验，我们发现研磨橡子效率是最低的，这与橡仁的坚硬程度及富含油脂有很大关系，通过效率评估，我们认为史前时期采集加工橡粉显然不是很好的生计模式，应该是在其他食物资源相对匮乏时不得已的一种权宜性应对策略。加工黄豆与小麦的实验则表明，如以磨粉为目的，则磨盘、磨棒组合要比杵臼效率更高，且损耗率更低。加工水稻，则情况有所不同，磨盘、磨棒配合可以为水稻脱壳，与加工粟、黍相比也能保持较高的完整率，但效率明显不及杵臼，特别是使用木杵时效率更高。此外，对于有足磨盘我们专门进行了使用实验，并未发现其足部的存在对使用效率有明显的影响，因而说明，特意加工出足部并不是使用方面的要求，可能更多是象征层面的意义。正如列维-布留尔（Lucién Lévy-Brühl）在《原始思维》一书中所言："人的手制造出来的物品也根据它们所具的形状而具有各种功能，由此引申出去，这些物品的形状中的最微小的细部也有自己的意义，这意义有时还是决定性的……我们见到了这样一种积极的信仰的直接结果，这就是相信与形状相联系的物体的神秘属性，相信那些可以靠一定的形状来获得的属性。"[①]

　　由使用实验对磨盘类工具功能的评估引出的一个很重要的问题，即海岱地区乃至整个中国及世界范围内先民的饮食习惯，即粒食系统与粉食系统的关系。就世界范围来看，西亚、中亚、南亚、北非、欧洲及美洲等广大地区从史前时期开始直至罗马时代或更晚时期都是以粉食为饮食习惯的区域，东亚的日本列岛在整个绳纹时期也基本是粉食习惯，直至弥生时代，随着水稻等作物的传入，才开始了以粒食为主的传统，直至现在依然如此。而朝鲜半岛，史前时期情况则比较特殊，基本可分为三大部分：一部分人群与日本类似，以研磨采集物为粗粉或细粉作为主食，主要分布于东南部。另

① 列维-布留尔著，丁由译：《原始思维》，商务印书馆，1997年，31～32页。

一部分由于水稻的传入（虽然近年有学者认为朝鲜半岛的水稻有可能是本土起源，但大部分学者仍然认为其水稻与中国有关），而改为粒食习惯，主要分布于西海岸地区。还有一部分由于中国北方谷物栽培技术及食物加工工具的传入（主要为粟黍类与鞍形磨盘），而改为将谷物加工为粉末而食的粉食传统，主要分布于北方地区。

　　根据使用实验，我们推测海岱地区在大汶口文化之前也一直是以粉食习惯为主的，另外还有少部分区域是以食用水稻为主的粒食传统，但所占比例较小。粉食系统包括研磨坚果类及谷物类（主要为粟、黍）两种类型，两种类型在不同社会阶段所占的比重可能有所差异，而磨盘、磨棒就是配套的加工工具。喇家遗址出土的粟粉面条及五堡墓地发现的粟粉饼为我们提供了古人食用谷物粉的方式及直接证据[①]。特别是喇家遗址面条中发现了大量粟及黍外壳硅酸体，分析样品中每克包含黍壳硅酸体近十万个，粟壳硅酸体也近五万个。由此可见，当时的面条是将小米与谷壳同时粉碎食用的。此外，冀西山区很多地方在 20 世纪 70 年代以前一直保留着将粟研磨成粉制成粟粉饼而食的习俗，还有个别区域将粟粉制成一种半固体状"搅粥"来食用，也有将黍粉制成年糕状物质来食用。这主要是由于当时粮食产量较低，不能维持日常生活所需，将粟脱壳蒸米饭成为一种奢侈，而包含粟壳在内的粟粉饼或"搅粥"不但能使有限的粮食满足更多人食用，而且这种固体状形式相比稀粥状态可以给人更长时间的饱腹感，所以更适合从事体力劳动的人。营养学研究也表明，如果谷物颗粒变小，会延缓食物在肠道中运行的速度[②]。如此，我们可以得出推论，即使收获物的数量一定，把谷物磨成粉状仍可以增加可食用物质的相对数量，这对于生产能力有限的先民来说，无疑是十分经济和有效的方法。实验证明，脱壳比磨粉更加省时和经济，按照最佳觅食模式的理论，脱壳比磨粉在特定时间内的卡路里回报值更高。但相对于流动性极强的狩猎采集人群，定居社会更需要增加单位面积内定量收获物的相对值。因而，只有牺牲单位时间内的卡路里回报值，即采取更加耗时的碾磨工序对谷物进行加工。我们认为这就是粉食习惯得以存在的重要原因。此前也有学者根据我国史前时期磨盘、磨棒形态以及炊具陶器中主要器形的特征详细论证了粉食习惯的存在[③]。从龙山文化开始，磨盘类工具的锐减及衰落，说明饮食习惯可能发生了很大变化，即由粉食逐渐转向粒食，具体而言即使用杵臼给水稻、粟、黍等脱壳而粒食。正像许多学者所指出的，虽然石、陶杵臼发现的数量很少，但当时可能存在着大量的木杵臼或地臼，三代时仍有"断木为杵，掘地为臼"的记载。通过我们的实验，也确实证明了木杵的效率及加工质量优于石杵，且木相对于石更易获得，更易加工。因而我们相信史前时期确实存在大量的木杵类工具，

　　① Houyuan Lu etc.. Culinary Archaeology: Millet Noodles in Late Neolithic China. *Nature*, Vol.437, 2005: 967～968；贺菊莲：《从新疆史前考古初探其古代居民饮食文化》，《中国农史》2007 年 3 期，3～10 页。

　　② Katherine I Wright. Ground-Stone Tools and Hunter-Gatherer Subsistence in Southwest Asia: Implications for the Transition to Farming. *American Antiquity*, Vol.59, No.2, 1994: 238～263.

　　③ 藤本强著，高蒙河译：《略论中国新石器时代的磨臼》，《农业考古》1998 年 3 期，224～229 页。

但由于保存的问题，很少能发现罢了。三代时期以粟、黍为主食的粒食传统已在北方绝大多数区域普遍流行，这在很多文献中都可见到描述。比如《诗经·大雅·生民》中的"或舂或揄，或簸或蹂。释之叟叟，烝之浮浮"，很形象地记载了当时对谷物的加工及炊煮方法。而后最晚从汉代开始，由于小麦在北方的大量普及以及转磨的传入，又转为以小麦为主食的粉食传统，一直延续至今。

依据操作链概念，我们对海岱地区史前时期不同阶段的考古标本重点进行了工艺学观察。后李文化时期至大汶口文化时期，对于磨盘及磨棒的生产，基本都对工具进行过打击整形，并且绝大多数工具还通过琢打进行过精细加工，很少发现直接利用自然原石进行使用的实例。龙山文化时期磨盘及磨棒已呈衰落之势，仅在海岱文化区的周边有所分布，其制作工艺是否也随之衰退，还不得而知，有待今后进一步研究。

通过微痕分析与淀粉粒分析，我们基本厘清了海岱地区从后李文化至大汶口文化时期磨盘类工具的功能，即在近4000年的发展过程中，此类工具一直是一种多用途工具，主要用来加工坚果及谷物，可能还用来加工豆类。可见对于坚果的加工正像刘莉所分析的那样，一直是磨盘类工具的一个主要功能[1]，甚至在某些遗址中一度占据绝对优势，比如西河及东贾柏等遗址。由此可见史前时期采集食物尤其是坚果类物质在生计系统中一直占据很重要的地位，即使在农业已经很发达的大汶口文化时期，仍是先民食物构成的一个很重要的部分，但与后李及北辛时期相比，坚果采集在当时生业模式中所占比例明显下降，可能暗示了农业经济的发展已经颇具规模。另外一个有意思的问题就是，我们认为磨盘类工具并不用于水稻的加工，尽管我们的模拟使用实验表明其可以用来加工水稻，但从北辛时期即开始出现的杵臼类工具由于其更高的效率，可能是水稻脱壳更为理想的工具。

白石村及北阡遗址发现谷物类淀粉粒的结果反映出胶东半岛史前时期的贝丘遗存并不是此前大多数学者认为的那种低级的采集渔猎生计模式，至迟到大汶口文化时期可能已经开始农作物的种植。

经过上述对磨盘类工具不同角度的分析，我们对于海岱地区史前时期不同阶段此类工具的加工、使用及再利用等基本情况有了较为全面的认识。特别是通过微痕分析及淀粉粒分析的手段对其功能有了更加客观的理解。但由于时间等客观条件的制约，本书仅进行了比较初步的基础性研究，结论也仅根据笔者进行的实验而产生，难免有偏颇及谬误之处。确切而言，通过研究，虽然说解决了一些问题，但也发现了很多问题，有待于今后进一步研究来证实或更正。

第一，对于磨盘及磨棒的模拟制作实验，本书使用的石料全部为砂岩，虽然海岱地区史前时期的此类工具大多数是此种石料，但也有少量花岗岩及云母片岩等岩性的原料。因而今后有必要使用其他石料进行模拟实验，进而与使用砂岩加工实验进行效

---

[1]　刘莉：《中国史前的碾磨石器和坚果采集》，《中国文物报》2007年6月22日第7版。

率等方面的比较。此外，本次磨盘模拟制作实验选取的石料均为平板形母岩，无须对使用面进行进一步的打制即可投入使用，今后有必要利用块状石料进行实验，并对使用面进行琢打实验，有助于更全面地评估劳动量及制作效率问题。磨棒实验中，未能制作出较为完整规范的样品，今后也有进一步实验的必要。

第二，关于磨盘类工具的模拟使用实验，本书加工不同物质所用磨盘及磨棒岩性基本类似，但尺寸大小有所不同，这在效率评估时虽也有很大参考价值，但今后很有必要使用岩性及尺寸均基本相同的样品进行实验，以使结论更为准确，并且在研究不同遗址的材料时，需要以特定的考古标本为参照物，模拟实验尽量使用与其岩性及尺寸类似的样品，这样结论会更加可靠。此外，杵臼加工实验中，使用的杵臼为现代机械加工而成，尺寸较小，并且仅使用一种石臼进行实验，今后有必要使用不同大小的木臼进行模拟实验，以便与石臼进行效率比对，并且还需进行大型杵臼的加工实验，以使我们的评估更为客观全面。

第三，在微痕实验中，由于我们此前制作的磨盘及磨棒岩性均为砂岩，且使用面基本未经加工，因而通过使用造成的微痕现象较易观察，今后有必要进一步对不同岩性的石料标本进行观察，以考察原料这个参数对于微痕现象的影响。另外虽然进行了动态的微痕观察，但使用时间均较短，今后需要进一步增加使用时间，考量使用时间长短与微痕状况的关系。此外本书所加工的物质仅为六类，今后很有必要进一步充实加工对象，以便使磨盘类工具的微痕数据库更加完善。

第四，在考古标本微痕观察中，由于实验设备及时间的制约，对于有些个体较大的标本，观测区域还较少，今后如有条件，仍需进行更多区域的观察，以便了解磨盘及磨棒不同区域在使用中由于使用方式及受力大小等因素造成的微痕差异，进而可以通过微痕分析来辨识此类工具更为详尽的使用信息。

第五，淀粉粒分析，与上述微痕分析的情况类似，对于较大标本采样区域还较为有限，并且在制片时，由于盖玻片厚度问题，有些淀粉颗粒图像不太清晰，为鉴定带来一定困难。同时除北阡遗址外，采样时仅采集石器标本本身，缺乏其出土环境土样的分析，因而分析的标本或许存在周围土壤污染的可能。今后尽量在考古现场对石器及周围土样分别进行采样，以便使结论更为可靠。

第六，本书仅对海岱地区史前时期的磨盘类工具进行了分析，没有与周围的其他考古学文化进行比较分析，主要是由于未对这些材料进行实地考察分析，有待于今后开展。

因此，本书对于海岱地区史前时期磨盘类工具的研究，仅仅是一种多层面分析模式的尝试，与其说解决了问题，倒不如说提出了更多课题，今后仍有很大的拓展及深入研究的空间，任重而道远。

参 考 书 目

说明：第一类中没有外文著作，按照内容分成考古与民族学两类。其他三大类中都有外文著作，仅按照语种分成中文、外文两类，不同语种的著作按照中文、英文及其他语种的顺序排列，同一语种内部不再按照内容细分。本参考书目原则上以著者第一个拉丁字母为序，著者相同的情况下以出版年代先后为序，如著者与出版年代均相同，则按照著作名称的第一个拉丁字母为序。

一、报　告　类

（一）考古学

1. 河南省文物考古研究所：《舞阳贾湖》，科学出版社，1999 年。

2. 山东大学历史系考古教研室：《泗水尹家城》，文物出版社，1990 年。

3. 山东省博物馆等：《邹县野店》，文物出版社，1985 年。

4. 山东省文物管理处等：《大汶口——新石器时代墓葬发掘报告》，文物出版社，1974 年。

5. 山东省文物考古研究所等：《枣庄建新——新石器时代遗址发掘报告》，科学出版社，1996 年。

6. 山东省文物考古研究所：《大汶口续集——大汶口遗址第二、三次发掘报告》，科学出版社，1997 年。

7. 山东省文物考古研究所：《山东省高速公路考古报告集（1997）》，科学出版社，2000 年。

8. 中国社会科学院考古研究所：《胶东半岛贝丘遗址环境考古》，社会科学文献出版社，1999 年。

9. 中国社会科学院考古研究所：《山东王因——新石器时代遗址发掘报告》，科学出版社，2000 年。

10. 中国社会科学院考古研究所：《蒙城尉迟寺——皖北新石器时代聚落遗存的发掘与研究》，科学出版社，2001 年。

（二）民族学

1.《保安族简史》编写组：《保安族简史》，甘肃人民出版社，1984 年。

2.《德昂族简史》编写组：《德昂族简史》，云南教育出版社，1986 年。

3.《东乡族简史》编写组：《东乡族简史》，甘肃人民出版社，1984 年。

4.《鄂温克族简史》编写组：《鄂温克族简史》，内蒙古人民出版社，1983 年。

5.《高山族简史》编写组：《高山族简史》，福建人民出版社，1982 年。

6. 广东省编辑组：《黎族社会历史调查》，民族出版社，1986 年。

7.《民族问题五种丛书》辽宁省编辑委员会：《满族社会历史调查》，辽宁人民出版社，1985 年。

8.《民族问题五种丛书》云南省编辑委员会：《傈僳族社会历史调查》，云南人民出版社，1981 年。

9.《民族问题五种丛书》云南省编辑委员会：《怒族社会历史调查》，云南人民出版社，1981 年。

10.《民族问题五种丛书》云南省编辑委员会：《布朗族社会历史调查》（二），云南人民出版社，1982 年。

11.《民族问题五种丛书》云南省编辑委员会：《哈尼族社会历史调查》，云南人民出版社，1982 年。

12.《民族问题五种丛书》云南省编辑委员会：《拉祜族社会历史调查》（一），云南人民出版社，1982 年。

13.《民族问题五种丛书》云南省编辑委员会：《阿昌族社会历史调查》，云南民族出版社，1983 年。

14.《民族问题五种丛书》云南省编辑委员会：《白族社会历史调查》，云南人民出版社，1983 年。

15.《民族问题五种丛书》云南省编辑委员会：《德宏傣族社会历史调查》（二），云南人民出版社，1984 年。

16.《民族问题五种丛书》云南省编辑委员会：《景颇族社会历史调查》（一），云南人民出版社，1984 年。

17.《纳西族简史》编写组：《纳西族简史》，云南人民出版社，1984 年。

18. 内蒙古自治区编辑组：《鄂伦春族社会历史调查》第一集，内蒙古人民出版社，1984 年。

19. 青海省编辑组：《青海省回族撒拉族哈萨克族社会历史调查》，青海人民出版社，1985 年。

20. 青海省编辑组：《青海省藏族蒙古族社会历史调查》，青海人民出版社，1985 年。

21.《撒拉族简史》编写组：《撒拉族简史》，青海人民出版社，1982 年。

22. 四川省编辑组：《四川省甘孜州藏族社会历史调查》，四川省社会科学院出版社，1985 年。

23. 四川省编辑组：《四川省苗族傈僳族傣族白族满族社会历史调查》，四川省社会科学院出版社，1986 年。

24.《土族简史》编写组：《土族简史》，青海人民出版社，1982 年。

25.《佤族简史》编写组：《佤族简史》，云南教育出版社，1985 年。

26.《锡伯族简史》编写组：《锡伯族简史》，民族出版社，1986 年。

27.《裕固族简史》编写组：《裕固族简史》，甘肃人民出版社，1983 年。

28. 云南省编辑组：《独龙族社会历史调查》（二），云南民族出版社，1985 年。

二、专 著 类

（一）中文类

1. А.Л.蒙盖特著，中国科学院考古研究所资料室译：《苏联考古学》，内部资料，1963 年。

2. 曹成章等：《傣族》，民族出版社，1984 年。

3. 晁福林：《先秦民俗史》，上海人民出版社，2001 年。

4. 陈淳：《考古学的理论与研究》，学林出版社，2003 年。

5. 陈淳：《考古学理论》，复旦大学出版社，2004 年。

6. 陈文华：《中国古代农业科技史图谱》，农业出版社，1991 年。

7. 陈文华：《农业考古》，文物出版社，2002 年。

8. 陈星灿：《中国史前考古学史研究（1895～1949）》，三联书店，1997 年。

9. 方辉：《聚落与环境考古学理论与实践》，山东大学出版社，2007 年。

10. 高广仁：《海岱区先秦考古论集》，科学出版社，2000 年。

11. 高广仁等：《海岱文化与齐鲁文明》，江苏教育出版社，2005 年。

12. 格林·丹尼尔著，黄其煦译：《考古学一百五十年》，文物出版社，1987 年。

13. 胡起望等：《盘村瑶族》，民族出版社，1983 年。

14. 胡庆钧：《凉山彝族奴隶制社会形态》，中国社会科学出版社，1985 年。

15. 科林·伦福儒等著，中国社会科学院考古研究所译：《考古学理论、方法与实践》，文物出版社，2004 年。

16. 李近春等：《纳西族》，民族出版社，1984 年。

17. 李绍明等：《彝族》，民族出版社，1993 年。

18. 李约瑟著，鲍国宝等译：《中国科学技术史》第四卷第二分册，科学出版社、上海古籍出版社，1999 年。

19. 列维-布留尔著，丁由译：《原始思维》，商务印书馆，1997 年。

20. 刘东生：《黄土与环境》，科学出版社，1985 年。

21. 刘东生：《第四纪环境》，科学出版社，1997 年。

22. 栾丰实：《东夷考古》，山东大学出版社，1996 年。

23. 栾丰实：《海岱地区考古研究》，山东大学出版社，1997 年。

24. 栾丰实等：《考古学理论·方法·技术》，文物出版社，2002 年。

25. 罗之基：《佤族社会历史与文化》，中央民族大学出版社，1995 年。

26. 马修·约翰逊著，魏峻译：《考古学理论导论》，岳麓书社，2005 年。

27. 莫家仁：《毛南族》，民族出版社，1988 年。

28. 桑耀华：《德昂族》，民族出版社，1986 年。

29. 山东省文物考古研究所：《山东 20 世纪的考古发现和研究》，科学出版社，2005 年。

30. 宋兆麟：《中国风俗通史·原始社会卷》，上海文艺出版社，2001 年。

31. 宋镇豪：《中国风俗通史·夏商卷》，上海文艺出版社，2001 年。

32. 覃国生等：《壮族》，民族出版社，1984 年。

33. 佟柱臣：《中国新石器研究》，巴蜀书社，1998 年。

34. 王承尧等：《土家族土司简史》，中央民族学院出版社，1991 年。

35. 王仁湘：《中国史前考古论集》，科学出版社，2003 年。

36. 卫斯：《卫斯考古论文集》，山西古籍出版社，1998 年。

37. 夏正楷：《第四纪环境学》，北京大学出版社，2000 年。

38. 严汝娴等：《永宁纳西族的母系制》，云南人民出版社，1983 年。

39. 严汝娴等：《普米族》，民族出版社，1986 年。

40. 严文明：《走向 21 世纪的考古学》，三秦出版社，1997 年。

41. 杨建华：《外国考古学史》，吉林大学出版社，1999 年。

42. 伊恩·霍德等著，徐坚译：《阅读过去》，岳麓书社，2005 年。

43. 俞伟超：《考古学是什么》，中国社会科学出版社，1996 年。

44. 张弛：《长江中下游地区史前聚落研究》，文物出版社，2003 年。

45. 张宏彦：《中国史前考古学导论》，高等教育出版社，2003 年。

46. 张学海：《张学海考古论集》，学苑出版社，1999 年。

47. 张忠培：《中国考古学：实践·理论·方法》，中州古籍出版社，1994 年。

48. 赵复兴：《鄂伦春族研究》，内蒙古人民出版社，1987 年。

49. 朱琚元：《中华万年文明的曙光：古彝文破译贾湖刻符、彝器辨明文物》，云南人民出版社，2003 年。

（二）外文类

1. Don E. Crabtree. *An Introduction to the Technology of Stone Tools*. Occasional Papers

of the Idaho State University Museum, No. 29, Idabo, Pacatello, 1972.

2. Frank W. Eddy. *Metates and Manos: The Basic Corn Grinding Tools of the Southwest.* Santa Fe: Museum of New Mexico Press, 1964.

3. Jenny L. Adams. *Ground Stone Analysis*: *A Technological Approach.* Salt Lake City: The University of Utah Press, 2002.

4. Lawrence H. Keeley. *Experimental Determination of Stone Tool Uses.* Chicago: The University of Chicago Press, 1980.

5. Lewis R. Binford. *Nunamiut Ethnoarchaeology.* New York, San Francisco, London: Academic Press, 1978.

6. M.-L. Inizan etc.. *Technology and Terminology of Knapped Stone.* Translated by J. Féblot-Augustins. Nanterre: CREP, 1999.

7. Peter Bellwood. *First Farmers: The Origins of Agricultural Societies.* Oxford: Blackwell Publishing, 2005.

8. S. A. Semenov. *Prehistoric Technology.* Translated by M. W. Thompson. Bath: Adams & Aart, 1973.

9. Steven L. Kuhn. *Mousterian Lithic Technology: An Ecological Perspective.* Princeton: Princeton University Press, 1995.

10. William Andrefsky Jr.. *Lithics: Macroscopic Approaches to Analysis.* Cambridge: Cambridge University Press, 1998.

11. 阿子岛香:《石器の使用痕》，ニュー サイエンス社，1989 年。

12. 川上いつゑ:《デンプンの形態》，医歯薬出版株式会社，1975 年。

13. 渡辺誠:《縄文時代の知識》，東京美術，1983 年。

14. 藤本滋生:《澱粉と植物》，葦書房，1994 年。

15. 御堂島正:《石器使用痕の研究》，同成社，2005 年。

三、论 文 集 类

（一）中文类

1. 北京大学考古学系:《"迎接二十一世纪的中国考古学"国际学术讨论会论文集》，科学出版社，1998 年。

2. 邓聪等:《桃李成蹊集——庆祝安志敏先生八十寿辰》，香港中文大学中国考古艺术研究中心，2004 年。

3. 山东大学考古学系:《刘敦愿先生纪念文集》，山东大学出版社，2000 年。

4. 施雅风等:《中国全新世大暖期气候与环境》，海洋出版社，1992 年。

5. 许倬云等:《新世纪的考古学——文化、区位、生态的多元互动》，紫荆城出版社，2006 年。

6. 烟台市文物管理委员会、烟台市博物馆：《胶东考古研究文集》，齐鲁书社，2004 年。

7. 张学海：《海岱考古》第一辑，山东大学出版社，1989 年。

8. 张忠培等：《中国考古学跨世纪的回顾与前瞻——1999 年西陵国际学术研讨会文集》，科学出版社，2000 年。

9. 中国社会科学院考古研究所：《考古学的历史·理论·实践》，中州古籍出版社，1996 年。

10. 中国社会科学院考古研究所：《21 世纪中国考古学与世界考古学》，中国社会科学出版社，2002 年。

11. 周昆叔：《环境考古研究》（第一辑），科学出版社，1991 年。

12. 周昆叔等：《环境考古研究》（第二辑），科学出版社，2000 年。

（二）外文类

1. Brian Hayden. *Lithic Use-Wear Analysis.* New York: Academic Press, 1979.

2. Brian Hayden. *Lithic Studies Among the Contemporary Highland Maya.* Tucson: The University of Arizona Press, 1987.

3. Miriam T. Stark. *Archaeology of Asia.* Oxford: Blackwell Publishing, 2006.

4. 任孝宰：《韓國新石器文化의展開》，學研文化社，2005 年。

四、学位论文类

（一）中文类

1. 陈洪波：《史前鲁豫皖区的聚落分布与环境变迁》，山东大学硕士学位论文，2004 年 5 月。

2. 洪晓纯：《台湾、华南和菲律宾之石锛研究》，台湾大学人类学研究所硕士研究生学位论文，2000 年 1 月。

3. 黄辉：《关于花岗石材高光泽度饰面形成机理的基础研究》，南京航空航天大学博士学位论文，2002 年 1 月。

4. 尚虹：《山东广饶新石器时代人骨及其与中国早全新世人类之间关系的研究》，中国科学院古脊椎动物与古人类研究所博士学位论文，2002 年 6 月。

5. 宋艳花：《柿子滩文化技术研究》，山西大学硕士学位论文，2003 年 6 月。

6. 苏立公：《论中亚石器时代文化》，贵州师范大学硕士学位论文，2005 年 5 月。

7. 王星光：《黄河中下游地区生态环境变迁与夏代的兴起和嬗变探索》，郑州大学博士学位论文，2003 年 5 月。

8. 谢礼晔：《微痕分析在磨制石器功能研究中的初步尝试——二里头遗址石斧和石

刀的微痕分析》，中国社会科学院研究生院硕士学位论文，2005 年 5 月。

　　9. 于振龙：《兴隆洼聚落遗址部分打制石器的实验研究》，北京大学硕士研究生学位论文，2000 年 6 月。

　　10. 翟少东：《大崮堆山石器制造场开发模式初探》，北京大学硕士研究生学位论文，2004 年 4 月。

（二）外文类

　　1. Barbara Li Smith. *Diet, Health, and Lifestyle in Neolithic North China*. A thesis presented to the department of anthropology of Harvard University, 2005.

　　2. Geoffrey Eugene Cunnar. *The Production and Use of Stone Tools at the Longshan Period Site of Liangchengzhen, China*. A dissertation presented to the faculty of the graduate school of Yale University, 2007.

后　记

　　拙著主要依据本人博士毕业论文修改完善而成。在付梓之际，我首先感谢导师栾丰实先生，从书名至书中具体内容，无不包含了先生的悉心关怀。可以说，没有先生的指导与帮助，就没有这部著作的完成。

　　此外，香港中文大学中国考古艺术研究中心邓聪先生及加拿大皇家安大略博物馆沈辰先生对著作从选题、研究方法直至最终完成也倾注了大量心血。在此特别向二位先生表示衷心的感谢！

　　在著作的构思和框架结构方面，还得到了山东大学考古与博物馆学系于海广先生、任相宏先生、方辉先生、崔大庸先生、靳桂云先生、王青先生，中国社会科学院考古研究所傅宪国先生的指教和启迪。在此向各位先生表示衷心的感谢！

　　在资料查找和收集方面，山东大学考古与博物馆学系王彩玉老师给予了多方关照与帮助；四川大学历史文化学院吕红亮先生，香港中文大学中国考古艺术研究中心黄韵璋女士、余美绮女士，美国耶鲁大学柯杰夫先生，日本弘前大学上条信彦先生等也给予了很大帮助。在此向上述老师及朋友表示衷心的感谢！

　　在外出调研过程中，山东省文物考古研究院佟佩华先生、孙波先生、崔圣宽先生、兰玉富先生、高明奎先生，济南市考古研究所房道国先生、高继习先生，滕州市博物馆潘卫东先生、张耘女士、王峰先生，中国社会科学院考古研究所梁中合先生，烟台市博物馆王锡平先生、王富强先生、赵娟女士，日照博物馆刘红军先生，即墨市博物馆张文波先生、宋树昌先生，山东大学考古与博物馆学系王芬女士，河北师范大学崔英杰先生，中国国家博物馆郭明建先生等均给予了大力支持和多方关照。在此向上述诸位先生及朋友表示衷心的感谢！

　　最后我要特别向父母及妻子表示诚挚的谢意！他们在生活方面给予我多方照顾及无微不至的关怀，使我能够安心完成专著的写作。

王　强

2018 年 3 月

图　　版

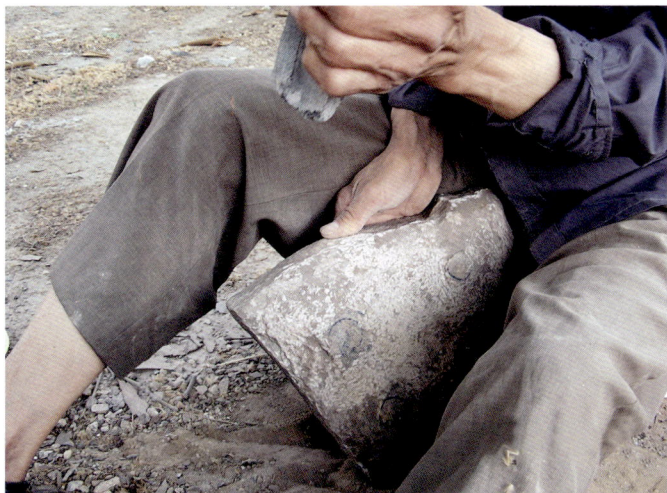

1. 有足磨盘打制实验

2. 有足磨盘半成品

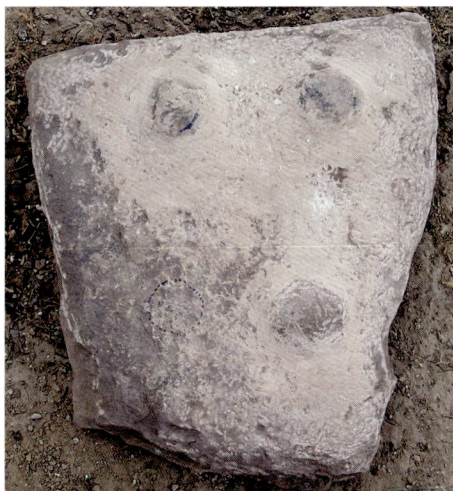

3. 有足磨盘成品

4. 有足磨盘足部细部

5. 有足磨盘背面琢打痕

6. 1号石锤使用前

7. 1号石锤使用后

有足磨盘模拟制作实验

1. 磨盘、磨棒加工谷子实验

2. 谷子加工 4 分钟后

3. 谷子加工 7 分钟后

4. 谷子加工完成后状况

5. 橡子加工 10 分钟后状况

6. 加工完成后的橡粉

7. 石杵臼加工谷子实验

8. 谷子加工完成后状况

磨盘、磨棒及杵臼模拟使用实验

1. 月庄遗址磨盘 T5444H138：1
背面及足部的琢打痕

2. 月庄遗址磨盘 T5444H138：1
足底琢打痕及摩擦痕的关系

3. 北辛遗址磨盘 020 近端正面
琢打痕与磨面

4. 北辛遗址磨盘 020 足部形态及琢打痕

5. 北阡遗址磨棒 T1611H12：2 突起状端头及磨损情况

6. 北阡遗址磨棒 T1611H12：2
端头顶端使用面与石片疤的关系

磨盘、磨棒操作链分析

图版 4

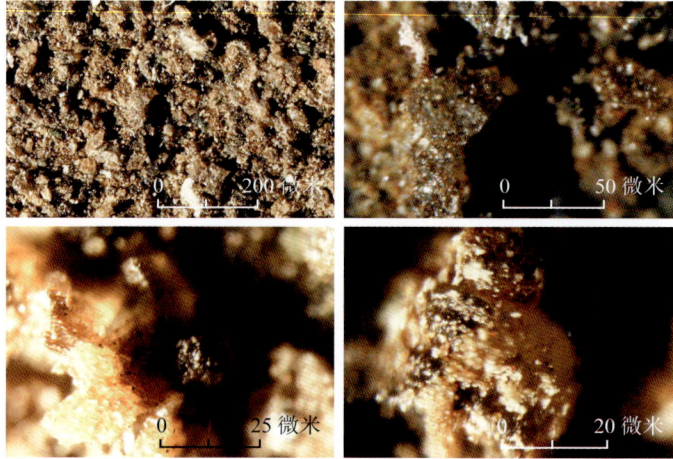

1. 正面第 1 处区域使用前微痕

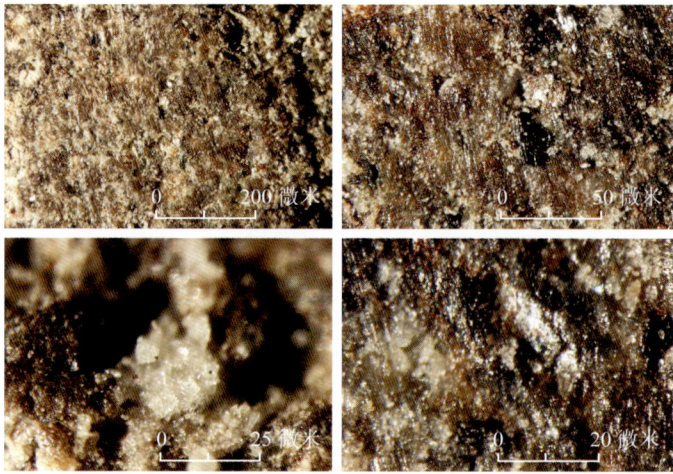

2. 正面第 1 处区域使用 57 分钟微痕

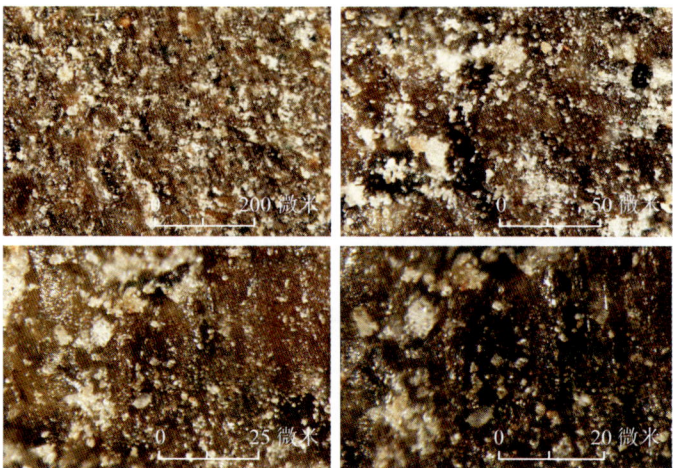

3. 正面第 1 处区域使用 270 分钟微痕

模拟实验所用磨盘微痕照片

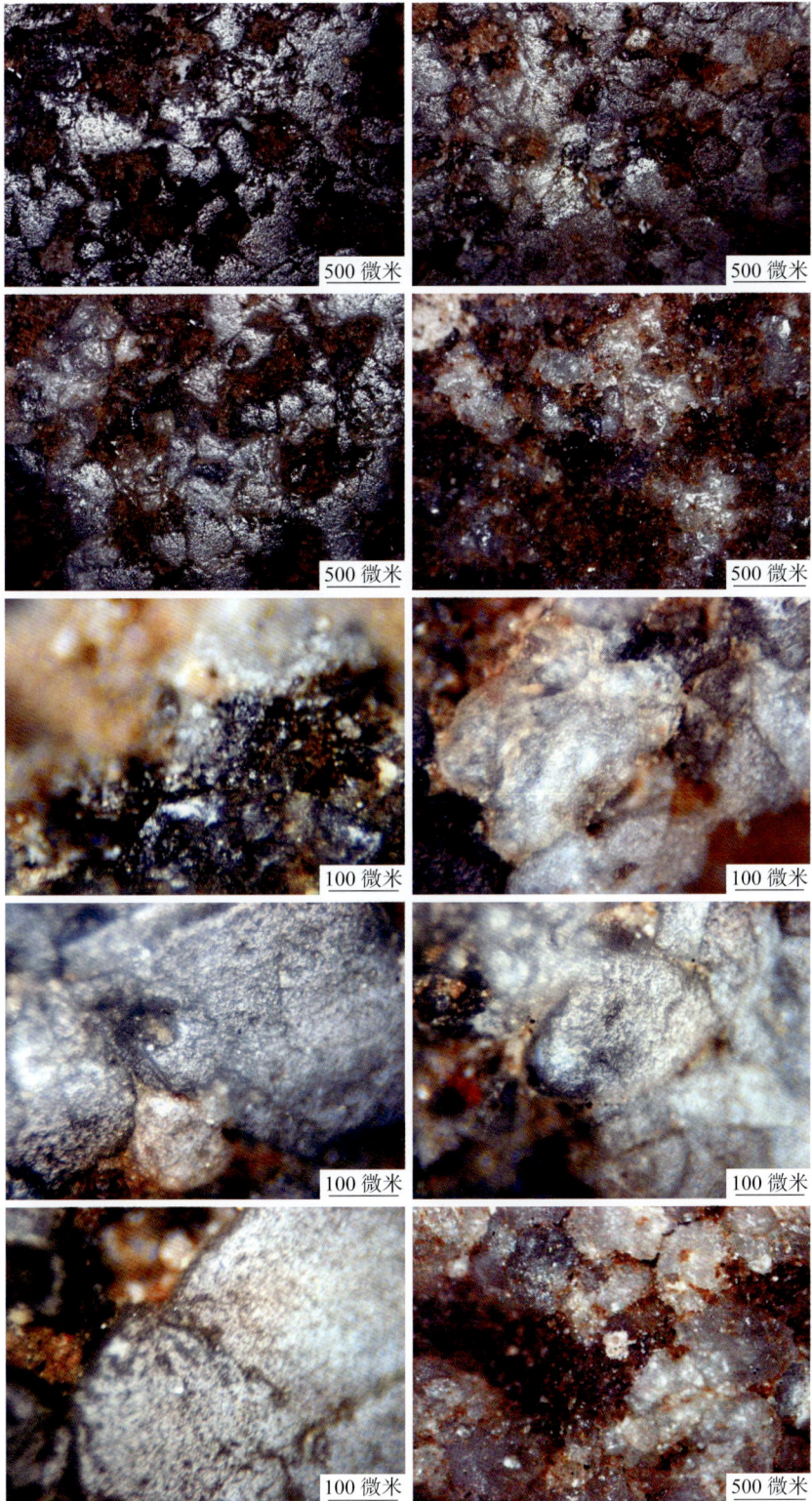

500 微米 500 微米

500 微米 500 微米

100 微米 100 微米

100 微米 100 微米

100 微米 500 微米

西河遗址磨盘微痕照片
（F53：27）

图版 6

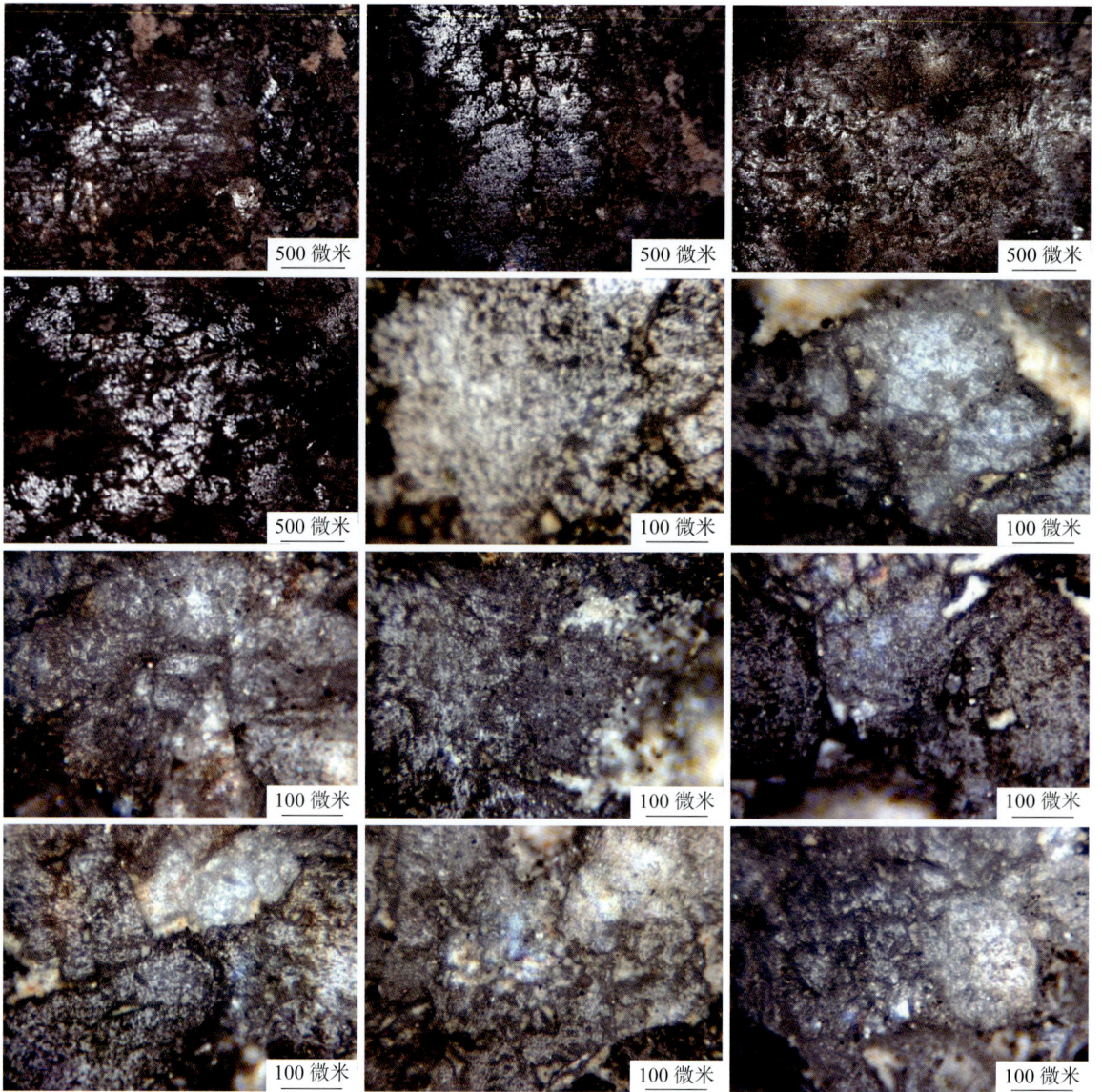

北辛遗址磨盘微痕照片
（馆藏号 07504）

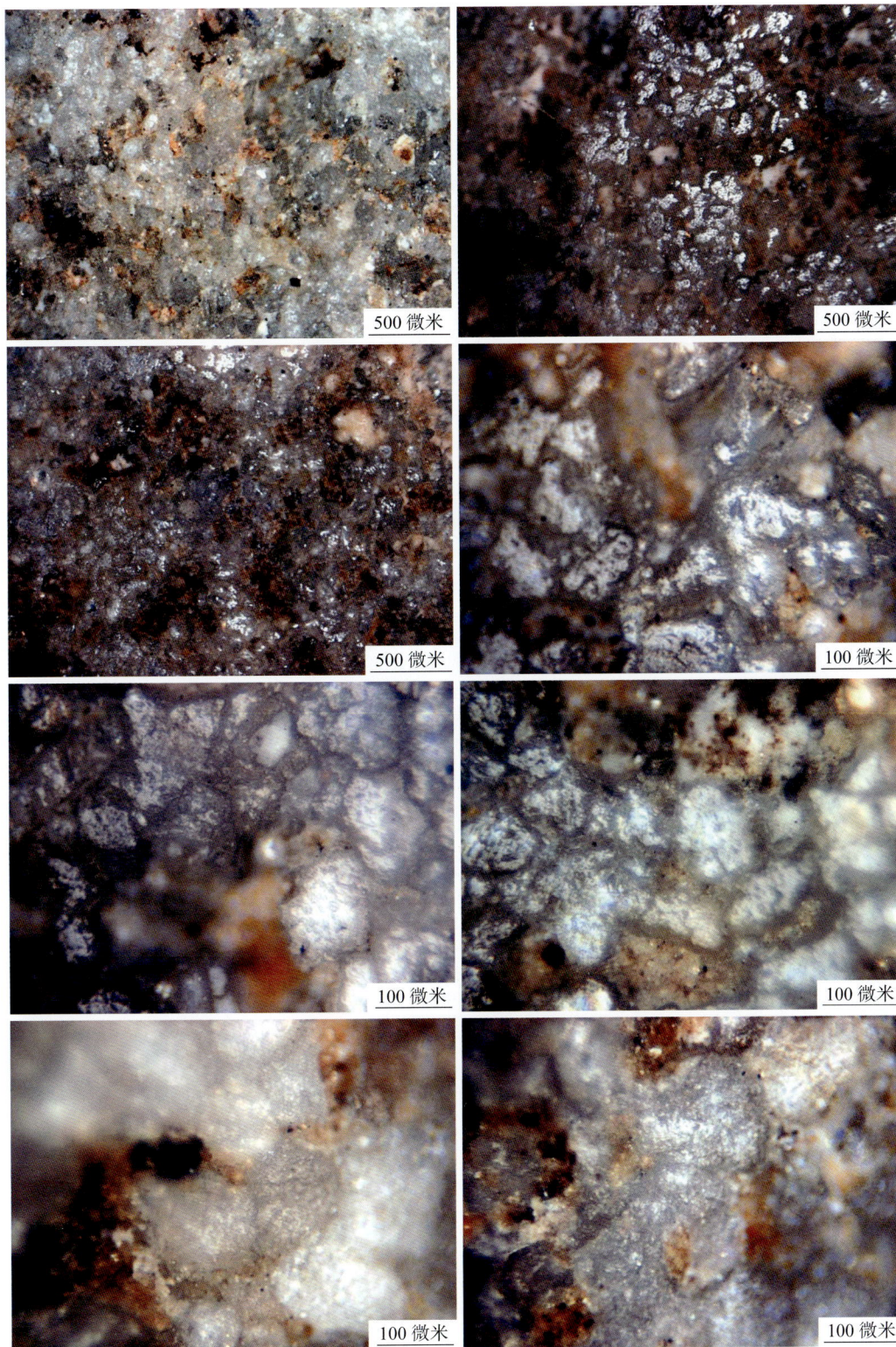

东贾柏遗址磨棒微痕照片
（T602②：2）

图版 8

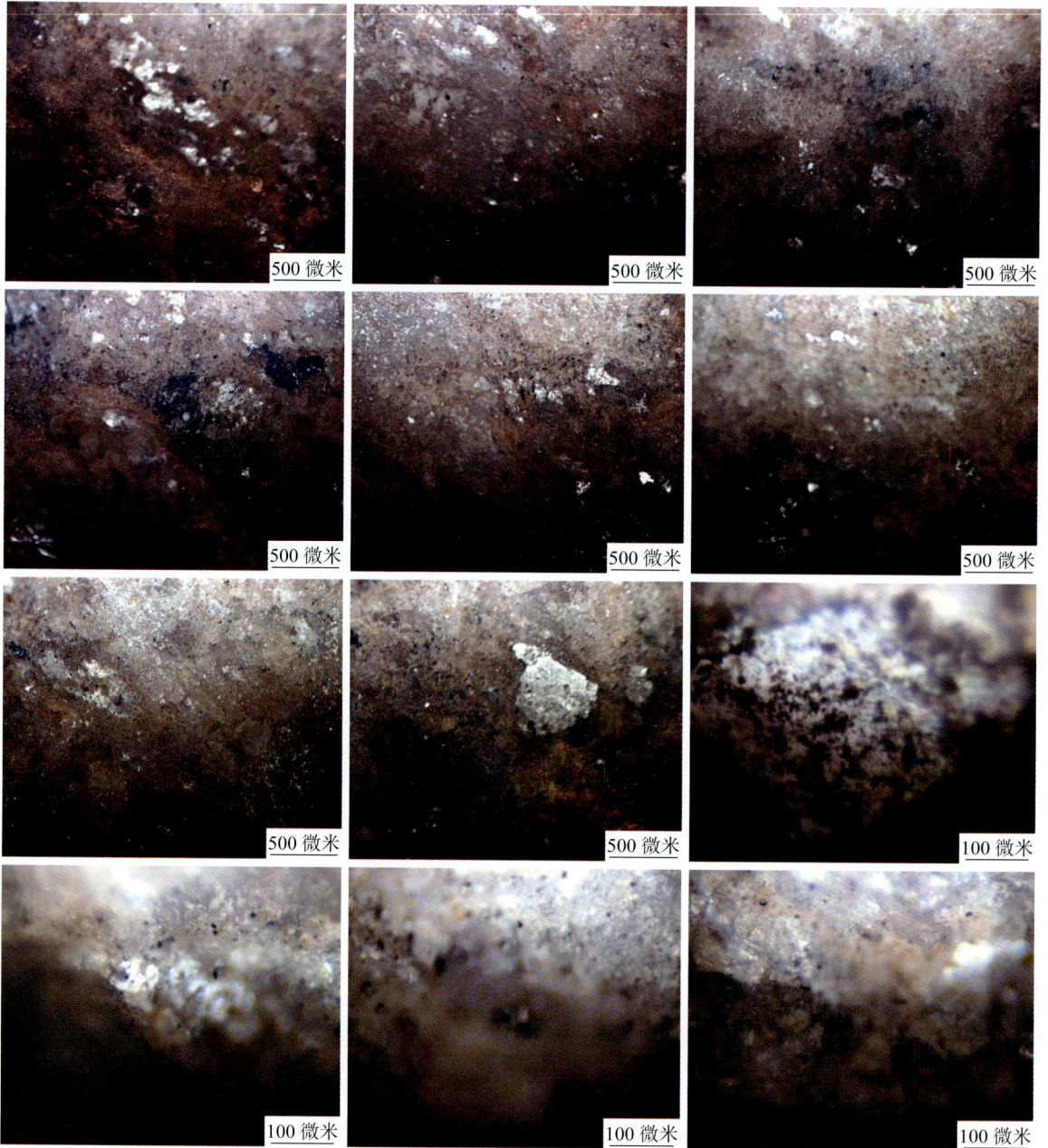

白石村遗址磨盘微痕照片
（80YBⅠT2④：23）

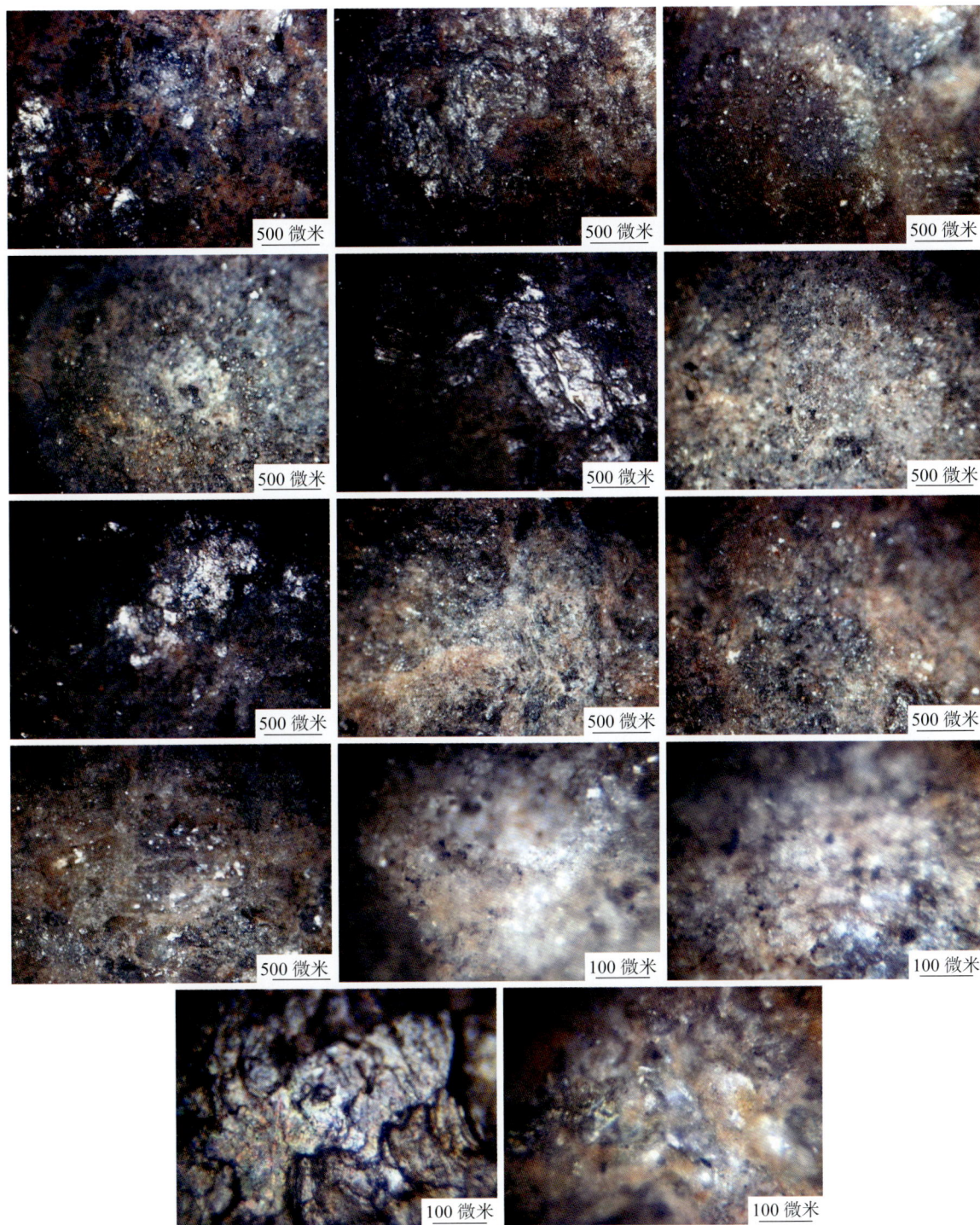

白石村遗址磨盘微痕照片
（80YBⅠT2③B：12）

图版 10

北阡遗址磨棒微痕照片
（T1513G1∶38）

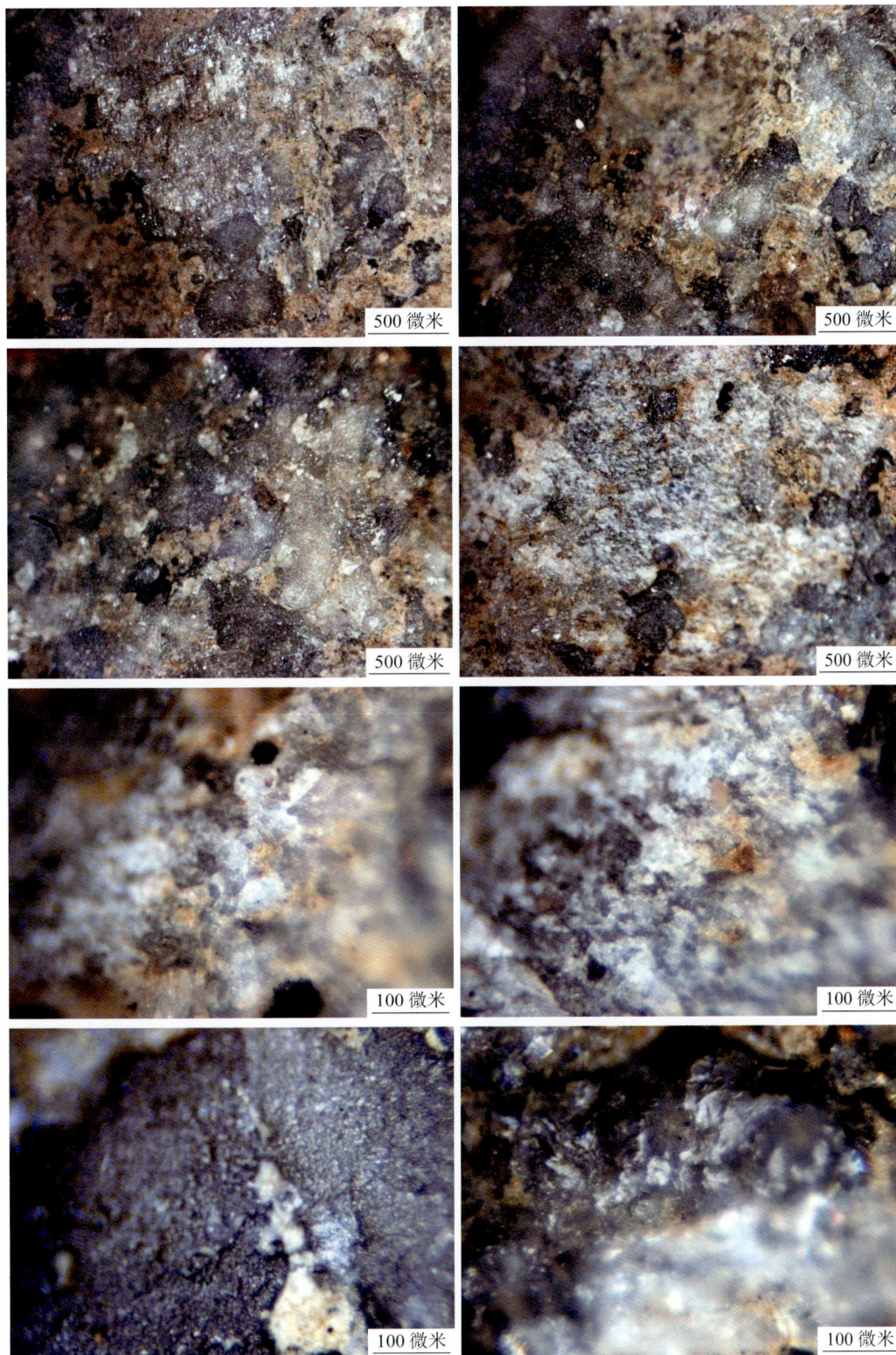

北阡遗址磨盘微痕照片
（T1614 M24∶4）

图版 12

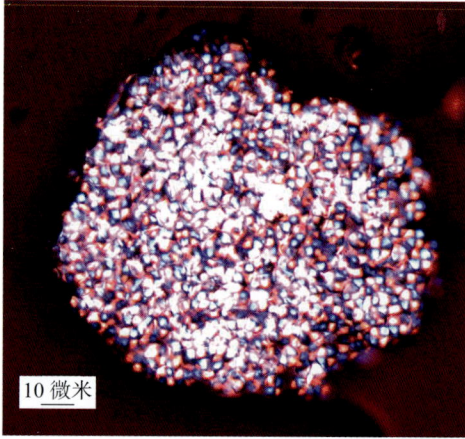 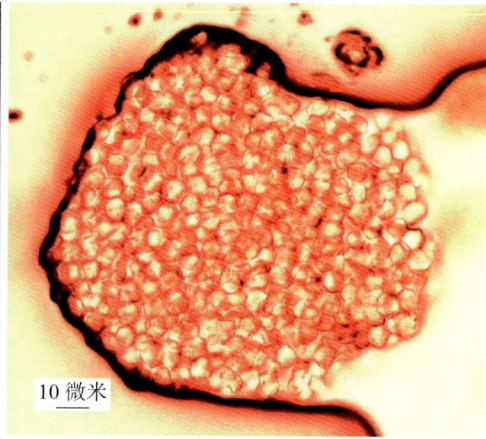

400 倍偏光   400 倍无偏光

1. No.1 中第 2 处淀粉粒

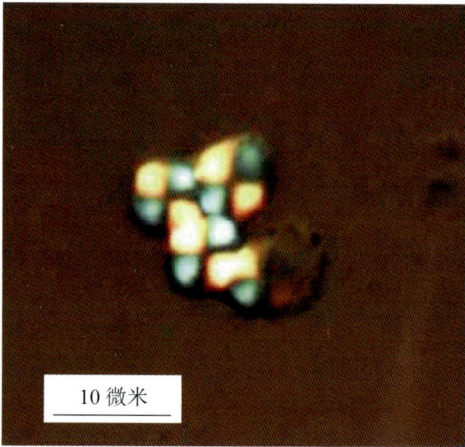 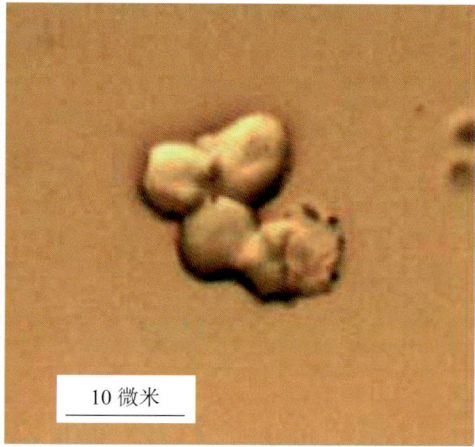

400 倍偏光   400 倍无偏光

2. No.1 中第 3 处淀粉粒

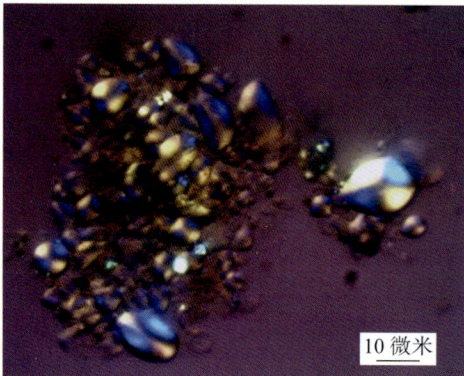 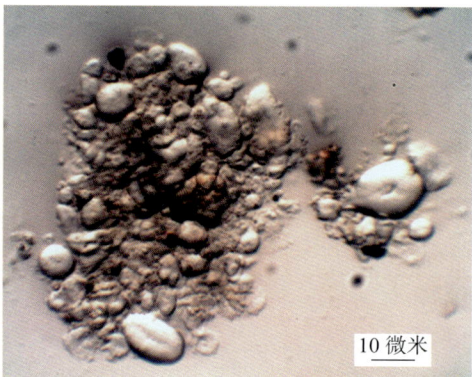

1000 倍偏光   1000 倍元偏光

3. No.1 中第 5 处淀粉粒

月庄遗址磨盘上的淀粉粒

（T6053 ⑩：5）